国家社会科学基金项目 "资本的伦理学研究"（13bzx082）的结项成果

资本伦理学

余达淮 著

中国社会科学出版社

图书在版编目（CIP）数据

资本伦理学/余达淮著.—北京：中国社会科学出版社，2020.10
ISBN 978-7-5203-7173-5

Ⅰ.①资…　Ⅱ.①余…　Ⅲ.①资本—伦理学—研究　Ⅳ.①B82

中国版本图书馆 CIP 数据核字（2020）第 169019 号

出 版 人	赵剑英
责任编辑	朱华彬
责任校对	张爱华
责任印制	张雪娇

出　　版	中国社会科学出版社
社　　址	北京鼓楼西大街甲 158 号
邮　　编	100720
网　　址	http://www.csspw.cn
发 行 部	010-84083685
门 市 部	010-84029450
经　　销	新华书店及其他书店

印刷装订	北京市十月印刷有限公司
版　　次	2020 年 10 月第 1 版
印　　次	2020 年 10 月第 1 次印刷

开　　本	710×1000　1/16
印　　张	20.25
插　　页	2
字　　数	320 千字
定　　价	188.00 元

凡购买中国社会科学出版社图书，如有质量问题请与本社营销中心联系调换
电话：010-84083683
版权所有　侵权必究

序

达淮的新作《资本伦理学》即将问世,他邀我为之作序,我欣然同意,这不只是因为达淮是我的(博士生)开门弟子而责无旁贷,更在于他多年潜心研究资本伦理问题,形成了自己独特的学术见解,难能可贵,故我很乐意专门为之"按键垒字"。在此,我谨以经济伦理学研究同僚的视角,谈及我对本书的一些认识。

在马克思政治经济学看来,在资本主义私有制条件下,资本不是物,资本是带来剩余价值的价值;资本是经济范畴,更是经济关系范畴,它体现了资产阶级与工人阶级之间的压迫与被压迫、剥削与被剥削的雇佣劳动的关系。因此,马克思政治经济学中所论及的"资本"问题是指在资本主义条件下,资本所创造的剩余价值被资本家无偿占有,体现了资本家对雇佣劳动的剥削的本质。资本本身就是"不道德"的代名词,这就是所谓的"资本特殊"。而作为"资本一般"来说,它是指资本投入生产过程创造和获取新的利润和效益,也即带来剩余劳动,使价值增殖。换句话说,资本均有价值增殖的功能。这是资本共性,也即资本一般。马克思说:"资本一般,这是每一种资本作为资本所共有的规定,或者说是使任何一定量的价值成为资本的那种规定。"[①] 因此,社会主义经济和经济学研究"资本"应该是题中应有之义。事实上,我国的改革开放赋予了资本以鲜活的生存权,关于资本的研究随即展开,这其中资本伦理的研究逐渐被伦理学界和经济学界所关注,也产生了一批颇有见地的研究成果。只是,以我个人的看法而言,我对这一研究议题持续关注的同时,却一直有这样的一种隐忧,那就是,一方面,越来越多的人开始关

---

① 《马克思恩格斯全集》第46卷上册,人民出版社1979年版,第444页。

注和研究资本伦理，而另一方面，关于资本伦理的相关研究，应该有什么样的研究主题，有什么样的研究边界，应该遵循什么样的研究方法等问题却长期没有答案。简言之，资本伦理的相关研究应该有什么样的"章法"，这个问题如果能说清了，或者起码提出来，那么关于资本伦理的相关研究就会少很多"商榷"与"讨论"，而《资本伦理学》一书正是在这方面作了积极探索与尝试。事实上，达淮在这方面的尝试并不是一时起意，而是在跟我读研究生时就下了决心，他的博士学位论文的题目是"马克思经济伦理思想研究"，而他的国家社科基金项目"资本的伦理学研究"立项之初，他就和我表示过，想通过课题的研究，形成一部"资本伦理学"的专著，为整个学界关于资本伦理的研究提供基础性的支撑。我自然是支持的，只是，专著中有哪些内容？怎样组织篇章结构？每每想及这些实际研究中可能遇到的困难，我就为他捏把汗，直到这本《资本伦理学》书稿放置在我面前，我才放心，达淮最终实现了他的研究目标。这其中他经历了什么样的困难与挑战，我们不得而知。在此，我只是从一个导师的角度负责地说：这绝不是一条平坦的大道。

按照我的构想，道德是资本，是经济社会尤其进入到资本社会的不可或缺的支撑力量，而在《资本伦理学》中，达淮看到资本在现代社会的二重存在，尝试给资本加上一副"马络头"，以更好地规约、引导资本。我认为，本书既然冠以"学"的字眼，那也就代表作者对于资本伦理的相关研究有一整套完善且独特的认知体系，不然就不能称之为"学"了。在此，我认为《资本伦理学》的这个"学"字，在本书中，又可以用"源""本""用"三个字来理解。具体来说，讲"源"就是讨论资本伦理学的"源起"问题，书中的第一、二、三章，就是回应这一议题，它的存在使得资本伦理学不是"无源之水"。当然，对于我们中国读者来说，讲资本伦理的"源起"，最直接的恐怕就是马克思了，书中以马克思的理论为核心，但又不局限于马克思，既有对马克思之前研究的回溯，如魁奈、亚当·斯密、大卫·李嘉图等人的学说，又有对马克思之后的学派的分析，如主流经济学、福利经济经济学、制度经济学以及西方马克思主义者对资本伦理的探索。在从不同理论体系的角度分别阐述资本伦理的相关研究的同时，作者又将不同学者的研究予以抽象提炼，提出资本伦理研究可能的进入路径与不同的研究成果，这样一个学术史的梳理应该是全面且富于理论性的。在学术史之外，本书还特别关注了资本伦理学的实践基础与发生，在实践层面上讨论资本伦理学构建的必要性，即随着资本日益影响着我们的日常生活，理论研究不能对此不管不顾，必须予以回应。阅读本书的前三章之后，会有一种资本伦理学"呼之欲出"之感，那就是，既然有这么多的学者与流派都在关注资本伦理，既然资本在时刻影响着我们普罗大众的生活，那么以一种更加严谨专业的学科意识来构建资本伦理学就显得非常必要了，这也是本书第四、五、六章的主要内容，依我来看，这三章的内容，构成了本书最富有创新性的研究成果，也正是这三章的内容，才使得资本伦理学避免成为"无本之木"。在这三章内容中，作者通过论证，提出存在于资本伦理研究中的一些特定的研究主题、特有的研究范畴以及持续讨论的研究焦点，逐渐构建起了一整套承载资本伦理学的基石。我认为，这其中最值得关注的就是本书在第五章所提出的关于资本伦理学的四对范畴，这四对范畴有助于我们更为直观地了解资本伦理学的相关内容，也是资本伦理学跨学科特性的鲜明体现。换言之，当我们关注"剥削"与"贫困"、"服务"与"信用"、"自由"与"时间"、"共享"与"发展"等问题时，我们是否意识到这些问题不仅仅是经济发展的问题，同时也是伦理学研究所关注的问题，在这个基础上，我们是否又能意识到在这些议题背后，资本在扮演着何种角色？从这个意义上来看，资本伦理学更像是"跨学科中的交叉学科"，它既是经济伦理学不可或缺的研究内容，也是真正深化经济伦理学研究所必须要面对的研究问题。总的来说，我认为，通过这三章相关问题的阐释，使得资本伦理学有必要、更有底气逐渐从经济伦理学的学科视域中走出来，构建起一套更符合自身的学科框架与体系。当然，资本伦理学与经济伦理学一样，都有非常强的实践意义，特别是对于资本这样一个事物来说。马克思一再告诫我们，必须以动态的、"活的"理念来理解资本，不然资本就是"死物"，也就是说，必须将资本伦理学与现实的生活与资本的运动勾联起来，才能真正赋予资本伦理学以实践层面的意义，这也就是资本伦理学的一个"用"的问题，本书的第七章就主要在探讨这一问题。特别值得注意的是，本书在讨论资本伦理学"用"的这个问题上，采取了一种"方法大于内容"的思路，毫无疑问，伦理学的研究是关涉生活的，我相信，每一个伦理学的研究者都迫切地希望通过伦理学的研究，将社会的道德水平引导至更高的境界，但是，在此之前，必须搞清楚伦理学的研究能在多大程度上干涉并影响我们的生活，将全部的美好希望寄托于伦理学的研究，而不明白其局限性，显然就有些过于苛求这一学科了。对于资本伦理学，同样是这样，该书在资本伦理学的"用"的问题上，并没有为我们描绘一幅美好的道德图景，而是非常负责、谨慎地提出，资本伦理学在面对生活，面对实践之时必然会带有中介性、历史性与局限性。我个人认为，这些特点的存在与掌握，恰恰决定了资本伦理学在现实应用上能够取得多大的进展。总的来看，作为该书末篇而存在的第七章，事实上是一个开放性的章节，它为每一个关注资本伦理研究的研究者留下了充分的思考空间。

当然，就《资本伦理学》而言，也还有有待深入研究的方向与议题，比如书中所提出的关于资本伦理学的四个范畴，还可以进一步结合现实生活来理解，而这些范畴本身，也还可以继续挖掘它们的内涵与外延；又如对于社会人群的道德水平而言，当代中国关于资本的认识，是否形成了一些可以总结的价值观念，又是否可以划定一些价值观念的走向，乃至塑造出一套符合中国特色的资本观等，这些问题都可以沿着本书的陈述去进一步思考。只是，我想在此说明的是，面对这样一本经济伦理学界全新的探索之作，我们理应拿出宽容的态度，因为它毕竟是全新的尝试，不可能面面俱到。事实上，正如我前文所言及的，这本书的面世起码表明作者尝试将一些关乎资本伦理学研究的重要问题提了出来，供学界批判，这种研究的态度是值得赞许的。总之，本书既然是以"资本伦理学"为书名，而"学"字本身又可以理解为一种话语体系，我希望读者在阅读本书时，能够暂时脱离掉以往经济伦理学可能的固有模式，借本书作者的思路来讲，也许我们突破原有话语体系的尝试本身，往往就能够获益匪浅。

以上就是我对于本书的一点看法，希望能够帮助读者预先一窥该书全貌，也希望读者在阅读该书之时都能有所收获。

是为序。

王小锡

2020年2月26日

目　录

引　论 …………………………………………………………（001）

第一章　资本伦理的理论渊源 ……………………………（008）

　第一节　古典政治经济学关于资本伦理的思想 ……………（008）
　　一　重商主义的资本伦理思想 ………………………………（008）
　　二　重农学派的资本伦理思想 ………………………………（010）
　　三　亚当·斯密的资本伦理思想 ……………………………（013）
　　四　大卫·李嘉图的资本伦理思想 …………………………（016）

　第二节　马克思资本伦理的逻辑生成与建构 ………………（017）
　　一　马克思对资本的生产力与生产关系的双维建构 ………（017）
　　二　马克思恩格斯的资本伦理思想 …………………………（022）

　第三节　现当代西方经济学中对资本伦理的研究 …………（028）
　　一　当代主流经济学关于资本伦理的研究 …………………（028）
　　二　制度经济学关于资本伦理的探索 ………………………（041）
　　三　福利经济学关于资本伦理的研究 ………………………（050）
　　四　西方马克思主义关于资本伦理的观点 …………………（060）

第二章　资本伦理的论域与解读模式 ……………………（069）

　第一节　资本伦理的论域 ……………………………………（069）
　　一　资本伦理的基本论域 ……………………………………（069）
　　二　资本伦理论域的当代拓展 ………………………………（073）

　第二节　资本伦理的解读模式 ………………………………（077）

一　技术异化论解读模式 …………………………………………… (077)
二　符号批判解读模式 ……………………………………………… (078)
三　生态批判解读模式 ……………………………………………… (079)
四　信息批判解读模式 ……………………………………………… (080)
五　经济伦理解读模式 ……………………………………………… (081)
六　政治经济学批判模式 …………………………………………… (083)

第三章　资本伦理学的实践基础及发生 ……………………………… (084)

第一节　资本积累与文明化进程 …………………………………… (084)
一　资本积累理论 …………………………………………………… (085)
二　资本积累残酷性的表现 ………………………………………… (089)
三　当代中国资本积累进程中的表现与影响 ……………………… (093)
四　资本积累的伦理评价 …………………………………………… (096)
五　资本积累伦理评价的启示 ……………………………………… (105)

第二节　资本与世界市场的发展 …………………………………… (107)
一　地理世界市场阶段：宗教伦理与资本伦理的碰撞 …………… (109)
二　世界市场的初步发展：自由竞争伦理的展开 ………………… (113)
三　世界市场的正式形成：资本伦理的丰富发展 ………………… (119)
四　世界市场中资本伦理演进的辩证思考 ………………………… (128)
五　资本伦理与世界市场发展的展望 ……………………………… (130)

第三节　资本伦理学的发生 ………………………………………… (132)
一　资本与伦理的逻辑：资本伦理学生成的理论前提 …………… (133)
二　经济学与伦理学：资本伦理学生成的学科基础 ……………… (137)
三　历史与现实：资本伦理学生成的科学检视 …………………… (140)

第四章　资本伦理学的学科范式 ……………………………………… (145)

第一节　资本伦理学的研究框架 …………………………………… (145)
一　国内外关于资本伦理学研究框架的现状与评析 ……………… (146)
二　资本伦理学研究框架构建的理论基础 ………………………… (154)
三　资本伦理学的研究主题 ………………………………………… (160)

第二节　资本伦理学的研究方法 …………………………………… (164)

一　资本伦理与应用伦理学研究方法……………………（165）
　　二　资本伦理与伦理经济学研究方法……………………（166）
　　三　政治经济学研究方法…………………………………（170）

第五章　资本伦理学的相关范畴……………………………（172）

第一节　"剥削"与"贫困"……………………………………（172）
　　一　"剥削"与"贫困"问题的提出…………………………（172）
　　二　"剥削"与"贫困"在资本伦理学中的展开……………（174）
　　三　"剥削"与"贫困"在资本伦理学中的研究指向………（180）

第二节　"服务"与"信用"……………………………………（184）
　　一　"服务"与"信用"问题的提出…………………………（184）
　　二　"服务"与"信用"在资本伦理学中的展开……………（187）
　　三　"服务"与"信用"在资本伦理学中的研究指向………（191）

第三节　"自由"与"时间"……………………………………（195）
　　一　"自由"与"时间"问题的提出…………………………（195）
　　二　"自由"与"时间"在资本伦理学中的展开……………（198）
　　三　"自由"与"时间"在资本伦理学中的研究指向………（202）

第四节　"共享"与"发展"……………………………………（206）
　　一　"共享"与"发展"问题的提出…………………………（206）
　　二　"共享"与"发展"在资本伦理学中的展开……………（208）
　　三　"共享"与"发展"在资本伦理学中的研究指向………（211）

第六章　资本伦理学的焦点……………………………………（216）

第一节　资本伦理的内涵………………………………………（216）
　　一　资本伦理的历史审视…………………………………（217）
　　二　资本伦理的现实之维…………………………………（220）
　　三　资本伦理的理论关照…………………………………（222）

第二节　资本的伦理关系………………………………………（227）
　　一　资本与自然之间的伦理关系…………………………（227）
　　二　资本与社会之间的伦理关系…………………………（230）
　　三　资本与人之间的伦理关系……………………………（232）

  四　人与人之间的伦理关系 ……………………………………（235）
 第三节　资本逻辑及其伦理本质 …………………………………（239）
  一　资本逻辑的静态分析：论域与实质 …………………………（240）
  二　历史视域中资本的道德实践：善与恶的两面性 ……………（244）
  三　现代视域中资本的道德之维：利用与控制的
    双重构境 ……………………………………………………（246）
  四　资本本体的道德检视及其理论后果 …………………………（248）
 第四节　资本组合及其道德境域 …………………………………（249）
  一　从生产资本到金融资本的概念演进 …………………………（249）
  二　资本组合及其结构 ……………………………………………（253）
  三　资本组合与道德境域 …………………………………………（257）

第七章　资本运作与伦理制约 …………………………………（267）

 第一节　资本运作中伦理制约的历史性考察 ……………………（267）
  一　经验伦理对人类活动的反思、建构和制约 …………………（270）
  二　理性伦理对人类活动的反思、建构和制约 …………………（274）
 第二节　资本运作中的实践伦理与制约 …………………………（278）
  一　实践伦理 ………………………………………………………（279）
  二　资本运作中的伦理制约 ………………………………………（282）
 第三节　资本伦理制约性的特征及新变化 ………………………（293）
  一　资本伦理制约的中介性 ………………………………………（294）
  二　资本伦理制约的历史性 ………………………………………（297）
  三　资本伦理制约的有限性 ………………………………………（301）

参考文献 ………………………………………………………………（308）

后　记 …………………………………………………………………（314）

引　论

资本与伦理是什么关系？资本伦理学作为学科能不能成立？这些问题困扰着许多人的思想。马克思本人写作《资本论》时，拒绝把剩余价值学说和社会主义建立在道德哲学的基础之上。片面理解马克思这种理论研究中必要的抽离，使得在相当长的时期内经济伦理学，特别是马克思主义伦理学处于一个尴尬的境地。事实上，尽管历史唯物主义认为社会存在决定社会意识，而作为社会意识的道德处于从属地位，但是对于一种生产方式取代另一种生产方式的道德进步却是认可的。基于事实的道德同情、道德判断与道德评价也是存在的。所以，从道德、伦理观念来谈经济活动，事实上是可取的。当然，我认为，就资本伦理的研究来说，有着更为直接的进入路径，那就是从马克思关于"资本是一种社会关系"的表述中来理解；马克思的这一深刻论断，成为资本伦理学作为学科而存在的一个前置问题。换言之，什么是资本伦理？资本伦理就是人与人之间面对资本逻辑时的道德选择与应该。事实上，当马克思深刻而精妙地把资本当作社会关系来论述之时，这种关系的存在与发生就已然涉及并且产生了伦理的意蕴。而资本作为一种社会关系而存在，究竟展现为哪些内涵呢？我认为，可以从以下五个方面做出思考：

第一，资本作为生产关系，表现为一种人对人剥削的本质。 马克思赋予资本以特有的社会性质，指出其本质是属于一定历史社会形态的生产关系，是在特定历史条件下产生的。资本是资本主义社会里"有形的神明"，能"使一切人的和自然的性质颠倒和混淆，使冰炭化为胶漆，货币的这种神力包含在它的本质中，即包含在人的异化的外化的和外在的类本质中。它是人类的外化的能力"①。因为"资本的实质并不在于积累起来的劳动是替活劳动充当进行新生产的手段。它的实质在于活劳动是替积累起来的劳动充当保存自己并增加其交换价值的手段"②。在这个社会里,物化劳动支配活劳动,而不是相反。在实现不断增殖的过程中,资本会表现出其内在的本性,即"是力图超越自己界限的一种无限制的和无止境的欲望"③。在资本主义社会当中,死劳动(积累起来的劳动)吮吸活劳动(劳动过程)就是剥削的实现机制问题,资本雇佣劳动与劳动力商品化一起又反过来促进资本的不断增殖。资本逻辑的总体性和内在性的分裂导致个人利益与全体利益的严重对立,人被剥削的状况在加剧,人的异化不断加深,人被奴役的状态在不知不觉当中成为社会现实。

第二,作为意识和观念的资本不仅表现为关系样态,也体现为某种意识和观念。资本不仅表现为显性的可以直观的东西,而且是社会关系的反映,承载着一定的社会关系。资本不仅表现为具体的物品,表现为交换的社会关系层面,作为人格化的存在,资本家承载着资本,因此,在资本家的意识形态中,渗透着资本的存在形态。不仅如此,资本还通过资本家这一载体,进入人们的社会意识和习惯当中。比较突出的例如基于国民经济学家的"资本是物"的观念而形成的商品拜物教、货币拜物教和资本拜物教形式等。然而,这些观念形态却在根本上导致了这样的后果,它使人忽视了真正的财富是人本身,是人的实践和交往,人的社会关系最终导致了一些物品具有了神秘的特性,进而使得资本主义的合理性和永恒性的观点得到了一定程度的强化,而且,从直接可观的层面上看,资本还使人们深深迷惑于黄金(货币)的光芒闪耀的感性外观,却看不透其深层的真正的社会本质。

第三,作为生产要素的资本,推导出现代平等、信用概念。资本运作促进规则和秩序的培育,也推导出现代平等、信用等概念。资本一方面要求民主,一方面又滋生着摧毁民主的力量。资本主义制度充分表现

---

① 《马克思恩格斯文集》(第1卷),人民出版社2009年版,第245—246页。
② 同上书,第726页。
③ 《马克思恩格斯全集》(第30卷),人民出版社1995年版,第297页。

出灯红酒绿式的"经济的幻象",资本主义经济特有的社会形式是物质资料的生产从属于剩余价值的生产与积累,在这种社会形式当中,物质资料似乎并不重要,重要的是如何促进剩余价值的获得与保护,由此造就了资本主义社会的规则、秩序,以及平等、正义、自由。对马克思来说,应该用一种合乎辩证逻辑的方法谈及资本主义"平等""正义",但是,这种属于现代合法性的正义,却由德性的概念移植成意识形态的绝对"正当形式",即正义的平等形式和一般形式。问题并不在于资产阶级卫道士是否可以做出如此判决,事实上,"现存的资产阶级社会的总体上,商品表现为价格以及商品的流通等等,只是表面的过程,而在这一过程的背后,在深处,进行的完全是不同的另一些过程,在这些过程中个人之间这种表面上的平等和自由就消失了"[1]。在马克思看来,"在对资本主义的这张面孔进行素描时,它终将必然丧失特有的现代合法性蕴含(比如,自然权利、平等、自由、正义)。这样,依据正义的历史原则,资本主义的正义就是经不起追溯的"[2]。

第四,资本关系及其伦理在人类发展当中只是一种暂时性的存在。马克思指出,将资本永恒化的观点是极端错误的认识,这种观点"抽掉了使资本成为人类生产某一特殊发展的历史阶段的要素的那些特殊规定"[3],因而是形而上学的认识。"资本既不是生产力发展的绝对形式,也不是与生产力发展绝对一致的财富形式。"[4] 资本的历史使命就是推广以资本为基础的生产方式,并在此基础上摧毁那些旧的体制,摧毁一切阻碍生产力发展的限制,生产和再生产出资本和劳动的关系以及雇佣工人和资本家的交往关系。资本最终会消亡的,连同一切伦理的阴霾;新的关系将产生,将表现为每一个人的自由是一切人的自由条件的共产主义的伦理关系。

第五,在当前的社会条件下,资本日益表现为意图通过重新组合消解生产过程的危机,其结果必然是资本所凸显的这种社会关系表现更趋紧张。从生产资本到金融资本再到资本的组合,这一演变过程其核心始

---

[1] 《马克思恩格斯全集》(第30卷),人民出版社1995年版,第202页。
[2] 张文喜:《马克思对"伦理的正义"概念的批判》,《中国社会科学》2014年第3期。
[3] 《马克思恩格斯全集》(第30卷),人民出版社1995年版,第214页。
[4] 同上书,第396页。

终都是资本获取剩余价值的速度更加快速化，并且，这种资本获取剩余价值的快速化趋势，往往掩藏在科学技术、绿色革命、经济新样态等之下。这种资本组合的运动结果是，一方面资本确实在财富的创造、环境的治理等方面做出了更大的贡献，整个社会的物质积累有了显著的提高。而另一方面，资本的组合，确实在一定程度上加剧了贫富之间的差距与社会阶层的分化，更为通俗地讲，在社会资本所经之地，我们始终会怀有一丝不安，我们不能不去思考，资本所到之处到底是遍地狼藉，还是生活上的富足？

我认为，上诉所论及的这五个方面的问题，可谓是资本伦理学构建最为原初的"培养基"，也是我们持续对资本伦理展开研究所得出的一些结论性观点。事实上资本伦理学的构建，也是想从学科体系的层面上对这五个方面的问题进行一个系统的探究。当然，这只是学理层面上的，就现实而言，资本伦理学的构建，这种由社会现实所激发的研究的必要性，反而是我们最为强烈的意愿。从现实而言，我认为资本伦理学构建的必要性有以下三个方面：

第一，有利于科学把握社会主义市场经济条件下的资本。过去，我们对资本的理解存在一定的误区。我们往往缺乏对资本概念生产力之维的重视，而过分强调资本概念的生产关系之维，甚至谈"资"色变。一个典型例证是我们常常用"资金""本金""资产"等来代替资本概念。原因是我们误读了马克思转引《资本论》中的一句经典阐述："资本来到世间，从头到脚，每个毛孔都滴着血和肮脏的东西。"[①] 实际上，这句话反映了马克思是从资本的社会属性即生产关系的维度，来透视在资本主义进行原始积累时期，资本家对劳动人民的掠夺、剥削与残忍。它让我们看到了资本对人性的践踏，对人的尊严、价值的剥夺，从中我们可以真切地感受到资本恶的伦理效应。

然而，必须承认的是，马克思从未否认资本具有"物"的一面。马克思认为，在现实生活中，资本恰恰首先表现为"物"，资本是生产的必须所需，资本的"物"的一面，不仅仅是指资本是金钱、资金等，还指资本也可以表现为生产所必需的原材料与工具，但是如果脱离生产而

---

① 《马克思恩格斯文集》（第5卷），人民出版社2009年版，第871页。

言，我们就不可能抽象地赋予这些物以"资本"的概念，也就是说，所谓资本必须是在一定的社会条件下，特别是社会生产条件下来谈。实际上，这一点前面也已经进行了阐述。它们皆强调资本的确还具有自然属性即生产力的维度。而马克思在《共产党宣言》中也曾鲜明地指出："资产阶级在它的不到一百年的阶级统治中所创造的生产力，比过去一切世代创造的全部生产力还要多，还要大。"① 在马克思看来，这主要归因于资本的自然属性，尤其是资本的增殖性对社会生产力所产生的巨大激发作用。无疑，这充分彰显了资本善的伦理效应。从而让我们能够深刻感受到资本所具有的两种属性（自然属性和社会属性）和双重维度（生产力与生产关系）。

因此，我国当前社会主义条件下的资本与马克思对资本范畴生产力与生产关系的双维构建是相契合的。另一方面，它们体认着不同社会制度下资本的不同关系：一是对于中国来说，资本只是我们实现共同富裕和"中国梦"的手段，它映射着社会主义社会全体劳动者相互平等、友好相处和共同致富的经济关系。而资本主义条件下的资本是社会生产的最终目的，它反映了资本家与雇佣工人之间的剥削关系，其结果必然会带来社会的两极分化。"在社会主义条件下，劳动者的活劳动依然分为必要劳动和剩余劳动，社会主义初级阶段各种所有制的存在，要求我们厘清剩余劳动和剩余价值的性质和归属。"② 尤其要在引导方面下大功夫，引导非公有制经济在法律范围内合法合理地获取剩余价值。由此，对待我国社会主义市场经济条件下的资本，理性的态度应当是：在看到社会主义社会资本生产关系本质属性的同时，也不能忽视甚至漠视它生产力的自然属性，从而失去全面辩证地把握我国当前社会中存在的资本的机会。

第二，有利于促进资源优化配置和架构社会主义市场体系。正如之前所论述的，从批判到建构，马克思资本概念的逻辑生成可以促使我们明确社会主义场域下资本的内涵不光有生产关系之维，而且还存在生产力之维。其中，资本的增殖性依然是资本范畴生产力维度的主要指向。

---

① 《马克思恩格斯文集》（第 2 卷），人民出版社 2009 年版，第 36 页。
② 程恩富：《改革开放与中国经济》，中央编译出版社 2018 年版，第 34 页。

明确了这一点，不难得出，在社会主义市场经济体制下，通过资本运营可以有效实现资源的优化配置：一方面，从宏观上看，整个社会资本的内蕴增殖动力有益于推动各种经营性资源要素的活力竞相迸发，并且推动经济结构尤其是产业结构、产品结构的优化升级，从而实现效益的最大化，最终获得我国宏观经济的健康均衡发展；另一方面，从微观上看，企业在进行资本运作的过程中，其资本同样具有要求增殖的内在趣向。这将有助于促使企业采取各种诸如改进生产技术、诚信经营、重视资本的积聚和集中的必要举措，从而不断提高生产效率、扩大市场需求，继而日益增强企业的市场竞争力与控制力。

此外，马克思对资本概念的科学厘定，也有益于我国社会主义市场体系的架构。马克思促使我们认识到社会主义制度下，资本的本质没变，资本范畴依然是生产力与生产关系的辩证统一；为我们在社会主义市场经济体制下合理利用和限制资本提供了理论依据。但正如秘鲁经济学家赫尔南多·德·索托（Hernando de Soto）在其《资本的秘密》中所指出的："资本首先是一种抽象概念，它必须被赋予一种固定的、可见的形式，才能够发挥作用。"① 这实际上也是马克思的资本定义所一直强调的：资本的生产关系本质必须要通过各种物、各种生产要素的形式承载出来。因此，资本市场应当成为一个重要的生产要素市场。而就其作用来说，可以从如下两个方面进行审视：其一，资本市场的健康发展有利于合理指引社会投资方向、科学配置社会资源进而提升资本的使用效率；其二，通过培育资本市场有助于推进中国生产要素市场的良性发展，从而加速中国统一而完整的社会主义市场体系的生成。

第三，有利于强化经济学与伦理学之间的互通关系。资本伦理研究的实践价值还在于有利于寻求化解经济学与伦理学之间的冲突，尽可能就资本运行中具有争议性的道德难题达成道德共识，为科学的资本理论的创制和实施过程提供价值评价的依据和标准，使人们走出现代经济发展的伦理困境。如何在资本和道德之间寻求契合点，避免和化解两者的冲突，进行正确的价值判断和价值选择，一直是国家政策制定者、经济

---

① ［秘鲁］赫尔南多·索托：《资本的秘密》，于海生译，华夏出版社2017年版，第29页。

学家、伦理学家和社会成员共同面临的一个难题，也是资本伦理学提出的终极目的。这种两个学科之间的融会贯通，使得资本伦理学也能够进一步拓展经济伦理学的研究，当代社会的发展尤其是科学技术的发展，导致了很多具有道德歧义性的社会难题的产生，而这些问题很难在传统的道德理论和规范体系中找到一个合理的理论解释和现实的解决方案，由此就催生了以解决道德难题为使命的应用伦理学。资本伦理就是在当代社会中道德与资本冲突日趋频繁这一现实背景下应运而生的。资本伦理对于资本与道德之间关系的探讨、对于"资本之恶"的研究，有助于伦理学对"资本之善"更深入、更全面的把握。其次，资本伦理的研究能够丰富和提升经济学理论研究。学术研究既需要为实际服务，也可以与实践保持适当的间距。资本伦理学的研究本身兼具学术研究的双重品格，即为现实生活服务的实践精神和为学术服务的理论情怀，这必然有利于提升经济学研究的理论品格。对资本伦理诠释和对求利行为的道德合理性追问，必将影响经济学对自身研究对象的全新理解和深层次把握，从而丰富和提升经济学理论。最后，资本伦理学的研究还将激发经济学学者对经济学中道德问题的理论思考，激发伦理学学者对资本在现实生活中的实际运行状况的关注。资本伦理学的提出能够促进经济学和伦理学之间的学术交流与对话，从而有利于彼此分享对方的学术方法和研究成果，以期对两个专业的学术提升产生积极的影响。

第一章　资本伦理的理论渊源

"资本"这个词虽然早在英国古典政治经济学家那里就已经被放置于理论的视野下,但是,时至今日,资本依然是一个最富有现代意义的研究主题,依然与我们所处的时代紧密相连。也有很多学者的研究已然涉及资本伦理的相关研究内容,为此形成了相当多具有代表性的研究成果。从这个意义上来说,资本伦理学反而不是"无水之源"或"空中楼阁",而是在充分借鉴前人已有成果上的创新性研究,是在既有研究成果上的一个突破。资本伦理学首先应该对以往研究成果进行充分的考量与反思,挖掘资本以及资本伦理的相关经典诠释,为资本伦理学的构建打下坚实的理论基础。

第一节　古典政治经济学关于资本伦理的思想

一　重商主义的资本伦理思想

"重商主义"一词最初是由亚当·斯密（Adam Smith）在《国民财富的性质和原因的研究》一书中提出的。从发生学的角度考察,"被称之为重商主义的经济学说出现于中世纪之后、自由主义盛行之前,大致可以追溯到1500—1776年之间,具体时期在不同国家和地区会有所不同"[①]。可见,重商主义生成于欧洲封建制度瓦解和资本的原始积累时

[①] ［美］斯坦利·L.布鲁、兰迪·R.格兰特：《经济思想史》,邸晓燕等译,北京大学出版社2008年版,第11页。

期。而其产生和更深层次的历史背景，则是在追求商业资本增加与货币积累这股强大的经济潮流冲击下，所引起的欧洲经济结构和社会阶级关系的变化。而通过这种变化，也折射出在这一阶段，社会的经济形态开始由自然经济向商品经济过渡，同时也让我们看到商业资本特殊的时代利益和要求。可以说，重商主义对资本主义的生产方式进行了最初的理论考察。

重商主义作为资产阶级最早的经济学说，有早期和晚期之分。二者既有一致之处，也存在显著的差异。不管是早期重商主义，还是晚期重商主义，他们都把货币等同于财富，并且他们所理解的货币仅仅指的是金、银等贵金属。但在增加货币财富的方法上，他们的主张明显不同。具体而言，早期重商主义主张对贸易加强管制，强调进口不能超过出口即多卖少买。这种方式实质上是主要通过国内商业流通来实现货币的积累，所以又被称为"货币差额论"。与其相比，晚期重商主义则认为国家应当允许进口，但要在实现贸易顺差的前提下，为此，他们主张国家应当实行保护关税的政策。而这种主张也被人们称为"贸易差额论"。由此可见，早晚期重商主义的差别反映了商业资本在不同历史阶段的不同发展要求。重商主义的道德价值在于：一方面，它推动了商品货币关系和资本主义工场手工业的不断发展，为资本主义生产方式的形成创造了必要的历史条件；另一方面，它的思想、主张在历史上曾经促进了资本的原始积累，以及推动了资本主义生产方式的建立和发展。

对重商主义所蕴含的内容进行伦理审视，可以发现，它的主要经济伦理思想表现在以下三个维度：一是推崇最大限度地攫取和占有金银；二是在消费道德观念上，推崇使用国货，反对输入各种奢侈品和其他外国商品；三是在社会公共产品的生产与消费方面，提出了原始的经济公平思想。① 而在资本问题上，重商主义也有它自己的独到理解。作为西方资产阶级最早的经济学说——重商主义对资本进行了原初的理论追问。对此，马克思曾经在《1857—1858 年经济学手稿》中进行过阐述："在重商主义者看来，货币已经表现为资本，但实际上又只是在货币形

---

① 乔洪武：《重商主义的经济伦理思想研究》，《经济评论》1998 年第 2 期。

式中，只是在商业资本即不断转化为货币的资本的流通形式中表现为资本。"① 在这里，马克思分析了重商主义的资本概念，阐明了货币只是资本众多表现形态的一种，重商主义的问题在于过于重视商人、商业资本和流通领域。重商主义以为社会财富只是来源于流通领域，还没有从生产领域去关注资本，从而使其对资本的概念界定有失偏颇。因此，用马克思的话说，它还不是"真正的现代经济科学"。

在重商主义的时代，工业革命还没有发生，此时还处在自由竞争资本主义阶段，资本还没有成为世界的"普照之光"，即还没有在社会中占据主宰地位。进而言之，在资本的诸多表现形态中，商业资本的地位和功能得到极大地彰显，而产业资本、借贷资本等其他资本的形态尚未充分发展。所以，总体来说，在重商主义阶段，资本伦理的思想还比较单薄。但毋庸置疑，由于在这一历史时期，商业和商业资本以及商业资本家的地位得到极大的提升，因此随之带来了商业资本家对雇佣工人的剥削、对自然的掠夺、对社会造成的两极分化以及人与人之间伦理关系的影响。然而，应当看到，这些影响总体而言还没有达到非常严重的程度。

二 重农学派的资本伦理思想

重农学派又叫重农主义，是经济思想史上一个十分重要的经济学派。它产生于18世纪中叶的法国，其标志是重农学派的奠基者魁奈（Francois Quesnay）在《大百科全书》中所发表的第一篇经济学论文。然后，这一学派大约持续了二三十年，但在这不长的一段时间里，重农学派的影响却对世界经济思想的发展起着引领作用。可以说，他们的影响已经超出了他们所处的时代。

在经济思想史上，魁奈和杜尔阁（Anne Robert Jacques Turgot）是重农学派的主要代表。而重农学派除了这两位代表人物以外，其还包括布阿吉尔贝尔（Pierre L. Boisguillebert）和坎蒂隆（Richard Cantillon）两个先驱以及其他一些经济学家。但是，值得我们注意的是，"重农学派是经济学说史上最早的经济'学派'，他们之间在学说上高度一致并都

---

① 《马克思恩格斯全集》（第30卷），人民出版社1995年版，第289页。

具有宗教般的热情和偏执。弗朗斯瓦·魁奈是该学派的创始人，同时也是宗师和领袖，其他人紧紧围绕在魁奈的周围，或解释或宣传宗师的学说，在当时盛极一时。他们共同的思想包括自然法则、重视农业、自由放任、单一税"①。

同时，也应看到，"在重农学派以前，有一些人已零星地提出了类似重农学派的思想。例如达让逊认为增加财富的来源是生产而不是贸易，并且把农业列为国民经济各部门之首。在达让逊之后，重视农业和主张经济自由的思想，在法国的一些经济学家中也得到了发展。然而值得注意的是，这种思想在那些经济学家那里，只停留在一般思想水平上，而未实现后来重农学派所达到的高度。尽管他们与重农学派所处的社会经济乃至思想条件大致相同，是重农学派的同时代人，但经济科学的奠基性工作却不是由他们而是由重农学派完成的"②。一个明证是重农学派的创始人，法国古典经济学的最重要的代表魁奈把农业视为社会财富即"纯产品"的唯一源泉，他在《谷物论》中说道："问题在于这一切利益的本源，实际是农业。正是农业，供给着原材料，给君主和土地所有者以收入，给僧侣以十分之一税，给耕作者以利润。正是这种不断地再生产的本源的财富，维持着王国其他一切的阶级，给所有其他职业以活动力，发展商业，增殖人口，活跃工业，因而维持国家的繁荣。"③并且，之后魁奈在《经济表的说明》中把农业资本划分为"年预付"和"原预付"两部分。应当承认，他的这种划分实际上针对的是生产资本而非流通资本。马克思当年曾经把这一点称之为重农学派的"大功绩"。而实际上，魁奈对农业生产资本的"年预付"和"原预付"的分类就是斯密后来对生产资本的"流动资本"和"固定资本"两部分的划分，只不过斯密的进步之处在于，他是从生产资本的一般意义上而非局限于农业生产资本的个别视域来界定的。但从中，我们仍不难看出魁奈及其经济学思想在当时理论界中所具有的时代性和前瞻性。

循此继进，相对于重商主义，被马克思称之为"资本的实际上最早

---

① 杨建飞：《西方经济思想史》，武汉大学出版社2010年版，第54页。
② 陆晓禾：《重农学派经济理论的哲学意蕴》，《毛泽东邓小平理论研究》1994年第6期。
③ ［法］魁奈：《魁奈经济著作选集》，吴斐丹、张草纫译，商务印书馆1979年版，第65页。

的系统代言人"①的重农学派事实上是走向了另一个极端。"他们和重商主义相反，从只是在流通领域执行职能的商业资本回到了生产资本。"②它坚持资本和货币是截然不同的，货币不可能生成资本，它只是获取资本的手段，而非形式。进一步，他们还认为资本就是指生产资本，具体就是指农业生产资本或者说农业生产资料。究其原因，马克思在《资本论》第一卷对其进行了深刻地解读："重农学派认为，只有农业劳动才是生产劳动，因为只有农业劳动才提供剩余价值。在重农学派看来，剩余价值只存在于地租形式中。"③显然，在马克思的视域里，重农学派混淆了资本和资本的生产形式。事实上，农业生产资料同货币一样都只是资本的一种表现形态。同时，也能看出，马克思指出了重农学派的症结不同于重商主义，他们过于看重生产领域，而且还是农业生产领域，很明显它把生产的范围狭窄化了。

所以，"重农学派的一些观点很明显是错误的。该学派错误地认为工业和贸易是非生产性的。法国的工业和贸易越发达，重农学派的错误分析也就越明显。这种错误导致了另一种错误——因为认为只有土地才产生剩余，所以应该只对土地所有者征税。富有的工业资本家笑了，他们赞成这种信条：他们没有增加财富所以不必纳税"④。因此，不难发现，重农学派只对"土地所有者征税"的主张必然会促进工业和商业资本的发展。而"富有的工业资本家笑了"，说明工业资本家榨取工人的剩余价值以及对工人进行的剥削实际上必然会加重，劳动工人的生活必然会愈加悲惨，社会的两极分化也必将日益扩大。

同时，工业资本对自然的掠夺和索取也必然会愈演愈烈，资本与自然的矛盾开始尖锐起来。而由于重农学派对农业的重视，它也必然会促使农业资本的发展。而这必然会产生越来越多的雇佣劳动力，大量的农民会成为雇佣工人，农民所受的剥削也越来越严重。从而，资本与自然、资本与社会以及资本与人之间的伦理关系越发严峻起来。"但无论

---

① 《马克思恩格斯文集》（第7卷），人民出版社2009年版，第886页。
② 同上书，第886—887页。
③ 《马克思恩格斯文集》（第5卷），人民出版社2009年版，第583页。
④ [美]斯坦利·L.布鲁、兰迪·R.格兰特：《经济思想史》，邸晓燕等译，北京大学出版社2008年版，第30页。

如何，重农学派在经济学说史上占有重要的地位，他们的思想和政策对亚当·斯密产生深刻的影响，亚当·斯密在这种自由主义学说的培育之下建立了自己的学说体系。根据马克思的考察，亚当·斯密关于社会阶级结构、工资、资本和地租的许多理论观点都深受重农学派的影响，并把重农学派看做是亚当·斯密的'开路人'。"①

三 亚当·斯密的资本伦理思想

亚当·斯密（Adam Smith）是英国资产阶级古典政治经济学的集大成者，解读亚当·斯密的资本伦理思想必须要结合他的资本观。亚当·斯密是如何来厘定资本的呢？从如下两个维度对斯密的资本观进行审视，可以发现：一方面它被马克思在《资本论》第二卷中评价道，"进步之处在于'资本'这个名词，他使资本这个概念普遍化，摆脱了重农学派特别注意把它应用于'农业'领域这种情况"②；另一方面，又正如马克思在《1861—1863年经济学手稿》中所论及的，"亚当·斯密对一切问题的见解都具有二重性"③，资本也不例外，斯密的资本观总体上被马克思理解为一个悖论性的存在。

具体而言，应当看到，亚当·斯密的学说形成于18世纪五六十年代即英国工业革命的前夕。而其中，斯密关于资本的理解共有两种观点：其一，他认为资本是为资本家提供利润的积聚。亚当·斯密在《国民财富的性质和原因的研究》中曾提道："资本一经在个别人手中积聚起来，当然就有一些人，为了从劳动生产物的售卖或劳动对原材料增加的价值上得到一种利润，便把资本投在劳动人民身上，以原材料与生活资料供给他们，叫他们劳作。与货币、劳动或其他货物交换的完全制造品的价格，除了足够支付原材料代价和劳动工资外，还须剩有一部分，给予企业家，作为他把资本投在这企业而得的利润。"④ 不难看出，亚当·斯密此时已经接近于把资本看作是一种生产关系，是资本家对雇佣

---

① 杨建飞：《西方经济思想史》，武汉大学出版社2010年版，第68页。
② 《马克思恩格斯文集》（第6卷），人民出版社2009年版，第401页。
③ 《马克思恩格斯全集》（第33卷），人民出版社2004年版，第136页。
④ [英]亚当·斯密：《国民财富的性质和原因的研究》（上卷），郭大力、王亚南译，商务印书馆1972年版，第43页。

工人的一种剥削关系。他认为资本家进行投资的目的是获取利润，而利润实际上来自于工人的剩余劳动。

同时，也应当看到，斯密在此指出利润是由工人创造的，因此在分配的时候就应当坚持互利原则。他在《国民财富的性质和原因的研究》中曾经指出："下层阶级生活状况的改善，是对社会有利呢，或是对社会不利呢？一看就知道，这问题的答案极为明显。各种佣人、劳动者和职工，在任何大政治社会中，都占最大部分。社会最大部分成员境遇的改善，决不能视为对社会全体不利。有大部分成员陷于贫困悲惨状态的社会，决不能说是繁荣幸福的社会。而且，供给社会全体以衣食住的人，在自身劳动生产物中，分享一部分，使自己得到过得去的衣食住条件，才算是公正。"① 并且，斯密还进一步指出了要让劳动者的工资有最低标准。他在《国民财富的性质和原因的研究》中说："需要靠劳动过活的人，其工资至少须足够维持其生活。在大多数场合，工资还得稍稍超过足够维持生活的程度，否则劳动者就不能赡养家室而传宗接代了。"② 此外，他还说雇主应当让劳动者适度地工作。在《国民财富的性质和原因的研究》中，亚当·斯密讲道："如果雇主听从理性及人道主义的主宰，就不应常常鼓励劳动者勤勉，应当要他们适度地工作。我相信，在各个行业，一个能工作适度的人，能够继续不断工作，不仅长期保持健康，而且在一年中做出比其他人更多的工作。"③

亚当·斯密在这里已经不自觉地触及了资本的本质问题。这是斯密超越重商主义、重农学派以及李嘉图等学派或思想家的突出表征，尽管他并没有明确提出这一点。究其原因同马克思在《资本论》第一卷中分析资本主义社会工资的本质被"劳动的价值和价格"遮蔽的缘由并无二致："古典政治经济学几乎接触到事物的真实情况，但是没有自觉地把它表述出来。只要古典政治经济学附着在资产阶级的皮上，它就不可能做到这一点。"④ 可见，马克思认为斯密没有明确指出资本生产关系本质

---

① [英] 亚当·斯密：《国民财富的性质和原因的研究》（上卷），郭大力、王亚南译，商务印书馆1972年版，第72页。
② 同上书，第62页。
③ 同上书，第76页。
④ 《马克思恩格斯文集》（第5卷），人民出版社2009年版，第622页。

的一个重要原因就是斯密的阶级立场是资产阶级。而另一个重要缘由，马克思后来在《资本论》第一卷中分析资本本质问题也进行了表述："资本不仅像亚当·斯密所说的那样，是对劳动的支配权。按其本质来说，它是对无酬劳动的支配权。"① 这里，马克思一方面肯定了斯密对资本概念界定的可取之处，另一方面也明确地指出他的问题在于没能对劳动与劳动力进行科学的区分。

其二，亚当·斯密把资本定义为用于继续生产而进行积累的一部分"资财"即生产资料。其在《国民财富的性质和原因的研究》（上卷）中指出，"他的全部资财于是分成两部分。他希望从以取得收入的部分，称为资本。另一部分，则供目前消费"②。斯密的这种定义实际上是把资本和资本的物质形态等同视之，只看到了资本的物质表现形式，而没能深究其本质属性，从而遮蔽了资本同雇佣劳动之间的剥削关系。显然，斯密把资本物象化了，他此时只看到了资本实证层面的意义。由此可见，亚当·斯密的资本观实际上是一种二律背反。他对资本范畴的两种阐述是并存的，同时也是矛盾的。而这背后的原因是什么呢？马克思明确指出这与斯密的经济研究方法有关，他在《1861—1863年经济学手稿》中对此进行了比较翔实地解构："斯密本人非常天真地活动于不断的矛盾之中。一方面，他探索各种经济范畴的内在联系，或者说，资产阶级经济制度的隐蔽结构。另一方面，他又把在竞争现象中表面上所表现的那种联系，也就是在非科学的观察者眼中，同样在那些被实际卷入资产阶级生产过程并同这一过程有实际利害关系的人们眼中所表现的那种联系，与上述内在联系并列地提出来。"③

由上，从对资本的分析中，不难管窥出斯密的经济伦理思想包括在以下几个方面：一是同情与自利：经济行为的心理基础与驱动力；二是互利：市场经济最基本的伦理法则；三是看不见的手：经济运行和管理的最佳秩序原理；四是放任：政府在市场经济活动中的道德限度。④ 作

---

① 《马克思恩格斯文集》（第5卷），人民出版社2009年版，第611页。
② ［英］亚当·斯密：《国民财富的性质和原因的研究》（上卷），郭大力、王亚南译，商务印书馆1972年版，第255页。
③ 《马克思恩格斯全集》（第34卷），人民出版社2008年版，第182页。
④ 余达淮：《马克思经济伦理思想研究》，江苏人民出版社2006年版，第40—47页。

为学术思想主要形成于工业革命前夕，资本尚未居于全球主宰地位的一位经济学家，从根本上说，斯密是要为资本主义剥削制度进行辩护的。亚当·斯密的经济伦理思想最终是为资产阶级统治者的利益服务的，尤其是"经济人"假说和自由竞争、自由放任的伦理信念导致的后果必然是资本与自然、资本与社会、资本与人之间伦理关系的不断尖锐，从而引起愈来愈多的生态问题、社会（如两极分化）问题，等等。

四 大卫·李嘉图的资本伦理思想

李嘉图（David Ricardo）是英国古典政治经济学的杰出代表和完成者，是工业革命时期的经济学家，他比斯密更彻底地坚持劳动价值论，使资产阶级经济学发展到了顶峰。对此，马克思曾经给予了很高的评价。李嘉图对资本概念同样给予了自己的理解。他把资本等同于人类社会生产的手段，甚至把原始社会猎人使用的武器也视为资本。其在《政治经济学及赋税原理》一书中指出："亚当·斯密说，在原始社会，猎人捕杀鸟兽，已需若干资本，不过这种资本，可由猎人自己蓄积而得。没有武器，海狸野鹿都不得而捕杀。"① 对此，马克思在《1861—1863年经济学手稿》中分析道："在李嘉图看来，资本仅仅是不同于'直接劳动'的'积累劳动'，它仅仅被当作一种纯粹物质的东西，纯粹是劳动过程的要素，而从这个劳动过程是决不可能引出劳动和资本、工资和利润的关系来的。"② 这里，我们能够发现，大卫·李嘉图对资本范畴的厘定并没有超出亚当·斯密的理解，某种意义上相对于亚当·斯密（第一种资本定义）来说是一种后退。

个中缘由，马克思在《1861—1863年经济学手稿》中也进行了科学的解释。马克思指出李嘉图坚持资本主义生产方式是"天然合理"的和永恒的，否认资本的历史性和社会性，从而产生了他自身科学研究中的形而上学特征。一个典型例证是，尽管在理论研究中，李嘉图力争用科学的抽象法来揭示客观事物的本质和联系，但是，"应该指责李嘉图的

---

① ［英］大卫·李嘉图：《政治经济学及赋税原理》，郭大力、王亚南译，译林出版社2011年版，第8页。
② 《马克思恩格斯全集》（第34卷），人民出版社2008年版，第453页。

是，一方面，他的抽象还不够充分，不够完全，因而当他，比如说，考察商品价值时，一开始就同样受到对各种具体关系的考察的限制；另一方面是，他直接把表现形式理解为一般规律的证实或表现；他根本没有揭示这种形式"①。显而易见，马克思批判了李嘉图的经济研究方法，并且指出正是基于这一方法，才使得他在许多问题上往往把事物的本质和其表现形式直接地等同或者加以混淆。他对资本和资本物质形态的等量齐观就是一个明证。

李嘉图正确揭示了资本的营利目的，李嘉图在《政治经济学及赋税原理》一书中指出："资本完全没有利润，有谁要雇佣劳动呢？"②"使资本转移的，不是利润的绝对跌落，只是利润的相对跌落。使资本从一用途撤回，而转投在他种用途上的，是利润之差。"③可见，作为工业革命时期的经济学家，这时资本已经成为世界的"普照之光"，李嘉图仍然认为资本的逐利本性丝毫没有退却，反而愈演愈烈。资本同劳动之间仍然存在根本对立，资本同自然、资本同社会、资本同人之间的伦理关系必然在不断恶化。而由于资本伦理关系本质上是用来描述在资本主义发展过程中资本家与工人之间的地位与状况，所以，上述社会现实景况强烈吁求资本伦理的介入，以从根本上规约资本场域下人与人之间的伦理关系。

第二节　马克思资本伦理的逻辑生成与建构

马克思的资本伦理思想也是资本伦理的重要理论渊源。但要考量马克思的资本伦理思想，在逻辑上就必须要考量马克思当年是如何界定资本的以及马克思资本伦理思想的核心要义究竟是什么。

一　马克思对资本的生产力与生产关系的双维建构

当下，学术界对资本概念的解读是见仁见智。首先，西方经济学站

---

① 《马克思恩格斯全集》（第34卷），人民出版社2008年版，第115页。
② ［英］大卫·李嘉图：《政治经济学及赋税原理》，郭大力、王亚南译，译林出版社2011年版，第59页。
③ 同上书，第147页。

在资本家的立场上，总体上一直是从生产力的维度视资本为一种"物"，缺乏从生产关系的视角去认知资本。诚然，在西方经济思想史上，也不乏有一些真知灼见。例如，前已论及的亚当·斯密关于资本本质的某种有价值的见解。又如美国当代著名经济学家罗伯特·L. 海尔布隆纳（Robert L. Heilbroner）在《资本主义的本质与逻辑》一书中所言："资本不是物质的东西而是一个过程，在这一过程中，物质东西的使用被视为其不断变化地存在中的一个特殊阶段。另外它也是一个社会过程，而不是自然过程。"① 在此，海尔布隆纳把资本的本质认定为一个"过程"，并说"是一个社会过程，而不是自然过程"。这虽然有把资本和资本运作混淆之嫌，但从中仍然可以窥探出，海尔布隆纳对资本的"社会过程"定义与马克思对资本本质的"生产关系"定义是有一定相通之处的，因为事实上后者正是在前者之中得以不断呈现的。

无独有偶，当代西方最重要的思想家之一大卫·哈维（David Harvey）在《资本之谜：人人需要知道的资本主义真相》一书中也说道："资本不是一个静态的概念，而是一个过程。在这一过程中，资金不断地追求增殖，变成更多的资金。推动这一过程的关键人物是资本家，他们分饰不同的角色。"② 由此可见，哈维也把"过程"作为资本的本质，某种意义上说，他与海尔布隆纳都近似于看到了资本生产关系的本质属性。但不同于海尔布隆纳，哈维后来进一步发展和完善了自己的观点。他在其《资本社会的17个矛盾》中，把"资本是一种过程还是一种东西？"界定为第6个矛盾。并且指出资本既是一种过程，也是一种东西，二者并不矛盾，是共存且互补的关系。他说："资本持续流通是一种过程和流动，而另一方面，资本也会以各种物质形式出现（主要是货币、生产活动和商品）。两者合一形成一种矛盾统一。"③ 哈维对资本概念这种双重性的定义，某种意义上接近于我们接下来要对马克思资本概念生

---

① 刘文艺：《从"现实生活"出发——马克思"两个手稿"的资本批判视角》，《学术界》2016年第4期。

② ［奥地利］路德维希·拉赫曼：《资本及其结构》，刘纽译，上海财经大学出版社2015年版，第3页。

③ ［美］罗伯特·L. 海尔布隆纳：《资本主义的本质与逻辑》，马林海译，东方出版社2013年版，第23页。

产力和生产关系的双维分析。在这一点上，相对于海尔布隆纳，哈维实现了超越。当然，应当承认的是，他们存在的问题亦是显而易见的："过程"并不等于"关系"，即还不能把"资本是一个过程"和"资本是生产关系"直接等同起来。

在西方，值得肯定的是，也有学者批判了把资本界定为一种资源，从而造成了今天大量存在的诸如人力资本、文化资本、社会资本、政治资本等对资本错误指认的观点。他们说："这些表述将资本主义特有的社会形式还原为像功用这样的伪概念或普遍通用的概念：资本被压缩为资源，价值被压缩为使用价值。"[①] 这些学者认为，资本概念是马克思政治经济学批判的核心概念之一，它是资本主义所特有的，主张应当从价值出发去理解资本，并重塑价值和资本的概念。在他们看来，资本不是任何形式的资源，而是不断带来增殖的价值。它的目的是特定的即追求剩余价值，而剩余价值的源泉则是雇佣工人的剩余劳动，因此，他们认为对资本的界定不能离开价值，离开剩余劳动。可见，这种认识有其合理之处，某种程度上是对马克思资本概念的一种坚持而非背离。

其次，从国内来看，目前有学者认为资本的概念非常复杂，很难对其进行准确的界定。也有学者持相反的观点，指出资本并没有那么"玄乎""神秘"和"不可捉摸"。在他们那里，资本实际上就是"大货币"，而其所谓的"大"指向的就是"增殖"。无疑，这种解读把资本所具有的属性加以片面化。它只是单一地强调资本的自然属性，但是却忽略了资本更根本的社会属性。这与马克思建构的资本经典定义："原预付价值不仅在流通中保存下来，而且在流通中改变了自己的价值量，加上了一个剩余价值，或者说增殖了。正是这种运动使价值转化为资本。"[②] 简言之，即与据此被我国马克思主义政治经济学教材界定的"资本是能够带来剩余价值的价值"是存在根本差异的。原因在于马克思资本概念建构的维度是双维而非一维：首先，资本要"带来剩余价值"即要实现增殖表征了马克思资本概念建构的生产力维度，它反映的是人与

---

① [美]大卫·哈维：《资本之谜：人人需要知道的资本主义真相》，陈静译，电子工业出版社2011年版，第43页。
② 《马克思恩格斯文集》（第5卷），人民出版社2009年版，第176页。

物、物与物之间的关系；其次，如若资本要"带来剩余价值"，逻辑上就必然要剥削雇佣工人的剩余劳动，因此这背后也就必然隐含着资本家对雇佣工人的剥削即人与人之间的关系。这便表现了马克思资本范畴构建的生产关系维度。资本的本质就是"人和人之间的社会关系"。虽然他在此没有使用"生产关系"，而代之"社会关系"。但二者表达的却是同一个意义，因为在马克思看来，"生产关系总和起来就构成所谓社会关系"①，但随之而来却不得不引起我们反思的两个问题是：马克思语境中的资本概念果如其所说"资本不是物"吗？如若不是，马克思资本范畴的生产力维度还能成立吗？

为什么会产生这样的疑问？因为马克思曾经说过："资本不是物，而是一定的、社会的、属于一定历史社会形态的生产关系，后者体现在一个物上，并赋予这个物以独特的社会性质。"② 显而易见，在马克思的视域中，资本既是物，又不是物。表面上看，这是一句充满吊诡的阐述。但实际上，这两者是不相矛盾的，因为它们的指向是不同的：其一，"资本是物"指的是各种物是资本的物质承载或曰表现形态；其二，"资本不是物"则阐明的是资本的本质为生产关系而非物。由此可以佐证的是：生产力与生产关系确实是马克思厘定其资本概念的两个维度。同时，值得我们关注的是，这两个层面在马克思资本概念逻辑生成中的地位是不同的。马克思主要是从生产关系而非生产力的层面去对资本范畴进行考察的。用他曾经在为《资本论》第一卷第一版所写序言中的话说："我要在本书研究的，是资本主义生产方式以及和它相适应的生产关系和交换关系。"③ 可见，某种意义上说，马克思讲的"资本不是物"也正是基于此种向度而言的。接着来看，针对诸如重商主义、重农学派、古典政治经济学以及庸俗经济学对资本概念仅仅从生产力的单一视角考量，马克思很早便发现了其问题所在："那就是只看到了资本的物质，而忽视了使资本成为资本的形式规定。"④ 在这里，马克思所说的"使资本成为资本的形式规定"，事实上指的就是资本诸多物质形态背后

---

① 《马克思恩格斯文集》（第1卷），人民出版社2009年版，第724页。
② 《马克思恩格斯文集》（第7卷），人民出版社2009年版，第922页。
③ 《马克思恩格斯文集》（第5卷），人民出版社2009年版，第8页。
④ 《马克思恩格斯全集》（第30卷），人民出版社1995年版，第213页。

生产关系的本质规定。而相对于马克思的资本范畴，资产阶级经济学家们实质上是将资本"物化"了，他们没能科学厘定出资本的本质。在《1857—1858年经济学手稿》中，马克思对其原因进行了深刻地剖析："资产阶级经济学家们把资本看作永恒的和自然的（而不是历史的）生产形式，然后又竭力为资本辩护，把资本生成的条件说成是资本现在实现的条件，也就是说，把资本家还是作为非资本家——因为他还只是正在变为资本家——用来进行占有的要素，说成是资本家已经作为资本家用来进行占有的条件。"① 显然，资产阶级经济学家们的弊病在于缺乏一种科学的历史观和方法论，从而错误地指认了资本的含义及其本质。

同时，这也再一次印证了马克思对资本概念的阐释既包括生产力的维度，也蕴含生产关系的维度。也可以说马克思视域中的资本范畴包括物和生产关系两个层面，其中物是表象，是从生产力的向度来说的，而生产关系则是资本的本质所在，这应当是没有异议的。但问题是，还应看到，在西方经济学的发展历程中，不乏学者对马克思所建构资本概念的内涵提出质疑。例如，有学者发问，马克思对资本的这一厘定，从学理上说，应当是难度不大的。具体地讲，资本的生产关系本质属性应当是不难从它的各种"表象"（各种生产要素等物质形态）中得出的，之前所述的亚当·斯密、罗伯特·L.海尔布隆纳和大卫·哈维的观点就是明证。但倘若如此，为什么还有学者认为西方经济学对资本的理解只是单单从物的角度，而缺乏生产关系本质的向度呢？个中理由是西方经济学与马克思从事经济学研究的历史观与方法论存在根本差别而造成的：西方资产阶级经济学家对经济现象的研究是非历史的和形而上学的，而马克思对经济范畴、经济事物的探究则是历史的和唯物辩证的。具体看，西方经济学家缺乏科学的历史观和方法论，他们囿于自身的阶级立场，把商品、货币与资本等经济范畴抽象化、永恒化，从而把资本片面化，致使其"见物不见人"。而马克思以唯物史观和唯物辩证法作为其经济学研究的根本历史观和方法论，并结合一定的社会阶段、民族和国家等对包括资本在内的经济现象开展历史的和辩证的思索，"既见物又见人"，尤其辩证批判了马克思之前西方主要资产阶级经济学派的资本

---

① 《马克思恩格斯文集》（第8卷），人民出版社2009年版，第109页。

概念，继而建构了自己科学的资本范畴。

二 马克思恩格斯的资本伦理思想

马克思和恩格斯出生于工业革命之后，尽管此时资本主义仍然处在自由竞争阶段，但资本在全球的统治地位的形成及不断发展使得资本的伦理关系发生了一些新变化。而马克思和恩格斯对资本伦理关系的界定表征在他们的一系列经典文献之中。马克思和恩格斯对资本与自然的伦理关系的解读主要表现在马克思的自然观之中。马克思并没有专门地、系统地论述过生态环境问题，其自然观散见于他的各个时期的著作中。尤其主要体认在他的《1844年经济学哲学手稿》《德意志意识形态》《哥达纲领批判》等著作之中。在《1844年经济学哲学手稿》中，马克思深刻地阐述了他的自然观，论述了人与自然之间的伦理关系。而实际上，马克思和恩格斯视域下资本与自然的伦理关系便是资本主义制度下人与自然之间伦理关系的内容与实质。

马克思在《1844年经济学哲学手稿》中科学阐述了人与自然的辩证关系即其自然观思想。其一，人与自然存在着对立，自然与人相比具有先在性。马克思创造性地将人与自然相结合，认为人与自然都具有客观实在性，并提出了自然对于人的先在性。这便是对机械论自然观的理论升华。而这种先在性就是指在人类产生之前、人的意识产生以前以及人能动地改造自然界之前，自然界就已然存在了。因此，自然便是人类产生之前的"自在自然"，而人类产生之后，由于对其进行了能动地改造，自然界便被称为"人化自然"。因此，自然界不仅是先在的，而且也是人类社会长期发展的产物。其二，人与自然具有密切的关联。首先，人必须依靠自然而存在。马克思在《1844年经济学哲学手稿》中指出："自然界，就它自身不是人的身体而言，是人的无机的身体。人靠自然界生活。这就是说，自然是人为了不致死亡而必须与之处于持续不断的交互作用过程的、人的身体。"[①] 自然界一方面为人类提供生活资料，使人类得以生存；另一方面，也提供了生产资料，"没有自然界，没有感性的外部世界，工人什么也不能创造。自然界是工人的劳动得以

[①] 《马克思恩格斯文集》（第1卷），人民出版社2009年版，第161页。

实现、工人的劳动在其中活动、工人的劳动从中生产出和借以生产出自己的产品的材料"①。使人类在劳动实践中不断进化、发展，形成社会，并在社会中不断发展；其次，自然界也同样需要人的存在。"动物只生产自身，而人再生产整个自然界。"② 在此，马克思阐述了人之作为"人"，比动物更具有普遍性，人的"万能"促成了人的肉体与精神的双重生活都与自然紧密联系。

同时，马克思认为生态危机的根由是资本主义制度及其生产方式。在资本主义制度下，资本主义生产方式带来了生产力的巨大发展，正如马克思在《共产党宣言》中曾指出的那样："资产阶级在它的不到一百年的阶级统治中所创造的生产力，比过去一切世代创造的全部生产力还要多，还要大。"③ 但是，马克思也看到了资本主义生产方式在其发展中对自然所造成的破坏。"生产力在其发展的过程中达到这样的阶段，在这个阶段上产生出来的生产力和交往手段在现存关系下只能造成灾难，这种生产力已经不是生产的力量，而是破坏的力量（机器和货币）。"④ 这种破坏的力量造成森林、煤矿和铁矿的枯竭，造成了适合于人类和其他物种繁衍生长的自然环境和自然条件，变成了受到污染的自然环境，就连生命存在的基本要素——空气，也被"文明的熏人的毒气污染"。资本主义条件下，人和自然的关系就其内容和实质来说，是资本同自然的关系，是资本对自然的占有。因此形式上表现为人和自然关系恶化的生态危机，实质上，是资本同自然关系的恶化，是资本家对自然疯狂占有和变相"支配"所引起的恶果。事实上，人对自然支配不是生态危机的原因，生态问题只是由于对待自然的"特殊"方式引起的。

马克思所处的时代，虽然资本主义对自然环境所进行的破坏没有像今天这样严重，但是，资本的逐利本质使马克思能够亲身体会到资本主义制度对自然环境进行征服和掠夺的原始冲动。在《哥达纲领批判》中马克思提出了资本主义制度是生态危机的根源，生态恶化是资本主义制度固有的逻辑。"在现今的资本主义社会中怎样最终创造了物质的和其

---

① 《马克思恩格斯文集》（第1卷），人民出版社2009年版，第158页。
② 同上书，第162页。
③ 《马克思恩格斯文集》（第2卷），人民出版社2009年版，第36页。
④ 《马克思恩格斯文集》（第1卷），人民出版社2009年版，第542页。

他的条件，使工人能够并且不得不全部铲除这个历史祸害。"① 针对资本主义生产方式下人与自然的矛盾日益恶化，生态危机凸现的现实，马克思的自然观可以让我们看到克服生态危机和人与自然之间的尖锐矛盾的希望；必须从社会制度方面实现变革，并改变经济发展的方式，坚持可持续性发展，这样才会促使人与自然之间的物质交换能够和谐进行。

马克思和恩格斯对资本与社会、资本与人以及人与人之间伦理关系的分析是交织在一起的，主要表征在他们的《共产党宣言》《英国工人阶级状况》《资本论》及其手稿等众多文本之中。而在这些文献中，对资本与社会以及资本与人之间伦理关系的分析可以从资本所具有的善与恶的两个维度进行审视。其一，从资本带来的善这一角度看。首先，资本的逐利本性、扩张性和掠夺性等自然属性使得各个民族、整个社会、世界联结成为一个有机整体。马克思和恩格斯在《共产党宣言》中生动形象地指出："资产阶级，由于开拓了世界市场，使一切国家的生产和消费都成为世界性的了。……过去那种地方的和民族的自给自足和闭关自守状态，被各民族的各方面的互相往来和各方面的互相依赖所代替了。物质的生产是如此，精神的生产也是如此。"②

其次，资本较大地促进了社会生产力以及形式上的人的平等。马克思在《资本论》第一卷中指出："资本一出现，就标志着社会生产过程的一个新时代。"③ 随后他在《资本论》第三卷中又指出："资本的文明面之一是，它榨取这种剩余劳动的方式和条件，同以前的奴隶制、农奴制等形式相比，都更有利于生产力的发展，有利于社会关系的发展，有利于更高级的新形态的各种要素的创造。"④ 正如曼德纽尔在《蜜蜂的寓言》中所言，私欲的"恶之花"结出的是公共利益的善果；资本事实上也是社会繁荣的必要的基础。因此，"随着资本的发展而带来的社会生产力的极大发展，必然积累更雄厚的社会财富，使人们的生活水平得到极大提高，这也就为社会道德建设和经济伦理的发展提供了更好的物质

---

① 《马克思恩格斯文集》（第3卷），人民出版社2009年版，第430页。
② 《马克思恩格斯文集》（第2卷），人民出版社2009年版，第35页。
③ 《马克思恩格斯文集》（第5卷），人民出版社2009年版，第198页。
④ 《马克思恩格斯文集》（第7卷），人民出版社2009年版，第927—928页。

条件"①。

再者,资本促进了现代社会的产生及发展。马克思在《1857—1858年经济学手稿》中指出,正是由于资本的运动,才导致"家长制的,古代的(以及封建的)状态随着商业、奢侈、货币、交换价值的发展而没落下去,现代社会则随着这些东西同步发展起来"②。可见,"资本是现代社会发展的基础和动力,构成了各种现代性现象的核心和灵魂,因而是解开现代社会秘密的一把钥匙。现代社会的形成轨迹和运行机制表明,资本及其运动不但创造了现代社会,而且还始终支配着现代性的运行过程,从而内在地规定着现代性逻辑"③。而实际上,"市场经济的最核心问题是资本问题。离开了资本,便不能理解现代社会的形成和发展,也不能理解现代社会的矛盾和冲突。直到今天,资本问题依然是现代社会的根本问题,既是资本主义社会的根本问题,也是社会主义社会的根本问题"④。

同时,从资本带来的恶这一视角看。众所周知,恶是相对于善来说的,它与善一起构成伦理学的一对基本范畴。而何谓恶?又何谓善?千百年来,中西方学者们都对它们进行了各自的追问和界定。例如,罗国杰先生在《伦理学》一书中就曾指出:"在伦理学上,一般来说,善就是在人和人的关系中表现出来的对他人、对社会的有价值的行为,恶就是对他人、对社会有害的、产生负价值的行为。"⑤这里,罗国杰先生认为恶与善是一种道德评价,它们总是与人们的利益相关联的。而实际上包括罗国杰先生在内的学者们关于善恶这一对伦理范畴达成的一个共识是:恶与善是道德价值的两个不可分割的维度,其评价的客观标准是看是否有利于人民的利益和社会的进步。而对于资本而言,同样如此,资本的伦理价值同样具有恶与善的两重向度,并且它也同样存在一个客观的、统一的人民利益评价标准。接下来,让我们来分析资本恶的一面。

---

① 龚天平:《资本的伦理效应》,《北京大学学报》(哲学社会科学版)2014年第1期。
② 《马克思恩格斯文集》(第30卷),人民出版社1995年版,第108页。
③ 余达淮、程广丽:《资本伦理及在中国经济伦理发展中的地位》,《理论探讨》2012年第6期。
④ 孙承叔:《资本与历史唯物主义——〈马克思恩格斯全集〉中文第二版第30、31卷的当代解读》,《西南大学学报》(社会科学版)2013年第1期。
⑤ 罗国杰:《伦理学》(修订本),人民出版社2014年版,第408页。

首先,资本会加剧人与人之间伦理关系的异化。在《1844年经济学哲学手稿》中,马克思详尽考察了资本主义社会异化劳动的四种表现即劳动者与劳动产品相异化(从生产结果看),劳动者与劳动相异化(从生产过程看),人同人的类本质相异化,人同人相异化。之后,马克思指出劳动异化是私有财产产生的直接原因。马克思认为,在资本主义条件下,由于异化劳动必然会导致人与自然关系的异化,自然界并没有成为人类的伙伴、朋友,而变成资本一味掠夺的对象。"在人类历史中即在人类社会的形成过程中生成的自然界,是人的现实的自然界;因此,通过工业——尽管以异化的形式——形成的自然界,是真正的、人本学的自然界。"[①] 而显然,人与自然即实质上是资本与自然伦理关系异化反映的是人与人之间伦理关系的异化。而其异化的根源则要归于资本主义的制度,归于资本。因为,"如果劳动产品不是属于工人,而是作为一种异己的力量同工人相对立,那么这只能是由于产品属于工人之外的他人。如果工人的活动对他本身来说是一种痛苦,那么这种活动就必然给他人带来享受和生活乐趣。不是神也不是自然界,只有人自身才能成为统治人的异己力量"[②]。可见,统治工人的异己的力量,那就是资本或者说资本家。马克思在《资本论》第一卷中讲道:"资本由于无限度地盲目追逐剩余劳动,像狼一般地贪求剩余劳动,不仅突破了工作日的道德极限,而且突破了工作日的纯粹身体的极限。"[③] "资本是不管劳动力的寿命长短的。它唯一关心的是在一个工作日内最大限度地使用劳动力。"[④] 由此可见,资本必然会加剧劳动的异化,而人和人之间伦理关系的异化也必然会被加剧。因为,在异化劳动的四个内容中,"人同自己的劳动产品、自己的生命活动、自己的类本质相异化的直接结果就是人同人相异化"[⑤]。

其次,资本会妨碍社会和谐。资本虽然一方面会带来生产力的发展,经济的繁荣和社会的进步,但另一方面也必然会导致工人的贫困,

---

① 《马克思恩格斯文集》(第1卷),人民出版社2009年版,第193页。
② 同上书,第165页。
③ 《马克思恩格斯文集》(第5卷),人民出版社2009年版,第306页。
④ 同上书,第306—307页。
⑤ 《马克思恩格斯文集》(第1卷),人民出版社2009年版,第163页。

尊严的践踏以及社会的两极分化愈拉愈大。马克思在《1857—1858年经济学手稿》中指出："资本的本质——这要在考察竞争时更详细地加以说明——就是自相排斥，也就是许多彼此完全漠不关心的资本。"① 因此，"虽然资本是市场经济的第一原则，但资本不是社会和谐的第一原则，因为资本在本质上是反人道的，它在相当程度上构成社会不和谐的根源"②。资本缘何会妨碍社会和谐？"因为要增殖，所以资本有一种违法悖德的内在冲动。……它把人物化，把人的尊严变成了交换价值，破坏了一切封建的、宗法的和田园诗般的关系，使人和人之间除了赤裸裸的利害关系和冷酷无情的现金交易外再也没有任何别的联系，整个社会都淹没在利己主义打算的冰水之中。在资本的肆虐之下，这样的社会显然已无和谐可言，生活于这样的社会中的人也无幸福可言。"③

众所周知，马克思主义的根本目标和最终使命是实现无产阶级和全人类的彻底解放，它具有深切的人文关怀。可以说，整个马克思主义理论的出发点和归宿就是人，马克思在《关于费尔巴哈的提纲》中曾明确指出："旧唯物主义的立脚点是市民社会，新唯物主义的立脚点则是人类社会或社会的人类。"④ 也正如马克思指出的那样，未来的共产主义社会就是"自由人的联合体"。因此，毋庸置疑，马克思和恩格斯的资本的伦理关系观的出发点和落脚点当然也是人。这也即是说马克思和恩格斯的资本伦理关系观具有"人本性"的特点，即坚持以人为本。所谓"以人为本"，是相对"以物为本"即主要"以资本为本"而言的，是指把人作为现实世界的主体，从人的根本利益出发去处理资本与自然、资本与社会、资本与人以及人与人之间的伦理关系。在现实生活中，人是以个体、群体、人类等方式存在的，人的根本利益不能看成是个人或某群体的眼前私利，而是指全人类或最广大人民群众的整体利益和长远利益。

坚持"以人为本"，就是要从全人类或最广大人民群众的根本利益出发去认识和处理以上那些关系，绝不能为了个人或某一阶级的私利而

---

① 《马克思恩格斯全集》（第30卷），人民出版社1995年版，第404页。
② 孙承叔：《资本与社会和谐》，重庆出版社2008年版，第54页。
③ 龚天平：《资本的伦理效应》，《北京大学学报》（哲学社会科学版）2014年第1期。
④ 《马克思恩格斯文集》（第1卷），人民出版社2009年版，第502页。

污染生态环境、掠夺资源、破坏生态平衡。资产阶级为了追求物质利益，坚持"以物为本"，无限度地掠夺自然资源，破坏生态环境，妨害社会和谐，从而危害了全人类和最广大人民的整体利益和长远利益。正如恩格斯在《英国工人阶级状况》中指出的那样："英国资产者对自己的工人是否挨饿，是毫不在乎的，只要他自己能赚钱就行。一切生活关系都以能否赚钱来衡量，凡是不赚钱的都是蠢事，都是不切实际的，都是幻想。所以国民经济学这门关于赚钱的科学就成为这些唯利是图者所喜爱的科学。他们每个人都是国民经济学家。厂主对工人的关系不是人和人的关系，而是纯粹的经济关系。厂主是'资本'，工人是'劳动'。"[①] 因此，必须批判资本主义的"以物为本"，坚持社会主义的"以人为本"，只有这样才能从根本上实现资本与自然、资本与社会、资本与人以及资本场域下人与人之间伦理关系的和谐。

第三节　现当代西方经济学中对资本伦理的研究

西方经济学与马克思主义政治经济学虽然拥有共同的诸如"资本""劳动""市场"等概念，但二者不仅预设的出发点极不相同，而且在研究范式上也完全不同。梳理西方主流经济学与非主流经济学的发展脉络，有助于厘清资本概念的发生演变，对各个学派资本学说所蕴含的资本伦理内涵作出系统性的解读和探究。在西方现当代主流经济学方面，我们选取了新古典经济学和凯恩斯主义作为主要的分析框架；而在西方非主流经济学方面，则主要选取制度经济学、福利经济学和西方马克思主义作为主要的分析和研究框架。

一　当代主流经济学关于资本伦理的研究

（一）新古典经济学关于资本伦理的研究

新古典经济学是19世纪后期至20世纪前期西方经济学占主导地位的经济学思潮，它继承了古典经济学的基本立场，主张自由市场经济和

---

① 《马克思恩格斯文集》（第1卷），人民出版社2009年版，第477页。

个人理性选择，反对政府的过度干预，对凯恩斯主义经济学都持批判态度。新古典主义经济发展理论的中心论点，可以概括为经济不发达的原因，来自于错误的价格政策，以及第三世界政府过度活动引起的太多的国家干预所导致的资源配置不当。因此，对政府、市场各自在经济发展中的作用，应进行重新评价，并应利用市场力量解决发展问题。新古典经济学集中而充分地反映了经济学过去100年间的研究成果和发展特征，它在研究方法上更注重证伪主义的普遍化、假定条件的多样化、分析工具的数理化、研究领域的非经济化、案例使用的经典化、学科交叉的边缘化。总的说来，奥地利学派、洛桑学派和剑桥学派是新古典经济学三大最具代表性的派别，边际效用递减规律是它们理解经济现象的共同主张，这一规律既解释了购买者的行为与市场参与者对价格变化的反映，也解决了各种资源如何在市场中实现最佳配置等经济问题。在其各自的理论体系中，"资本"均作为重要概念贯穿始终。由于对资本内涵的不同理解，他们的资本伦理思想呈现出各自不同特点。

1. 奥地利学派关于资本伦理的研究

一般认为，奥地利学派形成于19世纪70年代，因其创始人是奥地利著名经济学家卡尔·门格尔（Carl Menger），而其支持者和继承者弗里德里希·维塞尔（Friedrich Freiherr von Wieser）和庞巴维克（Eugen Bohm-Bawerk）均为奥地利人，故而得名。奥地利学派主张用边际效用的个人消费心理来建立其理论体系，所以又称维也纳学派或心理学派，边际效用在其整个体系中居于核心地位。奥地利学派后期（20世纪后半叶）主要代表是米塞斯（Ludwig Heinrich Edler von Mises）和哈耶克（Friedrich August von Hayek），他们共同的主张是反对凯恩斯主义，主张自由放任。由于奥地利学派以效用价值论取代了马克思的劳动价值论，对资本性质方面的分析也与马克思迥然不同，因而成为公开反对马克思主义政治经济学的第一批西方经济学流派。奥地利学派后期的主要代表哈耶克在其著作《通往奴役之路》中，更是对国家计划的经济体制及社会主义进行了大肆攻击，认为这是一条专制和奴役人民的道路。

在资本理论方面，马克思基于科学的劳动价值论，关注的是资本的社会关系含义；而奥地利学派则依托边际分析，基于效用价值论，关注资本的技术层面含义。"一件资本品不仅是一种生产要素，还是作为一个跨期计划的一部分而生产出来的具有特殊功能的物品"①,可见,衡量一件物品是否属于资本品的标准是主观性的,这也是他们信奉边际效用所带来之必然结果。门格尔、庞巴维克等奥地利学派经济学家从所谓人类行为的时间性和迂回生产过程引出资本概念。一方面,资本产生于通过生产中间货物来生产消费品的迂回生产过程②。另一方面,迂回生产只是资本产生的一个必要条件,中间投入能够成为资本品,在根本上不是因为其物质特征,而是因为雇主使用它们的生产计划,亦即资本品是企业家将相应的物品运用于生产投资计划的结果。在奥地利学派看来,资本只与生产过程和时间有关系,社会制度并未进入他们考察资本的视域之内,他们认为,资本"不仅是凝固的劳动,也是凝固的时间"③。这就把马克思资本理论中最重要的要素即活劳动在悄无声息中剥离掉了,资本的存在样态扩大至了所有社会。庞巴维克提出迂回生产理论,并且认为资本存在于所有存在迂回生产的社会经济形态之中。"所谓迂回生产,就是先生产生产资料(资本品),然后再用这些生产资料(资本品)去生产消费品。由此可见,资本品是原始生产资料(土地和劳动)生产的产品,是一种中间投入。"④ 而对于资本利润的来源,奥地利学派则用主观偏好来说明,与马克思以剩余价值说明利润问题截然对立。他们主张资本家倾向于未来收益,而工人阶级则趋向于现实收益,资本家牺牲了时间,因此这个等待过程就是资本利润的产生过程。在分析方法上,奥地利学派立足效用价值论,以资本家和劳动者的主观偏好的技术分析取代马克思的社会关系分析范式;以市场过程分析取代马克思基于平均利润率的一般均衡分析(奥地利学派强调企业家预期及其知识储备在资本配置中的作用),尽管对于现实经济具备一定的参考和借鉴价值,但他们抛弃客观生产关系而采纳主观效用的分析,不免有舍本逐末之嫌。

纵观奥地利学派的理论体系,马克思主义政治经济学意义上的"资

---

① [美]埃德温·多兰:《现代奥地利学派经济学的基础》,王文玉译,浙江大学出版社2008年版,第120—129页。

② [美]熊彼特:《经济分析史》(第3卷),朱泱译,商务印书馆2005年版,第231页。

③ [奥地利]米塞斯:《货币、方法与市场过程》,戴忠玉、刘亚平译,新星出版社2007年版,第327页。

④ 陈博:《生产的时间结构:奥地利学派资本理论述评》,《石家庄经济学院学报》2015年第6期。

本"概念在他们那里已经完全发生了"基因突变",资本已经从生产关系和社会关系的反映蜕变成所谓时间层面的技术分析。他们声称,经济学应当是价值中立或者价值无涉的学科,殊不知在以私有制为前提进行一系列的经济分析之时他们就已经做出了价值判断和价值选择。米塞斯提出,"马克思主义者们开创了把商业危机解释为资本主义固有的罪恶这一理论的先河。他们认为商业危机是'无政府性的'资本主义生产的必然结果"①,这只是政治上的偏见。事实上,正是马克思的资本分析范式从社会宏观层面科学揭示了资本增殖的内在矛盾。"效用价值"替代"劳动价值"成为理论基点,一方面,致使现实社会中冲突性的资本家与雇佣工人之间的伦理关系,在奥地利学派那里转化成为资本家未来预期与雇佣劳动者当前满足之间的平等交换关系;另一方面,奥地利学派衡量资本时所使用的主观主义尺度,必然加剧经验与理性的对立,忽略资本现实矛盾的二重性,必然使得资本伦理在他们那里重陷认识上的形而上学窠臼。此外,企业家精神是奥地利学派的重要主张,当代奥地利学派掌门人伊斯雷尔·柯兹纳(Israel Kirzner)在其著作《竞争与企业家精神》中对此有过系统阐述。总的说来,奥地利学派将企业家精神定义为"对市场利润机会的警觉性,并将获取市场利润机会的警觉性与整合市场分散信息的能力,称为企业家才能,由此构成了奥地利学派关于企业家精神理论内涵的主要内容"②。显然,奥地利学派将获取利润作为企业家精神首要的考量因素,模糊了工具理性与价值理性之间的关系,这样的企业家精神显然不利于资本"善"的一面的有效发挥,因此需要对其进行伦理重构,将道德和社会责任纳入企业家精神的考虑之内,从而实现对资本进行有效的伦理规约。

2. 洛桑学派关于资本伦理的研究

洛桑学派又称数理经济学派,它和奥地利学派均产生于同一时代(19世纪70年代),是近代强调边际效用的一个最主要的学派。洛桑学派首次系统地将数理方法引入经济学研究之中,实现了经济学的"数学

---

① [美]米塞斯:《人类行为的经济学分析》,赵磊译,广东经济出版社2010年版,第477页。

② 戴泽伟、张楠:《企业家精神促进资本市场发展作用机制、存在问题及治理策略——基于奥地利学派的反思》,《理论探讨》2018年第2期。

革命"，因其主要代表人物里昂·瓦尔拉斯（Leon Walras）和维尔弗里多·帕累托（Vilfredo Pareto）均为瑞士洛桑大学教授，故而得名。瓦尔拉斯在边际效用的基础上，运用数学分析方法，考察了市场上所有商品的供给和需求同时达到均衡状态下的价格决定问题，并从交换、生产、资本形成和货币流通四个方面建立了他声名卓著的一般均衡理论体系，瓦尔拉斯以边际效用和一般均衡为主要内容的理论体系构成新古典经济学的核心，并且为经济学分析提供了一种崭新的数学分析范式。而帕累托则以其著名的帕累托最优闻名于世，它向我们展示了所谓公平与效率的"理想王国"，洛桑学派自帕累托时起，开始注重分析需求与消费者偏好之间的关系，以及厂商产出计划与利润最大化之间的关系。

瓦尔拉斯的代表作是《纯粹政治经济学要义》，在该书中瓦尔拉斯立足于交换均衡，以此分析了由交换均衡、生产均衡、资本均衡和货币流通均衡所决定的经济体系之一般均衡。瓦尔拉斯借用数理分析方法，将每方面的均衡都转化为一个数学方程式，并且将它们联系在一起构成一般均衡的总方程体系，他"对资本主义经济的各种现象形态之间复杂的普遍联系和资本主义市场的运行机制，作了较为详细的分析和描述，研究了完全竞争条件下静态一般均衡的实现条件、实现方式，以及动态条件下均衡变化的一般趋势等问题，建立起了一个包罗万象的经济学理论体系"[①]。瓦尔拉斯均衡理论的第一步就是架设了一个撇开其他一切因素的市场上基于交换的供求均衡，这表明了经济生活的一种普遍和谐状态；然后瓦尔拉斯扩大了假设条件，从而依次分别讨论了生产均衡、资本积累均衡和货币流通均衡，意图阐释经济体系的一般均衡状态，这种理论的核心就在于在无穷多商品种类的市场条件下决定各种商品的一般均衡价格。相较于经济学的局部均衡理论，瓦尔拉斯的一般均衡理论具有以下特征：首先，一般均衡理论表明了市场上所有变量之间的相互作用和相互依存的关系，一般均衡体系的庞大数学方程式任何一个微小的因素发生了变化，也会引起"牵一发而动全身"的效果；其次，一般均衡理论还说明了各个市场均衡状态间也是相互依存的；最后，瓦尔拉斯

---

① 樊纲：《瓦尔拉斯一般均衡理论研究》，《中国社会科学院研究生院学报》1985年第5期。

的研究范式也为宏观经济学研究提供了重要的方法论参考。但是，瓦尔拉斯仅仅指出了市场变量之间存在着联系，没有对联系做更为深入的探究，或者说联系在他那里没有主次之分，用琼·罗宾逊（Joan Robinson）的一句话说便是，在此体系中，"一切决定于其他一切"①。瓦尔拉斯一般均衡理论中，需要特别注意的是他所谓的"拍卖商喊价机制"，即假定存在着一个可随意喊价的拍卖商，他事实上扮演着一个信息中介的角色，能够将动态价格迅速地传递给市场参与者，而商品供给者和需求者则根据每次报价再将交易意愿反馈给"拍卖者"，而喊价则随着供求市场情况反复移动，瓦尔拉斯论证说，只要将这一过程反复进行下去，最终总会"搜索"到一组价格和产量的"均衡值"，实现整个体系的一般均衡；只有到了这时，才开始按照"均衡值"进行实际的生产和交换。

得益于边际效用和均衡理论，瓦尔拉斯将数理分析引入了经济学领域，无疑引起了经济学界的巨大革命。资本的伦理关系在瓦尔拉斯那里呈现出相当复杂的情况：一方面，一般均衡理论体系对现代西方经济学作了极大的发展，它没有明确阐述经济变量之间决定与被决定的关系，从而赋予了它们相同的平等地位，这背后隐含的伦理意蕴就是各经济主体，甚至于各社会阶级并没有哪一个居于主导地位，不存在支配与被支配的关系，人人都成为经济活动的统治者和参与者，因为按照他的说法，任何一方力量的变化均会引起整个均衡体系的失衡，这显然不符合资本主义社会的现实伦理关系。另一方面，与奥地利学派一样，由于瓦尔拉斯也抛弃了作为经济学分析基础的劳动价值论，而诉诸效用价值论，生产关系和社会关系同样被他抛到脑后，这种本质上是主观唯心主义的经济社会解读模式必然不能正确地反映现实情况，真实的伦理关系被虚假的伦理关系所掩盖。此外，精确的数理分析确有其巨大的优越性，它能够减小误差，为经济发展制定所谓"标准化模型"，但瓦尔拉斯以静态分析模型去解释变动不定的现实经济，难以让人信服，本质上这种方程式的答案只能是他自己所说的"理论解"或"数学解"。瓦尔拉斯试图构建起平等和谐的资本伦理关系（经济变量的均等地位），尽

---

① ［英］琼·罗宾逊：《现代经济学导论》，陈彪如译，商务印书馆1982年版，第49页。

管这在存在冲突伦理关系的资本主义社会是一种乌托邦构想，但他对资本伦理所作的深邃思考是发人深思的。

洛桑学派的另一重要代表是维尔弗里多·帕累托，他提出了经济学上赫赫有名的帕累托最优原则，后来这一原则被广泛运用至各个学科。"帕累托认为资源配置最有效率的状况是指任何的改变都不可能使一个人的境况变好而不使别人的境况变坏的状态。"[①] 帕累托最优原则以所谓"经济人"假设作为基础，立足边际效用分析，以利益作为最高的价值目标和衡量标准，这一标准很快就显示了其巨大的缺陷性。帕累托原则使得经济运行的伦理原则被严重忽视，拜金主义盛行，人的物化状态加剧，人类社会的各种精神产品和文化产品都成了市场经济中用于交换的商品。正是基于这一原则，著名经济学家阿玛蒂亚·森（Amartya Sen）才呼吁对"经济人"假设作必要的伦理补充，即"伦理相关的动机观"和"伦理相关的社会成就观"。因此，可以说，资本伦理在帕累托那里走向了极端，因为在帕累托最优原则中"只见资本，不见伦理"，资本完全失去了伦理和道德观念的制约，加剧了现代社会日益严重的拜物教现象和贫富分化。

3. 剑桥学派关于资本伦理的研究

剑桥学派是新古典主义经济学中最主要的流派，19世纪末由阿尔弗雷德·马歇尔（Alfred Marshall）创立，因为马歇尔及其学生阿瑟·庇古（Arthur Cecil Pigou）都曾在剑桥大学任教，故而得名。作为近代西方经济学最重要的流派之一，剑桥学派摒弃了瓦尔拉斯的一般均衡理论，而以局部均衡论作为分析工具，着重研究了价值和分配理论，分析经济体系中的价格形成过程和资源配置的过程。马歇尔在英国传统的庸俗经济学的基础上吸收各种新的庸俗经济学学说，写成了《经济学原理》一书，用折中主义手法把供求论、生产费用论、边际效用价值论、边际生产力论等融合在一起，建立了一个以"均衡价格论"为核心的经济学体系。马歇尔的经济研究和资本理论研究中，洋溢着丰富的伦理思想。

马歇尔的经济思想集中体现在他的著作《经济学原理》一书之中，

---

① 高月兰：《对"帕累托最优"的伦理诘问》，《河北理工大学学报》（社会科学版）2005年第3期。

该书一出版就同亚当·斯密的《国富论》以及大卫·李嘉图的《政治经济学及赋税原理》相提并论，被认为是经济学发展史上的"里程碑"，主导和支配了整整一代经济学。从其方法论角度审视，马歇尔的经济学体系具有如下特点：第一，马歇尔将庸俗进化论引入了经济学。也就是说，在马歇尔看来，"经济进化是渐进的，它的进步运动决不是突然的"①。从唯物辩证法的角度看，社会经济的发展在马歇尔那里只有量变而没有质变，一切都是缓慢进行的，这就为马歇尔继承洛桑学派的数理分析方法提供了大的理论前提；第二，马歇尔经济思想中均衡分析是一大特色。以其所谓"连续原理"为依据，马歇尔引入了力学中的"均衡"与数学中的"增量"概念，以论证社会经济的正常发展即所谓"均衡状态"，均衡在他那里属于"常态"，而非均衡则属于偶然、非常态的现象；第三，马歇尔强调经济的局部分析方法。这也就是说，马歇尔在研究经济现象的时候，是将影响一种生产要素或商品价格变化的供需关系抽出单独加以考虑的，其他情况则被假设为不变，马歇尔的经济学分析对象和方法从本质上来说属于微观经济学的研究范式。在马歇尔那里"价值"概念虽仍在沿用，但是他实际上使用价格代替了价值，"价值这一名词是相对的。表示在某一地点和时间的两样东西之间的关系。文明国家通常采用黄金或白银作为货币或是金银并用。我们不是用铅、锡、木料、谷物和其他东西来互相表示价值。而是首先就用货币来表示它们的价值"②。也就是说，"价值"与"劳动"的关系已经被完全割断了，在将价值问题转化为价格之后，马歇尔进一步对价格作了说明，即供给和需求双方力量处于均衡之时形成的均衡价格，价值最终转化成为均衡价格。而对于资本问题，马歇尔则继承了西尼尔（Nassau William Senior）的节欲论，将资本归为资本家节欲的结果，所不同的是他使用"等待"一词来对资本家的未来预期加以说明，这本质上与奥地利学派的主张无任何区别。总的说来，马歇尔高举自由主义旗帜，主张自由放任的经济政策。

边际效用分析是新古典经济学的一条核心线索，所以马歇尔同门

---

① ［英］马歇尔：《经济学原理》，陈良璧译，商务印书馆1964年版，第17页。
② 同上书，第81页。

格尔、庞巴维克、瓦尔拉斯一样,都不约而同地放弃了古典经济学的劳动价值论分析,转向了效用价值论。由于马歇尔的所谓均衡价格理论遮蔽了活劳动,因此,经济体系的客观性线索也随之被斩断,资本及资本增殖只能用主观性的"等待"来说明,这是新古典经济学的通病。资本及其深层次的伦理关系被生产财富的"表象"所掩盖,到处呈现出一片"欣欣向荣"和"和谐"的气氛。但同时,马歇尔倾向于经济生活中的自利行为绝不是置私人道德于不顾的卑鄙行为,自利行为不能明显违反社会道德规则。他还主张将经济学中的知识运用到其他领域去,这就必然要求以自利行为来精确衡量个人的动机与行为选择,相较其他这是一种更易于衡量的因素。马歇尔修正了古典自由主义的自由内涵,他说道:"我们可以得出如下的结论:'竞争'这个名词用来说明近代产业生活的特征是不甚恰当的。我们需要这样一个名词,它不含有任何好的还是坏的道德品质的意味,而只是说明这样一个无可争论的事实:近代企业和产业的特征是较能自力更生的习惯,较有远见和较为审慎和自由的选择。没有一个名词能适合于这个目的;但'产业与企业的自由'或简言之,'经济自由'指出了正确的方向;在没有较好的名词之前,它是可以采用的。"① 马歇尔的自由是对竞争概念的扬弃,他认为新的经济自由应当对竞争作必要限制,这种限制是为了保护弱者以社会福利,从而维持社会稳定,亦即实现全体成员经济自由之需要,马歇尔的经济自由是个人自由与集体自由的和谐统一,具有重要的伦理创化意义。

(二)凯恩斯主义关于资本伦理的论述

约翰·梅纳德·凯恩斯(John Maynard Keynes)是20世纪西方经济学界最著名的思想家,其代表作《就业、利息和货币通论》同亚当·斯密的《国富论》、卡尔·马克思的《资本论》一起被人誉为经济学史上最重要的三本著作。与其他经济学家不一样,凯恩斯生活的年代资本主义社会积弊丛生,甚至爆发了1929—1933年严重的世界性经济危机,大量的社会问题迫使凯恩斯对传统的自由主义经济作了深度思考。凯恩斯在作了充分研究之后,否定了自古典经济学以降的所谓市场能自动实现

---

① [美]马歇尔:《经济学原理》,陈良璧译,商务印书馆1964年版,第31页。

供需平衡的"萨伊法则",提出有效需求不足的概念,主张国家采用扩张性的经济政策,通过增加需求促进经济增长。即扩大政府开支,实行财政赤字,刺激经济,维持繁荣。凯恩斯在西方经济学的自由主义历史传统中引入了国家和政府的干预以促进经济增长的做法,掀起了经济学界的"凯恩斯革命",也正是自他起,"计划"和"市场"才逐步挣脱意识形态桎梏,被人们正确地承认为经济体制运行之手段。"凯恩斯认为,在资本主义制度下,积累(储蓄和投资)本身存在若干缺陷。对于资本主义经济制度的正常运转而言,剩余必须投资新的产能。然而在现代资本主义制度下,投资完全是一桩冒险事业,决定现有产出水平的投资决策完全视未来若干年甚至上百年的预期利润而定。"[①] 这样一来,当市场呈现饱和状态或者人们对未来预期不够乐观之时,就会出现投资减少,从而引发收入下降和就业率低下,致使经济萧条。尽管凯恩斯的经济理论属于实证经济学范畴,但他关于资本的理论、关于国家干预的理论以及关于就业问题的理论并未超脱于伦理价值的判断之外,而是充满了丰富的伦理思考。

凯恩斯经济政策的资本伦理价值,可以从以下几个方面来加以把握。第一,凯恩斯摒弃了自由主义教条,把其核心政策即国家干预主义看作是合乎伦理的政策选择。凯恩斯对所谓"看不见的手"提出了尖锐的批评,他指出:"让我们把那些时常作为放任主义根据的抽象或一般原则,彻底澄清一下。认为个人在经济活动中一向拥有'天赋自由',这个说法是不确切的。世间并没有'合约',对于有所占有或有所取得的那些人,则给以永恒权利。说是私人利益与社会利益一定互相一致,这一点并无根据,上天并不是这样来统治世界的。说是两种利益实际上互相一致,这个说法也不确切,在下界并不是这样来管理社会的。"[②] 不仅如此,凯恩斯还反对传统经济学基于"萨伊法则"的所谓总需求恒等于总供给的自由主义经济学教条,提倡国家对经济的宏观调控,如他所说,"我们的最后任务,也许是在我们实际生活其中的经济体系中找出

---

① 张雪琴:《马克思与凯恩斯在垄断资本时代的历史性相遇——对垄断资本学派凯恩斯渊源的考察》,《学习与探索》2018年第2期。

② [英]凯恩斯:《劝说集》,蔡受百译,商务印书馆1962年版,第236页。

几个变数，可以由中央当局来加以统治或管理"①。第二，凯恩斯认真研究了资本主义社会的大崩溃问题，开始直面失业问题，这在一定程度上维护了广大劳动者之利益。根据以前经济学家的论证，资本主义是不存在强制性的非自愿失业的，他们认为只存在着工人不满当下工资水平而发生的所谓"自愿失业"。凯恩斯指出："设当工资品之价格——相对于货币工资而言——上涨少许时，现行货币工资下之劳力总需求与总供给皆同时增长，则称之为有不自愿失业之存在。"② 而之所以存在不自愿失业，就是因为有效需求不足，这样，凯恩斯就提出了他经济体系的核心命题。并且，他主张政府对待失业问题决不能置之不理，政府应当重视失业并且迅速采取措施，"就像在战争中面临大敌的时候一样，应当具有最大决心，具有在不惜任何代价下行动起来的精神，来改善当前事态"③。凯恩斯基于为资本主义"开药方"的态度，从一个侧面却维护了劳动者利益。第三，反对勤俭节约，主张扩大消费，甚至"必要的浪费"也是被允许的。从重商主义至古典经济学时期，无一例外地把节俭当作重要的美德。但凯恩斯则反其道而行之，认为节俭是导致经济萧条的罪魁祸首，当下亟须做的是扩大消费，而不是厉行节俭。他指出："在现代工业社会之中，在正常情形之下，是消费限制生产，而不是生产限制消费。"④ 换句话说，正是因为有了足够的消费所以生产才能得以持续地进行。凯恩斯甚至主张必要的浪费行为也是能够被允许的，即他所谓"在地上挖洞"。正如琼·罗宾逊所说："一旦找不到有效的、能看得见赢利的投资出路，就要支持浪费行为。"⑤ 凯恩斯以国家干预主义为核心，形成了他独特的伦理思想。

凯恩斯主义在美国的代表人物是阿尔文·汉森（Alvin Hansen），他不仅是凯恩斯主义的忠实继承者，而且对凯恩斯的经济理论进行了发展和完善，代表作有《货币理论与财政政策》《凯恩斯学说指南》等。

---

① ［英］凯恩斯：《就业、利息和货币通论》，徐毓枬译，商务印书馆1963年版，第208页。
② 同上书，第19页。
③ ［英］凯恩斯：《劝说集》，蔡受百译，商务印书馆1962年版，第116页。
④ ［英］凯恩斯：《就业、利息和货币通论》，徐毓枬译，商务印书馆1963年版，第313页。
⑤ ［英］琼·罗宾逊：《经济哲学》，安佳译，商务印书馆2015年版，第110页。

"汉森和英国著名经济学家希克斯对《通论》的解释，发展为所谓'希克斯—汉森模型'，在长时期内被人们认为是凯恩斯经济学的标准解释。"[1] 其经济思想，可以概括为以下六个方面：第一，长期停滞论。即他认为自由主义时代是资本主义国家经济快速发展的时代，而进入到20世纪30年代之后，经济却由于"过度成熟"（尤其是美国）陷入了长期停滞阶段，而摆脱停滞只有依靠政府的有效干预；第二，加速原理和乘数理论相结合的理论。即他认为凯恩斯强调了乘数理论（投资的变动引起收入变动的理论），而忽视了加速原理（收入和消费的变动引起投资变动的理论）；第三，补偿性财政政策的理论。即他所说经济停滞不是用自动调节的教条所能解决的。解决的办法是大大地扩大民主政府的作用，担当起维持充分就业的作用；第四，为政府的军事开支和福利开支辩护的态度。汉森认为，巨大的政府预算是充分就业的必要条件，而预算内容则是无关紧要的东西，这样一来，军火供应、军费开支和福利国家支出就成为理所应当的政策；第五，通货膨胀理论。汉森并不认为通货膨胀是经济发展的障碍，反而，让认为温和的物价上涨是抵制经济衰落的重要手段，不过他这一主张在20世纪70年代被资本主义国家的"经济滞胀"所证伪；第六，混合经济理论。"汉森的观点与凯恩斯一样，承认在私人资本主义制度下存在失业和分配太不平均的缺点，而在社会主义制度下又缺少'效率与自由'，只有'公司混合经济'可以避免两种制度的缺点，从而有莫大的优越性。"[2] 汉森的经济理论和资本理论，尽管沿袭了凯恩斯的实证主义分析路线，但是仍然有着其特定的伦理意义。首先，汉森的经济理论充斥着功利主义色彩，在他看来，只要实现了扩大政府预算的目的，无论采取何种措施都是无可厚非的，甚至公然为军事开支辩护，这无疑是一种片面性的价值判断；其次，汉森的理论又闪烁着对广大劳动者的伦理关怀。他主张"公私混合"经济体制，目的就是为了减少失业，消除分配不均的现象，寻求公正、和谐的伦理价值；最后，汉森的伦理思想本质上属于资产阶级性质的。他的"公私混合经济形式"本质上就是国家垄断资本主义，是为了解决资本

---

[1] 钱荣堃：《汉森经济理论评介》，《经济学动态》1981年第11期。
[2] 同上。

主义在新历史时期出现的新问题而提出的，尽管也为劳动者和无产阶级带来了一些好处，但他的初衷是维护资本主义制度，是为了缓和矛盾，因此，他的经济主张又带有调和主义的伦理色彩。

美国凯恩斯主义的另一代表人物是阿尔文·汉森的学生保罗·萨缪尔森（Paul A. Samuelson），萨缪尔森继承了凯恩斯主义的宏观经济学理论，并且融合了阿尔弗雷德·马歇尔的微观经济学理论，创立了集宏观与微观于一身的庞大经济学体系，萨缪尔森的著作《经济学》再版将近二十次，体现了他经济学说的影响范围之广，他本人更是成为第一个获得诺贝尔经济学奖的美国人。虽然其经济思想是宏观与微观的综合体，但绝不是二者的简单拼接，事实上，萨缪尔森的思想极富创见性，且蕴含着丰富的伦理思想。在其资本理论方面，萨缪尔森对马克思的劳动价值论进行了猛烈地批判，认为劳动价值论是所谓"不必要的迂回"，萨缪尔森沿用了自洛桑学派以来开创的现代经济学数理分析方法，试图通过方程形式来说明价格先于价值而存在，并且认为市场波动等价格形式就足以说明价值，劳动价值论是完全不必要的。萨缪尔森的价格理论奠基于边际效用分析，与马克思的出发点完全不同。萨缪尔森甚至还说道："即使马克思活到写出《资本论》第四卷或第四十卷，他也无法使这个数学障碍变得与他的劳动价值论相关。"[①] 在其伦理思想方面，萨缪尔森也形成了自身鲜明的特色。首先，萨缪尔森既注重经济学的实证研究又注重规范经济学研究的态度，使其伦理思想融科学性与道德性为一体。尽管萨缪尔森实证式的数理分析在萨缪尔森经济学中占据重要地位，他并没有否认经济学的道德义务，他说："只有在充满热情的同时保持冷静的头脑，经济科学才能发挥作用，社会的繁荣和公正才能得到保障。"[②] 萨缪尔森甚至对帕累托最优原则进行了改良，将价值判断引入帕累托最优原则，将合理分配视为最大福利之必要条件；其次，萨缪尔森的经济学体系是既注重公平又注重效率的。古典经济学强调以"看不见的手"来实现经济的最大效率，凯恩斯主义则以"看得见的手"来实

[①] P. A. Samuelson, "Wages and Interests: A Modern Dissection of Marxian Economic Models", *The American Economic Review*, 1957 (6).

[②] [美] 保罗·萨缪尔森、威廉·诺德豪斯：《经济学》（第十六版），萧琛译，华夏出版社1999年版，第4页。

现经济的公平，在萨缪尔森看来，二者均太过片面，正确的做法是将二者折中起来。他还提出，效率与公平孰先孰后取决于再分配之代价。他甚至运用数理分析，使用数学模型试图解决公平与效率之间的矛盾；最后，萨缪尔森主张经济发展与社会福祉应同时并重。这一点上萨缪尔森延续了他在公平与效率分析中的方法，认为无论是自由主义还是国家干预主义都太过偏激，作为经济学家的他仍然采取了一种折中主义态度，把两派综合起来。萨缪尔森同凯恩斯一样关心工人的失业问题，他甚至还关注到了气候变化问题，这些都表现出萨缪尔森经济思想中深厚的伦理关怀。

二　制度经济学关于资本伦理的探索

伴随着19世纪末20世纪初美国经济的迅猛发展，贫富两极分化问题日益加重，新古典经济学的理论局限也越发凸显，制度学派的理论解释力也逐渐形成。综观制度学派的学术传统，不论是以凡勃伦（Thorstein B Veblen）和康芒斯（John Rogers Commons）为代表的旧制度学派，还是20世纪80年代以后逐渐分化而成的新制度学派（Unconstitutional Economics）与新制度经济学（New institutional Economics），他们不仅与马克思主义之间一直保持着密切的理论对话，而且为寻求伦理与资本之间的联系找到了一个新的切入点。

（一）制度学派对资本主义制度进行道德批判的深刻洞见

制度学派的许多研究结论具有深刻的思想性，有助于我们推进对资本的伦理分析，有助于认清资本主义制度背后的深层次社会、文化特征。例如，凡勃伦对于进入垄断时期的资本主义制度的道德批判，和对资本主义制度蕴含的经济矛盾以及文化矛盾的深刻揭露，既入木三分，又发人深省，对于我们全面、深入和客观地认识资本主义制度的本质具有重要的启迪作用。在凡勃伦的《有闲阶级论》出版18年后，德国哲学家桑巴特（Werner Sombart）推出三大卷的《现代资本主义》巨著。该书的中心命题就是：资本主义制度从一开始就具有禁欲苦行和贪婪掠取的双重原始冲动力。前者代表了资产阶级精打细算的谨慎持家精神；后者体现了他们在经济和技术领域的那种"边疆没有边际"的贪婪心理。这实际上就是对凡勃伦所说的资本所具有掠夺至上的本性的命题的认同。当美国思想家丹尼尔·贝尔（Daniel Bell）在1976年写的《资本主义文化矛盾》书中进一步指出：在资本主义上升时期，"禁欲苦行主义"和"贪婪掠取性"这两股力量还是相互制约的。而进入垄断资本主义时代，资本主义精神中相互制约的两个基因只剩下了一个，即"贪婪掠取性"，而另一个至关重要的抑制平衡因素"禁欲苦行主义"已被科技和经济的迅猛发展耗尽了能量。"放弃清教教义和新教伦理的结果，当然是使资本主义丧失道德或超验的伦理观念。这不仅突出体现了文化准则和社会结构准则的脱离，而且暴露出社会结构自身极其严重的矛盾。"① 丹尼尔·贝尔的上述研究成果显然批判吸收了凡勃伦的制度经济学理论。由此表明，凡勃伦对资本的本质及其内在矛盾的剖析是具有一定的科学性的。

此外，凡勃伦对于金钱文化对人格的扭曲作用的分析研究，有助于我们认清市场经济的负面效应。在《有闲阶级论》中凡勃伦用全书将近三分之一的篇幅分析研究了金钱文化对现代人的生产方式、生活方式和人格追求的各种影响。他指出，本来生产物品和消费物品只是为了满足人类生存和发展的需要，"这个目的首先是绝对意义下的个人生活的充实。但是人类的竞赛倾向利用了对物品的消费作为进行歧视性对比的一个手段，从而使消费品有了作为相对支付能力的证明的派生效用。……因此，物品所具有的非常华贵的标志，也就是它很有价值的标志，说明这种物品的消费在适当间接的、歧视性的目的方面，是具有高度效能的，反之，如果物品在适应所追求的机械目的时显得过于俭朴，没有贵贱的差别来据以进行自满的歧视性对比，那么，它就具有耻辱性，因此是不动人的，不美的"②。也就是说，虽然从重商主义中诞生的崇尚金钱的价值观对于反对身份特权的封建主义传统曾经发挥过极其重要的历史作用，但在市场经济发展到凡勃伦的时代，金钱本位已被推向另一个极端，金钱已成为衡量世间一切善恶美丑的标志，"衣贱人也贱"成为社会的强烈的心理趋势。这种金钱对人格、人性的置换和对人的自由全面发展显

---

① [美]丹尼尔·贝尔：《资本主义文化矛盾》，赵一凡译，生活·读书·新知三联书店1989年版，第19页。

② [美]凡勃伦：《有闲阶级论》，蔡受百译，商务印书馆1964年版，第113页。

然是有极大危害的。丹尼尔·贝尔就此评论道:"在市场成为社会与文化的交汇点之后,最近五十年来产生了另一种趋势,即经济逐步转而生产那种由文化所展示的生活方式。因此,矛盾不仅仅存在于各个不同领域之间,它还导致了经济领域内部的进一步冲突,在资本主义企业里,生产组织方面的道德规范仍旧强调努力工作,先劳后享,职业定向,及对公司的忠诚。但在市场上,抛售的商品都用耀眼的风采和魅力包装一新,以使提倡享乐型生活方式,诱导人们去满足奢侈的欲望。""资本主义的双重矛盾已经帮助树立起流行时尚的通俗统治。文化大众的人数停增、中产阶级的享乐主义盛行,民众对色情的追求十分普遍,时尚本身的这种性质,已使文化日趋粗鄙无聊。"① 由此可见,金钱作为商品交换的媒介,随着市场经济的发展,其作用范围的迅速拓展是不可避免的。但是,金钱原则的无限泛化,尤其是人格和人性的准则都被金钱原则置换以后,人类将陷入比金钱文化时代之前更为深重的灾难之中。

再如,康芒斯指出,从历史发展的进程来看,市场经济从起步到20世纪20年代,经历了"稀少""丰裕"和"稳定"三个阶段。这一思想刚提出就受到凯恩斯的高度肯定;凯恩斯曾于1927年写信给康芒斯说:"英国现在正在进入第三个阶段,也就是康芒斯教授所称的稳定阶段。……在这个阶段里,滥用政府职权的一方面是法西斯主义,而另一方面是布尔什维克主义。……从经济无政府状态过渡到一种旨在控制和引导经济的政权——其目的是得到社会公正和社会稳定——将是一个在技术上和政治上都非常不易的事情。然而,我的建议是,新自由主义真正的使命在于寻求解决这些难题的方法。"他还批评道:"资本主义制度已经变得僵硬,而政府仍然以为它很灵活,并据此制定政策。""我们的政治家们所习惯使用的常识中有一半在过去某一个历史时期中是正确的或者说是部分正确的,但在现在却已一天一天变得不符合现实。我们应当为新的时期创造新的知识。"② 此外,康芒斯选择"交易"作为经济研究的基本单位还对后来的新制度经济学的发展产生了重要作用,新制

---

① [美]丹尼尔·贝尔:《资本主义文化矛盾》,赵一凡译,生活·读书·新知三联书店1989年版,第35—37页。

② [英]斯基德尔斯基:《凯恩斯传》,相蓝欣等译,生活·读书·新知三联书店2006年版,第422页。

度经济学的威廉姆森（Oliver Eaton Williamson）指出，"另一位对经济组织有着深邃见解，但除了少数制度经济学派核心人物外，并不为人所知的经济学家是约翰·R. 康芒斯。康芒斯提出的命题是应当正确地把交易作为分析的基本单位。康芒斯还进一步指出，建立经济组织，绝不单纯是为了解决各种技术上的问题，如规模经济、范围经济以及其他物理的或技术方面的问题，建立经济组织的目的往往是为了"协调交易双方的矛盾，以避免实际的或可能发生的各种冲突"[1]。

（二）制度学派对马克思主义资本伦理思想的批评和责难

制度学派和马克思主义在一百多年的时间里一直保持着交流与对话。无论是支持还是批评，也无论是讨论方法论还是具体观点，制度学派的发展似乎总离不开马克思主义的理论资源。凡勃伦的当代信徒依然对马克思保持着强烈的兴趣：究竟马克思是决定论者，还是制度主义者们忽视了资本主义的内在逻辑？二者能够保持如此持久不懈的对话，得益于两点：一是制度学派在起源时期就深受马克思主义的影响，这一学术痕迹一直得以保持；二是在一些由社会价值命题作为支撑的观点上，马克思主义与制度主义尽管有一定差异，但也有强烈共鸣。在技术与制度的冲突、使用价值与价值的矛盾、阶层与权力所造成的不公平现象上，两者有很多相似之处，这决定了他们对资本主义的态度始终是批判性的。正是这种在关乎终极价值判断问题上的相似性，才使马克思主义与制度主义者都被西方主流经济学家贴上了"激进"或者"偏左"的标签。

但是，不可否认的是，制度学派对马克思本人以及西方马克思主义也提出了诸多批评和责难。在与经典马克思主义的比较中，可以看到，制度学派与马克思主义资本伦理思想最根本的分歧在于，是思想决定物质，还是物质决定思想。道格拉斯·诺斯（Douglass C. North）将制度变迁的最终原因归结为信念，而马克思与之相反，将最终原因归结为生产力。在制度变迁的目标模式上，制度学派持渐进演化的立场，马克思持激进革命的立场。在制度变迁的门阶条件上，制度学派强调了权利的非人际关系化，马克思认为生产力条件是制度变迁的首要和核心条件。在

---

[1] [美] 威廉姆森：《资本主义经济制度》，段毅才等译，商务印书馆2002年版，第10—11页。

制度变迁的动力系统上，诺斯构建了"信念—制度组织—政策—绩效"的动力系统，认为信念体系是制度变迁的根本动力；马克思构建了"生产力与生产关系—经济基础与上层建筑"的动力系统，认为生产力是制度变迁的最根本动力。在基本制度的伦理评价上，制度学派和马克思都认为在大部分历史时期国家倾向于具有掠夺的伦理特征，但是制度学派对资本主义私人产权制度给予了绝对的拥护，而马克思认为资本主义制度本质是剥削的。

在与包括激进政治经济学派在内的当代西方马克思主义比较中，可以看到，威廉姆森、德姆塞茨（Harold Demsetz）等新制度经济学派的学者都对西方马克思主义的观点进行了批驳。20世纪西方自称运用马克思主义和社会主义观点批判西方主流经济学和资本主义制度的马克思主义经济学家或马克思主义流派的基本观点如下：一是资本主义制度具有本质上的矛盾，生产力和生产关系、经济基础和上层建筑的矛盾导致了资本主义制度的内在不稳定性，任何企图通过技术创新、政策调整等外在的办法都只是在一定程度上缓解了这种矛盾，而不能根除这种矛盾；二是资本与劳动的关系不是自由、平等的关系，而是一种剥削与被剥削的关系，资本主义产权制度的发展最终都是为了更好地剥削工人创造的剩余价值，资本与劳动的对立关系随着资本积累规模的扩大、生产力的发展而不断深化；三是资本主义社会形态的演变和发展依然受到人类社会历史发展的客观规律支配，资本主义制度在达到它所能容纳的最大生产力后必将被更新的共产主义社会形态所取代，资本主义在创造巨大生产力的同时也为自己创造了掘墓人。[①] 制度学派坚决否认资本主义制度存在剥削，认为资本与劳动的关系是种自由、平等、自愿的合作关系，自由竞争机制和法律制度保障了资本与劳动其中任何一方的权利。例如，张五常认为，从权利界定与剥削的关系看，资本与劳动是否存在剥削与被剥削是二者差异的焦点，马克思在《资本论》中深入驳斥了庸俗经济学形式上的平等、自由和人权，认为资本与劳动的关系不仅仅是一种物的关系，而是一定的、社会的、属于一定社会形态的生产关系，它体现在一个物（货币）上，并赋予这个物特有的社会性质；形式上，资

---

① 程恩富：《马克思主义经济思想史：欧美卷》，东方出版中心2006年版，第22—23页。

本主义货币经济中的三位一体公式"资本—利息、土地—地租、劳动—工资"① 是一种平等、自由的关系，实质上公式双方的价值完全不能通约，只是借助于货币和垄断，双方获得了形式上的相等关系，劳动创造的剩余价值在公式中就被完全排除和掩盖了，但是依然不能否定资本对劳动的剥削、奴役实质。恩格斯指出，马克思的一个伟大发现就是彻底弄清了资本和劳动的关系，揭露了在资本主义生产方式下资本家对工人是怎样进行剥削的，"有产阶级的所谓现代社会制度中占支配地位的是公道、正义、权利平等、义务平等和利益普遍协调这类虚伪的空话，就失去了最后的根据"②。包括新制度经济学在内的西方经济学主流派别，基本上对马克思关于资本主义私有制是剥削与被剥削关系的体现，持否定态度。他们主要从以下三点进行辩护：一是基于斯密提出的交换伦理，双方的利益都得以增加。"请给我我要的东西吧，我会同时给你你想要的，这就是每项交易的主旨所在"③；二是自由的权利论。交易是市场中双方自愿和自由行使交易权利的结果，不存在外在的强制和压迫力量；三是双方的处境同时得以改善。前两条是自由主义的观点，后一条是功利主义的观点，但都坚持斯密提出的交换伦理。张五常也否认资本主义社会存在剥削，他指出，马克思基于劳动价值论的剥削伦理观是错误的，"自愿的交易含意着每个参与者皆获利。此利不是平分的，决定交易利益分配的是市场竞争与交易费用"④，"市场是权利交换的地方"⑤，在自由市场竞争下不存在剥削工人的情况⑥；而且，"没有政府或利益团体协助的个人争取垄断带来的私利，是社会进步的一个主要根源"⑦。相反，张五常认为，共产主义的权利界定依据人权等级制度来决定收入分配则体现了剥削与掠夺。也就是说，制度学派认为马克思主义

---

① 《马克思恩格斯文集》（第7卷），人民出版社2009年版，第921页。
② 同上书，第461页。
③ ［英］亚当·斯密：《国民财富的性质和原因的研究》（上卷），郭大力、王亚南译，商务印书馆1972年版，第7页。
④ 张五常：《经济解释：供应的行为（下篇）》卷3，《收入与成本》，中信出版社2011年版，第17页。
⑤ 张五常：《新卖桔者言》，中信出版社2010年版，第308页。
⑥ 同上书，第310页。
⑦ 张五常：《经济解释：供应的行为（下篇）》卷3，《受价与觅价》，中信出版社2012年版，第111页。

经济学家没有看到交易成本的存在，资本主义各种不同的治理方式正是出于节约交易成本的目的才产生的，不是基于强化资本对劳动的剥削权力而产生的。马克思主义经济学家认为可以通过公有产权来解决产权制度中的监督、控制问题，但制度学派的学者认为这是不现实的，他们认为，财产的不平等对于社会主义国家的经济转型和人民生活水平的提高具有非常重要的激励作用。

（三）制度学派资本伦理思想存在偏差的原因分析

第一，重视形式平等而忽视实质平等。制度学派重视人权在法律面前人人平等，而忽视了产权在人与人之间巨大的不平等，形式上维护了人权的尊严和价值，但是，现实中产权的巨大不平等实质上构成了对形式上人权平等的巨大威胁。为了保障资本对产权的控制，制度学派认为实质上的不平等是必需的，对于实质不平等造成对弱势群体的歧视，制度学派认为政府干预主动化解歧视问题会产生相反的效果，对弱势群体的歧视会更加严重。由此看来，制度学派的资本伦理思想本质上推崇的是一种不平等的社会制度，这也就意味着资本主义社会中强势阶层和弱势群体的固化现象是常态，而这在制度学派学者看来是合理的。威廉姆森没有看到，资本主义层级制组织固然是出于效率的原因而产生的，但是层级制组织中资本家对工人的权威性也是不容忽视的，应该看到在资本主义的发展过程中，资本家凭借对资本的控制财富的拥有就已经构成了对工人实在的专制，马克思认为层级制组织实现了人权与产权的通约，道德转化成为资本（货币）。马克思早就指出，借助于货币和资本，人权的价值被产权的价值通约就被掩盖掉了。但是，资产阶级和西方经济学流派根本不承认这一点，对于产权上处于弱势的一方，资产阶级不但不予以同情，相反还认为是由于这些人没有遵守规则、自身懒惰等原因造成了贫穷，将产权不平等的责任归咎于个人，而不从资本主义制度探求根源。制度学派无法提供解决不平等问题的答案，相反，制度学派中的自由主义者倾向于批评穷人之所以穷是因为他们咎由自取，是"他们自身懒惰、不守规则和邪恶行为方式所导致的结果"[1]。制度学派认为

---

[1] ［英］哈罗德·J. 拉斯基：《欧洲自由主义的兴起》，林冈译，中国人民大学出版社2012年版，第101页。

人权平等、产权不平等的权利界定是有效的，最终可以实现自由和繁荣，但资本主义已经安全发展了数百年，自由和繁荣依然是个美好的期盼。连诺贝尔和平奖获得者穆罕默德·尤努斯（Muhammad Yunus）也非常肯定地指出："贫困并不是由穷人造成的，不是穷人自身的缘故，是由外部因素强加给他们的。我们自己建造的体制导致了贫困，所以不责备体制，却总责怪穷人本身，认为他们自己不学无术，没有做事的能力或技能，其实是不正确的。"① 所以，从历史发展的经验看，马克思对资本主义制度道德伦理上的评价是十分中肯的。

第二，重视消极道德而忽视积极道德。制度学派重视消极道德，而忽视仁慈、善良、友爱等积极道德，本质上体现了资本主义社会中人与人之间的不信任关系。从人的方面看，新古典经济学强调了人的利己属性，对于人是否会损人利己并没有明确的态度；但是制度学派在人性利己的基础上，假设人具有机会主义的属性，这一假设在某种程度上比经济人假设对人性的认识更加悲观，将人的本质属性置于绝对消极的层面，更为重视人的损人利己属性，对人的不信任实际上在所有西方经济学流派里面达到了最显著的程度。正是在这一假设的基础上，他们试图通过制度安排来抑制人性的机会主义属性带来的危害。在制度学派的制度变迁理论中，他们还将人与人的关系从人际关系化向非人际关系化转变视为制度变迁的理想之道，这样势必使得人际关系表面上变得更加松散和疏远，仁慈、善良、友爱等积极道德更加无用武之地了。但是他们认为，从竞争合作的角度看，人与人的关系变得更加复杂和紧密了，需要通过组织创新来建立更为稳固的合作关系，从物的方面看，制度学派尤为重视产权的不平等，不是出于促进平等的考虑，而是为了维护人与人之间的不平等，将不平等视为经济社会发展的一种重要动力。为此，威廉姆森从效率优先的立场上认为资本主义层级制组织是正义的，在资本主义层级制组织追求利益的正义性问题上，威廉姆森明确支持了诺齐克的资格正义理论；在无主物占有的正义性问题上，威廉姆森又支持了奥地利学派柯兹纳的发现即占有的正义伦理观。德姆塞茨更是构建了一

---

① ［孟加拉］尤努斯：《贫困的根源不是人而是体制》，2004年尤努斯在北京大学的演讲。

种基于效率的财产权利正义理论,权利的占有、转让、变迁都要以效率为标准。制度学派学者已经明确宣告,如果丧失了产权的不平等,就会导致控制权的丧失,虽然他们认为这种控制权不同于强制、权力、奴役,但本质上已经构成了对人的强制,对人的异化程度也随着资本的集中和不平等差距的扩大而加深了。而要克服因非人际关系化带来的人的异化,社会显然需要更多的积极道德。我们不可想象,未来社会中的人类,生活在一个对物的高度依赖、只有消极道德而没有积极道德的社会中,这对人类而言,不是幸福,而是噩梦。

第三,效率通约公平正义的价值。马克思曾经揭露和批判了在资本主义市场经济中出现的货币对其他价值的通约现象。① 货币价值通约性的具体表现为:货币将一切物品的价值属性简单化为货币数量;货币将事物的个性抹平,并混淆事物之间的本质区别,"货币是个性的普遍颠倒,它把个性变成它们的对立物,并赋予个性以与它们的特性相矛盾的特性"②。货币成为一种超越所有事物外在的价值衡量标准,人的价值也通过货币数来衡量,价值衡量成为一个非人格化的过程。借助于马克思的这一理论,分析制度学派的资本伦理思想,我们可以发现,虽然他们都强调了人权与产权之间的不可通约性,但始终突出效率优先的基本立场。他们实际上是坚持效率是可以通约公平正义的,也即是否合乎公平正义,要以是否有效率为准绳。例如,在对于层级制组织是否存在着"是为了提高经济效率"抑或"加强剥削权力"的伦理争论中,威廉姆森就是从"效率优先"的角度批评了激进政治经济学派的层级制组织是"加强剥削权力"的观点,他强调,不能得出层级制组织的产生是出于加强权力的原因,而不是出于提高效率的原因。③ 如果坚持权力的观点,人们就会抵制治理形式的适应性演变,目的在于抵制剥削。如果坚持效率的观点,就需要促进治理形式的适应性演变,目的在于提高经济效率。再如,巴泽尔(Yoram Barzel)也一再强调要从功利和实证的角度

---

① 乔洪武、李新鹏:《形同而质异:马克思与当代西方经济学的货币伦理思想比较研究》,《哲学研究》2015年第5期。
② 《马克思恩格斯文集》(第1卷),人民出版社2009年版,第242页。
③ [美]威廉姆森:《资本主义经济制度》,段毅才等译,商务印书馆2002年版,第312—322页。

来分析经济问题，道德伦理很难被用于实证检验，也就被巴泽尔排除在考察的范围之外。无论是对权利、自由的定义，还是从交易成本引出的国家理论，无不带有浓厚的实证色彩。巴泽尔还批评了哈耶克等人的观点，认为最大的问题是不存在自然的、天赋的权利，一般原则不能超越结果，所有的权利都要接受功利计算结果的价值衡量，现代社会高度重视的自由、民主、人权、法治等价值不是人们为了理想奋斗得到的结果，而是出于利益最大化行动的结果，正是由于尊重自由、民主、人权、法治等价值可以提高我们的功利，我们才进一步追求这些价值，将这些价值视为理想是一种主观的美好意愿。甚至连哈耶克和阿玛蒂亚·森，都对这种功利主义的伦理态度做出了严厉的批评，他们指出，权利、自由一旦被认为是一种能力、力量、财富，就不可避免成为限制、侵害其他人权利、自由的一种理由，功利计算的结果不能成为所有价值的衡量标准，要重视权利、自由以及人本身的价值。张五常也批评巴泽尔的理论经不起历史的检验，在现实中找不到类似的国家，诸如巴泽尔所说的国家"打不进"历史，其国家理论最大的软肋在于国家没有共享的文化，将国家视为一个绝对意义上的统治工具。

上述制度学派的学者的共同错误就在于，他们都将效率放在比人类公平正义更高的价值层面上，以为效率的价值可以通约一切。而单纯用效率优先来衡量包括公平正义在内的人类社会一切价值的观念，显然犯了将目的与手段颠倒的错误，也难以为当代文明社会的大多数人所接受和认同。以产权通约人权，以效率通约公平，显然背离了人的价值不能被任何其他价值通约的最基本原则。

三 福利经济学关于资本伦理的研究

一般认为，福利经济学是建立在伦理价值判断基础上的规范经济学分支，注重情境和个人体验的伦理意蕴在福利经济学中得到了彰显。福利本身具有伦理色彩，以社会福利问题为研究对象，以一定的伦理判断为前提，对经济体系的运行予以社会评价，构成了福利伦理学的主要内容。无论是其理论基础还是具体内容维度，它与伦理学都有着很深的理论关联。

(一) 福利经济学道德判断功用在资本中的展现

在 20 世纪 20 年代，资本主义经济出现了周期性波动，第一次世界大战的持续影响，贫富差距的社会问题日趋严重。因此，反对自由放任政策，以建立社会福利为理论基点的福利经济学应运而生。古典经济学派中的庇古（Arthur Cecil Pigou）因撰写《福利经济学》一书，被视为"福利经济学之父"，庇古将"经济"与"伦理"的联姻，将视野聚焦于"社会福利"，他认为经济学范围中的经济福利只是狭义层面的福利，而经济福利是可以用货币衡量的。但消费者在实现货币购买力的时候会对货币购买力有主观评价，这是不同的，这就涉及了社会福利的层面。他猜测，"假定社会成员间的脾性相同，收入分配不平等的减少，虽然并非必然会，但却很可能会增加总的满足程度"[1]。资本转移分配，将货币收入从富人那里"转移"给穷人，就可以增加穷人的财富，从而整个社会的满足程度就会有所增加。

1. 资本生产过程中的不道德体现

庇古认为，经济福利和国民所得是对等的，国民收入越高，社会福利和国民幸福就越大。在庇古看来，资本生产过程所耗费的"劳动时间"问题与工人的经济福利息息相关。庇古认为："任何产业中正常工作的劳动时间的增加，超过某一点，由于工人疲乏不堪，最后将降低而不是提高国民所得。"[2] 可以看出，庇古认识到了增加劳动时间换取来的工资是得不偿失的，因为超长时间的工作损坏的是长久的身体健康，从生命长度来说，是一种过度的使用和消耗，长此以往会使身体机能受损，进而影响身体健康，特别是妇女和青少年。

增加国民收入的目的是为了使国民福利最大化，为了最大限度地提高国民福利，就必然需要国民收入的尽可能多地增加，这里指的是国民收入总额的增加。然而，庇古认为，增加国民收入所得的一些因素，却是损害经济福利的幕后推手。庇古主张："能增加国民所得而又需要增加劳动的因素，以及能增加国民所得而无需增加劳动的因素，在分配不

---

[1] [英]庇古：《福利经济学》（上卷），朱泱等译，商务印书馆 2006 年版，第 10 页。
[2] 同上书，第 480 页。

变的条件下，将增加经济福利。"① 对此，他提出了增加国民收入但不损害国民福利的方法。第一，立法限制。将工人的工作时间限定在8—9小时，或是采取倒班制，使工人有足够的休息时间在适当的工作时间内工作。第二，升级机器。鼓励资本家升级他们的机器和设备，从而在单位时间内提高生产效率。第三，增加工资，提高待遇。工人们有足够的钱去购买食物，他们在体力和精神上都有所改善。结果就会使工人们更加珍惜工作的机会，懒惰现象会有所减少。生产效率得到提高，间接影响了国民所得的增加。

2. 资本流通过程中的道德关照

关于福利与国民收入分配，庇古认为国民收入的多少和它在社会成员中的分配情况在很大程度上是影响经济福利的两个因素。庇古的着眼点在于经济福利的享受程度不是依靠其所赚取所得而是依靠其消费所得。如果一个人愈富有，他可能用来消费的部分占其总所得的比重愈小，著名的吝啬鬼葛朗台便是一个很好的例证。从这一角度来讲，当国民所得都进入富人的口袋里，社会福利不会增加反而减少。由此，国民收入的分配从富者转移给贫者，才会使社会福利增加。在《福利经济学》中，庇古认为政府应该"促使人们为公益目的的进行这种或那种形式资源自愿转移的道德动机，已形成强大的力量，我们应该激励其继续向前发展。"② 这里强调的是将货币从富人那里"转移"给一些穷人，货币的边际效用得以增加，国民福利也就随之增加。这实际上是资本在流通过程对于国民收入公平分配的基本途径。庇古认为："这种转移是最重要的，而且它就代表着分配向有利于穷人一方的改善。"③ 但是仅仅依靠富人自愿转移是远远达不到社会所需要的总量的，政府对收入强制性的转移也是需要的，所谓的强制转移主要包括征收累进的所得税和遗产税。在庇古看来，判断一个因素对经济福利是否有利，标准应该是首先研究这个因素对国民收入和穷人的实际收入是否有利。但是，庇古并没有将资本流通过程的分配不均等归结为所有制上的不均等，而且，他

---

① ［英］庇古：《福利经济学》（上卷），朱泱等译，商务印书馆2006年版，第98页。
② 同上书，第737页。
③ 同上书，第635页。

所倡导的福利措施的出发点是不可以损害资本增殖和资本积累的,因为这会使国民收入的总量降低。

3. 幸福与效用——福利经济学的伦理渊源

虽然福利经济学并不必然要求功利主义的总和排序和结果评价,但是其理论肇始于边沁的功利主义伦理哲学是毋庸置疑的。效用或福利是人们在消费时所带来的"幸福"的满足感。边沁认为,效用是一个指数,是代表幸福和快乐的,人生的目的就是为了增加自己的幸福总量,而这一总量也是可以通过伦理计算和度量的。庇古同样主张福利是由效用构成的,所以商品给人带来的效用,也是可以计量的。以人际间可比较的基数效用假设和边际效用递减律为基础,通过阐述一种理性的经济政策收入均等化来最大化社会福利是可行的。个人的福利可以用效用来表示,整个社会的福利应该是所有个人效用的简单加总。使用物质福利或效用来表示个人福利概念,这样的效用概念是客观性的,是可以度量的,因而也是可比较的。作为福利经济学基本范畴的"效用"与"幸福",内含着个人和社会的价值判断和伦理尺度。这种评价尺度,本身就将经济学置于伦理的考量之中,而这种价值判断,本身就内嵌了有利于社会和个人的生存与发展的行为规范,这正是道德和经济的一致性所在。

进入 20 世纪 30 年代,旧福利经济学遭到了"罗宾斯批判",因为以庇古为代表的旧福利经济学家们以基数效用为基础,认为幸福是可以测量的,但是,另外一些经济学家却认为效用是人的主观感受,用基数度量是不可能的。在经济学分析中要不要加入伦理价值判断,罗宾斯(Lionel Robbins)为福利经济学的新旧转变谱写了前传。他指出:"经济学家不关注目的本身,而关注达到目的的行为是如何受到限制的。目的可能是高尚的,也可能是卑鄙的,可能是物质的,也可能是非物质的——假如目的能够这样描述的话。但如果达到一组目的要牺牲其他目的,那就具有了经济意义。"[①] 进而他认为:"经济学涉及的是可以确定的事实,伦理学涉及的是估价的义务。这两个研究领域是风马牛不相

---

① [英]莱昂内尔·罗宾斯:《经济科学的性质和意义》,朱泱译,商务印书馆 2000 年版,第 20 页。

及,在实证研究和规范研究的法则之间有一条明确无误的逻辑鸿沟。"①怎么样在罗宾斯批判的夹缝中找到突破路径,新福利经济学找寻了一条抛弃个人效用可以比较的假定,走向了"帕累托准则"。

帕累托准则作为福利经济学进行价值评价和价值选择的标准,使福利经济学成为规范经济学的核心。同时,也正是帕累托准则,使福利经济学丧失了价值判断,陷入伦理困境。经济学家帕累托认为,任何一方的境况改善,都不会使另一方的境况恶化,这种状态就是"帕累托最优",这是社会效用总和达到了最大化。以此为理论支点的新福利经济学认为效用是不可衡量的,他们主张序数效用论,个人是自己福利的最好判断者。在功利主义看来,功利主义的理论追求就是最大的功利,或者说就是最大多数人的最大幸福。由此,便产生了"快乐和幸福程度"即功利何以度量的诘问。然而,当功利主义强调最大多数人的最大幸福时,始终隐含着一个困境:功利的大小是无法进行具体化的。"帕累托最优"在福利经济学中的神圣地位是与功利主义在传统福利经济学中的神圣地位相得益彰的。如果把效用当作是唯一具有内在价值的东西,帕累托最优将是准则。这一准则究竟能否通过效用程度的度量来解决社会福利最大化的问题呢?帕累托准则存在两个假设,第一个是人类行为的"自利"假设。在这一假设下,人们"自利"行为的最大化能够达到效用的最大化,也只有当这种效用扩大到不可再改善的规模时,社会成就社会福利达到了最大化,"帕累托最优"出现。不难发现,这个前提假设和论证范式充满了"工程学"特征。经济本身就是研究人类经济行为的社会科学,人类在行为中,必然夹杂着人类社会的伦理需要。因此,经济学与伦理学的相伴相生不容置喙。诸如亚当·斯密不仅有《国富论》也有伦理学名著《道德情操论》,经济问题与伦理问题浑然一体。第二个假设是完全竞争的经济运行体系(完全竞争的均衡经济模型)。帕累托准则作为效率准则,包含了两条基本定理:其一,在一定(尤其是不存在"外部影响")的条件下,每一个完全竞争的均衡都是帕累托最优的;其二,在另外一些(尤其是不存在规模经济)的条件下,每一

---

① [英]莱昂内尔·罗宾斯:《经济科学的性质和意义》,朱泱译,商务印书馆2000年版,第120页。

个帕累托最优的社会状态也都是相对于某一价格组合（和某种资源的初始分配）的一个完全竞争的均衡状态。可以看出，任何竞争均衡都是帕累托最优状态。但是，我们无法依据帕累托最优的效用可能性曲线解决社会福利最大化问题。于是"社会福利函数"应运而生，也就是为了解决社会福利最大化问题，效用可能性曲线上每一点所代表的社会福利的相对大小要是可知的。而为了形成社会福利函数，我们必须完全知道所有社会成员的个人偏好秩序，通过一定的程序将他们的偏好秩序归结为单一的社会偏好秩序，从而依据帕累托最优的效用可能性曲线寻找到属于最大社会福利的点位。但是，不难发现，社会福利函数的理论缺陷一方面在于社会最优选择并不是技术上有意义的命题或者假说，因为最优点由预设的伦理观假设决定，这个决定是先验的；另一方面社会福利函数无法由民主的集体选择程序产生，这是由经济学家阿罗（Kenneth J. Arrow）在 1951 年证明不可能形成社会福利函数，即社会福利函数其实并不存在所证实。故此，抛弃了伦理学的新福利经济学不可能解决社会福利最大化问题。

（二）正义与自由——当代福利经济学的伦理旨归

虽然随着现代经济学的不断前进，只关心最基本的逻辑问题而对人类的最终目的是什么漠不关心的工程学的方法日益精致化，成为经济学的绝对主流，但是伦理学在经济学中的复归，使我们还是在一些经济学家身上看到了闪光。

西托夫斯基（Tibor Scitovsky）在《没有快乐的经济》中，认为大多数的生活快乐是无法定价也是在市场上买不到的，同时也是不可出卖的。还有一些经济学家认为消费的关键决定因素是和朋友、邻居进行比较的相对收入，而不是绝对收入。[1] 而这其中，诺贝尔经济学奖获得者阿玛蒂亚·森（Amartya Sen）做出了巨大的贡献。阿玛蒂亚·森主张伦理学对福利经济学的复归体现在其正义观和自由观中。在批判福利经济学的理性观局限和新福利经济学的理论基础中显现正义的伦理价值，在人的经济权利和经济发展中彰显自由的伦理价值。

---

[1] ［瑞士］弗雷、斯塔特勒：《幸福与经济学》，静也译，北京大学出版社 2006 年版，第 25 页。

1. 批判福利经济学的理性观

这是与现代经济学的"经济人"假设相关涉的。在现代经济学中，经济学家普遍认为人们的理性的、内在的想法和他们现实中的外部选择是具有一致性的，并且这种一致性是排外的，不受任何外在环境和条件的约束和干扰。也就是说，选择和人们内心的好恶偏好呈正相关，人们在做出选择的时候并不仅仅考虑偏好，还会受到其他事物的影响。而排除这些事物影响的行为得当与否将无法判断。而且，"经济人"的假设是将伦理的考量置于价值判断之外的，"自利"的最大化掩蔽了人们合作的经济行为背后的公共性和内嵌的道德律令。

阿玛蒂亚·森从两个方面对"经济人"的假设进行了一种伦理学上的分析，即"伦理相关的动机观"和"伦理相关的社会成就"。[①] 这两个一个关涉的是个人行为的动机，另一个关涉的是社会成就的判断。行为的动机与人类的伦理观念和道德判断有着紧密联系，而社会成就的评价也是一个富有伦理性的命题。从某种程度上说，这两个有益的补充是对现代经济学中基本人性假设的一个非常重大的修正。基于对"经济人"假设的补充，阿玛蒂亚·森扩展了理性的内涵，建构一种更加完备的理性观。他认为"人的自我"除了包含人的自我为中心的福利、自我福利目标、自我目标选择之外，还具备一种合理性的审查。在前面的论述中已经知道合理性审查实际是一种对人的目标、价值、偏好进行自主评价和审查的能力。[②] 在这种情况下，人的能力得到全方位的展现后，在行为选择中才有可能表征伦理的色彩，并进一步在自我的合理审查之下不断地完善自我，公正审视他人与社会。

2. 批判新福利经济学的理论基础

对于帕累托标准，阿玛蒂亚·森认为以一个人的生活状态的好坏为评判依据过于单一，而对于其他人实际境况的忽略是一种分配层面的不公正。而这一不公正所导致的后果直接是专制集权和贫富差距的合法化。如果在社会中少数人确实没有减少多数人的痛苦也没有解决多数人

[①] 高月兰：《对"帕累托最优"的伦理诘问》，《河北理工大学学报》（社会科学版）2005 年第 8 期。

[②] ［印度］阿玛蒂亚·森：《理性与自由》，李风华译，人民大学出版社 2006 年版，第 8 页。

的贫困问题，少数人享乐富足，这种社会状态无疑是符合帕累托最优原则，但是这种社会状态却是不正义和不道德的。阿玛蒂亚·森将这种明为帕累托最优，实却遮蔽矛盾，掩盖事实的评价方式斥为毫无道德，它不以对于饥荒、贫困等剥夺问题的消除为社会成就，是一种失去伦理价值的不合理的评价标准。对于"阿罗不可能定理"，阿玛蒂亚·森主张这一定理所假定的社会福利函数是排除了人际效用的，而个人行为在社会中的选择肯定会有人际效用的比较。因为一旦个人的满足水平在人际间可以被比较，社会评价就可以成立。阿玛蒂亚·森将人际效用的比较视为"走出"可能性的第一步。他将社会选择理论进一步规范进了伦理的框架内，在社会选择中，引入价值判断。

3. 能力平等的分配正义原则

在平等问题上，阿玛蒂亚·森认为平等的原因和平等的具化才是平等问题的核心。因为人类所固有的差异性会使平等存在差异性，所以对于平等的衡量应基于一个人赖以进行基本活动的能力。这种能力由人们能够获得的各种生活内容的不同组合来表征。能力"就是生活内容向量的集合，反映了人们能够选择过某种类型的生活的自由"[①]。阿玛蒂亚·森认为"在评估个体福利时，其判定标准应是生活内容和能力。之所以提出能力分析法，正是出于要检验生活内容和能力的价值的需要"[②]。阿玛蒂亚·森认为，人类不应追求罗尔斯式的平等，而应追求能力平等。因为这种平等有利于提高人类的生产能力和收入能力，从而有助于提高人们的生活水平。人作为道德的主体，可以通过提高能力来推动自我更高级需要的满足，这是实现分配正义的内因。物质财富和权利平等只是具有工具意义的外因，因此只有提高能力才能实现真正的分配正义。

而在资源的分配问题上，阿玛蒂亚·森主张的关注点应该聚焦于社会环境及偏见所造成的不平等。他界定的贫困就是人们能力遭到剥夺的结果，也是对人们权利的忽视的一种体现。解决贫困问题，就应维护人们的权利，建立自由、平等的社会制度，给社会底层弱势群体平等的社

[①] [印度]阿玛蒂亚·森：《论经济不平等》，王利文等译，社会科学文献出版社2006年版，第258页。

[②] 同上书，第263页。

会保障。综上，阿玛蒂亚·森的能力平等原则糅合了经济与伦理、效率与公平，正是在这一伦理加成上，分配正义的实现才具有了可行路径。

4. 权利的不自由是社会不正义产生的根源

阿玛蒂亚·森从"每一个社会成员都应当享有避免饥饿的权利"这个道德哲学问题出发，以社会的不平等和社会中最贫困成员为主体，探讨福利经济学与道德的关系问题。阿玛蒂亚·森颠覆了传统上认为饥荒的原因是由于粮食产量下降或粮食供给增长赶不上人口增长造成的理论，他认为："饥饿是指一些人未得到足够的食物，而非现实世界中不存在足够的食物。虽然后者能够成为前者的原因，但却只是很多可能的原因之一。"[1] 并以孟加拉、印度、埃塞俄比亚等发生饥荒的国家为例，论证了对于饥荒产生的归因错误，而且指出了饥荒也可能发生在经济繁荣时期，并不必然出现在粮食歉收时期。由此，饥荒所代表的经济以外的其他现象被揭示出来。通过分析，阿玛蒂亚·森将饥荒产生的根源归结于权利的被剥夺，也就是社会上一些经济群体无法得到他们以前能够获得或者有权利得到的食物。饥饿反映了社会经济的不平等。因为饥饿是某些社会阶层的权利缺位造成的，"事实上，至今还没有确凿的证据表明，在某次饥荒中，一个国家的所有阶层都遭受饥饿。这是因为，不同社会阶层对食物的控制能力是不同的"[2]。阿玛蒂亚·森发现在饥荒期间一些社会特定阶层的人才会死于饥饿，这些人通常是社会底层。而他们死去的原因是在于被剥夺了拥有食物的权利，相反，地主和商人却安然无恙，甚至还会发财。所以，社会阶层所拥有权利的不同，他们对食物的控制能力也是不同的。"即使粮食生产不发生变化，权利关系的变化也能引发严重的饥荒。"[3]

所以，饥荒不是粮食问题，而是权利问题。阿玛蒂亚·森认为社会制度的不同、政策的不同也可以造就这一问题，民主可以避免饥荒，专制可以诱发饥荒。如果国家政策能够提高人民的"权利"和"能力"，那么饥荒是可以避免的。阿玛蒂亚·森认为健全社会保障体系，维护弱

---

[1] [印度]阿玛蒂亚·森：《贫困与饥荒》，王宇等译，商务印书馆2001年版，第1页。
[2] 同上书，第186页。
[3] 同上书，第193页。

势群体的基本权利也是解决饥荒问题的可行途径。阿玛蒂亚·森的观点突破了传统的关于饥荒问题的看法，将权利问题引入经济问题，在社会平等的伦理层面找寻路径，蕴含了丰富的伦理学含义，更有利于对人道、正义、平等的呼唤。阿玛蒂亚·森的发展观中将发展视为实质自由的扩展，自由是发展的手段。发展不仅仅是对经济的增长，而且还是对伦理价值的追求。发展就是新事物的产生，旧事物的灭亡，即新事物代替旧事物。发展这一过程是事物从简单到复杂、从低级到高级，不断趋向完善的过程，具有价值判断的维度。阿玛蒂亚·森将自由标准看待发展，提出看待发展的视角应该从社会全体成员的主观能动方面和福利方面来看。这是一种克服传统的"以物为本"的基础上的新发展观。而以自由看待发展的就是要实现人的实质性自由。

传统的发展观认为贫困是收入水平低下，提高收入就能消除贫困，这个解释混淆了贫困的原因和结果，收入水平低下是贫困的结果，而造成这一结果的原因却是经济发展的不正义，对于社会选择的单一化。传统观点把财富看成国家和个人奋斗的目标它只看到物质财富对生活质量的作用，忽视了影响生活质量的其他因素如社会环境、人际关系的差异等。阿玛蒂亚·森提出的以自由看待发展的"自由"是人们有理由珍视的那种生活的可行能力。阿玛蒂亚·森在《以自由看待发展》一书中指出："一个人的可行能力指的是此人可能实现的、各种可能的功能性活动的组合。可行能力因此是一种自由，是实现各种可能的功能性活动组合的实质自由（或者用日常语言说，就是实现各种不同生活方式的自由）。"[①] 它反映了一个人通过物质生产活动从自然界获取基本生存资料的能力，从而过上自由自在的"小康"生活。阿玛蒂亚·森的理论弥补了传统福利经济学的一个主要缺陷，即人的差异性。传统福利经济学忽视了人的主体差异性，而它却决定了人们从一定的资源中的所得与成本付出是不一样的。基于此，阿玛蒂亚·森提出了可行能力。它的哲学基础就是自由，自由是发展的首要目的，在发展中起"建构性作用"。市场机制就是效率与自由的有机结合，如果没有市场或者是有市场而被操

---

① ［印度］阿玛蒂亚·森:《以自由看待发展》，任赜等译，中国人民大学出版社2002年版，第62页。

纵，或者是有市场机制而没有自由参与交换的权利，他们都是没有平等自由的。进而，阿玛蒂亚·森还通过对贫困、民主、文化等领域的研究发现：自由会促进发展，而抑制自由会阻碍发展。阿玛蒂亚·森的可行能力所反映的实质自由观点，避免了功利主义效用评价的人际比较的这一困境。阿玛蒂亚·森的发展观围绕"人的实质自由是发展的根本目标和重要手段"这个核心思想，强调要以个人实质性自由的获取来看待发展，彻底打破了狭隘的旧的发展观的范式。阿玛蒂亚·森认为，自由是生存的价值和目的，能力的提高则是实现自由的决定性手段。而权利平等才能保证所有人的自由和能力的发挥，并能促进社会的进步和发展。不难看出，阿玛蒂亚·森提出的发展观是对底层社会和贫困人口深切的关怀。

四 西方马克思主义关于资本伦理的观点

在当代西方马克思主义中，分析马克思主义学派和法兰克福学派是影响最大的学派。纵览他们的观点，剥削、公平、正义、平等这些富含伦理意蕴的概念，成为研究的核心命题。虽然这些学派的侧重点和思想观点各有千秋，但是批判性这一共有的特征，让他们对于资本主义工业文明有了更深层次的思考。在批判资本形成过程、扩张过程、发展过程中，加以剥削、公平、正义、平等的伦理命题，在价值判断的导向中蕴含了资本伦理的取向。

（一）资本形成过程中剥削的非正义性批判

分析马克思主义学派在驳斥新自由主义时，将批判的着眼点前置于资本的生成阶段，通过对自我所有的批判来确证剥削的非正义性。自我所有是新自由主义代表人物诺齐克（Robert Nozick）的观点，他认为，每一个人对他本身和他的能力拥有完全和唯一的控制和使用的权利，在没有契约的情况下，没有义务向别人提供任何服务和产品，并且，个人有权将外部生产资料据为己有，只要他并不因此而伤害任何人，使任何人的处境变坏。分析马克思主义的奠基人柯亨（Gerald Allan Jerry Cohen）对此进行了有理有据的反击。柯亨认为，对原始公有之物占有的不公正是诺齐克自我原则产生的前提，而这种不公正只要不使他人处境发生恶化就是合法的，这种理论悬设恰恰反证了资本在其产生之初就具有了剥削的特征，而这种占有的不公正所导致的剥削的不正义又是现实中存在巨大贫富差距的源泉。在马克思主义政治经济学中，将资本的本质界定为一种生产关系，在资本主义社会中，资本家占有生产资料，工人一无所有，这种原始之物占有的不公正进而体现在了雇佣关系这一资本产生的温床，诺齐克认为如果不是资本家的雇佣，工人的生活处境会更不如以前，柯亨用了例证反驳，为什么诺齐克只想到资本家占有生产资料，而不是工人占有，这种雇佣关系的颠倒又会怎么样呢？生产资料分配的不均等不公正，使雇佣关系得以诞生，让剥削成为可能，剥削的不公正是因为它得以产生的原因是不公正的，进而，对剩余产品强制性的剥削就其本质而言就是错误的，剩余价值的榨取的不公正性也就不言而喻。由此，资本的产生这一多米诺骨牌的连锁效应过程从其肇始点——生产资料占有的不公正就和伦理存在了联姻。

另一位分析马克思主义的代表人物罗默（Paul M. Romer）的批判路径和柯亨基本一致，他认为应该从财产关系上来直接定义剥削，关注剥削的非道德性。马克思的历史唯物主义着眼于生产资料的不平等的私有权，其获得本身就是不正义的，理应受到道德谴责。罗默认为，资本的初始分配就是不公正的，那么由此导致的资本家对工人的剥削就是不公正的。其和柯亨的区别在于，柯亨是在批判自我所有中建构了资本产生起点的不公正，而罗默认为，"马克思错误地认为他在劳动力的可剥削性中发现了利润的唯一来源"[1]，不止劳动力具有可剥削性，生产资料也是具有可剥削性的，因为"再生产1单位的生产资料所需的生产资料小于1单位"[2]。罗默对资本剥削的外延解释更为宽泛。

(二) 资本扩张中生态和空间非正义性批判

资本的本性是在扩张中实现价值的增殖。随着资本的不断扩展，西方发达国家的高度现代化得以实现，随之暴露的诸多问题也使西方马克思主义者将批判性的视角投向资本扩张过程中的伦理问题。西方生态学马克思主义和新马克思主义城市学派在其中着墨良多。

西方生态学马克思主义的代表人物之一奥康纳（James O'Connor）

---

[1] [美] 罗默：《在自由中丧失》，段忠桥等译，经济科学出版社2003年版，第13页。
[2] 乔洪武：《西方经济伦理思想研究》（第3卷），商务印书馆2016年版，第171页。

认为，资本生产的非正义导致了资本主义生态的非正义。他研究发现，马克思和恩格斯早已经发现了资本主义的发展对生态、资源以及人类本性的破坏作用。他们所关注的是在对于自然资源的保护中我们所应该持有的一种伦理主张，这种主张强调人类控制自然界的能力，囿于他们所处时代的资本的发展，他们并没有准确预见到资本对于自然资源有着强大的破坏力和保护力的双面性。对作为一种生产方式的资本主义而言，自然界这一资本生产的外部条件仅仅是资本的出发点和生长点，而不是其归宿。资本主义的生产是建立在能源的流动与转换基础上的，而且也以非常复杂的自然或生态系统为基础。"资本能否以其所需的质量和数量的要求、在恰当的时间和地点获得原料、所需的技术性劳动以及有用的空间……要取决于以下这些因素：资本的政治力量、对生产条件的特定的资本主义形式进行挑战的社会运动的力量、对生产条件的使用及界定问题上的斗争进行调节或审查的政府机构的作用等。"① 资本的扩张中所需的生产条件日益恶化，"资本低估自然界的存在价值，因此，它只有通过经济危机的形式来触及到生态维度上的局限性"②。基于此，他主张，在资本主义全球化的条件下，资本主义的矛盾是双重的矛盾，一方面，生产力与生产关系之间充满着矛盾，这种矛盾导致了经济危机的产生；另一方面，生产力、生产关系与生产条件之间也充满着矛盾。这一重矛盾在造成严重的经济危机的基础上也带来了严重的生态危机。

另一位西方生态马克思主义的代表人物福斯特（John Bellamy Foster），他首先将视野聚焦于西方经济学界的主流观点——"经济简化论"。他批判这种以经济利益为行为导向的理论："劳动力和土地被视为商品，人群被简化为生产者和消费者。获得商品的欲望可以说是欲壑难填。"③ 商品原则被资本无限扩大，超过了合理的范围，资本体现为社会关系的本质越来越在人与人的关系领域、人与自然的关系领域扩展。商

---

① [美]詹姆斯·奥康纳：《自然的理由：生态学马克思主义研究》，唐正东、臧佩洪译，南京大学出版社2003年版，第264页。
② 同上书，第290页。
③ [美]约翰·贝拉米·福斯特：《生态危机与资本主义》，耿建新、宋兴无译，上海译文出版社2006年版，第20页。

品简化原则进一步拓展到处理人与自然生态关系的准则，资本再一次强化了资本主义世界金钱至上的价值观，因为资本"已经显示不出任何不道德的本性"，"所有其他道德标准和共同体基本规范被迫在它面前让步"。① 在批判了西方经济学的经济简化论后，福斯特从土地作为资本中所显示的所有制和使用权的不道德进行了资本伦理的路径批判。随着资本的扩张，土地资本的稀缺度不断增加，每一个时代中的人"只是土地的占有者，土地的利用者，并且他们必须像好家长那样把土地改良后传给后代"②。也就是说，资本主义社会中，土地资本的所有制的私有本身就是不道德的，"资本主义生产使它汇集在各大中心的城市人口越来越占优势，这样一来，它一方面聚集着社会的历史动力，另一方面又破坏着任何土地之间的物质交换，也就是使人以衣食的形式消费掉土地的组成部分不能回到土地，从而破坏土地肥力的持久进步"③。简而言之，在资本的统御下，以往的土地伦理改变了当代人类的角色，使其从土地共同体的征服者转变为它的普通成员和公民，这意味着要尊重同类，同时也要尊重共同体。

西方生态马克思主义的另一代表人物高兹（Andre Gorz），则从技术这一资本要素的日益更新所带来的伦理困境的维度进行了批判。资本的现代化过程中，科学技术不仅是人控制自然的工具，而且在某种程度上也控制了人的意识，技术一方面是他改变工人阶级战略的障碍，另一方面也是促使他进入资本主义工业社会的政治生态学领域研究的动力。高兹认为，技术作为资本，除了具有资本的扩张性和增殖性外，同样具有伦理的负效应。"（资本主义）市民社会只是一个形式自由的社会，工业建立并维持了一个专业和集权的社会，这个社会具有军事化的等级和规则，它要求所有人无条件服从他的规则……侵入到市民社会的每个角落。"④ 因为技术本身并无价值属性，故技术的发展更使人们陷入了一种

---

① ［美］约翰·贝拉米·福斯特：《生态危机与资本主义》，耿建新、宋兴无译，上海译文出版社2006年版，第83页。
② 同上书，第183页。
③ 同上书，第173页。
④ Andre Gorz, *Work and Consumption*, in P. Anderson and R. Blackburn (eds.), 1966, p. 318.

差异和不平等,即无法获得社会上普遍认可的"善"的事物。

与之相对应,新马克思主义城市学派的资本伦理思想集中于对资本拓殖过程中空间占有和使用的不公平进行的批判和阐释。列斐伏尔(Henri Lefebvre)首先将空间理解为一种社会的产物,"空间里弥漫着社会关系,它不仅被社会关系支持,也被社会关系所生产"[1]。空间的生产会随着社会的发展而产生相应的改变,空间生产也是社会生产的一部分,它也就会和其他生产资料一起进入社会再生产的过程之中,资本生产中也存在了空间的生产。他认为,空间进入再生产的环节后,也被用来生产剩余价值,利用空间进行生产的手段,追逐剩余价值的最大化也是资本拓殖的应然之义,空间已经表现为一种虚假意识形态的上层建筑。"空间并不是某种与意识形态和政治保持着遥远距离的科学对象,相反,它永远是政治性和策略性的"[2]。社会空间和政治的媾和,使其成了具有生产可能性的资本,成了榨取更多剩余价值的手段,资本伦理负效应彰显的愈加浓烈。视野转向新马克思主义城市学派的另一位旗手大卫·哈维(David Harvey),他认为空间的真正本质是它的社会性,空间模式与道德秩序是环环相扣的,空间的社会属性和价值评价是不可剥离的。空间为什么不正义?哈维将它归因于和资本的内在关联性:"空间关系之后的三个主题——金融资本、土地利益和国家——彼此联结,构成社会生产可分配成利息、租金和租税的理论。"[3] 一方面,金融资本造就了空间不平等。哈维认为,金融资本的许多因素与城市空间的所有权、经营权等存在密切的联系,城市空间的生产"存在着'初始的由生产决定的分配',这是理解资本主义运作的关键"[4]。金融资本遵循资本的追逐利润的本性,将金融资本投入城市空间的创造,资本得以不断循环、周转和扩张。哈维强调,资本不是一个静态的概念,而是一个过程,一个资金不断地追求增殖为更多的资金的过程。另一方面,土地资

---

[1] Henri Lefebvre, *The Production of Space*, translated by Donald Nicholson Smith, Blackwell Publishing, 1991, p. 146.
[2] Ibid., p. 265.
[3] [美]大卫·哈维:《巴黎城记》,黄煜文译,广西师范大学出版社2010年版,第113页。
[4] 同上。

本也造就了空间的不平等。与以土地的所有和使用为落点进行鞭挞的福斯特不同，哈维探究的是地产和金融资本的结合，土地所有者和土地经营者之间的资本关联，他们之间的交换价值被流通中的资本完全支配了使用价值。虽然依靠资本的不断推动，资本主义至今还具有活力，但必须认识到，资本主义这种借助资本所给整个世界带来的"创造性破坏"，给人类带来了巨大的不安和危险。

（三）资本增殖进程中对人的异化的伦理诊断

赫伯特·马尔库塞（Herbert Marcuse）是法兰克福学派的代表，他生活在资本主义大发展时期，这一时期资本具有了不同于其产生初期的样态，科学技术进步在加速资本拓殖，使经济快速发展的同时，也成为资本逻辑对世界进行切分和重组的工具，技术沦为了资本的"帮凶"，二者的共谋使人的主体性丧失，人没有了否定、批判和超越的能力，沦为了社会生产和消费的机器。这些思想集中体现在他的《单向度的人》这部著作中。在这部著作中，马尔库塞认为，人成了物的奴隶，没有了人的本质属性。"单向度"是指从个人生活到社会的各个方面，人们都只有一个肯定和赞同的向度，人的内心向度失去了存在的空间，只能屈从于现实。人和社会都在资本拓殖的时期得到了全面异化。

马尔库塞从处在资本主义社会中的人的需求入手，揭示了这种需求的虚假性，是"为了特定的社会利益而从外部强加在个人身上的那些需要，使艰辛、痛苦和非正义永恒化的需要。现行的大多数需要，诸如休闲、娱乐、按广告宣传来处世和消费、爱人之所爱与恨人之所恨，都属于虚假的需要这一范畴之列"①。从中，我们可以发现，原本从人的内心中生发出的需求被外部社会所控制并任由其摆布，也就是，需求异化了，而人却不自知。因为，随着资本的扩张，物质生活的匮乏得到了扬弃，却产生了新的更高端的奴役力量，人的虚假需求得到了"满足"，就不会存在异议和反抗，革命的"肌底"得以消解。马尔库塞认为，这种"虚假需求"的膨胀与"技术理性"有关。他提出了一个等式："技

---

① [美]赫伯特·马尔库塞：《单向度的人——发达工业社会意识形态研究》，刘继译，上海译文出版社2014年版，第6页。

术进步＝社会财富的增长（即国民生产总值的增长）＝ 奴役的扩展。"①马尔库塞赋予了技术更多的政治意味，表征了科学和技术已成为被利用来为资本控制整个社会服务的实用工具，"技术合理性的概念本来就是意识形态的，不是技术使用，而是技术本身成为了统治（对自然和对人的统治），成了方法论的、科学的、预料的以及明智的统治。"② 在这种统治下，人的生活方式被同化，不同阶层的人享受着同样的物质生活，平等和自由似乎不是问题了。

如何改变这种异化，在寻求对资本主义的替代时，马尔库塞走向了弗洛伊德式马克思主义，他认为，在现代资本主义社会中，人的本质是异化的，而人的本质得到解放在于人的爱欲得到解放，进而归结为劳动的解放。他提出了通过美学革命获得最终解放的设想，因为，新中国成立后的爱欲能借助于审美，而重新建构技术的感性；"被推向极端的人的劳动力的物化，将通过割断把个人与机器（使人的劳动成为对人的奴役的机械系统）联在一切的链环而砸碎这种物化形式。在必然性领域内完全实现自动化，将打开自由的时间向度，即人的私人生活和社会生活得以形成的向度。这将是朝向一种新的文明的历史超越"③。

（四）资本逻辑统御下的多元正义转向

法兰克福学派一直是西方世界中影响较大的马克思主义学派，即使是在20世纪70年代逐渐走向衰落之时，依然有一大批学者活跃在理论前沿，这其中的代表人物有霍耐特（Axel Honneth）、弗雷泽（Nancy Fraser）、奥菲（Claus Offe）等人。霍耐特的承认理论及其多元正义构想将法兰克福学派的批判理论引向了"政治伦理"，在对资本主义现代经济工业文明的悖谬中批判乏力，反而是认同多于批判，肯定多于否定。霍耐特的承认理论，抛弃了传统马克思主义的劳动范式，以哈贝马斯的交往范式作为基础，他认为主体自我意识的形成必须依赖社会的承认，提出了承认的三层含义：爱（情感关怀）、法权（法律承认）、团结（社会尊重）。他的观点的核心在于论证以承认与蔑视关系、蔑视与反抗

---

① ［美］赫伯特·马尔库塞：《单向度的人——发达工业社会意识形态研究》，刘继译，上海译文出版社2014年版，第2页。
② 同上书，第7页。
③ 同上书，第31页。

关系为内容的承认关系结构的合理性,通过主体间相互承认的确证和个体认同所遭遇的蔑视形式的建构,试图论证社会反抗的道德动机来源于对蔑视的体验。在霍耐特的承认理论产生后,另一位法兰克福学派的主要代表人物南茜·弗雷泽提出了质疑,她认为霍耐特忽略了平等,应当在规范上将承认与再分配结合起来。她指出,在面对剥削问题时,其不正义的根源在于社会经济的分配不公,这种分配正义属于自由主义传统,以罗尔斯(John Bordley Rawls)和德沃金(Ronald M. Dworkin)等人为代表,追求的是社会经济再分配的正义概念。用文化承认替代经济再分配,可能会忽略在现实社会运动中强调为争取经济平等而斗争的重要性,从而加剧社会经济的不平等。除此之外,性别和民族的不平等是经济和文化的双重不平等。弗雷泽的正义理论重点就在于寻找能够同时容纳"再分配"与"承认"这两种相互矛盾诉求的替代框架。

针对弗雷泽的观点,霍耐特进行反驳:他认为弗雷泽的困境在于陷入了文化承认与经济分配的二元论。对再分配和承认的关系,他在捍卫承认理论的同时,指认了分配冲突是承认斗争的特殊形式,并将承认理论拓展到了正义领域,其多元正义构想得以成型。霍耐特认为,其承认理论的爱、法权、成就三个基本领域所共同确定的东西,在当代就应该被置于社会正义观念下理解。也就是说相互承认的级差构成的多元正义的基础。在其论著中,他从政治哲学的视角阐释自由民主等问题,也从道德的视角论述平等对待与道德关怀等问题,试图在正义与关怀之间找寻一个平衡点以及重构的空间。基于此,霍耐特就进一步完善了承认理论,并将基于承认理论的多元正义构想进一步丰富,从而初步完成了以正义和关怀为核心的其政治伦理学的建构转向。

总的来看,当代西方马克思主义对于资本主义制度的批判性毋庸置疑,资本的产生、扩张、拓殖的过程都被不同的学派揭示,除了非正义性;分析马克思主义认为资本在产生中生产资料的初始占有就是非正义性的,正是由于这种不公,今天资本主义社会"善"的分配不公可以出现和泛滥。资本扩张中,生态马克思主义者敏锐地开拓了马克思主义生态领域,通过对土地伦理、技术伦理这些资本伦理的外延的负效应的论述,西方马克思主义的生态批判立场得以树立。在资本拓殖进程中,马尔库塞对资本发展进程中的主体性因素提出了启迪见解,通过概括二战以来资本的新变化,将科学技术的进步和西方社会的阴谋完整地展现在人们面前,对资本主义社会的各种问题针砭时弊,以社会中人们在精神上异常痛苦却不自知的事实,批判了物质的富裕并不能给人带来幸福。与此相仿,新马克思主义城市学派着眼于对资本主义社会空间的不正义性进行阐释。其代表人物哈维一语中的,当今社会空间的不平等与资本具有内在的关联性。因此社会主义和共产主义必然取代资本主义。他们的很多独创性的研究也为经典马克思主义所设想的未来的公平正义社会的实现,开辟了多条新的发展路径和理论思路。诸如西方生态马克思主义学派对于发达资本主义国家将其经济增长和生态危机的成本转移到发展中国家的批判,对于全球范围内资本主义生产要素布局的不正义及其穷国和富国人的生命权利的不平等的谴责,对今天我们科学辩证地认识全球化背景下的资本转移、循环的两面性都富有积极的启迪意义。

当然,我们也应该更加清醒地看到,在对资本伦理的批判中,当代西方马克思主义虽然多数都承认剥削的非正义性,资本的不道德性,但是他们的理论批判都是在抛弃了劳动价值论和剩余价值论,将资本主义制度定格为天然合理性上所建构的,这实际上已经破坏了马克思主义的历史唯物主义原则。资本伦理的负效应的克服,正义的实现,必须通过生产力的发展带来资本主义生产关系的根本变革才能实现,背离初衷就使西方马克思主义的批判性减弱。法兰克福学派的末期更是彻底抛弃了资本伦理的批判而转向了政治伦理和道德哲学的重构。同时,他们在批判中都选择性地忽视了马克思关于生产力与生产关系的这一根本矛盾,反而选择性地夸大了某一项矛盾的重要性。最后,西方马克思主义理论者忽视经济基础,使他们无法提出一个切实可行的操作方案,他们关于资本伦理的未来图景的预设只能沦为"乌托邦"的美好幻想。

第二章 资本伦理的论域与解读模式

资本伦理学，在对资本伦理的理论渊源进行深入探究的基础上，还必须予以必要的抽象与整合，也就是说不能满足于已有研究成果的简单、直观化陈述，而是要从这些大量的已有的研究中，总结提炼资本伦理的相关已有的研究范式与理论边界。换言之，必须明确已有的关于资本伦理的相关研究，是在什么样的理论背景下、什么样的理论出发点、什么样的理论研究方法下展开的研究，诸如此类问题的回答，对于资本伦理学的构建有重要的意义，它的完成与实现，既是对资本伦理学学科构建必要的框定，不至于离题万里；同时，在这一过程中，已有相关研究没有涉及的研究问题也得以进一步明确，它将使资本伦理学的构建更加富有理论意义。

第一节 资本伦理的论域

一 资本伦理的基本论域

（一）生产性范畴论域下的资本伦理

古典政治经济学家大多在生产性范畴论域下提出和关注资本伦理，其中具有代表性的就是亚当·斯密的理论。斯密认为，资本是为了生产而积蓄起来的财富。斯密在分析资本时，把资本看作是用于继续生产的"预蓄财富"，指出一个人"所有的资财，如足够维持他数月或数年的生活，他自然希望这笔资财中有一大部分可以提供收入；他将仅保留一适当部分，作为未曾取得收入以前的消费，以维持他的生活。他的全部资财于是分成两部分。他希望从已取得收入的部分,称为资本。另一部分,则供目前消费"①。由此可以看出,斯密将一个人的财富分为两部分:一部分是用于目前消费的生活资料,另一部分则是用于继续生产,以期从中取得收入或利润,而这后一部分,就是"资本"。这样,斯密实际上便把资本归结为用于继续生产的"生产资料"了。在这里,资本本质上体现的还只是一种"物",好像与人的"劳动"无关,缺乏应有的"社会关系"内涵。在古典经济学家们的视野中,这个作为资本的"物",是能增殖的"物",能带来利润的"物",是为资本家所拥有的、占统治地位的、超历史的东西。资本在资产阶级社会里是普遍必然永恒有效的。针对古典经济学家们对资本的这一指认,马克思强调资本不应该被理解为物,而应该被理解为关系,这实质上是资本的"物质化"。"把表现在物中的一定的社会生产关系当作这些物本身的物质自然属性,这是我们在打开随便一本优秀的经济学指南时一眼就可以看到的一种颠倒。"② 所以马克思敏锐地认识到,在古典经济学家们对资本实质的这一指认中,"资本存在于一切社会形式中,成了某种完全非历史的东西"③,而"资产阶级关系就被乘机当作社会一般的颠扑不破的自然规律偷偷地塞了进来"④。因此,将资本物质化,确立资本和雇佣劳动关系的自然性、永恒性和绝对性,完成对资本关系的意识形态遮蔽,这是所有自觉不自觉地充当资本关系和资本利益代言人的古典经济学家们共同的理论取向。因此马克思强调:"单纯从资本的物质方面来理解资本,把资本看成生产工具,完全抛开使生产工具变为资本的经济形式,这就使经济学家们纠缠在种种困难之中。"⑤

但是,值得注意的是,斯密在分析利润时,也部分地揭示出了资本的真实本质:资本是雇主用于购买劳动,从而占有劳动成果并获得利润的财富。"资本一经在个别人手中积聚起来,当然就有一些人,为了从

---

① [英]亚当·斯密:《国民财富的性质和原因的研究》(上卷),郭大力、王亚南译,商务印书馆1972年版,第254页。
② 《马克思恩格斯全集》(第49卷),人民出版社1982年版,第56页。
③ 《马克思恩格斯全集》(第30卷),人民出版社1995年版,第213页。
④ 同上书,第28页。
⑤ 同上书,第594页。

劳动生产物的售卖或劳动对原材料增加的价值上得到一种利润，便把资本投在劳动人民身上，以原材料与生活资料供给他们，叫他们劳作。"① 斯密的这一见解，同他的劳动价值论、利润论相一致，实际上已经接触到资本是占有工人剩余劳动的手段这样一个实质性问题，从而触及了资本是资本家和雇佣工人之间的一种社会生产关系的问题。而这正是后来马克思在古典经济学家的基础上进一步分析和揭示出来的资本的秘密和本质。

（二）社会关系范畴论域下的资本伦理

在马克思的视野中，资本绝不仅是一种"物"，而是具有更为深刻的内涵的。他认为，资本是一种社会关系，但却是一种颠倒的社会关系。在《雇佣劳动与资本》一书中，马克思批判了资产阶级经济学家把资本等同于"积累起来的劳动"——物化的劳动的观点，认为资本是一种社会生产关系，强调生产资料只有在一定的社会关系下，它才成为资本。为此，马克思还用形象的比喻对资本的社会关系本质进行了说明："黑人就是黑人。只有在一定的关系下，他才成为奴隶。纺纱机是纺棉花的机器。只有在一定的关系下，它才成为资本。脱离了这种关系，它也就不是资本了，就像黄金本身并不是货币，砂糖并不是砂糖的价格一样。"② 在《资本论》中，马克思更是多次明确指出："资本不是物，而是一定的、社会的、属于一定社会历史形态的生产关系"③，它体现在一个物上，并赋予这个物以特有的社会性质。"资本不是物质的和生产出来的生产资料的总和。"④ 可见，马克思对资本的社会关系本质的指认是前后一贯的。

马克思进一步指出，资本作为一种生产关系，是资产阶级社会的生产关系。而且只有在资产阶级社会的生产关系下，积累起来的、过去的、物化的劳动才能支配直接的、活的劳动，积累起来的劳动才能变成资本。也就是说，只有在"死劳动"——物支配"活劳动"——人的颠

---

① ［英］亚当·斯密：《国民财富的性质和原因的研究》（上卷），郭大力、王亚南译，商务印书馆1972年版，第43页。
② 《马克思恩格斯文集》（第1卷），人民出版社2009年版，第723页。
③ 《马克思恩格斯文集》（第7卷），人民出版社2009年版，第922页。
④ 同上。

倒的资产阶级社会关系里，资本才真正存在。因此，马克思强调："资本的实质并不在于积累起来的劳动是替活劳动充当进行新生产的手段。它的实质在于活劳动是替积累起来的劳动充当保存自己并增加其交换价值的手段。"① 在这一意义上，资本本质上就是一种"颠倒"的社会关系。马克思实际上揭示了资本本质的"社会关系化"，这是马克思高于和超越同时代思想家的伟大之处。

（三）权力范畴论域下的资本伦理

在马克思看来，资本作为一种颠倒的社会关系，又是一种"支配一切的权力"。资本之所以是资本，就在于它"增殖自身"。而资本为了增殖自身，它必须与雇佣劳动之间处于支配与被支配的关系。资本通过支配和控制雇佣劳动，通过具体的生产和流通过程，获取一定量的剩余价值。资本"按其本质来说，它是对无酬劳动的支配权"②，即对剩余价值的掠夺权和控制权。这是资本与生俱来的权力，是资本生存的根本目的，也是资本存在的根本理由。在《1844 年经济学哲学手稿》的"第三手稿"中，马克思专门对"货币"这一资本的最典型形式进行了研究，通过论述货币的力量来揭示资本的力量。在马克思看来，货币作为"万能之物"，具有"使一切人的和自然的性质颠倒和混淆，使冰炭化为胶漆"③ 的"神力"。人的力量的大小，完全是由货币来决定的。但"货币就已是个性的普遍颠倒：它把个性变成它们的对立物，赋予个性以与它们的特性相矛盾的特性"，因此，货币是作为"颠倒作用的力量"而出现的。④ 在这里，马克思集中揭示了货币作为资本所具有的颠倒、同化一切的巨大魔力，也即资本本质的"权力化"。

在资产阶级社会里，起支配和决定作用的是以资本增殖为目的的交换原则。这一原则以一种强大的同一性逻辑，迫使资产阶级社会的一切行为，都被纳入以增殖资本为目的的交换关系当中。生产是为了交换，而交换是为了增殖资本，甚至工人也沦为附属品。并且资本的权力不是一种个人的力量，而是一种社会力量。而这种社会力量，在颠倒的、以

---

① 《马克思恩格斯文集》（第 1 卷），人民出版社 2012 年版，第 762 页。
② 《马克思恩格斯文集》（第 5 卷），人民出版社 2009 年版，第 611 页。
③ 《马克思恩格斯文集》（第 1 卷），人民出版社 2009 年版，第 245 页。
④ 同上书，第 247 页。

资本增殖为目的的资产阶级社会生产关系中,却反过来成了一种"普照的光",一种"特殊的以太",它决定着它里面显露出来的一切存在的"比重"。① 所以在资产阶级社会里,资本作为一种权力,是一种强大的同一性力量,它在现实社会中起着"抽象成为统治"的作用。对资本这种同一性力量对人的统治作用,马尔库塞曾指出:"在此过程中,目的与手段似乎易位了:异化劳动时间占用了个人需要的时间,从而也规定了需要本身。逻各斯表现为统治的逻辑。"②

二 资本伦理论域的当代拓展

20世纪60年代至70年代以来,西方关于资本的研究论域发生了深刻的变化。一方面,由重点关注资本形成的现实作用向侧重关注如何促进有效资本的形成转变,重点放在了资本作用的积极有效发挥上;另一方面,从传统资本转向对无形资本的研究,主要有人力资本、社会资本、文化资本、智力资本、道德资本和知识资本等。这一系列变化、发展反映了资本在新条件下的内容和形态的变化,同时,也必然反映资本概念所蕴含的人文因素的变化。

(一) 人力资本论域下的资本伦理

1960年,西奥多·W.舒尔茨(Theodore W. Schultz)第一次明确提出了"人力资本"这一概念,自此在西方经济学的发展历程中创立了人力资本理论体系。③ 舒尔茨认为,人的知识、技能和体力都是资本,它是长期投资的结果。人力资本构成生产力,"我们之所以称这种资本为人力的,由于它已经成为人的一部分,它可以带来未来的满足或收入,所以称其为资本"④。舒尔茨指出,人力资本属于人自身的一部分,没有人能够把自己同他拥有的人力资本分开,人始终拥有自己的人力资本。人的这种资本,是人未来需要的满足或未来收入的源泉。舒尔茨的观点不断为西方发达国家的实践所证实,目前,人力资本的地位、作用已不容置疑,对于其经济意义研究已经是充分的、深入的。但是,对于人力

---

① 《马克思恩格斯文集》(第8卷),人民出版社2009年版,第31页。
② [美] 马尔库塞:《爱欲与文明》,黄勇等译,上海译文出版社2005年版,第84页。
③ 张海云:《人力资本理论质疑》,《当代财经》2003年第2期。
④ [美] 舒尔茨:《人力资本投资》,吴珠华译,商务印书馆1996年版,第40页。

资本在人的发展、社会发展中的人文意义,尤其对于伦理道德在人力资本中的地位、作用的研究尚显薄弱。

20世纪末,人力资本概念被引进我国的学术界,尤其是经济学领域。由于研究视角不同,学术界对人力资本概念有种种不同的理解:一种观点认为,人力资本指人投入到生产活动中的知识、技能、体力和经验等①,这种观点强调人的非物质因素作为生产活动的一个必要因素,把人力资本中的人文精神因素尤其是道德要素等排斥在视野之外;另一种观点认为,人力资本指凝结在人体内的,能够在生产有形商品和无形商品的生产过程中转移和增加价值的人的劳动能力,②这种观点实质上是用传统的劳动价值论来说明人力资本,这里可能蕴含劳动能力的道德评价和道德极限问题;还有一种观点认为,人力资本是人在生产某种使用价值时运用的智力和体力的综合所构成的劳动力,与非人力资产直接相结合进入生产活动创造剩余价值,劳动力就转化为人力资本③,这种观点不考虑剩余价值的归属问题,这就对人力资本的评价、道德制约留下了广阔的空间,不至于囿于剩余价值的归属而难以作出正确的道德判断。

(二) 社会资本论域下的资本伦理

20世纪80年代初,科尔曼(J. Coleman)和普特南(R. D. Putnam)等学者从人际关系和社会结构对经济活动影响的角度出发提出"社会资本"的概念,突出了非物质性、非经济性因素在经济发展中的积极作用,用以表明当各经济主体都以一种相互信任、互惠合作与履行承诺等精神来把其特有的物质资本和人力资本结合起来,以提高生产率,获得更加丰厚的报酬。在经济学意义上,"社会资本"就是一种通过对各种社会关系的占有而获取的、能最终促进经济增长的、实际的或潜在的社会资源的集合体,如体制化的社会关系网络、人们共享的价值观念、社会生活中的规范和习俗等。

---

① 刘大可:《论人力资本的产权特征与企业所有权安排》,《工业企业管理》2000年第8期。
② 桂兰:《人力资本分享企业收益的原因与形式》,《中国人力资源研究》2001年第12期。
③ 张建琦:《人力资本的性质与企业剩余分配》,《中国工业经济》2001年第5期。

20世纪80年代以来,"社会资本"成为一个被经济学、社会学、人类学等多学科所普遍言谈和广泛运用的跨学科概念,其内涵也发生了重大变化,被认为是"关于互动模式的共享知识、理解、规范、规则和期望,个人组成的群体利用这种模式来完成经常性活动"①。即社会资本是指人与人之间、人与组织之间、组织与组织之间,在长期交往和互利合作中所形成的一系列认同关系,以及由这些认同关系所衍生出来的历史传统、社会规范、价值理念、理想信仰和行为范式等,这种认同关系及其衍生物可以视为一种社会资源,它们有利于社会成员之间的有效合作和互利性协作行动。

社会资本具有丰富的伦理意蕴:第一,在社会伦理规范意义上,社会资本就是特定群体的成员所共有的一套非正式的价值观或准则,它是由社会成员的信任、互惠和合作有关的一系列态度和价值理念构成的,是"社会和政治文化的主观表象,是人们关于公民同人的集体态度,进而也指公民们相关联的方式"②,在社会伦理规范意义上使用社会资本概念时,互惠规范和信任原则占有核心地位;第二,在社会伦理网络意义上,社会资本首先被理解为一种个体获取有利的人际关系的社会网络结构,表现的是一个人与朋友或同事的关系或者更一般的联系,通过这些关系,人们可以使已经获得的物质资本和人力资本的效用最大化;第三,在社会伦理资源意义上,社会资本是一种"公共品",它是一种社会结构资源,这种资源只能存储于社会结构中的人际互动之中,社会资本一经创造,就会有益于相关社会结构内的所有个体,因此,社会资本的有效使用,可以使社会关系网络中的相关个人或相关环节都共同受益,达到互惠互利。

(三) 文化资本论域下的资本伦理

文化资本概念产生的社会背景在于社会现代化。现代化社会出现各种劳动分工,它们形式不同但具有根本的同质性。它们的主体可以凭借自己对资本的占有,获取社会报酬与社会身份;不同资本之间可以互相

---

① 曹荣湘:《走出囚徒困境——社会资本与制度分析》,上海三联书店2003年版,第27页。

② 李惠斌:《社会资本与社会发展》,社会科学文献出版社2000年版,第380—381页。

转换，从而在形式上形成主体的社会群体。1986年，布尔迪厄（Pierre Bourdieu）在《资本的形式》一文中，第一次完整地提出了文化资本的理论。文化资本范畴的形成，是建立在对资本范畴的进一步抽象的基础上的。文化资本在本质上是一种具体化的文化资源，后者则是劳动实践的成果。现实世界是文化世界，也就是人类劳动累积成的人化世界。布尔迪厄看到了这一事实，提出社会是一个积累的世界，为了理解社会界的积累性，必须引入资本的概念，因为"资本是积累的劳动"，"资本是一种铭写在客体或主体的结构中的力量，它也是一种强调社会世界的内在规律的原则"。[①] 布尔迪厄认为，资本是社会中一个最重要的结构性因素，"在某一个特定的时刻，资本的不同类型和分布结构，在时间上体现了社会界的内在结构，即包含在这个现实世界中的一套强制性因素，后者以一种持久的方式掌控了资本所产生的影响，并决定了实践能否成功"[②]。

20世纪90年代开始，"文化资本"在中国学术界引起关注，作为一种关涉现代资本形式的理论，带动了中国关于"资本"的研究。《资本论》出场的时代是以大工业资本为主导的旧全球化时代，在新全球化时代，资本的形态和特点已经经过银行资本与工业资本的相结合而产生金融资本的垄断统治，再到今天的空间生产的资本化、知识的资本化、信息的资本化，以及形成社会资本、文化资本、人力资本等，资本不断在虚拟化、社会化、弥漫化和全球化中疾步走入知识资本化统治阶段。也就是说，资本不断需要采用新科技来获取超额利润，用全球垄断竞争来加剧这一竞争，其结果使知识、文化、科技等各种能使资本迅速增殖的非物质生产要素资本化。资本不断地弥漫、渗透到日常生活与社会一切微观存在体之中，资本成为真正支配一切、异化一切的"社会权力"。从生产、分配到交换、消费，从市场逻辑到市民社会和国家逻辑，没有什么领域不能成为资本追逐和资本化的对象。只要有现实需要，资本就能够将一切都变成可以增殖、可以投机的对象，即资本化。在每一个创

---

① [法]皮埃尔·布尔迪厄：《文化资本与社会炼金术》，包亚明译，上海人民出版社1997年版，第189页。
② 同上书，第190页。

新的资本时期或每一个资本形态中，无疑都有不同于以往或其他形态的新特点、新形式、新运行机制。

第二节 资本伦理的解读模式

资本是一种历史的存在，是人类社会生产力发展到一定阶段的必然产物。从社会分工和交换开始，到商品、价值、货币，直到资本，再到资本形态的多样性嬗变，关于资本伦理理论的讨论就没有停止过。从总体上来看，可以以第二次世界大战为时间节点划分为两个阶段：第二次世界大战之前的解读模式局限于政治经济学范式之内；第二次世界大战之后，特别是20世纪70年代以来，资本伦理的解读模式无论在主题上还是在范围上都远远地超过之前，形成了多元化的解读格局。首先，研究人员的构成，已经不再局限于马克思主义者，而是囊括了西方资产阶级思想家、西方主流经济学家、西方马克思主义者、环境运动者及社会学家，讨论规模空前宏大；其次，在研究主题上，对资本伦理的讨论已经超越了政治经济学的边界，成为哲学、人类学和社会学等其他学科讨论的核心话题，而资本伦理的内涵也不断地越出马克思的语境。具体来讲，可以将其概括为以下七种解读模式。

一 技术异化论解读模式

在西方马克思主义内部和第二次世界大战后的资产阶级主流学界，技术异化论是理解资本伦理的主导性解读模式。这一模式的思想史渊源可以追溯到韦伯对于新教伦理这一西方现代资本主义的道德支撑的分析，开拓了从伦理、宗教和文化的层面关注资本主义社会和经济的发展的视野。[①] 法兰克福学派为其植入了一种批判性的理论张力，即对历史主体的强调，无论是卢卡奇（Georg Lukács）的物化批判，还是霍克海默（M. Max Horkheimer）与阿多诺（Theodor Wiesengrund Adorno）对启蒙辩证法的分析，都深刻地看到了那种基于工具理性所造成的恶的总体

---

① [德] 马克斯·韦伯：《新教伦理与资本主义精神》，于晓、陈维纲等译，陕西师范大学出版社2006年版，第11—32页。

性，弗洛姆则直接将自己的分析立于工业社会中的个人之上，马尔库塞则始终坚持马克思早期感性解放的立场来反对资本主义的以抽象统一性为核心的理性文化，并提出以生命原则为核心的文化革命思想，哈贝马斯却退回到"私有财产"的运动中重新发现克服异化的公共领域。这一解读模式从文化的角度来展开对资本伦理的讨论，弥补了"第二国际"的机械决定论所留下的理论空缺，从而在资本伦理的研究史上产生了重要影响。

二 符号批判解读模式

20世纪70年代之后，随着资本主义社会发展出现新的特征，即生产力的发展进入了增长的恶性循环，生产相对过剩导致了需要鼓励消费以便维持、拉动和刺激生产，人们更多地关注商品的符号价值、文化精神特性与形象价值，因此，对资本伦理的解读模式开始转向从特殊的需求理论出发进行研究。让·鲍德里亚（Jean Baudrillard）试图通过符号批判的解读模式展开对现代社会问题的批判，并构建超真实世界理论完成其现代社会的拯救之路。他认为，自从文艺复兴以来，资本主义社会先后经过了符号的自然价值规律、符号的商品价值规律和符号的结构价值规律占支配地位的三个不同历史时期，社会逐步形成了一个以符号的自我编码为特征的超现实的结构，资本的控制表现为符号的控制，这种符号控制通过无回报的象征交换而获得控制权力，这一发现揭示了现代资本主义社会的新的权力关系。更为重要的是，资本在整个消费体系中一方面制造着人人平等的幻象，另一方面却进行着最强烈的社会区分。资本将注意力转移到商品的交换价值，并赋予每个商品不同的社会意义的符号区分，人也由于更为关注的是符号所代表的区分原则，而非商品的使用价值。资本和符号的联姻成功将现代社会人进行等级划分，这可谓是资本主义制度在社会意识形态层面的巨大成功。[①] 这一洞见的深刻之处在于通过走文化批判路径，从而敏锐地观察到了现代资本社会以消费为本位的后现代符码消费意识形态单向度建构的全过程。但是，通过

---

① ［法］让·鲍德里亚：《符号政治经济学批判》，夏莹译，南京大学出版社2015年版，第67—98页。

对西方生产消费理论进行梳理，不难发现晚期资本主义消费社会的时代特征并非鲍德里亚的理论首创，而且，对于这种权力关系的理解过于狭隘，所提出的解决问题的方案也不切实际；鲍德里亚指出，资本制造的现代社会人、消费模式和异化现象，同时也制造了挣脱这种幻象的路径。任何批判性话语都无法解构资本与符号构筑的联盟体系，因为这些理论本身就是符号将人异化的意识形态层面的表现，它只能反映而不能对抗这个体系。因此，必须通过资本逻辑的路径加以反抗。

三 生态批判解读模式

20世纪70—80年代流行于西方的生态马克思主义从资本的角度剖析了资本主义生态危机的根源，更加深刻透彻地论证了马克思主义理论中的实质性问题，这主要以奥康纳、福斯特、高兹和佩珀为代表。奥康纳（James O'Conner）从关于"资本与自然"的论证中为资本扩张导致生态危机提供了理论依据，他认为，马克思用于说明资本主义必然灭亡的主要根据是资本主义社会中存在着资本的自我扩张和自然界的自身有限性之间总体性的矛盾，而马克思主义实质上就是对这种"总体性矛盾"的阐述。在他看来，马克思在揭示出自我扩张是资本的本性的同时又告诉人们，自然界无法与资本同步扩张，因此，资本主义生产与生态要求之间是相互矛盾的，资本主义的生产在不断地加速资源的耗竭，在资本主义社会里实现环保主义所主张的"生态可持续性发展"是不可能也是不现实的，这与资本扩张的本性是相悖的，资本的扩张本性决定了生态危机的必然性。① 约翰·贝拉米·福斯特（John Bellamy Foster）指出了资本追求短期利润与生态有限性之间的矛盾，以"新陈代谢断裂"概念说明资本主义社会中的生态问题，探讨了资本原则、资本逻辑对资本主义社会中"新陈代谢断裂"的影响，即资本主义积累的客观逻辑无情地产生了社会与自然之间的新陈代谢的断层，切断了自然资源再生产的基本进程，他把资本积累看作资本主义社会的致命缺陷，对资本积累的批判、对资本主义制度的阐释、对资本本性的分析都在一定的意义上

---

① ［美］詹姆斯·奥康纳：《自然的理由：生态学马克思主义研究》，唐正东、臧佩洪译，南京大学出版社2003年版，第130—147页。

论证了资本的扩张导致生态危机,要想真正消除生态危机就必须变资本主义的意识形态为社会主义的意识形态。①安德烈·高兹(Andre Gorse)阐述了资本的利润动机与资本主义生态危机之间的联系,认为在资本主义的企业内部,资本家为了追逐高额利润,使自己在市场竞争中处于强者的地位,这一动机导致资本主义的生产必然同生态环境相冲突。高兹认为,马克思所揭示的对资本主义生产方式的批判其实质也就是对"经济理性"的批判。他通过对"经济理性"的批判和实质危害的揭示,来引导人们领悟资本主义必然灭亡的本性,为了实现保护环境,必须用生态理性取代经济理性。②戴维·佩珀(David Pepper)强调生态矛盾是资本主义的内在矛盾,基于对价值源于"自然物质和人类劳动的结合"的认识,他不但认识到资本主义存在着通货膨胀、萧条、供求失衡等经济领域存在的危机,而且揭示了这其中存在的以环境退化为主要内容的生态危机。③佩珀还揭示了马克思研究生态问题是与资本主义的动力机制联系在一起的,资本主义制度必然造成自然与环境的破坏,自然与环境所面对的是资本主义"增加资本积累"这一统治逻辑。当然,对资本主义制度本身来说,利润的疯狂增长、资本的不断扩大是必要和必需的,但这对于自然和环境来说必然是灾难。

四 信息批判解读模式

20世纪90年代之后,随着信息技术的高速发展和"知识产权"社会效应的日益增加,用"信息批判"取代"生产批判"的努力不绝于耳,这种模式形成的社会历史背景是所谓的后工业社会、信息社会或者说网络社会的崛起,强调的是物质生产形式本身的变化,即随着信息技术的发展,资本伦理也应该重新得到考察。这种理论模式最初发端于丹尼尔·贝尔对未来"后工业社会"的预测,尤其是他对"智能技术"的分析。在这种解读模式中,最具代表性的理论是由马克·波斯特(Mark

---

① [美]约翰·贝拉米·福斯特:《马克思的生态学——唯物主义与自然》,刘仁胜、肖峰译,高等教育出版社2006年版,第172—180页。
② Andre Gorz, *Critique of Economic Reason*. Verso, London. New York, 1989, p. 109.
③ [英]戴维·佩珀:《生态社会主义 从深生态学到社会正义》,刘颖译,山东大学出版社2005年版,第115—132页。

Poster）的"信息方式"和"第二媒介时代"探索、曼纽尔·卡斯特尔（Manuel Cast ells）对"信息时代"的阐述、司各特·拉什（Scott Lash）的"信息批判"、麦克尔·哈特（Michael Hard）和安东尼奥·奈格里（Antonio Negri）基于资本的"外界"和"生产的信息化"对作为全球化的政治秩序的"帝国"的批判、齐泽克（Slavoj Žižek）对于"知识产权"在当代社会中的作用的分析。其中，哈特和奈格里指出资本主义扩张中的内在危机，即资本为实现剩余价值对作为其"外界"的非资本主义环境的依赖与它为了"资本化"对这一"外界"的内在化相冲突，对这一冲突的唯一化解方法就是扩张，这必然导致资本"实现"和"资本化"之间的冲突，这种冲突不只反映在物质生产领域，还涵盖了资本主义体系内部的工人的"内界"，即工人的生活、情感、想象和欲望。① 齐泽克对此给出了一种"后马克思式"的理解，他主张信息方式的基础是知识产权，这种私有财产的运动也将导致现代资本主义社会的内在分裂，即一种更加复杂的容纳与排斥之间的对抗，这是马克思《资本论》资产者与无产者对抗逻辑的最新发展。② 这种模式是对资本伦理的最新一种挑战或者说是发展，但仍处于一种正在发展的状态之中，也正因为如此，这种模式却也是资本伦理在接下来的一段时间内所必须着力回答的一个问题。

五 经济伦理解读模式

20世纪70年代，资本主义经济陷入长期"滞胀"，一些经济学家开始从社会哲学和伦理道德科学的层面上思考人类经济行为及其后果，重新审视经济学和伦理学的关系。詹姆斯·布坎南（James M. Buchanan）③、肯·宾默尔（Ken Binmore）④认为伦理学与经济学是

---

① ［美］迈克尔·哈特、［意］安东尼奥·奈格里：《帝国 全球化的政治秩序》，杨建国、范一亭译，江苏人民出版社2008年版，第274—294页。
② ［斯洛文尼亚］齐泽克、孙乐强：《资本主义的界限》，《南京大学学报》（哲学人文科学、社会科学版）2007年第5期。
③ ［美］詹姆斯·布坎南：《经济学家应该做什么》，罗根基等译，西南财经大学出版社1988年版。
④ ［英］肯·宾默尔：《博弈论与社会契约》，潘春阳译，上海财经大学出版社2003年版。

相互渗透、互相影响的，詹姆斯·米德（James Edward Meade）[①]、Arthur Oaken[②]、黄有光[③]以及 Hausman、Mcpherson[④] 探讨了市场效率的公平问题，阿玛蒂亚·森、米歇尔·鲍曼（Michael Baurmann）[⑤] 则努力从"真实的人"出发去构建经济学的伦理分析层面，但大多数学者只不过是用伦理学知识或原则来分析经济学的社会问题。国内对资本伦理的经济伦理学解读主要聚焦于资本与道德关系的问题，有不同的观点：既存在资本致恶论[⑥]，资本无善恶论[⑦]，也有资本善恶两性论[⑧]，其中，王小锡[⑨]和张祖华[⑩]指出了资本与道德的内在一致性，资本与道德关系存在的这种混乱态势，因此，我们认为，应该凸显资本伦理及在中国经济伦理发展中的地位研究的必要性。[⑪]虽然 Allen E. Buchanan[⑫]、约翰·罗尔斯[⑬]、彼得·科斯洛夫斯基（Peter Koslowski）[⑭]、Robert Nozick[⑮]、David Gauthier[⑯]等将伦理学规则和基本精神渗入经济学的分配原则和价值目标当中，但对经济的"伦理考虑的方法"仍只停留在传统的"伦理学方法"层面上，致使它至今仍缺乏共

---

① [英]詹姆斯·米德：《效率、公平与产权》，施仁译，北京经济学院出版社1992年版。
② Oaken, Arthur M., *Equality and Efficiency*, *The Big Trade off*, Washington, D.C: The Brookings Institution, 1975.
③ 黄有光：《效率、公平与公共政策》，社会科学文献出版社2003年版。
④ Hausman Daniel M., McPherson Michael S., *Economic And-ysis*, *Moral Philosophy and Public Policy*, Cambridge: Cambridge University Press, 2006.
⑤ [德]米歇尔·鲍曼：《道德的市场》，冯兴元等译，中国社会科学出版社2003年版。
⑥ 徐大建：《资本的运营与伦理限制》，《哲学研究》2007年第6期。
⑦ 鲁品越：《资本手段与人的道德责任》，《晋阳学刊》2008年第4期。
⑧ 徐大建：《资本的运营与伦理限制》，《哲学研究》2007年第6期。
⑨ 王小锡、郭建新：《道德资本论》，人民出版社2005年版。
⑩ 张祖华：《论道德的"经济价值"与资本的"道德属性"》，《中央社会主义学院学报》2014年第1期。
⑪ 余达淮、程广丽：《资本伦理及在中国经济伦理发展中的地位》，《理论探讨》2012年第6期。
⑫ Allen E. Buchanan, *Ethics, Efficiency, and the Market*, Totowa, N.J.: Rowman & Allanheld, 1985.
⑬ [美]约翰·罗尔斯：《正义论》，何怀宏等译，中国社会科学出版社1988年版。
⑭ [德]彼得·科斯洛夫斯基：《伦理经济学原理》，孙瑜译，中国社会科学出版社1997年版。
⑮ Nozick Robert, *Anarchy, State and Utopia*, New York: Basic Books, 1974.
⑯ Gauthier David, *Morals by Agreement*, Oxford: Oxford University Press, 1986.

同的微观基础和逻辑起点、统一的概念范畴和分析框架而未形成一个成熟的分析范式。

六 政治经济学批判模式

从逻辑的必然性上看,资本伦理之所以在理论上具有合法性,是因为资本本身是一个矛盾性的存在,它一方面具有伟大的文明作用,另一方面也有毁灭性的负面效应。在客观上,资本进行着这样的道德实践,一方面繁荣与发展,一方面剥削与贫困,在善与恶的交织中勾画出一个喜忧参半的生活世界。人类社会文明的进步离不开资本的作用。作为历史的产物,资本的文明性突出表现在"利用和交换自然力量和精神力量的限制"[1]。然而,资本不是能够自我驻足的,"资本的结构性危机自我暴露为一般统治的真正危机"[2]。经济危机的爆发破坏着社会的稳定,紊乱着社会的神经,动摇着人们对资本主义神话的信奉,最终使社会的矛盾不断加深。"在一极是财富的积累;同时在另一极,即在把自己的产品作为资本来生产的阶级方面,是贫困、劳动折磨、受奴役、无知、粗野和道德堕落的积累。"[3]

---

[1] 《马克思恩格斯全集》(第30卷),人民出版社1995年版,第390页。
[2] [英]梅扎罗斯:《超越资本:关于一种过渡理论》,郑一明等译,中国人民大学出版社2003年版,第829页。
[3] 《马克思恩格斯文集》(第5卷),人民出版社1995年版,第744页。

第三章　资本伦理学的实践基础及发生

资本伦理学的构建，既有理论上进一步扩展与创新的考量，也有实践上的必然性。事实上，任何一个理论与学科的构建，都必须要有其相应的实践基础，我们认为，实践上的推动，是实现资本伦理学发生的最为关键的一环，资本伦理学绝不是抽象性的理论学科，而是充分面向实践的一门学科，它的构建与实践有着密切的联系。在此，我们认为，有两个关于资本伦理学学科构建的重要现实应该予以研究，首先是资本积累，它是资本的一个必然运动过程；其次是资本与世界市场的发展，它是从一个全球化的视角来认识资本伦理的存在。在此基础上，资本伦理学的发生既有理论上的必要性，也有实践推动的紧迫性。资本伦理学就是在理论上的碰撞与实践上的推动中，进一步完成科学构建的任务与使命。

第一节　资本积累与文明化进程

资本积累的绝对的、一般的规律决定了资本在扩张过程中一方面造就了财富的积累，另一方面也导致了贫穷的积累。资本积累的残酷性说明了资本的发展是以巨大代价的付出为前提的，而在研究资本积累残酷性的同时也不能忽略资本给世界带来的社会文明化影响，如此就产生了资本积累发展的两面性，即残酷性和文明性。马克思在《资本论》及其手稿中，集中对资本积累进行了否定和肯定即资本的残酷性与文明性的双重评价。因此，对资本积累的发展予以伦理评价时，要始终坚持马克思历史唯物主义的观点，全面、历史和辩证地去看待资本积累发展的两面性。总之，纠正片面的教条式的理解，正视资本积累的发展给社会带来的文明化影响，同时也要认清其文明化的内在限度，主要是指由于资本积累的发展所导致的社会成员道德意识的滑坡这一现实状况，这是对资本积累进行伦理评价的基本内容和基本要求，也是促进当前我国资本伦理理论发展和我国经济社会可持续发展的必要条件。

一　资本积累理论

（一）资本内在的积累动力

在给资本积累认真做理论阐释之前，我们先来谈一谈资本内在的积累动力，或者说积累的欲望。资本不是单纯的物质的东西或者金钱，古往今来的经济学家们都将它视为人类文明社会发展阶段的标志。资本能够创造物质财富，正是由于资本这一特殊的方面才会产生它不断积聚、积累的欲望和动力。马克思所提出的著名的 M—C—M′ 公式集中体现了资本从货币资本转化为商品资本，之后由商品资本再转化为更多的货币资本这一循环过程，资本也正是在这重复的循环中获得创造财富，实现自身的价值。美国著名经济学家海尔布隆纳（Robert L. Heilbroner）在《资本主义的本质与逻辑》中阐述了自己对资本的理解，他认为资本如果被视为一种物质存在，这将是它在重复性循环过程中的障碍，它必须通过商品资本再次转化为货币资本才能克服。"因此，资本不是物质的东西而是一个过程，在这一过程中，物质东西的使用被视为其不断变化地存在中的一个特殊阶段。另外它不仅是社会过程，同时也是自然过程。资本能够采用物质形式，实际上它必须采用物质形式，但是，只有我们将这些物质实体视为一个扩展性整体的体现和象征时，我们才能明了它们的意义。……没有组织的扩张意图，资本会消融于物质构件中，尽管这些构件是必要的，但不足以确定其生命的意义。"[1] 这里的"扩张意图"我们可以理解为资本的内在积累欲望，M—C—M′ 公式的转化将会不断连续发生，同时在这一扩展过程中，由于商品资本和货币资本的转化而产生了资本暂时的所有者和使用者之间的社会关系，这种社会关

---

[1] ［美］罗伯特·L. 海尔布隆纳：《资本主义的本质与逻辑》，马林梅译，东方出版社 2013 年版，第 23 页。

系会直接映射出资本的统治关系,更确切地说,是资本占有者的统治权力,这种权力可能不会借助武力来体现自身的威慑力,而是通过一个个拼命追求生存资料的无依无靠的人对资本的依赖这种隐性的统治方式来实现自身的实质影响力。随着时代的发展,越来越多的人会意识到对资本的追求其背后的真实蕴意,即对这种隐性统治权力的渴望。或许我们可以这样理解资本内在的积累欲望,那就是来源于人性对地位对名望的炫耀情绪。亚当·斯密(Adam Smith)对此作了较为明了的解释:"富人因富有而洋洋得意,这是因为他感到他的财富自然而然地会引起世人对他的注意……想到这里,他的内心仿佛充满了骄傲和自满情绪。而且,由于这个缘故,他更加喜爱自己的财富。"[①] 但拥有名望似乎还并不能与拥有权力相提并论。对资本的积累欲望还有一个重要方面在于对财富的拥有。拥有构成财富的商品的占有者在资本的世界中可以发号施令,可以让他人按照自己的意愿办事。我们可以举个简单的例子来理解拥有财富的巨大影响力。"存放在地主粮仓里的粮食并非声望物品,教堂里十字架却是,但是粮食是一种工具,运用这些工具,地主可以命令他的奴隶们进行劳动,但十字架不能。"[②] 这里可以下一个结论,资本的内在积累的动力和欲望在于"十字架"和"粮食"这两个分别代表着象征性意义的名望和对物质财富的追求,而对后者的追求的影响力或许更大,因为这意味着拥有了权力。正因如此,财富与权力是不容分割的一对思考范畴,同时随着生产力的发展,追求物质财富的动力会越发强大,从而拥有构成越来越多财富的商品的所有者的权力也会越发累积起来,如此,资本的积累过程将会循环往复,永不停歇。这里引用马克思对资本在积累过程中的作用所做的理解作为总结,资本"集中补充了积累的作用,使工业资本家能够扩大自己的经营规模。不论经营规模的扩大是积累的结果,还是集中的结果;不论集中是通过吞并这条强制的途径来实现,——在这种场合,某些资本成为对其他资本的占压倒优势的引力中心,打破其他资本的个体内聚力,然后把各个零散的碎片吸引到

[①] [英]亚当·斯密:《道德情操论》,蒋自强等译,商务印书馆1998年版,第61页。
[②] [美]罗伯特·L. 海尔布隆纳:《资本主义的本质与逻辑》,马林梅译,东方出版社2013年版,第30页。

自己方面来，——还是通过建立股份公司这一比较平滑的办法把许多已经形成或正在形成的资本融合起来，经济作用总是一样的"①。一个个社会阶段退出历史舞台，让位于更高阶段的社会文明，而人性也在此历史变迁中潜意识地默许了对荣誉、财富以及对权力的追求，处在扩张过程中的资本积累充斥着这个由资本统治的社会。我们可以总结出一条富有逻辑脉络的链条，"资本—社会关系—统治关系—塑造行为"，在这一链条中，由于资本的内在积累冲动，它带领资本占有者追求更多的构成财富的商品，带领我们告别了对传统权利的拥有，迎来对商品使用权的控制力的崇拜情绪和行为。

（二）资本积累的理论阐释

在《资本论》第一卷第七篇《资本的积累过程》中，马克思用了五章篇幅系统论述了资本积累理论。在这里，马克思揭示了资本积累的过程实则就是剩余价值转化为资本的过程，追求剩余价值成为资本积累的基础。这个过程可以解释为，资本家为了榨取更多的剩余价值，就要扩大生产规模，加重剥削工人，于是便将获得的剩余价值拿出一部分来变成资本，追加投资，这就形成了资本积累。这一部分的内容长期以来被认为是马克思主义政治经济学中阶级性最鲜明的体现，它深刻地揭示了资本主义社会中资本积累的本质、一般规律和历史趋势，概述资本主义生产方式的发生、发展和必然灭亡的历史趋势，从而得出了"两个必然"的结论。

在该篇的导论部分，我们可以了解到，首先，研究资本积累必须以资本运动过程也就是资本流通为对象。要执行资本职能的价值量所完成的运动的第一个阶段，即流通过程，是把一个货币额转化为生产资料和劳动力；第二阶段，即生产过程，是把生产资料转化为商品，这些商品的价值大于其组成部分的价值。这种运动必须周而复始地不断进行，于是就形成了"资本流通"。其次，我们可以了解研究资本积累的假设条件。"我们在这里一方面假定，生产商品的资本家按照商品的价值出售商品，而不去进一步研究资本家如何回到商品市场：既不研究资本在流通领域里所采取的那些新形式，也不研究这些形式所包含的再生产的具体

---

① 《马克思恩格斯文集》（第5卷），人民出版社2009年版，第723页。

条件。另一方面，我们把资本主义的生产者当做全部剩余价值的所有者，或者，不妨把他当做所有参加分赃的人的代表。所以，我们首先抽象地来考察积累，也就是把积累只看做直接生产过程的一个要素。"① 通过这样的基本预设前提，马克思在下文中开始了对资本积累的深入探究。

在该篇的第二十二章中，马克思重点研究剩余价值转化为资本，也就是资本积累，或者说就是资本主义扩大再生产。如果说对资本主义简单再生产的考察，说明了剩余价值怎样从资本中产生，那么对资本主义扩大再生产的考察，则是要说明资本怎样从剩余价值中产生。资本家把剩余价值当作资本来使用，因而再生产是在不断扩大的规模下来进行。

在第二十二章的第一部分《规模扩大的资本主义生产过程》中，马克思系统阐述了资本积累和扩大再生产的含义，同时也揭示了剩余价值转化为资本的条件。"资本价值最初是以货币形式预付的；相反，剩余价值一开始就作为总产品的一定部分的价值而存在。如果总产品卖出去，转化为货币，那么资本价值就又取得了自己最初的形式，而剩余价值则改变了自己最初的存在方式。但是从这时候起，资本价值和剩余价值二者都成了货币额，并且以完全相同的方式重新转化为资本。资本家把这二者都用来购买商品，以便能够重新开始制造自己的产品，而这次是在扩大规模上进行的。"② 正因如此叫作扩大再生产。而另一方面，针对剩余价值转化为资本的条件，马克思总结了两点。第一，要进行积累，年剩余劳动的一部分必须被用来生产追加的生产资料和生活资料，因而在剩余产品中已经包含有一个新的资本的物质组成部分；第二，还需要追加劳动。如果就业工人的劳动不能在外延或内涵方面增加，就必须雇佣追加的劳动力，而资本主义生产的机构也已准备了这一点，待雇佣的劳动力是早已存在的，追加的劳动力同追加的生产资料合并起来，剩余价值向资本的转化就完成了。综上所述，资本主义扩大再生产表明，资本积累的实质是对无酬劳动的占有。资本家的追加资本积累不是由劳动得来的，而是对无酬劳动的占有。它的每一个价值原子都是工人无酬劳动生产出来的，"现在，所有权对于资本家来说，表现为占有他

---

① 《马克思恩格斯文集》（第 5 卷），人民出版社 2009 年版，第 652 页。
② 同上书，第 669 页。

人无酬劳动或它的产品的权利,而对于工人来说,则表现为不能占有自己的产品。所有权和劳动的分离,成了似乎是一个以它们的同一性为出发点的规律的必然结果"①。

在第二十二章的第三部分《剩余价值分为资本和收入》中,马克思深刻地揭示了资本家的积累冲动和享受冲动。结合上文中提到的资本的内在积累欲望,我们可以了解到,一方面,资本家作为人格化的资本和资本的代表,促使他积累的是资本主义的客观规律,根本不是什么主观的节欲。相反,资本越积累,资本家就越浪费。资本家像一切剥削阶级一样,也要追求享受,虽然他在暴富以前,他的致富欲与享受欲是有矛盾的,但随着资本主义生产方式的发展,他的挥霍浪费就可以和他的积累一同增加,一方绝不会妨害另一方。并且这种挥霍对于资本主义经营来讲是必要的,因为排场向来是资本家作为炫耀富有从而取得信贷的手段。另一方面,社会制度不同,积累的性质也不同。在各种极不相同的经济的社会形态中,不仅都有简单再生产,而且都有扩大再生产,虽然程度不同。生产和消费会累进地增加,因此,转化为生产资料的产品也会累进地增加。但是,只要工人的生产资料,即他的产品和生活资料,还没有以资本形式同他相对立,这个过程就不会表现为资本积累,因而也不会表现为资本家的职能。

马克思关于"资本积累"的理论阐释,从中我们可以了解到资本家在这个资本统治的世界中十分享受经济竞争带来的资本积累的不断扩张,在人性的本能贪欲下,资本家害怕资产减值,渴望永无止境地拥有商品资本,掠夺货币资本,这种贪婪的欲望心理适应于市场发展的客观需求,体现了资本主义社会本身的性质表现,但也导致了在下文中所揭示的资本积累所带来的残酷性,这种不加限制,不断突破地域界限的资本扩张,在积累物质财富的过程中,使传统的平均主义社会以及公平合理的伦理关系不复存在。

二 资本积累残酷性的表现

马克思的资本积累理论是建立在对重商主义、重农主义、古典政治

---

① 《马克思恩格斯文集》(第5卷),人民出版社2009年版,第674页。

经济学、庸俗经济学的批判以及对资本主义社会经济关系深入剖析的基础上。谈到资本积累的残酷性，势必要从资本主义生产方式的历史起点来谈起，即资本的原始积累。在《资本论》第一卷第七篇第二十四章中，马克思深入分析了资本主义生产方式的确立、发展和结局，揭示了资本主义积累的历史趋势。虽然资本的原始积累为资本主义大生产奠定了强大的物质基础，但资本积累的残酷性的表现也是彰显无疑的，其表现是通过其极为残酷的方式和手段实现的。

在第二十四章的第一部分即《原始积累的秘密》中，马克思针对资本的原始积累进行了深入阐述，其中我们可以总结出以下两点：

第一，资本原始积累是迫使生产者和生产资料相分离的过程。资本原始积累是资本主义生产方式的起点。"我们已经知道，货币怎样转化为资本，资本怎样产生剩余价值，剩余价值又怎样产生更多的资本。但是，资本积累以剩余价值为前提，剩余价值以资本主义生产为前提，而资本主义生产又以商品生产者握有较大量的资本和劳动力为前提。因此，这整个运动好像是在一个恶性循环中兜圈子，要脱出这个循环，就只有假定在资本主义积累之前有一种'原始'积累（亚当·斯密称为'预先积累'），这种积累不是资本主义生产方式的结果，而是它的起点。"[①] 资产阶级经济学家把资本的原始积累描绘成田园诗式的东西，是出于为资本主义辩护的目的。其实，资本原始积累的过程，"在真正的历史上，征服、奴役、劫掠、杀戮，总之，暴力起着巨大的作用"[②]。资本原始积累的过程，就是劳动者和他的劳动条件所有权分离的过程。"这个过程一方面使社会的生活资料和生产资料转化为资本，另一方面使直接生产者转化为雇佣工人。因此，所谓原始积累只不过是生产者和生产资料分离的历史过程。这个过程所以表现为'原始的'，因为它形成资本及与之相适应的生产方式的前史。"[③]

第二，资本原始积累的历史是暴力剥夺的历史。其一，资本主义社会的经济结构是从封建社会的经济结构中产生的。后者的解体使前

[①] 《马克思恩格斯文集》（第5卷），人民出版社2009年版，第820页。
[②] 同上书，第821页。
[③] 同上书，第822页。

者的要素得到解放。"使生产者转化为雇佣工人的历史运动,一方面表现为生产者从农奴地位和行会束缚下解放出来;对于我们的资产阶级历史学家来说,只有这一方面是存在的。但是另一方面,新被解放的人只有在他们被剥夺了一切生产资料和旧封建制度给予他们的一切生存保障之后,才能成为他们自身的出卖者。而对他们的这种剥夺的历史是用血和火的文字载入人类编年史的。"① 其二,在原始积累的历史过程中,首要的因素是大量劳动者被剥夺。"在原始积累的历史中,对正在形成的资本家阶级起过推动作用的一切变革,都是历史上划时代的事情;但是首要的因素是:大量的人突然被强制地同自己的生存资料分离,被当做不受法律保护的无产者抛向劳动市场。对农业生产者即农民的土地的剥夺,形成全部过程的基础。这种剥夺的历史在不同的国家带有不同的色彩,按不同的顺序、在不同的历史时代通过不同的阶段。"②

综上所述,资本主义积累的结果必然是造成无产阶级的贫困化及其与资产阶级的两极分化。

第一,资本主义积累的绝对的、一般的规律。其一,社会的财富即执行职能的资本越大,它的增长的规模和能力越大,从而无产阶级的绝对数量和他们的劳动生产力越大,产业后备军也就越大。其二,但是同现役劳动军相比,这种后备军越大,常备的过剩人口也就越多,他们的贫困同他们所受的劳动折磨成正比。因此,"工人阶级中贫苦阶层和产业后备军越大,官方认为需要救济的贫民也就越多。这就是资本主义积累的绝对的、一般的规律。像其他规律一样,这个规律的实现也会由于各种各样的情况而有所变化,不过对这些情况的分析不属于这里的范围"③。

第二,资本积累一极是财富的积累,另一极是贫困的积累。由于社会劳动生产率的增进,花费越来越少的人力可以推动生产越来越多的生产资料,这个规律不是工人使用劳动资料,而是劳动资料使用工人,表

---

① 《马克思恩格斯文集》(第5卷),人民出版社2009年版,第822页。
② 同上书,第823页。
③ 同上书,第742页。

现为：劳动生产力越高，工人就业的压力就越大，因而他们的生存条件，即为增加他人财富或为资本自行增殖而出卖自己的力气，也就越没有障碍。因此，生产资料和劳动生产率比生产人口增长得快这一事实，在资本主义条件下却表现为工人人口总是比资本的增殖需要增长得快。另一方面，资本积累的发展会加剧贫富差距，导致两极分化。

马克思在《1844年经济学哲学手稿》中开启了探索以劳动实践论为维度的理论研究，他的异化劳动理论由于深刻地揭示了劳动是人的本质，把社会历史看成是劳动异化和扬弃这种异化的历史，这就把生产劳动看成是社会存在和发展的基础。系统阐述科学的剩余价值理论、劳动价值论集中体现在《资本论》当中，是马克思主义政治经济学的高度革命性和科学性的统一。劳动是创造财富的唯一手段，而面对财富的分配问题，情况就很复杂，从而分配的结果会有差异。每个人的天赋各异，技能水平也有差异，在资本积累迅猛扩张发展的经济条件下，这些差异成为财富分配不均等的理由，贫富差距、两极分化的消极后果也就由此产生。马克思认为，在资本为主导的生产性社会中，资本的发展引领着整个社会都在追求财富和利润，特别是在科学生产技术不断革新的时代，贫困的人口反而会越多，相对过剩人口激增。这是一个相当矛盾且异化的现象。也就是说，劳动生产力越发达，商品生产技术越创新，贫富差距将会拉大，失业人员的人数会随着剩余劳动的增加而增加，这就是资本积累的绝对的、一般的发展规律。正如马克思所说的，"既然工人生产越来越多的剩余劳动，是以资本为基础的生产的条件，那么就会有越来越多的必要劳动被腾出来。因此，工人成为赤贫的机会增加了。过剩人口的发展同剩余劳动的发展是相适应的"[①]。正因如此，贫富差距、两极分化严重是有其特殊原因的。在资本为主导的现代社会，资本积累不断地扩大发展；在创造财富的同时，也创造了贫穷，这可以理解为经济发展所付出的代价。但确实是不可避免的，而且这样的状况甚至可能会愈演愈烈。在当前我国社会主义市场经济条件下，尽管有国家的宏观调控作为保障，但也难以逾越由于时代发展进步所造就的贫富差距的鸿沟，特别是我国还有自己特殊的国情，承载着很大的

---

① 《马克思恩格斯全集》（第30卷），人民出版社1995年版，第607页。

人口基数的压力，面对两极分化问题的复杂性，难以解决而又难以克服避免。马克思深刻地总结道："一切生产剩余价值的方法同时就是积累的方法，而积累的每一次扩大又反过来成为发展这些方法的手段。由此可见，不管工人的报酬高低如何，工人的状况必然随着资本的积累而恶化。最后，使相对过剩人口或产业后备军同积累的规模和能力始终保持平衡的规律把工人钉在资本上，比赫菲斯塔斯的楔子把普罗米修斯钉在岩石上钉得还要牢。这一规律制约着同资本积累相适应的贫困积累。因此，在一极是财富的积累，同时在另一极，即在把自己的产品作为资本来生产的阶级方面，是贫困、劳动折磨、受奴役、无知、粗野和道德堕落的积累。"[1]

正因如此，马克思在本篇的最后《资本主义积累的历史趋势》中深刻地揭示了资本主义制度灭亡的历史必然性和资本主义所有制转化为社会所有制的历史必然性。一旦资本主义生产方式站稳脚跟，劳动的进一步社会化，生产资料的进一步转化为社会使用的即公共的生产资料，从而对私有者的进一步的剥夺就会采取新的形式——要剥夺资本家了。"从资本主义生产方式产生的资本主义占有方式，从而资本主义的私有制，是对个人的、以自己劳动为基础的私有制的第一个否定。但资本主义生产由于自然过程的必然性，造成了对自身的否定。这是否定的否定。这种否定不是重新建立私有制，而是在资本主义时代的成就的基础上，也就是说，在协作和对土地及靠劳动本身生产的生产资料的共同占有的基础上，重新建立个人所有制。"[2]

三　当代中国资本积累进程中的表现与影响

回溯中国改革开放四十多年的发展，物质财富的丰富成就了多姿多彩的社会生活，开阔了民众的视野。似乎我们甚少在中国提及"资本""资本积累"的发展这一话题，但实则这种飞速发展的经济图景正是中国"资本的积累"的结果。就当前我国社会自身发展的情况而言，社会主义市场经济发展过程所产生的利润代表了我国资本积累的新手段，利

---

[1] 《马克思恩格斯文集》（第5卷），人民出版社2009年版，第743—744页。
[2] 同上书，第847页。

润生产的基础正是在于生产力的提高。特别是在科学技术迅猛发展的今天，市场经济对利润的追求热度持续高涨。马克思曾经对资本家追求剩余劳动和剩余价值不断膨胀的欲望做了阐述，"资本并没有发明剩余劳动。凡是社会上一部分人享有生产资料垄断权的地方，劳动者，无论是自由的或不自由的，都必须在维持自身生活所必需的劳动时间以外，追加超额的劳动时间来为生产资料的所有者生产生活资料"[1]。其实，我们所谈及的利润实则也是市场经济条件下由于经济发展而导致的隐性剥削产物，同时这种手段并非强迫而是在积累财富的过程中所使用的财产权利。特别是在商品生产技术不断革新的当前，这种财产权利显得更有用武之地，利润也更多的是来源于技术租金。

（一）社会物质财富的日益丰富

或许在改革开放之前的中国，理想与现实的差距是有的。但是当我国踏上社会主义市场经济的康庄大道，这种差距正在逐渐缩小。通过财富的积聚，资本的积累，从国家层面来说，这是认真切合我国国情，充分发扬我国国威，使我国经济总量得以勇攀高峰的成功之路；就社会层面来说，我国资本积累的发展促进社会呈现一幅欣欣向荣、丰富多彩的绚丽图景，不断拔地而起的写字楼、琳琅满目的商品以及快节奏的高强度生活方式等充斥着整个社会，我们嗅到了愉悦的浓郁的现代气息，同时这又是那么让人紧张；对于个人来说，我们处在这样一个开放的文明时代，受外部环境的影响，我们的个性特征、思维模式以及为人处世方式也自然贴上了同改革开放以前完全不同的标签，我们会接收到很多新鲜的新知，视野大大地被开拓，对任何事物的理解或许会从很多不同的方面去解读，这是这个时代给予我们的财富，这是资本的积累赐予我们的礼物。当然，在社会财富的积累中不管是给社会还是个人都会带来一些负面影响，这就是资本的积累所导致的社会文明化的限度，这在下文中会专门探讨。

（二）追求利润成为社会主义市场经济运行中重要的经济行为

在上文说到利润是资本积累的一种新手段，随着科学技术的发展，对利润的追求方式会更加隐性、便捷和有效。但不得不说，追求利润的

---

[1]《马克思恩格斯文集》（第5卷），人民出版社2009年版，第272页。

这一经济行为说到底还是正当有理的，这里引用斯密和当代经济学家对资本家占有利润的解释，"在斯密看来，利润源于对劳动创造的价值的分享，而且资本家对利润享有占有权，这是为了补偿他'冒险'所做的垫付（他的资本）。这类似于对利润的现代解释，现代的解释将利润视为资本家在支付所有的工资和其他生产成本包括折旧后占有所有剩余的权利，他之所以享有这样的权利是因为他冒险投入了自己的资本"[①]。由此，工资与利润便结成了微妙的神奇关系。但资本的积累要顺利进行，工资的提高就不能掩盖掉利润的赚取。不断地追求利润才能促使资本永不停歇地积累，物质财富才得以顺利累积。或许我们可以这样理解，在社会主义市场经济条件下，利润是一种可以获得更多扩张资金的工具，这种工具可以使我国经济更加稳步运行。若要营造令人欢欣鼓舞的经济氛围，对利润的追求是一剂良药，它成为我国市场经济制度下非常重要的关键经济要素，承担着驱动我国资本积累飞速向前发展的变量动力。

（三）市场的客观需求控制中国资本积累的运行走向

随着我国社会主义市场经济的发展，先进科学技术也在与时俱进。这种商品制造技术的创新对于企业家来说意味着可以获得更多的利润，尽可能多地"弥补"当初投下的本金，以此增强资本内部更大的扩张，使得资本积累周而复始地运行。由此，我们可以说，在当前商品化的现代社会，科学技术的创新与资本的积累运作是相辅相成的，前者的发展越发促进后者的循环，而后者运作的结果也正是前者之所以必要的原因。

而资本扩张的内在逻辑在于遵从市场经济发展的内在要求，或者说是消费者的购买需求。一方面，商品生产者是为了满足消费者的需求而生产商品，在此，商品的使用价值不是商品生产者追求财富的结果，而是手段。另一方面，市场的存在是为了证明商品生产者追求财富、满足消费者需求这一情况的合理性，实则也就是证明市场经济这一制度存在的合理性，相当于"自圆其说"。就商品生产者本身来谈，他们给予的

---

① ［美］罗伯特·L. 海尔布隆纳：《资本主义的本质与逻辑》，马林梅译，东方出版社2013年版，第51页。

工资与获得的利润都是受市场需求控制，他们并不能强迫消费者购买自己的商品以及强迫供给者提供他们所期望的商品或服务，一切都要按照市场的走向方能获得成功，取得利润。毕竟市场才是最终决定商品成本和价格的根本决定要素。正因如此，我们单就商品生产者的方面来看，就能证实资本的积累运行受控于市场发展的制约，不断追随着消费者的购买需求和欲望。目前中国市场发展的趋势重在扩大消费范围。第一，要求在量上扩大现存的消费需求；第二，要求把现存的消费需求推广到更大的范围来促进更大的消费需求；第三，要求生产出新的消费需求去发现和缔造出新的商品的使用价值。实则这三点要求内在地构成了链条式的逻辑发展理路，整个中国社会主义市场经济逐渐体现了商品化的特点。正是由于市场化的影响，消费者和商品生产者的关系会随着市场所发射出的信号来调整彼此之间的行为，在这过程中没有强迫下的被动，只有在市场——这只看不见的手的操纵下自由自觉的主动的行为调节。与此同时，资本的积累也就是在消费者购买商品、商品生产者积累物质财富的过程中不断循环往复，实现自身的连续性。

四 资本积累的伦理评价

科学地对资本积累的发展做出适当的伦理评价是我们研究的最终目的和应有之义，也同时彰显了马克思对资本理论批判的当代现实意义。在马克思、恩格斯经典著作中，不仅深刻地揭露和批判了资本积累的残酷性，也论及其所带来的社会文明化影响。我们要知道，人类社会文明的起步离不开资本的作用，资本极大地强化了人类改造自然的能力，为人的全面发展开辟了光明的前景，并创造出一个高于以往一切社会阶段的全新的社会关系。资本对社会文明的推进作用不仅体现在100多年前的马克思、恩格斯的时代，而且依然体现在当今时代，资本文明的发展将为更高的社会文明奠定坚实的基础。但与此同时，资本的发展造就了社会文明化的特征，而这种文明化不是绝对的，而是有限度的。正因如此，我们要正视资本积累所带来的社会影响，鼓励发扬其积极效应，尽可能多地避免其发展限度的影响。

(一) 资本积累是推动社会文明化趋势的巨大力量

在《政治经济学批判（1857—1858年手稿）》中，马克思对"资本的伟大文明作用"下了定义。深入研究马克思关于资本文明作用的理论，阐发这一理论的当代意义，对于深入理解资本积累的发展在社会文明进程中的地位和作用，特别是认识资本积累在当代社会现代化进程中的深远影响，无疑具有重大意义。

马克思在《政治经济学批判（1857—1858年手稿）》中指出："以资本为基础的生产，一方面创造出一个普遍的劳动体系，即剩余劳动，创造价值的劳动；那么，另一方面也创造出一个普遍利用自然属性和人的属性的体系，创造出一个普遍有用性的体系，甚至科学也同人的一切物质的和精神的属性一样，表现为这个普遍有用性体系的体现者，而且再也没有什么东西在这个社会生产和交换的范围之外表现为自在的更高的东西，表现为自为的合理的东西。因此，只有资本才能创造出资产阶级社会，并创造出社会成员对自然界和社会联系本身的普遍占有。由此产生了资本的伟大的文明作用；它创造了这样一个社会阶段，与这个社会阶段相比，以前的一切社会阶段都只表现为人类的地方性发展和对自然的崇拜。只有在资本主义制度下自然界才不过是人的对象，不过是有用物；它不再被认为是自为的力量；而对自然界的独立规律的理论认识本身不过表现为狡猾，其目的是使自然界（不管是作为消费品，还是作为生产资料）服从于人的需要。资本按照自己的这种趋势，既要克服把自然神化的现象，克服流传下来的、在一定界限内闭关自守地满足于现有需要和重复旧生活方式的状况，又要克服民族界限和民族偏见。"[1] 从上述马克思关于资本文明作用的集中论述中，我们可以得到如下启示：

一方面，人类社会文明的起步离不开资本的作用。在马克思和恩格斯看来，文明史起始于由于分工发展而引起的城乡分离，并由此而导致的地方局限性向民族的过渡并一直贯穿于文明进展的全过程。而恰恰资本在社会分工的发展中起着重要作用。这是因为，城乡分离产生于商品经济，得益于商人阶级的发展。正是由于商人阶级不断追求剩余价值和利润，使得平均主义的社会逐渐衍变成商品化的社会，资本的本质和逻辑才得以体现和持续，才能够缔造由于资本的发展所带来的社会文明化

---

[1]《马克思恩格斯文集》（第8卷），人民出版社2009年版，第90—91页。

的发展。

另一方面，资本的发展使人类摆脱了对自然的崇拜，极大地强化了人类改造自然的能力。有了资本的作用，人不再单纯依赖自然，而是获得了能动地改造自然的力量；人单方面依赖自然界的两者间的"直接的统一"关系才开始被它们之间的互动的"活动的统一"关系所代替。这是因为，资本的内在本性就是要克服和摧毁一切阻碍生产力发展的力量，就是要发展生产力。它改变了以往社会阶段上闭关自守地满足于现有需要和重复旧生活方式的状况，推动生产者不断努力地去探索自然界，发展新的有用物体和原有物体的新的有用属性，并采用新的（人工的）方式来加工自然物、改造自然物；它克服以往生产的地域的狭隘性，创造出了人们的普遍的"交换活动"和普遍占有自然力的条件，同时也开创了经济全球化的视野。由此，我们可以这样总结，资本所带来的社会文明化趋势是指在资本的驱动下，人化的自然越来越代替纯粹的自然，而人的"历史地形成的需要"越来越代替了"自然的需要"。

与此同时，资本积累的发展对社会文明的推进作用不仅体现在100多年的马克思、恩格斯时代，而且依然体现在当今时代。我们要知道，资本是一种不以人的主观意志为转移的客观力量，一种不可抗拒的强制的物质力量。依据资本发展的逻辑，原来意义上的资本文明作用的潜力犹在，还未到达极限，还需要创造条件让其充分发挥出来。

马克思曾经说过："无论哪一个社会形态，在它所能容纳的全部生产力发挥出来以前，是决不会灭亡的；而新的更高的生产关系，在它的物质存在条件在旧社会的胎胞里成熟以前，是决不会出现的。"[①] 这一论述完全适用于对资本作用的评价。依据这一思想，我们可以认为，资本的灭亡必须以资本所能容纳的全部历史容量充分发挥出来为条件，只要这种力量未完全发挥出来，资本就还有生命力，还不会灭亡。这就是历史的辩证法。那么，资本所能容纳的全部历史容量是什么呢？对此理解的依据只能是马克思本人的论述，这一论述集中体现在《政治经济学批判（1857—1858年手稿)》中。概括地说就是：创造出"普遍的劳动体

---

① 《马克思恩格斯文集》（第2卷），人民出版社2009年版，第592页。

系";创造出"普遍利用自然属性和人的属性的体系";创造出"社会成员对自然界和社会联系本身的普遍占有"。这里所谓的"普遍",可以理解为"社会化""全球化""全面性""多样性":社会化的生产力、全球化的社会交往、多样化的社会需求、全面发展的自由的人。其中,高度社会化的生产力是基本,以高度社会化的生产力为基础,才会有"社会成员对自然界和社会联系本身的普遍占有"。

以此为标准来衡量当今的社会生产力,不要说发展中国家,就是发达国家也不能说达到这一水平。从某种意义上说,当今世界现代化的进程就是资本所容纳的历史容量的进一步发挥过程。在当今世界,资本文明作用的历史容量同时在资本主义和社会主义两种社会制度下深入展现,只是在不同的社会制度下,其展现的方式不同、性质不同、结果不同。在现代资本主义社会中,资本历史内容的展开完全以纯粹资本主义的方式进行,其间,资本与雇佣劳动的关系依然存在,资本主义的生产关系依然存在,资本的剥削罪恶依然存在,只是同马克思、恩格斯的时代相比,现代资本主义的资本剥削采取了更为文明的手段。因此,早在20世纪初已经出现的资本主义危机的灾难依然层出不穷。以这样的方式展开资本文明的结果,只能是敲响资本主义的丧钟。只是现在看来,这是一个相当长的历史时期,在资本的历史容量充分展现出来以前,资本的生产关系和伦理关系,依然如旧,资本的历史不会走到尽头,而且剥夺者的方式也会呈现出多样性,而不仅仅是社会革命。照此资本的发展逻辑,我们的历史任务不是人为地压抑资本的发展,而是积极创造条件,让资本的潜在力量充分发挥出来,同时尽可能限制其负面作用,引导资本健康有序地发展。从资本的发展趋势看,资本文明的历史容量充分发挥出来之日,也就是更高社会文明形态诞生之时。

(二)资本积累为更高阶段的社会文明的出现创造条件

社会文明的发展是一个历史过程。每一个社会形态下的社会文明都是整个社会文明链条中的一个必要环节。资本文明作为社会文明整体中的一个历史阶段,起着承上启下的作用,它既是对前资本文明的继承和发展,创造了前资本文明所不能比拟的更高阶段的社会文明形态,同时又为以后更高阶段的社会文明奠定了基础,创造了有利条件。资本的当代历史使命应着眼于创建更高的社会文明。

资本积累的发展为社会文明的继续递升创造了以下三个方面的成熟条件：

第一，资本积累的发展是社会文明形态自我扬弃的成熟条件。唯物辩证法认为，任何事物的发展都是一个否定之否定的过程，即不断否定自身的过程。当一事物发展到历史的顶点，就会通过自我否定而走向对立面。这种事物的辩证否定是事物发展的内在环节。社会文明的发展也经历着这样一个过程，"前资本文明—资本文明—后资本文明"的发展历程就是这样一个否定之否定的过程。资本的发展作为从资本文明到后资本文明的连接点正是社会文明经过资本文明阶段迈向更高文明阶段的新起点。

第二，资本积累的发展是社会文明向更高阶段迈进必备基础的成熟条件。任何事物向更高阶段的迈进都需要一定的必备基础。没有一定的量的积累，任何事物都不可能发生质变。这种量的积累就是事物形成的基础。资本的发展正是为越过资本文明形态的更高的社会文明形态奠定了各方面的基础，创造了各方面的条件。首先，资本创造了较以往历史阶段的最高的生产力和巨大的物质财富，为更高的社会物质文明奠定了基础，创造了有利条件。其次，资本为创造全新的社会关系，即马克思所说的"普遍的劳动体系""普遍利用自然属性和人的属性的体系"，即人的全面发展的社会关系、人的普遍交往的社会关系、全球范围内物质和精神交往的普遍社会关系，创造了有利条件。资本主义生产关系得以容纳超过以往一切社会阶段的生产力总和的生产力，把社会物质文明一下子提高到一个从未有过的高度。资本虽然早在资本主义社会以前就已经产生，但其发展必然造就资本的生产关系，也就是资产阶级的生产关系。这种生产关系标志着人类社会历史发展到了一个特殊阶段。正因如此，资本积累的发展能够为更高阶段的社会民主以及更高阶段的社会政治文明奠定基础，创造有利条件。

从历史发展过程看，尽管作为一种国家形态的民主是随着阶级和国家的出现而出现，但在"人的从属关系"条件下的奴隶社会民主制和中世纪民主制是"不自由的民主制"，因为在那时的社会条件下，人们政治上的主奴关系和经济上的主奴关系是融为一体的，经济上不独立，同样政治上也不能独立。民主政治在此时只是一句空话。资产阶级革命打破了"人的从属关系",使人们获得了政治上一定程度的解放,只有在此时,才谈得上民主政治。严格地说,民主政治正是随着"人的从属关系"的社会形态为"以物的依存关系为基础的人的独立性"的社会形态所取代而出现的。而这里所说的"以物的依存关系为基础的人的独立性"正是以资本的存在和发展为条件的。从某种意义上说,资本正是民主政治得以形成和发展的基础,没有资本,也就不会有真正意义上的民主政治。

根据马克思主义的观点,人类社会最终将走向的社会民主是一种不同于国家形态民主的新型民主。这不仅是使人类得到彻底解放的要求,而且也是人类社会历史辩证发展的必然结果。它以国家消亡为前提。显然,历史发展的规律决定了社会民主的实现需要经历一个长期的过程。在这一过程中,资本积累的发展起着非常重要的作用。不经过资本积累的充分发展,没有资本积累的充分发展所带来的社会关系的变革,诸如社会关系的全球化、信息化、高科技化等,广泛的社会民主是不可能实现的,人类也不能取得最终的彻底解放。从资本条件下的民主政治到后资本基础上的民主政治的发展,既体现了摆脱了"人的从属关系"后的人类解放程度的提高,也体现了社会发展水平的提高。其间,资本是一种重要的推力。正是伴随着以资本的运转而确立的民主政治的发展,社会民主程度才会达到一个新的更高的阶段。

第三,资本积累的发展体现了资本的道德存在形式。资本积累的发展把人变成"市民社会的人""独立的人",变成"公民""法人",即把人们从人身依附关系下解放出来,越来越获得全面发展自身的条件。马克思、恩格斯在《共产党宣言》中提出:"代替那存在着阶级和阶级对立的资产阶级旧社会的,将是这样一个联合体,在那里,每个人的自由发展是一切人的自由发展的条件。"[①] 这一论断提出了人的自由发展的远期目标,这一目标既包括个人的自由发展,也包括个人发展与社会发展的和谐统一。这种"自由的人"具有四个特征:一是具有高度的科学文化素质和多方面技能,能自由地运用自由时间来充分地发挥和全面地

---

① 《马克思恩格斯文集》(第2卷),人民出版社2009年版,第53页。

发展自己的能力；二是不仅拥有丰富的物质生活，而且拥有丰富的精神生活；三是具有高度发达的自觉意识和道德水平，能自觉地把个人融化在社会和集体之中；四是将狭隘的地域性的个人转变为"世界历史性的、真正的普遍的个人"。这四个特征都与资本积累的发展有关：丰富的物质生活离不开由资本积累带来的生产力的高度发展；自由时间的支配离不开由资本积累带来的劳动生产率的提高；"世界历史性的、真正的普遍的个人"则离不开由资本积累带来的对狭隘地域性、民族界限的克服；即使个人的丰富的精神生活也离不开资本积累的发展，这同样是以资本为基础的生产力发展的一个先决条件。

在资本积累对人的全面发展的推动作用中内蕴着提高人们的科学素养和提升人们的精神境界的重要作用。资本推动了生产规模的空前提高、生产力的飞速发展，而生产力的飞速发展势必离不开科学技术的作用，以资本为前提的现代生产力必然是以现代科技为主导因素的生产力。资本积累的发展同科学技术的发展具有同步性，资本积累的发展趋势是把科学技术推进到顶点。而随着科学技术的创新，人们的科学素养和精神境界也必将得以不断提升。这是因为，现代科技的发展推进着社会的现代化程度，而作为社会现代化的一个重要方面是人的现代化，即现代化主体意识的提升。现代化主体意识内涵丰富、涉及面广，就其主要精神，可概括为：经济观念方面的商品意识、竞争意识、公平意识及效率意识；政治观念方面的民主、法治、平等、自由等意识；道德观念方面的义利统一、个人与社会和谐发展的意识；文化方面的重视科学、重视教育、尊重知识、尊重人才以及开拓面向全球的视野等。

通过上述对资本积累的发展所带来的社会文明化趋势的总结，我们了解到，正是资本的本质与逻辑决定了社会文明化发展的进程，正是马克思所谈到的资本的文明作用的体现。在资本积累周而复始运作的驱动下，社会成员摆脱了对自然的崇拜，个性特征得以彰显，逐渐地历史地形成了各自的需要与欲望，也同时突破了一个个在传统社会中长期屹立不倒的社会限制。这或许也可以理解为现代社会制度发展过程中所产生的"脱域"。由于资本积累的发展，传统社会中的社会关系突破地域上的界限，逐渐朝着现代世界所需要的多样化的社会关系转变，这一转变过程也是证明资本积累真正造就了文明作用的过程。"总之，资本的内在逻辑决定了它一定要突破现有的生产能力和生产手段的限制，决定了它一定要突破现有的消费数量、消费范围和消费种类的限制，突破这些限制的过程，也就是文明进步的过程，也正是资本发挥其文明化作用的过程。"①

（三）反思资本积累所带来的社会文明化限度

考察资本积累的发展所带来的社会文明化趋势的内在限制，概括地说，实则就是在考察资本积累的发展与道德发展的关系问题。这也是对资本积累的发展予以伦理评价的一个重要方面。市场经济运行的发展逻辑内蕴着对道德的追求，对维护道德的积累财富的方式，成为市场经济发展过程中逐渐遵循的谋利模式，正因如此，在这个商品化的社会，不仅仅对于谋利方式，还包括资本增殖的内容，都赋予了自身或善或恶的改变权利。由此，资本积累的发展所导致的文明化限度就此产生。"社会关系尤其是生产关系的部分调整和局部变化，使得各种社会力量对资本的增殖有了更多、更强的法律约束和道德要求，以至于资本守德增殖成为社会所推崇的谋利方式，从而使资本的道德性能够得以显现。"② 马克思认为，资本的发展会受到它自身的限制，虽然它能够突破地域的限制、社会关系的限制，但破除不了资本本身所带来的性质。"资本不可遏止地追求的普遍性，在资本本身的性质上遇到了限制，这些限制在资本发展到一定阶段时，会使人们认识到资本本身就是这种趋势的最大限制，因而驱使人们利用资本本身来消灭资本。"③ 我们认为，资本积累的发展所带来的文明化限度最主要就在于社会成员道德意识的滑坡，或者概括地说就是资本的发展所显示出来的不道德性。

唯物史观是马克思对资本本性的批判理论基础。他认为，人类道德意识的丧失原因、人的异化都是由于资本的发展所导致的消极后果。在资本积累的发展过程中，社会环境的巨大改变、人与人的社会关系的变革培养和发展了社会成员的个性，丰富了社会成员的社会生活，但这也

---

① 童世骏：《资本的"文明化趋势"及其内在限制》，《学术月刊》2006年第10期。
② 王淑芹：《资本与道德关系疏证——兼论马克思的资本野蛮性与文明化理论》，《马克思主义与现实》2012年第1期。
③ 《马克思恩格斯文集》（第8卷），人民出版社2009年版，第91页。

是使得道德滑坡现象有可乘之机，是社会文明化趋势的内在限制的重要体现。"资本积累的发展，离不开政治上层建筑对现代权利体系的建立，离不开人与人的现代关系的认知，离不开人的丰富的个性的培养和发展。从这个意义上说，属于现代政治文明范畴的自由、平等、民主、法权、契约以及人的个性的丰富性和全面性，都是资本的本质和逻辑得以贯彻的内在要求。"① 资本的本性在于资本不断扩大化并追求利润，资本与利润容不得分开。为了追求更多的利润，资本不断打破传统地域的界限，不断突破现有的社会关系，从而获得自身的发展。正是在资本积累发展的过程中导致了"风险环境"的滋生。随着全球化进程的加快，这种"风险环境"也随之扩张。"所有脱域机制都使具体的个人和团体失去对事物的控制；这样的机制越具有全球性，这种趋势就越明显。尽管存在着全球化机制提供的高水准的安全，但事物的另一面是又产生了新的风险：资源与服务将再也不受地域的控制，因此就不可能由地方上将其用来应付偶然的突发事件；而且也存在着这样的风险，即机制作为一个整体动摇了，因而影响着每一个使用它的人。"② 正因如此，社会成员在现代社会中所体会的安全感与危机感或许就在一念之间互相转换。而正是在这个过程中，重利轻义、拜金主义、利己主义滋生，在资本本性的主导下，现代社会永不会停歇追求利润的脚步。当人与人之间只剩下赤裸裸的金钱利益关系之时，人类道德意识将就此滑坡。我们要知道，市场经济运行的逻辑中内蕴着对道德的追求，道德滑坡现象的发生会在很大程度上扰乱市场经济的正常运行。作为市场经济运行过程中的主要参与者，企事业家们的道德意识和道德责任感显得尤为重要。马克思针对资本主义社会中资本家道德缺失作了自己的批判阐述：资本家"在自己的实际运动中不理会人类在未来将退化并将不免终于灭绝的前途，就像它不理会地球可能和太阳相撞一样。在每次证券投机中，每个人都知道暴风雨总有一天会到来，但是每个人都希望暴风雨在自己发了大财并把钱藏好以后，落到邻人的头上。我死后哪怕洪水滔天！这就是每个资

---

① 刘日明：《资本的政治文明化趋势及其限度》，《学术研究》2012年第10期。
② [英]安东尼·吉登斯：《现代性的后果》，田禾译，译林出版社2014年版，第111页。

本家和资本家国家的口号"①。

与此同时，随着部分社会成员在资本发展的条件下、在市场经济运行的过程中其道德意识的滑坡，人的异化状态也就此呈现出来。马克思关于"人的异化"理论对于海德格尔影响深远。在海德格尔的存在主义中，"人的异化"可以理解为"人的沉沦"，放在市场经济条件下社会成员道德滑坡现象的发生，这种"沉沦"就隐含着社会成员对于自身的道德意识的缺失的不自知。在现代社会的视域下，资本将追求物质财富和获取更多的利润作为其得以不断发展的手段和目的。而在这过程中会导致部分社会成员因过多地重视"利"的部分而失去自我，失去实现自身生命价值的信仰，同时也不会承认这是自身来自于道德责任感的缺失，认为在利益面前，一切都是那么顺理成章、理所当然。由此导致了资本拜物教、商品拜物教的社会风险环境，社会成员之间的社会关系不能简单地看成是人与人之间的关系，而是物与物之间的关系，道德意识与道德责任感也被披上了"物质"的外衣，虽然处在永不停歇的追求物质财富、满足贪婪欲望的"自由"的步伐中，但却被戴上了失去实现自身价值信仰的精神枷锁。而这一切都是由资本不断扩张发展所导致的，这是社会文明化发展所带来的消极的一面，是其内在的限制表现。马克思总结性地说道："在我们这个时代，每一种事物好像都包含有自己的反面。……技术的胜利，似乎是以道德的败坏为代价换来的。随着人类愈益控制自然，个人却似乎愈益成为别人的奴隶或自身的卑劣行为的奴隶。甚至科学的纯洁光辉仿佛也只能在愚昧无知的黑暗背景上闪耀。我们的一切发现和进步，似乎是使物质力量成为有智慧的生命，而人的生命则化为愚钝的物质力量。"②

五 资本积累伦理评价的启示

在梳理了上述关于资本积累的发展所带来的社会文明化以及文明化发展的限度之后，我们对资本、对资本积累要有一个全面的、辩证的、历史的态度去看待它的恶与善。或许在过去相当长的一段时期内，我国

---

① 《马克思恩格斯文集》（第5卷），人民出版社2009年版，第311页。
② 《马克思恩格斯文集》（第2卷），人民出版社2009年版，第580页。

国民对资本总是采取消极面对、厌恶与痛恨资本的存在，将其与资本主义国家、资本主义生产方式紧密结合在一起，认为资本是罪恶的，是剥削的，一味地强调资本积累扩张性发展所带来的残酷性，忽视了它的积极作用——社会文明的塑造。诚然，尽管资本的发展对社会文明具有重大推进作用，但这并不意味着社会文明的发展仅仅是资本发展的结果。社会文明的发展是由多方面因素综合作用的结果，资本的作用仅仅是多方面因素的一种。但不管怎么样，资本的发展所带来的文明作用是客观存在的，不容抹杀，这是对资本文明进行伦理评价的一个基本方面。而在现在，"资本"这一话题似乎不再敏感，甚至越发掀起了对"资本"追求的热潮，从而导致各种社会矛盾滋生，在追求物质财富的过程中，资本的本性特征、资本积累的一般规律似乎已被人们遗忘，似乎人生的价值就在于获取财富与利润，提高社会地位，而贫穷者只能自怨自艾，似乎不能深挖出自己落魄处境的根本原因，认为这一切都是理所应当的。这两种看法都是极其不科学、不全面的，缺乏辩证性，我们不能对资本下一个非常绝对的定义，指出它一定就是恶或者一定就是善，这违背了马克思对资本文明所作的诠释，我们必须正视资本积累发展的两面性，还原其真实性的本来面目。"资本既非必然为恶也非必然为善，善或恶都不是资本的唯一道德存在形式。对于资本，我们既不能只研究其价值和创造而不关注其牟利的道德性，也不能只谈资本的功能而不谈资本的社会效用及其社会道德性质。"①

与此同时，我们展开对一个理论的探讨的基本条件就是要将其放置在特殊的社会条件下，具体的历史的去作评价。对当前我国资本积累的发展作伦理评价，就要预先深入研究改革开放这四十多年来我国社会政治条件的改变。资本的发展是有条件有阶段的，我们不能将资本在一个阶段所产生的效应作为另一个发展阶段的结果。政治的最终诉求是多元的，是不确定的，处在不同发展阶段上的中国所面对的要解决的问题都是不一样的，我们不能单纯地运用绝对的、唯一的社会工程思维去代替政治改革。正因如此，中国化的马克思主义最典型的特征就在于它的阶

---

① 王淑芹：《资本与道德关系疏证——兼论马克思的资本野蛮性与文明化理论》，《马克思主义与现实》2012年第1期。

段性，这是我国与现代世界进行意识形态交流的最有利的工具与通道。所谓坚持道路自信、理论自信，就是在当前我国社会主义市场经济条件下，相信中国未来发展的前景是乐观积极的。正因如此，关于资本积累的伦理评价必须要体现时代精神，诉诸当下我国经济社会发展的实际情况以及未来发展的可能性，全面严谨地正视历史、把握现在、展望未来，才能突出自身的客观性与科学性，这是我们对资本积累的发展予以伦理评价的当代启示与基本要求。

第二节 资本与世界市场的发展

资本伦理作为一种伦理关系，既体现出一般伦理关系意义上的特点，也显示出了其特有的特点。对于资本伦理的考察，也应该在马克思主义基本观点的立场上，遵循伦理学的学科范式，"考察伦理关系的形成，首先意味着历史的考察"①，即从历史的发展角度来考察伦理关系。对于资本伦理而言，其历史发展的主线毫无疑问就是资本的发展脉络，然而资本却是一个相当古老的概念，在人类社会发展的不同时期，呈现出不同的发展态势，而现代意义上所理解的资本，特别是马克思主义角度理解的资本，主要是指中世纪以来在商品流通中扮演重要角色的资本，正如马克思所言："世界贸易和世界市场在16世纪解开了资本的现代生活史。"② 资本的伦理学考察必须紧紧围绕世界贸易和世界市场的发展，只有在这个语境下，才是马克思所研究的"资本现代生活史"，从世界市场的角度来认识资本的伦理学变迁，是十分必要的过程，资本一经形成，就必须寻找特定的市场，韦伯在《经济与社会》中也指出："通过市场上的交换而形成的组合体，这是一切理性社会行动的原始模型。"③ 对于现代资本而言，世界市场可以说是最能体现现代资本特点的一个概念，资本的发展历史，是一个相对抽象的概念，而资本在世界市场上的演变，则是一个相对具体的发展脉络。正是在"世界市场"

---

① 宋希仁：《论伦理关系》，《中国人民大学学报》2000年第3期。
② 《马克思恩格斯文集》（第5卷），人民出版社2009年版，第171页。
③ ［德］马克斯·韦伯：《经济与社会》（第1卷），阎克文译，上海人民出版社2010年版，第776页。

这一巨大的舞台上，不同的资本主义国家，以及不同的社会发展理念都一一出场，在这一历史发展的进程中，资本的发展及其所衍生的伦理观念，时刻发生着激烈的碰撞，这一生动的过程验证了马克思和恩格斯对于伦理观点认识的科学性，恩格斯在《反杜林论》中指出："我们由此只能得出这样的结论：人们自觉地或不自觉地，归根到底总是从他们阶级地位所依据的实际关系中——从他们进行生产和交换的经济关系中获得自己的伦理观念。"① 马克思对于伦理观点的科学认识，破解了萦绕于人民心中"永恒道德"的神话，将伦理道德观点的分析问题重新拉回了现实生活中。并指出任何试图论述，并给出"永恒道德"观念的尝试都是徒劳的，所以在马克思主义的话语背景下，道德伦理问题始终不能固化地理解为某一种准则，而是应该在历史的发展动态背景下去把握道德伦理的发展，即没有永恒不变的道德，而只有一个时期中的道德。如柯斯洛夫斯基所指："经济学家研究的是经济学的下层建筑，而哲学家则研究的是伦理学的和价值方面上的建筑，却没有出现一种统观全局的整体的观点。"② 从这个意思上而言，马克思主义的伦理道德的分析方法，克服了社会科学研究中"分工"而产生的负面影响，体现了其内在科学性。

世界市场的形成，催生了现代意义上的资本，而现代意义上的资本一经产生，就在世界市场中扮演了重要的角色，对于世界市场的资本而言，其流动与运作，必然要求塑造出与之相适应的伦理观念。而对于世界市场上的伦理观念而言，人们自然会联系到"竞争""弱肉强食"等观点，而这一结论可以说既正确，又不正确，是一个似是而非的观点。因为在"世界市场"几百年的历史发展中，"竞争""弱肉强食"自然是其非常重要的特征，的确可以将其作为资本主义"世界市场"伦理观念，但是世界市场中的伦理观念，也不能固化理解。单纯意义上的"竞争"等笼统的观念，难以完全说明资本主义世界市场上的伦理道德观念问题。一方面，亚当·斯密、大卫·李嘉图等马克思以前的古典政治经

---

① 《马克思恩格斯文集》（第9卷），人民出版社2009年版，第99页。
② ［德］P. 科斯洛夫斯基：《资本主义的伦理学》，中国社会科学出版社1996年版，第28页。

济学家已然意识到了这一问题，所以将"世界市场"与"弱肉强食"紧紧捆绑在一起，看似很科学，而实质上还是在马克思之前研究范畴之中，并不能很好地解释在世界市场运行过程中，由资本运作所衍生出的伦理观念的动态演变过程。而另一方面，马克思主义的伦理观念之所以深刻，并不源于马克思就伦理道德问题提出了多么庞大的伦理学体系，而是在于马克思和恩格斯，能够从一个科学的出发点来衡量社会发展的道德伦理，所以在马克思主义的话语背景下，道德伦理问题不能固定地理解为某一种准则，而是应该在历史的发展动态背景下去把握道德伦理的发展，而世界市场的发展也是一个漫长的过程，在这其中所体现出的道德伦理显然也不是某些单个的词语就能概括的。

同时，在马克思主义的理论体系中，世界市场这一概念占有非常重要的地位，它伴随着马克思本人研究生涯的始终；马克思在多部著作中都对世界市场进行了分析，而在马克思之后，恩格斯与列宁等人，也针对世界市场展开了研究。可以说直到今天，世界市场这一概念，仍然有非常强的现实性，世界市场与当代的世界政治格局有着非常重要的联系，世界市场及其固有的特点依然深刻地影响着当今世界，也同样深刻地影响着社会主义中国，我国自改革开放以来，世界市场对我国的影响日益深远，我国很多传统的伦理观念，同样也与世界市场的观念准则激烈地碰撞着，而从世界市场发展的历史角度来审视其伦理观念的演进，对我们正确认识资本及其所衍生的伦理观念，无疑有着重要的借鉴意义。

一 地理世界市场阶段：宗教伦理与资本伦理的碰撞

（一）地理世界市场的界定

在早期的地理世界市场中，西班牙和葡萄牙等西欧封建国家，曾经长期占据统治地位，西班牙和葡萄牙都是在西欧较早完成中央集权的封建国家。这使得他们能有实力支持新航路的探索运动。同时，由于最先得到了金银等贵重金属，西班牙和葡萄牙也最早开始践行重商主义，禁止货币输出，反对商品输入，以贮藏尽量多的货币。早期的西欧封建国家，都很少将金银等财富进一步投入再生产中，而多用于本国贵族及教会的高额开销。正如马克思所言："经济的繁荣建立在新形成的世界市场上，发财致富被看做是目的本身，重商主义者宣传节欲、俭省，愤怒地反对挥霍，只愿意当帮手去推动别的国家的浪费，而自己则想成为财宝贮藏者。"① 但是，毫无疑问的是，这种金本位思想的货币主义，以早期的世界市场为载体，客观地推动了西欧资本主义的萌芽。"货币主义把为世界市场进行的生产，以及到商品从而到货币的转化，正确地宣告为资本主义生产的前提和条件。"② 在这种情况下，英国作为新兴起的封建国家，自然也要参与世界市场的掠夺，凭借强大的实力，在多次力量角逐后，英国于1588年击败了西班牙"无敌舰队"，这也标志着早期世界市场上话语权的重大变更。同时，英国于都铎王朝时期开始推行的重商主义政策，在后期由货币差额转向主张贸易差额，"他们意识到，放在钱柜里的资本是死的，而流通中的资本会不断增殖"③。重商主义在英国呈现的特点，进而发展本国工业，扩大对外贸易出差，以保证货币大量输入本国，加速了英国的原始积累，推动了英国资本主义的发展。"重商主义的民族性质，不只是其发言人的一句口头禅。他们借口仅仅致力于国民财富和国家资源，实际上把资本家阶级的利益和发财致富宣布为国家的最终目的，并且宣告资产阶级社会的到来，去代替旧的神圣国家。"④ 在这种情况下，英国于1640年爆发的资产阶级革命，最先确立了君主立宪的资本主义制度，这使得英国能够开始在世界市场中站稳脚跟，并最先掌握了世界市场的主导权。

在地理世界市场中，早期出现在世界市场上竞争的国家，还都是西欧封建国家，同时，在这一历史发展阶段中，英国最先建立了完备意义上的资本主义国家，对于资本主义国家而言，世界市场自然有至关重要的作用，但是，要从原先的封建国家中将世界市场的话语权抢夺过来，而不同社会形态的国家对世界市场的竞争，只能是不对等的，所以也不可避免地产生武力冲突。所以，在地理世界市场中，还带有很浓重的封建色彩，它并不是完全意义上的世界市场，地理世界市场所凸显的，是其作为市场这一概念的本质，即主要从事的还是一般意义上的商品交

---

① 《马克思恩格斯文集》（第8卷），人民出版社2009年版，第581页。
② 《马克思恩格斯文集》（第7卷），人民出版社2009年版，第887页。
③ 《马克思恩格斯文集》（第1卷），人民出版社2009年版，第56页。
④ 《马克思恩格斯文集》（第7卷），人民出版社2009年版，第887页。

换，而其核心资本的运作，尚未完全充分体现，有待进一步成熟，马克思指出："资本是集体的产物，它只有通过社会许多成员的共同活动，而且归根到底只有通过社会全体成员的共同活动，才能运作起来。"① 而英国资本主义制度的确立，无疑为资本的运作，提供了更为高效的平台，各国的经济发展水平逐渐提高，在随后的发展中，带有浓重封建色彩的地理世界市场不断完善，逐渐褪去了中世纪的外衣，为日后现代资本的崛起，提供了广阔的空间。

（二）地理世界市场阶段的伦理观念的碰撞

从观念及意识形态的角度来看，新航路的开辟还有一个十分重要的原因，即西欧国家传播基督教教义的精神动力。基督教始终强调自身的"普世"价值理念，在这种观念的主导下，基督教认为凡是有人生活的区域，都应该信仰基督教，而对于教会来说，其自身也不满足于在一个国家和地区内存在的现实，应该建立一个世界性质的教会。② 而在"地理世界市场"中，新航路的开辟之处，基本上是发展滞后地区，在这种地区基督教的教义中所宣扬的伦理观念，普遍优于落后地区的原始信仰，但是在西欧的基督教国家中，却产生了激烈的冲突，为基督教自身带来了严重的危机。在基督教的伦理评价中，"一种财富愈是适合人类接近上帝，成为人类在这种意义上的手段，那么它在伦理学上得到的评价就愈高，它的伦理价值就愈大，也就是它为实现人类的最高利益所起的作用就愈大"③。而在地理世界市场阶段，流入西欧国家的是从美洲、非洲等地所运来的源源不断的贵重金属，很显然，作为最明显的一种财富，金银的存在并不会使人"接近上帝"，反而离上帝更远。但是，大量金银的出现正是西欧早期商业资本家所希望的，他们往往甘愿当金银货币的占有者。马克思在《资本论》中就有这一时期经济行为对人的伦理观念塑造的描述："要把金作为货币，从而作为贮藏货币的要素保

---

① 《马克思恩格斯文集》（第2卷），人民出版社2009年版，第46页。
② 1281年，横跨欧亚非三大洲的奥斯曼土耳其帝国建立，推崇伊斯兰教，与西欧社会的基督教多有冲突，尤为重要的是奥斯曼土耳其帝国的势力范围，正是古代陆上丝绸之路和海上丝绸之路的必经之路，这样西欧国家向东方传播基督教的道路也就被封死，西欧国家必须重新去寻找新的传播途径。
③ ［德］席林：《天主教经济伦理学》，顾仁明译，人民出版社2003年版，第14页。

存起来,就必须阻止它流通,不让它作为购买手段化为消费品,因此货币贮藏者为了金偶像而牺牲自己的肉体享受。他虔诚地信奉禁欲的福音书。""因此,勤劳、节俭、吝啬就成了他的主要美德。多卖少买就是他的全部政治经济学。"① 马克思这里所用的"禁欲"与基督教中的"禁欲"还有所不同,可以说是西欧社会基督教精神上的"禁欲"对于人性的长期压抑,才导致了早期商业资本家面对金银紧抓不放,并且反对基督教教义的进一步压迫,反对教会敛财,提倡自由享乐,提倡宗教改革。但是早期的商业资本家,却在经济生产行为上"禁欲",不愿把金银进一步用于扩大生产,而这种单纯意义上的奢侈享乐,又与后来兴起的工业资本主义国家、工业资本家的伦理观念所不容,1840年工业革命的爆发,使得一大批工业资本家出现,他们既有作为自然人的享乐和自由的需求,但同时还怀有着更为强烈的将资本用于扩大生产,以获取更大的利润的需求。马克思曾言:"商品不能自己到市场上去,不能自己交换。因此,我们必须寻找它的监护人,商品占有者。"② 新型的工业资本家,不再是"货币占有者",他们不满足于上一个时期,在地理世界市场中那种只有简单的掠夺和压榨,也不满足于商业资本家那种仅仅将货币用于享乐的观念;而作为商人,他们所能想到的挤走另外的对手的最有效,且不承担任何法律风险的手段就是竞争,全面的竞争。所以在"地理世界市场"阶段,基督教的伦理观念受到了前所未有的冲击,欧洲教会势力力图在这个世界市场上,传播它的教义,但是条目众多的教义,并未在世界市场上"屹立不倒",它在金银面前显得苍白无力。先是出现了以恢复人的本性的生活观念,但是这种观念却马上又受到了新兴群体的冲击,异军突起的工业资本家渴望更多的利润,这需要世界市场的更高效的运转,显然现有的带有封建色彩的这种地理世界市场是无法满足其要求的,商品流通、世界贸易的升级,加速了世界市场中资本的流动,从而推动了工业资本家"改造"世界市场的步伐,这样风花雪月的经济和风云变幻的现实,使得世界市场中的伦理观念再次产生了变化。

---

① 《马克思恩格斯文集》(第5卷),人民出版社2009年版,第157页。
② 同上书,第103页。

二 世界市场的初步发展：自由竞争伦理的展开

（一）世界市场的初步形成

从 18 世纪 60 年代开始，具体可从 1789 年的法国大革命开始[①]，到 1917 年俄国十月革命爆发，这一历史阶段可以视为是世界市场的初步形成时期。从 18 世纪 60 年代开始，由于工业革命的展开，兴起了一大批的工业资本家，他们将新的生产理念带入生产中。可以说直到这一时期，现代意义上世界市场的核心要素——资本才真正扮演起了重要的历史角色。金银等货币，固然也可以理解为资本，但是资本只有在流通中，才能真正地凸显其价值，所以这一阶段才应该被视为世界市场的真正起步阶段。而在这个世界市场上，新兴的资本主义国家展开了激烈的竞争，资本家对于这个真正意义上的世界市场的依赖程度也前所未有地提高，它开始真正地高效运转起来。资产阶级，以及资本主义国家，从封建国家中夺取了世界市场的话语权，但是他们并不会满足于以往那个落后的，带有封建色彩的市场，他们按照自己的需要改造了世界市场。

同时，在这一阶段中，地缘概念上的世界也进一步完善，沿着早期新航路的探索家的脚步，资本主义国家借助工业革命的成就，得以探索更远的陆地；不管是落后的原始部落，还是古老的帝国，都被视为其开发的对象。所以对资本主义国家和资产阶级来说，世界市场并不是由他们创立的，而是由他们"开拓"的，这种开拓的行为具有深远的历史意义。马克思和恩格斯所生活的时代也是这个时代，所以马克思和恩格斯关于世界市场的论述大部分也是针对这一发展阶段的世界市场。资本主义国家这种"开拓"世界市场的行为，并不是源于其内在的"使命感"，而是由于工业革命的爆发，资本主义生产方式的确立，即从传统的手工作坊逐渐过渡到工厂生产的转变的内在需求。"工厂体系导引出来的现代大生产必然也要求更大范围的市场体系，工业资本主义必须使用更加成熟的市场交换将专业化的工厂整合起来。"[②]

[①] 关于工业革命发生的具体时间，尚无统一认识，从具体的时间而言，1879 年视为其重要的节点，英国史学家霍布斯鲍姆，将 1879 年称为"双元革命"，即可以视为工业革命与法国大革命并行。

[②] 张一兵：《资本主义理解史》（第 1 卷），江苏人民出版社 2009 年版，第 44 页。

也有的学者认为，随着工业革命的爆发，以及资本主义大工业生产的建立，实际上也就标志着世界市场的正式形成。不可否认的是，随着工业革命的发生，世界市场中资本的流通开始相当活跃，其最为基本的运作体系与逻辑已经形成。毫无疑问的是，资产阶级通过"大工业生产"极大地推动了世界市场的发展，但是，从马克思主义的视角来说，这也是一个初步的发展，这一时期世界市场的话语权仍然把握在资产阶级手中，不能因为资产阶级开辟了世界市场，而就赋予资产阶级资本主义国家"统治"世界市场的"合法性"，所以这一阶段也不应该完全视为是一个成熟意义上的世界市场，因为在这一阶段，世界市场上的主导力量是多个资本主义国家，他们之间的竞争所体现的是早期资本主义国家对于世界市场的占有和瓜分，它充满着竞争。这与马克思主义经典作家所理解的真正意义上的"世界市场"，还有相当大的差距，所以这一阶段是世界市场的初步形成时期，只能算一个初级的世界市场，可以说这是"资产阶级时代的世界市场"。

（二）资本主义国家完全竞争到垄断

英国由于本国的资本原始积累程度高，率先建立了资本主义的国家政权，所以也能够最先借助工业革命的契机。这使得本国的资本主义取得了巨大的发展，所以在工业革命以后，英国能够在相当长的一个时期内占据世界市场的话语权，作为那个时期的亲历者，恩格斯这样描述英国在世界市场上的地位："这个世界市场当时还是由一些以农业为主或纯粹从事农业的国家组成的，这些国家都围绕着一个大的工业中心——英国。英国消费它们的大部分过剩原产品，同时又满足它们对工业品的大部分需要。"[1] 马克思用"恶魔般的影响""世界市场上的暴君"来比喻世界市场上英国的霸主地位。以1848年为例，"英国的贸易量，是法国这个最有力竞争对手的两倍，它生产的生铁占世界经济发达地区生铁总产量的一半以上"[2]。英国加速了西欧各国迈入资本主义的步伐，"至于欧洲各国，那么迫使它们使用机器的，是英国在它们的国内市场和世

---

[1] 《马克思恩格斯文集》（第1卷），人民出版社2009年版，第367页。
[2] ［英］艾瑞克·霍布斯鲍姆：《革命的年代（1789—1848）》，王章辉等译，中信出版社2014年版，第63页。

界市场上的竞争"①。应对竞争,最好的手段就是参与竞争,所以西欧各国都积极参与世界市场上的竞争。这种竞争异常激烈,任何一个参与的资本主义国家都锱铢必较,"仅仅缩减一下英国在世界市场供应方面所占的那个最大份额,就意味着停滞、贫穷,一方面资本过剩,另一方面失业工人过剩"②。各国在世界市场的竞争,使得本国的生产和资本逐渐高度集中,这种情况发展到 19 世纪末期,便逐渐形成了垄断,垄断并不是对自由竞争的否定。列宁指出:"这种新的资本主义(指文中的进入垄断的资本主义)带有某种过渡性事物、某种自由竞争和垄断混合的鲜明特征。"③ 所以,垄断可以看作是自由竞争发展到顶点而导致的世界市场暂时性的平衡,这种平衡迟早会被打破。而垄断的出现,也造就了世界市场上另一个重要的力量,即大型的现代企业,大型的现代企业能够参与世界市场的竞争,一个最为核心的基础便是垄断的形成,垄断使得企业有足够的实力跳出本国的市场而参与世界市场的竞争。这样在世界市场之中,大型企业之间的贸易成为现实,打破了以往国家之间的贸易,进一步完善了世界市场的功能。

西欧国家在世界市场上的激烈争夺,同时使得他们把目光放在了继续开拓更为广阔的市场,在这个目标的诱导下,传统的资本主义国家往往能够联合起来,共同进行殖民侵略。进而将侵略的触角深入东方国家。马克思指出:"英国在印度要完成双重的使命;一个是破坏的使命,即消灭旧的亚洲式的社会;另一个是重建的使命,即在亚洲为西方式的社会奠定物质基础。"④ 而资本主义国家武力的征服只是暂时性的,而将亚洲国家"拖"入世界市场才能真正有效地服务于自己。这样"亚洲式"的传统国家,一方面国内原有的社会结构被破坏,而另一方面也为自身加入世界市场提供了可能性,虽然这种可能性,大部分是强制性的。这是资产阶级时代的世界市场中的"开拓"行为,这一时期资产阶级及资本主义国家的开拓,与前一时期相比,那种宣扬宗教的色彩不在了,而伴随着的是对潜在的市场和劳动力的巨大需求,这一过程,同样

---

① 《马克思恩格斯文集》(第 10 卷),人民出版社 2009 年版,第 46 页。
② 《马克思恩格斯文集》(第 1 卷),人民出版社 2009 年版,第 377 页。
③ 《列宁专题文集·论资本主义》,人民出版社 2009 年版,第 129 页。
④ 《马克思恩格斯文集》(第 2 卷),人民出版社 2009 年版,第 686 页。

是残酷血腥的。这样，先进的资本主义国家通过世界市场，对落后国家进行的商品与资本输出，这种文明与野蛮并存的状态，也使得落后国家的先进知识分子，开始思考"资本主义的善恶""资本的善恶"等重要问题，可以说，虽然落后国家的发展起步较晚，但是，在发展之初，就掀起了资本进行伦理评价的热潮，而资本主义国家对资本的伦理评价及研究，是在本国发展事实基础上，才进行研究的，这是落后发展国家资本伦理问题的一个显著特点。以中国为例，革命先行者孙中山先生，在我国就较早提出，利用资本发展本国的设想，"国内一切事业皆不发达，生产方法不良，工力失去甚多。凡此一切之根本救治，为用外国资本及专门家发达工业以图全国民之福利"①。也有的学者，将资本的善恶贴上地域性的标签，认为传统的资本主义国家的资本为恶，而新兴的资本主义国家的资本则为善，如："现在美国之资本，自中国人眼中观之，决不含有侵略的意味。但自理论上而言，以一国之投资，独占一世界要津之权利，必至引起国际间之嫉妒。"②也有学者强调指出，资本非善非恶的中性色彩；"未开发的国家容易受资本主义国家的压迫和侵略，也可以利用外国的资本来开发自己的富源，及利用国际的通商来提高人民的生活程度"③。虽然，这一时期，学者对于资本给予的更多只是"好"与"坏"之类的简单伦理评价，对资本本身内部的运作机制，并没有更多的探索。但却反映出，落后国家通过世界市场的作用，其本国资本获得相当大的发展空间的现实。

（三）自由竞争伦理观念的完全展开

在世界市场的初级阶段，现代意义上的"资本"，才真正扮演起了重要的角色，它开始全面干涉国家、社会和个人的生活。然而资本往往不能直接发生作用，必须借助相应的市场为载体，"一旦资本主义社会建立起来，资本家即认识到：在剥削劳动时，单纯的市场影响要比野蛮的原始积累行径更为有效"④。对于资本家而言，其所需要做的，就是保

---

① 孙中山：《建国方略》，中国长安出版社2011年版，第202页。
② 《朱执信集》（下），中华书局2012年版，第610页。
③ 蒋廷黻：《中国近代史》，江苏人民出版社2014年版，第70页。
④ ［英］迈克尔·佩罗曼：《资本主义的诞生对古典政治经济学的一种诠释》，裴达鹰译，广西师范大学出版社2001年版，第21页。

障市场的完全运作，而市场的完全运作就是自由竞争的法则的体现。这一逻辑的演进，既适用于一般意义的市场，也适用于世界市场，所以，在世界市场上"竞争至上"的观念成了一个黄金的法则。作为这一时期世界市场的主要活动力量的资产阶级和资本主义国家，它们需要的伦理观念应该是能够为本阶级和本国所服务的，除此以外以往的任何伦理观念都被视为一种"束缚"，如果不能满足人的欲望，不能获取巨大的利益，不能实现资本的增殖，那么任何一种经济行为都是没有意义的。如《共产党宣言》中所论述的那样："除了冷酷无情的'现金交易'，就再也没有任何别的联系了。"① 自由竞争就是最能满足资本主义发展需要的一个准则。恩格斯在《反杜林论》中也论述了世界市场中竞争的日趋白热化："大工业和世界市场的形成使这个斗争成为普遍的，同时使它具有了空前的剧烈性。在资本家和资本家之间，在工业部门和工业部门之间以及国家和国家之间，生死存亡都取决于天然的或人为的生产条件的优劣。失败者被无情地淘汰掉。这是从自然界加倍疯狂地搬到社会中来的达尔文的个体生存斗争。"② 任何被卷入世界市场的国家地区，都可以被解释为竞争需要，而任何遭遇不幸的，也都可以被解释为竞争中的失利，而不带有任何的情感色彩。这一时期的世界市场，是较为典型的自由竞争的市场，它的存在，以绝对性的优势压倒了诸多伦理观念："自由市场就是受伦理规范束缚的市场，它利用的是利益格局、垄断地位和讨价还价，一切博爱的伦理体系都对它深恶痛绝。"③

在资产阶级时代的世界市场中，这种以自由竞争为主导的伦理观念，还有一个显著的特点，就是作为一种伦理观念，它开始逐渐影响社会中人的观念与行为。也就是说，本来作为一种由具体的世界市场中的经济活动而产生的属于上层建筑范畴之中的伦理观念，开始以"反作用力"的方式来影响世界市场参与者的经济活动。从本质上而言，这种伦理学上的一个显著特点，其实质是在这一时期，世界市场及国内市场中，日益活跃的资本运作，与人群发生关系，改变社会关系，而塑造新

---

① 《马克思恩格斯文集》（第 2 卷），人民出版社 2009 年版，第 34 页。
② 《马克思恩格斯文集》（第 9 卷），人民出版社 2009 年版，第 290 页。
③ ［德］马克斯·韦伯：《经济与社会》（第 1 卷），阎克文译，上海人民出版社 2010 年版，第 776 页。

社会关系的,并改变人群行为的过程。这种关系的改变,虽然自资本诞生以来就已经存在,但是在资产阶级时代的世界市场中,这种变动却异常剧烈。然而这种关系却是古典经济学长期忽略的,"被古典政治经济学忽视的维度之一,就是劳动力与资本之间的社会关系"[1]。而与之相反的是,在《德意志意识形态》中马克思指出:"单个人随着自己的活动扩大为世界历史性的活动,越来越受到对他们来说是异己的力量的支配(他们把这种压迫想象为所谓宇宙精神等等的圈套),受到日益扩大的、归根结底表现为世界市场的力量的支配。"[2] 这种"异己的力量",并不能直接支配人,而是体现于现实的物质活动上,人们正是通过这些物质的活动,体会并进一步引导出了自己的伦理观念。对于资本家来说,面对如此潜力巨大的世界市场,"原封不动地保持旧的生产方式"显然已经行不通了,资本家在世界市场上,唯一能够依靠的"重炮"就是其商品的低廉价格。所以资本家的注意力必须放在生产领域,而在生产领域就无可避免地与劳动者相冲突,"由于竞争,他们不再是暂时失去作为有保障的生活来源的工作,他们陷于绝境,这种状况是以世界市场的存在为前提的"[3]。在"资产阶级时代的世界市场"中,还极大地激发了人的创新意识,创新就意味着利润,就意味着资本的加速运行,世界市场的进一步扩大和深化,为人类的创新意识提供了非常广阔的空间,资产阶级绝对不会使创新意识与世界市场之间存在一点"空隙",哪怕是最细微的新技术,只要无法使用,便意味着资本家利润的流失。

在工业革命后,由于生产的组织形式不是以往手工场时期的生产模式,而是近现代意义上企业的生产模式。但是对于西方资本主义国家而言,由于世界市场的存在,社会大生产再也不可能像前一个时期那样,局限于特定的范围内,现代意义上的企业一经形成,在企业内部的伦理问题就不可避免,特别是在世界市场发展的后期,跨国垄断企业的形成,更不可能避免受到世界市场波动的影响。所以这一时期世界市场中竞争为核心的伦理观念,就影响到了具体的实体企业,人们开始关注企

---

[1] [英]迈克尔·佩罗曼:《资本主义的诞生对古典政治经济学的一种诠释》,裴达鹰译,广西师范大学出版社2010年版,第14页。
[2] 《马克思恩格斯文集》(第1卷),人民出版社2009年版,第541页。
[3] 同上书,第539页。

业中的伦理道德问题。这样，如果将资本的伦理学置于经济伦理学的内在范畴而考察，由于资本的发展流通，伦理学的内容逐渐由宏观层面的伦理学，逐渐下探到中观层面的伦理学，即企业中的伦理问题，为经济伦理学的发展提供了现实基础，发展了经济伦理学的内在学科体系。

三 世界市场的正式形成：资本伦理的丰富发展

（一）世界市场的正式形成

从1917年俄国十月革命开始至今，这一时期应该视为世界市场的正式形成与深化发展时期。之所以资产阶级革命时代的世界市场，并不能算作完全意义上的世界市场，因为这与马克思、恩格斯所理解的世界市场的本意有巨大差异。如前文所指，马克思认为世界市场并不是由资产阶级所创造的，只是由其"开拓"的，可以说是资产阶级从封建地主阶级手中，夺取了世界市场这一发展自身的利器，从历史发展的潮流而言，世界市场也不能始终由资本主义国家所主导，相反，无产阶级应该"书写"世界的新秩序，那么就要"夺回"世界市场的主导权，才能获得工人阶级的解放。这一观点马克思在《法兰西阶级斗争》中有明确地表述："只有当世界战争把无产阶级推到支配世界市场的国家的领导地位上，即推到英国的领导地位上的时候，工人的任务才开始解决。"[①] 可以说，正是世界市场的存在使得无产阶级的革命，具有"世界革命"的意义，虽然国际工人运动，有客观的环境条件所限制，有高潮与低潮，但是，对世界市场的深刻理解却不能被束之高阁，只有参与世界市场的竞争，才能充分看到可能性。同时列宁在《帝国主义是资本主义的最高阶段》一书中，用"一些最大的资本主义国家已经把世界全部领土瓜分完毕"来作为帝国主义的最要特征之一，如列宁所言，"19世纪和20世纪之交世界被瓜分完毕"。"完毕"一词也从地缘上，宣告了世界市场的完全建立，因为在此以后，世界市场发展直到当代，从地理的意义上而言，人群所理解的世界，基本都是资本主义国家步入帝国主义时代所形成的世界市场，而所不同的只是各方力量的不同，世界市场的开发程度的不同。

---

① 《马克思恩格斯文集》（第2卷），人民出版社2009年版，第155页。

虽然，新兴建立的社会主义国家，对于世界市场的认识以及本国政策的制定都走了些弯路，自十月革命后，在相当长的一个时期内，世界市场中都没有社会主义国家的身影。但是，从单纯的理论上来看，自十月革命后以及苏联等社会主义国家的建立，对于世界市场给予了一个全新的可能性，即一个全新的参与世界市场的主体的出现。从马克思主义的角度来看，这个全新的可能性，是与马克思和恩格斯本人对世界市场的理解相符的；这些可能性，将直接改变世界市场中的经济行为，也将改写世界市场中的伦理观念。而历史的发展也证明，在世界市场中进一步发展的国家，正是充分运用了这种可能性。社会主义国家的参与，也再次使得世界市场中的伦理观念也产生了变化。所以十月革命的成功，应该视为世界市场的正式形成的标志，自此以后，世界市场中的声音不仅仅是来源于一种意识形态而是多个，这种多意识形态国家的竞争，使得世界市场的竞争和运作日趋规范，同时也对社会主义国家和资本主义国家怎样再次认识和利用世界市场，提出了新的考验。所以自1917年的十月革命开始，标志着世界市场的正式形成，但是必须指出的是，这一时期，并不能简单称为"帝国主义时代的世界市场"，虽然从具体的实践而言，社会主义国家确实长期处于一个"缺席"状态，但是这是由多种原因所致的，这种理论上的可能性，是不该忽视的。

（二）世界市场的新兴力量与曲折发展

19世纪末20世纪初以来，美国作为一股新兴的力量，逐渐掌握了世界市场的话语权，恩格斯在晚年也正确预见到了美国作为新兴资本主义国家的强大发展动力。"在美国这片得天独厚的土地上，没有中世纪的废墟挡路，有史以来就已经有了17世纪孕育的现代资产阶级社会的因素。"[①] 美国作为后期发展的资本主义国家，其发展的历史与英、法、德等传统资本主义国家相比，有一个非常显著的特点，既充分依赖了世界市场的运作，在世界市场中通过资本的流转，获得了相当大的原始积累财富，发展了本国的资本主义，以强大的实力掌握了世界市场的话语权，也正如恩格斯所言："当英国迅速丧失它在工业上的垄断地位的时候，法国和德国正在接近英国的工业水平，而美国正要不但在工业品方

---

① 《马克思恩格斯文集》（第4卷），人民出版社2009年版，第318页。

面，而且在农产品方面把它们统统赶出世界市场。"① 然而就西方世界而言，不论哪一个资本主义国家，其自身实力的快速增长，在促进世界市场发展的同时，对于世界市场的控制力反而逐渐减弱，世界市场作为一个客观存在的商品交换、资本流通的载体，其内在的经济规律越发显现，而这种经济规律是任何一个具体的大国、强国都无法掌控的。正如马克思所言："工厂制度的巨大的跳跃式的扩展能力和它对世界市场的依赖，必然造成热病似的生产，并随之造成市场商品充斥，而当市场收缩时，就出现瘫痪状态。"② 列宁曾言："在资本主义制度下，国内市场必然是同国外市场相联系的，资本主义早已造成了世界市场。"③ 世界市场成为不同资本主义国家相互联系的纽带，它的存在使得资本主义世界紧密相连，一国的经济危机，再也不是一国范围内的，往往是世界范围内的，一国的危机，通过世界市场，就会大范围"传染"，"所以随着资本输出范围的增加，随着最大垄断同盟的国外联系、殖民地联系和'势力范围'的极力扩大，这些垄断同盟就'自然地'走向达成世界性的协议，形成国际卡特尔"④。也就是资本主义国家纷纷步入帝国主义阶段。

　　同时，自俄国十月革命后，世界历史的发展就出现了另一种新生的力量，既社会主义国家，这也使得世界市场的形态真正得以完备。列宁在认识世界市场之时，突出强调了世界市场上两种不同意识形态的对抗，这一认识，对于保护新生的苏维埃俄国来说是十分正确的，也是对马克思主义世界市场相关思想的一个重要发展，因为从现实上来看，一蹴而就的"世界革命"并不可能实现，无产阶级并不能一夜之间就掌握世界市场的话语权。而与之对应的是，若干无产阶级专政的国家的建立。这种情况往往会持续较长时间，也就是在相当长的一段时间中，世界市场中可能存在一个甚至多个，具有不同意识形态的国家的同时出现。世界市场中意识形态的碰撞，也会对经济产生巨大的影响，世界市场与一般意义上的市场相比，最为显著的就是其不单单是一个经济的概

---

① 《马克思恩格斯文集》（第10卷），人民出版社2009年版，第650页。
② 《马克思恩格斯文集》（第5卷），人民出版社2009年版，第522页。
③ 《列宁专题文集·论资本主义》，人民出版社2009年版，第155页。
④ 同上。

念，相反它具有相当深远的内涵，所以列宁指明世界市场中的意识形态的碰撞问题，恰恰说明了列宁本人，对于世界市场并没有固化理解，而是从其深刻的内涵出发的。同时列宁本人，也表明了社会主义国家不能抛弃世界市场的问题，在"新经济政策"中恢复国内商品经济、国家调节商业和货币流通都对恢复和建设苏维埃有重要作用。列宁对于社会主义有一条著名的公式："苏维埃政权＋普鲁士的铁路秩序＋美国的技术和托拉斯组织＋美国的国民教育＋＋＝总和＝社会主义。"① 然而，值得深思的是，如何获得"普鲁士的铁路秩序""美国的技术和托拉斯组织"？显然对于苏维埃俄国来说传统意义上的"援助"既不可能也不现实，真正常态化的学习方法显然是通过市场媒介，才能真正加强与国外的交流。所以列宁在《论合作社》中指出将"革命热情与精明的商人的本领结合起来"并"要能成为一个商人，就得按欧洲的方式做买卖"。②只是由于当时苏维埃俄国的具体条件所限，贸然参与竞争只能沦为发达资本主义国家的附属品，所以必须进一步积蓄力量。列宁强调："社会主义共和国不同世界发生联系是不能生存下去的，在目前情况下应当把自己的生存同资本主义的关系联系起来。"③ 所以，列宁既指出了世界市场中的对抗性，但是列宁本人对于世界市场而言，并不是采取"隔岸观火"的姿态而是"顺势而为"的一种态度，既指明了世界市场中的话语权牢牢掌握在帝国主义国家中，但也指明了无产阶级政党可以充分利用世界市场发展自身实力的命题。

在列宁逝世后，由于国际局势的恶化，特别是"二战"的爆发，在根源上由于经济发展的不平衡及矛盾冲突，而导致的世界性战争，使人们心有余悸。斯大林继承了马克思等人世界市场的危机的理论，认为自十月革命以来，世界市场的竞争已经不单单是经济竞争，而是以政治竞争极端的方式——军事冲突来体现的，这实质上也是世界市场相对于国内市场而言，最为显著的一个区别，"现在的问题已经不是市场竞争，不是商业战争，不是倾销政策了。这些斗争手段早已被认为不够用了。

---

① 《列宁全集》（第34卷），人民出版社1984年版，第520页。
② 《列宁专题文集·论资本主义》，人民出版社2009年版，第352页。
③ 《列宁全集》（第41卷），人民出版社1984年版，第167页。

现在的问题是要用军事行动来重新瓜分世界,划分势力范围和殖民地。"① 但斯大林却将世界市场中的经济活动背后的政治要素扩大,并过度强调世界市场中所体现的意识形态问题,并坚称世界市场中的这种对立是不可调节的,是带有意识形态属性的冲突。就此,斯大林在1925年的联共(布)十四大上曾言:"我们应该这样来建设我国的经济:使我国不致变成世界资本主义体系的附属品,使我国不致被卷入资本主义发展的总体系中去成为它的辅助企业,使我国经济不是作为世界资本主义的辅助企业发展起来,而是作为独立的经济单位发展起来,这种独立的经济单位主要是依靠国内市场,依靠我国工业和我国农民经济的结合。"② "二战"结束后,斯大林在《苏联社会主义经济问题》中指出:"中国和欧洲各人民民主国家却脱离了资本主义体系,和苏联一起形成了统一的和强大的社会主义阵营,而与资本主义阵营相对立。两个对立阵营的存在所造成的经济结果,就是统一的无所不包的世界市场瓦解了,因而现在就有了两个平行的也是相互对立的世界市场。"③ 这样斯大林在无形中就形成了"两个平行的世界市场"理论,即资本主义阵营的世界市场以及社会主义阵营的世界市场。与斯大林本人"两个平行的世界市场"理论所呼应的,是斯大林在社会主义阵营的世界市场的实践:1949年1月,在苏联的倡议下,苏联在社会主义国家阵营中,建立了第一个、多个社会主义国家参与的经济合作组织——"经济互助合作委员会"(简称"经互会")。"经互会"的存在,用实践解释了斯大林"两个平行的世界市场"理论的内部运行机制,资本主义阵营的世界市场,继续按马克思所理解的,在动荡、竞争中发展,而社会主义阵营的世界市场,则推行计划经济、抑制资本的发展,这一世界市场"实际上是苏联计划经济体制在东欧国家中的延伸,即通过计划来实现各国之间的资源配置,竞争机制是很难起作用的。"④ "经互会"的存在是苏联计划经济发展的国际化演变,社会主义苏联对市场经济、对资本的误解,强行

---

① 《斯大林全集》(第14卷),人民出版社1958年版,第238页。
② 《斯大林全集》(第7卷),人民出版社1958年版,第242页。
③ 《斯大林选集》(下),人民出版社1981年版,第561页。
④ 陆南泉:《苏俄经济改革二十讲》,生活·读书·新知三联书店2015年版,第48页。

施加于东欧国家,为日后东欧国家经济改革造成了巨大阻碍①。从本质上来看,斯大林对于社会主义阵营的理解,本身就带有大国沙文主义的倾向,而对于社会主义阵营的世界市场,斯大林则用国内市场的态度去审视它,造成了日后社会主义阵营的困局。斯大林的误区,充分证明了市场的活力与高效运作必须依托市场经济,在计划经济土壤中生成的市场,其本质却是一种市场的原始形态,是一种倒退。事实上,从马克思主义的观点来看,世界市场更多的是一个"中立的舞台",确实存在其主导权的问题,但是却并没有鲜明的意识形态性。但斯大林这种将社会主义国家独立于世界市场之外的思路,在无形中就丧失了社会主义国家利用世界市场发展本国的契机。

斯大林这种对于世界市场的认识,曾长期主导社会主义国家,对于我国的影响也相当深远。直到1978年中国共产党十一届三中全会召开,实行"改革开放"国策,才真正从实践上打破了这种思想对社会主义国家的束缚。1981年全国人大五届四次会议的政府工作报告中明确指出:"为了进行现代化建设,必须要利用国内和国际两种资源,开拓国内和国际的两个市场,学会管理国内经济和开展对外经济贸易的两套本领。"②值得注意的是,社会主义中国对世界市场的认识,是与对市场经济的认识,对资本的认识,以及本国国内资本运作的成熟度紧密相连的。邓小平在南方谈话中明确指出:"计划多一点还是市场多一点,不是社会主义与资本主义的本质区别","市场经济不等于资本主义,社会主义也有市场"③。在思想上完全扫清了认识障碍。1993年,中共中央通过了《关于建立社会主义市场经济体制若干问题的决定》,在相关制度层面,正式确立了社会主义市场经济的体制,推动了经济实力和综合国力的提高,这

---

① 有关"经互会"的具体特点,陆南泉将其归纳为以下几点:"一是苏联加强与东欧各国的计划协调,协调的最终目的是使东欧国家的经济从属于或者说服务于苏联经济;二是大搞国际分工与生产专业化协作等办法,迫使东欧各国实行生产'定向',使这些国家的一些部门成为苏联经济发展所需要的生产基地,从而使东欧国家经济单一化与畸形;三是苏联利用东欧国家对其燃料与原材料的严重依赖,控制这些国家的经济;四是建立一些与'经互会'同时起作用的超国家经济组织,如'国际经济合作银行''国际投资银行'等,直接控制东欧各国的外贸动向与操纵银行的信贷。"参见陆南泉《苏俄经济改革二十讲》,生活·读书·新知三联书店2015年版,第49页。

② 《三中全会以来重要文献选编》,中央文献出版社2011年版,第960页。

③ 《邓小平文选》(第3卷),人民出版社1993年版,第373页。

为中国加入世界市场参与世界市场的竞争，奠定了坚实的基础。

社会主义中国经过艰难努力，终于在2001年正式加入世界贸易组织（WTO），这标志着社会主义中国正式进入世界市场的体系。社会主义中国加入世界市场，既有发展自身的需要，也为世界的进一步发展贡献自己的力量。中国参与世界市场，是世界市场伴随人类历史步入21世纪以来首个加入的重要的经济体。然而在马克思的理解中，世界市场，并非是一个单纯意义上的经济概念，其外延是一个相当广泛而深刻的，有政治的层面，也有伦理文化的层面。中国加入世界贸易组织，是从经济发展的层面上进入世界市场，自然必须遵守相关的经济规律。但是，这却并不意味着，在政治层面及伦理文化的层面毫无建树。同样，社会主义中国也肩负着完善深化发展世界市场的任务。2013年9月，习近平同志在哈萨克斯坦访问时，提出共同建设"丝绸之路经济带"的构想；同年10月在印度尼西亚访问时，提出共同建设21世纪"海上丝绸之路"的构想；2015年3月27日在海南博鳌亚洲论坛上，中国国家发展改革委、外交部和商务部联合发布了《推动共建丝绸之路经济带和21世纪海上丝绸之路的愿景与行动》。这标志着对中国发展将产生历史性影响的"一带一路"构想进入全面推进建设阶段。值得注意的是，"一带一路"倡议的一个重要的出发点是，自古代社会以来，在丝绸之路的发展中，所形成的宝贵的"古丝绸之路精神"，即"和平合作、开放包容、互学互鉴、互利共赢"①。虽然，对古丝绸之路来说，其市场相对较小，且主要以传统的商品交易为主，但却体现了资本这一古老的事物所衍生出的优秀的、超越特定地域的一种伦理精神，而这种伦理精神，直到今天，都对"一带一路"沿线各国的人群产生了深远的影响。当然，在当今的时代背景下，弘扬传统的"古丝绸之路"精神，必须结合时代特点，在新的合作机制下展开。为此，在联合国宪章和和平共处五项原则的基础上，中国政府提出"开放合作、和谐包容、市场运作、互利共赢"四个共建原则，其中"市场运作"就是"遵循市场规律和国际性通行规则，充分发挥市场在资源配置中的决定性作用和各类企业的主体作

---

① 《推动共建丝绸之路经济带和21世纪海上丝绸之路的愿景与行动》，人民出版社2015年版，第1页。

用,同时发挥好政府的作用"①。当今的资本发展,已经同2000多年前的资本有了巨大差异,必须要有与之相应的规范化市场;而对于"一带一路"而言,世界市场的存在是不容忽视的事实,必须充分利用世界市场,推进"一带一路"。从马克思主义对世界市场认识的角度来理解,"一带一路"倡议恰恰充分体现了社会主义国家应有的姿态。如前文所指,世界市场是资产阶级所"开拓"的,而社会主义国家作为一个实体存在,不仅仅应该参与世界市场、利用世界市场发展自身,其自身同样肩负着"开拓"世界市场的使命。这种开拓行为,从作用范围而言,可以是全球性的,也可以是区域性的②;从手段上而言,是否与过去一样通过暴力盘剥,还是走出一条新的路,是社会主义国家发展世界市场的重要课题与考验。

（三）以竞争为核心的资本伦理的丰富发展

人类社会步入20世纪,世界市场呈现出的波动更为明显,世界性的经济危机,使得人们开始对世界市场中的伦理体系进行进一步的思考。这样以竞争为核心的世界市场的伦理观念呈现出了一种多元的发展。由于全球背景和各国国内局势的改变,资本的运作必须跳出传统的逐利模式,才能取得更大的发展空间,而这种"超越"也必然带来伦理上的进一步发展。海尔布隆纳在《资本主义的本质与逻辑》中论述了这种"超越":"资本存在所确定的社会的主导原则,资本必须渲染和渗透于制度和信仰中,这些制度和信仰必须超越资本的直接运作范围之外。"③ 从世界市场的参与者来说,现代企业中生产伦理得到了进一步发展,加强了对于生产者的伦理关怀以及生产过程中的安全性保障。从个体的伦理观念来看,社会分工进一步扩大,使得职业更为细化,劳动者的"职业感"进一步加强,劳动者与职业的发展结合得更为紧密,马克斯·韦伯(Max Weber)把这种赋予人的"职业感"表述为"职业义

---

① 《推动共建丝绸之路经济带和21世纪海上丝绸之路的愿景与行动》,人民出版社2015年版,第5页。

② 事实上,现有的世界市场的规范化运行,在很大程度上依赖于"二战"结束后,资本主义国家的区域性合作。

③ [美]罗伯特·L.海尔布隆纳:《资本主义的本质与逻辑》,马林梅译,东方出版社2013年版,第63页。

务",并认为"此一思想正是资本主义文化的'社会伦理'独树一帜的特征"①。这样世界市场中的伦理观念再次深化发展,"探讨职业伦理关系和认识职业道德规范一直是近代以来的伦理学家们所探讨的重要内容之一"②。资本主义国家在"二战"后,大力发展经济,这也确实在很大程度上弱化了劳动者与资本家的对立情况。而从国家层面来看,世界市场上竞争的日趋激烈,使得国家内部经济发展的不确定性加大,资本主义国家必须不断调节国家生产的效率以及社会财富的交换与分配,这就促使人们思考和研究交换与分配的伦理问题。可见是世界市场的进一步发展,为伦理观念的发展提供了现实的动力,这也进一步印证了马克思对于伦理观念认识的科学性。

而新生的社会主义国家,虽然在相当长的一个时期内与世界市场处于一个隔绝的状态。但是,在社会主义国家内部,出现了与前期迥然不同的伦理观念,考察社会主义国家有关的伦理观念中最为重要的一个特点,就是重新确立了对劳动的尊重。在资本主义国家背景下,劳动伦理的扭曲,是马克思和恩格斯所批判的,他们为此设想的全新一种劳动伦理关系:"在资产阶级社会里,活的劳动只是增殖已经积累起来的劳动的一种手段。在共产主义社会里,已经积累起来的劳动只是扩大、丰富和提高工人的生活的一种手段。"③ 但是马克思深知,不破除资本主义的生产关系,不消灭私有制就不可能实现这一目标。所以,这种全新劳动伦理的塑造,可以在社会主义国家的背景下率先实践。虽然由于具体的发展现实所限制,社会主义国家这种全新的劳动伦理关系的塑造,往往还带有相当大的前一个时期生产方式的特点,但社会主义国家的建立却为实现这种全新的劳动伦理关系提供了可能与新的方向。必须看到,社会主义国家在建设的历程中,所体现出的强劲动力,有相当的一部分是来源于这种全新的劳动伦理观念确立所提供的"反作用力"。

不论是传统的资本主义国家,还是新兴的社会主义国家,对于世界市场规范化运作都产生了深刻的认识,一个完全任由其自由发展的世界

---

① [德]马克斯·韦伯:《新教伦理与资本主义精神》,阎克文译,上海人民出版社2018年版,第30页。
② 张康之:《论伦理精神》,江苏人民出版社2010年版,第17页。
③ 《马克思恩格斯文集》(第2卷),人民出版社2009年版,第46页。

市场只会带来更多的社会问题。"只要允许市场按照自发趋势推进，那么市场的参与者目光就会只对物，不对人；这里既没有仁爱的义务，也不存在敬畏的义务。"① 在全球化背景下，世界市场的"调控"已不是一两个大国所能左右的，而是多种力量博弈的结果，"共同探讨维护国际金融稳定、促进世界经济增长的举措，具有十分重要的意义"②。所以世界市场呈现出在竞争基础上的合作，以及在合作基础上的竞争，二者互相交叉、共同发展的态势。现实的变化，也影响着伦理观念的变革。特别是"二战"结束后，全球性的生态问题，以及新的全球性金融危机，使得以往世界市场中单纯强调自由竞争的伦理观念，到现在则呈现出多元发展的趋势，这种现实的冲击，不亚于500多年前新航路开辟之时给人的冲击。"正如地理大发现为工业社会的到来开拓了空间，全球化是为后工业社会的到来而作的历史性准备，它在本质上不同于地理大发现所代表的那种政府模式，它所展现的和希望构建的是一个平等交往、互惠合作的全球平台。"③ 当然，必须指出的是，只要世界市场还存在着，世界市场中的资本仍然活跃，其核心的伦理观念就是竞争，只是在这种伦理观念的基础上，不断深化发展。这种深化发展，也推动了人群的创新精神，与前一个时期相比较，创新意识的激发，不仅仅来源于一般意义上的竞争，在全球化视野下的世界市场，资本的运作也可以选取一种共享的、合作的姿态，加速创新技术的推广，从而也可以实现资本的高速运作。全球化视域下的世界市场，也前所未有地加强了人群的创新意识，凸显合作进取的精神特质。

四　世界市场中资本伦理演进的辩证思考

通过对于世界市场发展脉络，以及不同阶段力量的态势的梳理。不难发现，是世界市场的经济活动，以及政治上的博弈，造就了不同阶段下伦理观念的碰撞与进一步发展，而在世界市场中的经济行为背后，则是由资本的运作促进经济发展的这一深刻原因。对于发展层面的世界市

---

① ［德］马克斯·韦伯：《经济与社会》（第1卷），阎克文译，上海人民出版社2010年版，第45页。
② 胡锦涛：《通力合作共度时艰》，《人民日报》2008年11月16日第1版。
③ 张康之：《论伦理精神》，江苏人民出版社2010年版，第45页。

场而言，封建国家及资本主义国家对于世界市场的发展都做出了巨大的贡献，但是在这其中也引发了深刻的世界性问题。而对于世界市场的伦理发展，则存在这样一条较为清晰的伦理演进主线，即早期世界市场中带有宗教色彩的伦理思想，在现实的发展中遇到了新兴自由竞争伦理观念的冲击。这种自由竞争的伦理观念，逐渐成为世界市场中的核心伦理，它既规范着市场参与者的行为，塑造着人群的伦理观念，也继续影响着现实的经济行为。但是随着世界市场的波动，这种自由竞争的伦理观念，逐渐深化发展到对垄断发展的渴望，而垄断本身也并不是对自由竞争的否定，在继续保留竞争为核心的基础上，世界市场的竞争伦理，被赋予了更为深刻的内涵，而世界市场的内在客观性，激发了人群的合作意识，使得世界市场中竞争与合作并存的伦理特点最终形成。似乎，世界市场中的伦理演进历史也就是如此这般发展的，有什么样的经济活动，也就有什么样的伦理观念。但是，"唯物史观的捍卫者所主张的绝不是如人们所常说的那样意识形态直接依赖于经济方式的观点"①。作为人类社会上层建筑的伦理观念，显然并不是这样单线发展的，在世界市场 500 多年的发展历程中，自其产生以来，就伴随着强烈的竞争伦理，但是这种竞争在具体的历史发展下，却展现出了不同的形态。世界市场发展过程中，所体现的伦理观念，并不是一种简单的"唯经济主义"和"机械决定论"，而是异常丰富和活跃的辩证过程。马克斯·韦伯在《新教伦理与资本主义精神》一书中，认为自新航路开辟，世界市场发展以来，资本主义的伦理观念，的确冲破了传统的宗教伦理理念，但是宗教的伦理理念也并没有就此消失，而是其中相当一部分的内容，以全新的形态塑造了现代人的伦理观念。如对于基督教的禁欲理念，虽然在资本主义发展的初期受到了强有力的冲击，但是却对现代人始终产生着影响："近代的资本主义精神，不止如此，还有近代的文化，本质上的一个构成要素——立基于职业理念上的理性的生活样式，乃是由基督教禁欲精神所孕生出来的。"② 但是马克斯·韦伯却也不得不承认，这种改变

---

① ［德］亨利希·库诺：《马克思的历史、社会和国家学说马克思的社会学的基本要点》，袁志英译，上海译文出版社 2014 年版，第 520 页。
② ［德］马克斯·韦伯：《新教伦理与资本主义精神》，阎克文译，上海人民出版社 2018 年版，第 181 页。

不是人在精神上的"悔过""醒悟"等，而是实在的经济社会所推动的，"当思想的宗教根基枯死之后，功利的倾向不知不觉地潜入称雄"。① 作为一种上层建筑而存在的伦理观念，即便促使其产生的物质经济活动已经消失，它凝结而成的伦理观念也不会即刻消失，而是以另外的形式而存在，"每一个时代的伦理学也是这样，不是对人类文明中的伦理学成就的推翻重建，而是继承中的再造"②。

对于世界市场的伦理观念，其变化革新的根本动力是来自于生产力和生产关系的矛盾运动中，而对于伦理关系的把握也必须从这种生产力和生产关系的运动中入手。对于世界市场而言，资本运作而引起的竞争，确实是其不断发展的动力，正如马克思所言："资本越发展，从而资本借以流通的市场，构成资本流通空间道路的市场越扩大，资本同时也就越是力求在空间上更加扩大市场，力求用时间去更多地消灭空间。"③ 在世界市场500多年的发展历程中，我们可以明显看到，马克思所言的这种"用时间消灭空间"的趋势，非但没有放缓而是加速进行，而世界市场中的竞争合作意识，也塑造影响着国家的意识形态和人群的伦理观念，这种影响在绝大多数情况下都是一个渐进的过程，对于每一个参与世界市场竞争与合作的国家和企业而言，原有的伦理观念必然受到不断地冲击，从而造成作为上层建筑的伦理观念与国家的经济发展基础的不对等。而这种发展的不对等，在不同国家中所显现出的态势是不同的，特别是对于历史文化厚重的"后发"现代化国家而言，这种不对等显现的更为尖锐。但是，任何人都不否认，从世界市场这种更为宏观分析的视角而言，生产力和生产关系的矛盾运动，对于伦理观念塑造总的趋势显得更为明显，这也印证了马克思对于伦理发展认识的科学性。

五 资本伦理与世界市场发展的展望

在世界市场发展的历史中，资本作为其背后的"推手"，推动了世界历史的发展，为其自身的发展争取到了相当大的生存空间，这也就加

---

① ［德］马克斯·韦伯：《新教伦理与资本主义精神》，阎克文译，上海人民出版社2018年版，第171页。

② 张康之：《论伦理精神》，江苏人民出版社2010年版，第15页。

③ 《马克思恩格斯文集》（第8卷），人民出版社2009年版，第169页。

速了人类文明的进程。我们无法想象，没有世界市场的存在，人类社会的发展会是如何落后与原始；但是，由于客观世界市场的存在，资本运作中与社会所产生的矛盾，也被进一步强化，区域、地区之间的冲突，也会以更为剧烈的形式所体现。这两种情况，都体现了资本与世界市场作为人类社会发展到一定阶段的客观存在的现象，其所呈现的是"非善非恶"的中性特征。分析世界市场及其中的资本运作问题，应当在不同的背景下，从多个角度来探讨。当然，在其自身运作的过程中，也展开其对上层建筑、意识形态的干预，逐渐形成一些特有的伦理观念，并逐渐影响人群的心理与行为。资本提供给独立伦理的新的精神特质，即竞争精神、创新精神、职业精神①，都可以在世界市场发展的历史中找到影子。

恩格斯曾言："只要私有制存在一天，一切终究会归结为竞争。"②世界市场发展总的原因，也都可以归结为竞争。但是私有制是一种比资本主义制度更为古老的概念。如前文所指，世界市场是资本主义"开拓"的，而并不是资本主义所特有的，马克思和恩格斯也认为，新兴的工人阶级应该充实自身的力量，进而支配世界市场的话语权："只有在伟大的社会革命支配了资产阶级时代的成果，支配了世界市场和现代生产力，并且使这一切都服从于最先进的民族的共同监督的时候，人类的进步才会不再像可怕的异教神怪那样，只有用被杀害者的头颅做酒杯才能喝下甜美的酒浆。"③长久以来，对于世界市场，往往被贴上资本主义的标签，"两个平行的世界市场"的认识，使得社会主义国家不能借助世界市场来发展自身，走了不少弯路。马克思写道："资产阶级社会的真正任务是建成世界市场（至少是一个轮廓）和确立以这种市场为基础的生产。"④ 在世界市场发展的历史中，到目前为止，我们也只能说当前的世界市场，也只是一个"轮廓"，还尚未完全成熟。正如罗莎·卢森堡所言："我们还没有看到世界市场的发展和力量消耗已经达到如此程度，以致生产力同市场的框框将发生致命的周期性的冲撞，即发生资本

---

① 龚天平：《资本的伦理效应》，《北京大学学报》（社会科学版）2014年第1期。
② 《马克思恩格斯文集》（第1卷），人民出版社2009年版，第72页。
③ 《马克思恩格斯文集》（第2卷），人民出版社2009年版，第691页。
④ ［德］罗莎·卢森堡：《卢森堡文选》，李宗禹译，人民出版社2012年版，第17页。

主义的老年危机。"① 资本主义国家仍然会按照自己的需求，力图改造世界市场，显示其自身的话语特点；对于社会主义国家来说，同样有"开拓"世界市场的权利，所以应该积极参与世界市场的竞争，体现自身的诉求，这与马克思和恩格斯等人的设想并不矛盾。

只有积极参与到世界市场的竞争中，才有可能在世界市场中有话语权。当然，参与到世界市场的竞争之中，国家内部的固有的伦理观念将会受到严峻的挑战；也确实存在着一个国家内部优秀伦理观念的弱化甚至消失的可能性，虽然存在这种可能性，但不能以此为由，进行封闭式的发展。世界市场中的资本以及先进的科学技术，与特定地域相比，都有着明显的优势，"不参与，不加入发展的行列，差距越来越大"②。社会主义国家参与世界市场的竞争，是无产阶级政党执政能力与水平提高的体现与途径。恩格斯曾用"美杜莎的怪脸"③来比喻竞争给社会发展和人群那种不可避免的影响，但是我们更要思考，对于世界市场中的参与者而言，在这其中是否会有"珀尔修斯"④？马克思主义的经典作家们在工人阶级、在社会主义国家中最先看到了这种可能性。正如邓小平所言："我们执行对外开放政策，学习外国的技术，利用外资，是为了搞好社会主义建设，而不能离开社会主义道路。"⑤一些新的伦理观念的进入，也要具体问题具体分析，才能更好推动中国传统伦理的转型。世界市场自其产生以来，就是挑战与机遇并存，社会主义国家应该趁势而为，发展自身。

第三节　资本伦理学的发生

理论界一直有人在怀疑资本伦理学的学科依据和存在价值。马克思将资本定义为带来剩余价值的东西，但是资本不是物，而是一种生产关

---

① ［德］罗莎·卢森堡：《卢森堡文选》，李宗禹译，人民出版社2012年版，第17页。
② 《邓小平文选》（第3卷），人民出版社1993年版，第280页。
③ 《马克思恩格斯文集》（第1卷），人民出版社2009年版，第72页。
④ 在希腊神话中，正是珀尔修斯，凭借雅典娜赋予的盾牌，没有受美杜莎"石化"的影响，最终斩杀美杜莎。
⑤ 《邓小平文选》（第3卷），人民出版社1993年版，第159页。

系。在这种关系当中，剩余价值本身就很好地说明了人与人关系的不平等。在《资本及其结构》的作者拉赫曼那里，资本根本无法度量，资本不能说是物，可有时它就是物；资本已经改变了重农学派所说的不是货币的神话，因为它有时就表现为货币的利润，它统御劳动，但有时又与劳动没有关系；资本主义经济学家不愿从关系的角度认识资本，无论资本的这种资源性表现为哪种秩序，改变了哪种资本结构，但是资本不能摆脱它所属结构的关系特征。它自己没有伦理性，但是它影响了关系及其关系特征；那么，在资本主义的竞争当中，伦理学就十分必要；无论利益或者快乐，都制约了资本的发生或者转向；资本在义无反顾地逐利过程当中，表现出来的"善"的一面为人所肯定，所表现的"恶"的一面也受到批评与改正。拉赫曼对资本的定义不是庞巴维克的"人造的生产方式"，而是物质资源存量；这种物质资源存量不以剩余价值为隐性存在，也不直接表现为货币，主要是为了实现他所说的特点，即多重专用性；这种观点遮蔽了剥削的人际关系理论，但是资本所带来的利润还是不能逃避人与人关系的差别与矛盾。厘清这些问题，不仅有利于资本伦理学学科建设的顺利开展，而且在我国社会主义市场经济的建设中将会更好地发挥其独特的价值。

一 资本与伦理的逻辑：资本伦理学生成的理论前提

从逻辑上说，任何一门学科的产生，必须有其生成的理论前提。王小锡在《经济伦理学——经济与道德关系之哲学分析》一书中，曾经针对经济伦理学的学科依据进行过阐述："创建经济伦理学首先要弄清楚经济与道德的关系，因为，唯有经济与道德间存在密不可分的关联，经济伦理、经济伦理学才有存在的理由，如果认为经济与道德没有关系，那经济伦理学也就失去了学科存在的理论依据。"[①] 可见，经济与道德之间的内在关联是经济伦理学生成的理论前提。同样，我们认为，要想创建资本伦理学，一个前提性的要件是必须要明晰资本与伦理之间究竟有没有逻辑联系？如果有，那它们相互之间究竟是一种怎样的关系？当

[①] 王小锡：《经济伦理学——经济与道德关系之哲学分析》，人民出版社2015年版，第2页。

下，学术界对此基本持肯定的观点。可以说资本伦理学生成的理论前提就应当是资本与伦理之间存在密不可分的内在逻辑。在我们看来，可以从如下两个维度进行审视：

第一，从内涵的角度考察，资本概念的内涵中蕴含伦理的属性。何谓资本？目前来看，在学界主要存在两种定义：一是西方经济学总体上从生产力的维度，把资本界定为表征为"物"的各种生产要素；二是马克思主义政治经济学从生产力和生产关系的双重维度，把资本的本质理解为表现为"物"的生产关系。显然，按照西方经济学的定义，资本仅仅是一种物、一种生产要素或者说一种生产手段，自然与伦理抑或道德没有关联。然而，众所周知的是，西方经济学对资本概念及其本质的界定仅仅是抓住了问题的表象，而没能深究其本质。马克思主义政治经济学则不同，马克思以历史唯物主义和唯物辩证法为根本的方法论，科学地揭示了资本的含义及其本质。正如马克思在《资本论》第三卷中所指出的那样："资本、土地、劳动！但资本不是物，而是一定的、社会的、属于一定历史社会形态的生产关系，后者体现在一个物上，并赋予这个物以独特的社会性质。"[①]

这里，马克思所说的"资本不是物"实际上是就本质而言的。理解这一点，一定要结合他当时的语境。应当看到，马克思说"资本不是物"，主要针对的是西方当时的资产阶级经济学家对资本概念及其本质为"物"的解读。无疑，从本质维度去审视资本，资本当然不是资产阶级经济学家所理解的物，不是机器、设备、原料等生产要素。但各种"物"必然是资本的物质形态或曰物质载体。由此可以佐证的是：马克思的确是从生产力和生产关系两个层面来厘定其资本概念。但确定无疑的是，资本的本质就是生产关系，这也即是马克思主义政治经济学超越西方经济学的一个根本之处。

而何谓伦理？理论界至今仍然没能达成共识。如同宋希仁在《西方伦理思想史》一书中所进行的生动阐述："有这样一个惊人的事实：伦理学作为一个学科延续了两千多年，是人类最古老的学科之一，但是对'伦理''道德'这两个概念的界定至今仍是众说纷纭。甚至在两千多年

---

① 《马克思恩格斯文集》（第7卷），人民出版社2009年版，第922页。

间，直到德国古典哲学出现之前，还没有人想到给'伦理'和'道德'两个概念下一个确切的定义，对它们作出适当的区分。人们平常习惯上不加区分地使用这两个概念，这对于一般日常思想交流并无大妨害。但是，在学理的研究中就有所不同，在必要的时候和必要的地方还需要对它们进行严格的界定和区分。"[①] 由此，学界目前虽然对伦理和道德没有一个统一的定义，也没能进行一定的学理区分，但笔者认为，至少二者在人和人之间相互关系的一种调控方式和手段，在这一点上是相通的，并且能够达成共识的。

综合以上我们对资本和伦理概念的分析和解读，可以发现既然资本的本质是生产关系，是人和人之间的一种最基本的社会关系，而伦理又是调控人们相互之间关系的一种方式。因此，资本与伦理不可避免地就产生了某种姻缘，这也即是资本与伦理之间必然的逻辑所向。近年来，理论界围绕资本与道德的关系问题进行了激烈地论争。概而言之，他们争议的焦点主要有两个：一是资本有无道德属性；二是道德能否成为资本。对于前一个话题，学界一般可以辩证分析，认为在关系维度上资本内蕴伦理的属性。

第二，从对人类终极关怀的视角考量，资本与伦理也存在必然的联系。众所周知，资本与伦理分别是经济学与伦理学的基本范畴。而作为资本伦理学的学科背景，经济学与伦理学既有差异，又存在一致之处。首先，我们知道二者的含义与研究对象是不同的。什么是经济学？马克思主义政治经济学与西方经济学有不同的定义。上海辞书出版社在2010年出版的《辞海》（第6版缩印本）中指出经济学是："研究人类社会经济发展过程中经济关系和经济活动规律及其应用的科学的总称。"[②] 显然，这是马克思主义政治经济学的理解。它把经济学厘定为研究生产关系及其形成、变化发展和应用规律的一门学科。其研究的对象自然是社会的生产关系。

而美国著名经济学家保罗·萨缪尔森（Paul A. Samuelson）和威廉·诺德豪斯（William D. Nordhaus）在他们合著的《经济学》（第十九

[①] 宋希仁：《西方伦理思想史》，中国人民大学出版社2010年版，第3页。
[②] 《辞海（缩印本）》，上海辞书出版社2010年版，第952页。

版)一书中对经济学的概念也进行了阐释:"经济学研究的是一个社会如何利用稀缺的资源生产有价值的商品,并将它们在不同的个体之间进行分配。"① 无疑,此种界定代表的是西方经济学的认知。这种对经济学概念的见解把资源的优化配置视为经济学的研究对象。以上两种对经济学内涵及其研究对象的界定虽然说存在一定的差异,但从中我们也不难发现,它们也是存在一致性的。例如,二者皆认为经济学的研究不应离开生产、分配、交换以及消费等经济活动的要素。

而伦理学是什么?罗国杰在《伦理学》一书中对此进行了概括:"一般来说,伦理学是一门关于道德的科学,或者说,伦理学是以道德作为自己的研究对象的科学。"② 可见,伦理学研究的是社会的伦理道德现象。而宋希仁在《西方伦理思想史》一书中对此则进行了展开说明:"伦理学要研究一定时期伦理关系形成和发展的规律性,研究个体和群体行为的特征,研究调节伦理关系原则的合理性和道德规范的正当性,要通过对必然性的认识和把握实现人的意志自由和合理的社会秩序。在这个意义上,也可以说伦理学是关于人的自由及其秩序的科学。"③

综上可见,经济学与伦理学在内涵、研究对象、研究方法等方面的确是存在差异的;并且由这些差异,我们还能推出经济学实际上研究的是"实然"领域的问题,而伦理学则关注的是"应然"领域的问题。但无疑两者不是割裂的,其辩证关系可以概括为:实然是应然的前提,而应然则是对实然的价值评价,它具有更高的价值地位。当然,二者除了差别以外,至少还应存在一个根本的相同之点,即它们都属于社会科学,处理的都是个人与他人、社会的关系。因此,毋庸置疑的是,人应当成为经济学与伦理学两门学科的终极旨归。可以说,不管是"经济人",抑或"道德人",它们皆不能代替人的终极性存在。因为经济行为与伦理行为从来不是互相排斥的,它们统一于人性,皆是人性不同维度的具体呈现。由是,资本与伦理在逻辑上是必然会走到一起并发生关联的。

---

① [美]保罗·萨缪尔森、威廉·诺德豪斯:《经济学(第19版)》(上册),萧琛等译,商务印书馆2011年版,第5页。
② 罗国杰:《伦理学(修订版)》,人民出版社2014年版,第2页。
③ 宋希仁:《西方伦理思想史》,中国人民大学出版社2010年版,第2—3页。

二 经济学与伦理学：资本伦理学生成的学科基础

资本伦理以及资本伦理学何以产生？从根本上说，资本伦理不是一个"纯而又纯"的单一研究领域，它是一个跨学科的新兴交叉研究领域，其立足点在经济学与伦理学之间，是二者相互交融、彼此渗透的产物。因此，经济学与伦理学就自然成为资本伦理学生成的"母学科"抑或是主干学科基础。没有经济学或伦理学的理论支撑，资本伦理学的学科大厦是绝不可能建立起来的。

但是，也应看到，资本伦理学并不是经济学与伦理学的简单相加，而应是两者的有机统一。正如德国著名经济伦理学家彼得·科斯洛夫斯基（Peter Kozlovskiy）在《伦理经济学原理》一书中所指出的那样："伦理经济学的概念超出了经济伦理学作为经济的伦理学的研究目的，趋向于伦理学理论和经济学的一体化。伦理经济学的含义肯定超过'经济学+伦理学'。"[①] 个中理由在于，资本伦理本身就是在资本运行过程中生成的一种社会意识现象或社会规范现象又抑或社会活动现象，由此资本和道德之间必然存在着一种内在的逻辑。这便要求我们必须从资本现象本身出发去寻找伦理问题，而不是把伦理学的一般原理机械地移植过来用以阐释资本现象；同样，也必须从伦理现象本身出发去寻找资本的根源，而不是把资本的一般理论照搬过来解释道德现象。换言之，资本与伦理它不应是"两张皮"，而应是有机结合在一起的"一张皮"。一个合格的资本伦理学家，既应当擅长经济学尤其是资本理论，又应当熟知伦理学，只有具备这样的学科和理论储备，才能够真正从资本现象中发现道德问题，从伦理现象中看到资本根源。因而，资本伦理学应当是以经济学和伦理学为主干学科基础，同时还要运用哲学、管理学、社会学、政治学等多学科的知识和研究方法，如此才能形成一个科学的学科体系。

值得注意的是，作为资本伦理学得以生成的主要的学科基础——经济学与伦理学，它们之间的有机结合如前所述并不是二者的简单叠加。

[①] ［德］P. 科斯洛夫斯基：《伦理经济学原理》，孙瑜译，中国社会科学出版社1997年版，第2—3页。

应该承认，经济学与伦理学的这种有机结合集中表现在两者的相互依赖和相互联系上。1998年诺贝尔经济学奖获得者阿玛蒂亚·森（Amartya Sen）在《伦理学与经济学》一书中对此进行了科学和辩证地分析："进一步加强伦理学与经济学之间的联系，无论对于经济学还是伦理学都是非常有益的。"① 一方面，"经济学不仅能够直接帮助我们更好地理解伦理学问题的本质，而且还具有方法论上的意义。经济学在研究社会的相互依赖性时所使用的方法，即使不涉及经济变量，对于研究复杂的伦理学问题也是十分重要的"②。另一方面，"经济学，正如它已经表现出的那样，可以通过更多、更明确地关注影响人类行为的伦理学思考而变得更有说服力"③。在这里，森实际上论证了经济学与伦理学的辩证统一对于这两个学科的发展皆能产生正效应。这便从正面告诉我们经济伦理学也当然包括资本伦理学生成的必要性。

然而，在现代社会，经济学与伦理学之间的隔阂或分离却呈现出一种愈演愈烈的现实景况。例如，"随着现代经济学的发展，伦理学方法的重要性已经被严重淡化了。被称为'实证经济学'的方法论，不仅在理论分析中回避了规范分析，而且还忽视了人类复杂多样的伦理考虑，而这些伦理考虑是能够影响人类实际行为的。根据研究人类行为的经济学家们的观点，这些复杂的伦理考虑本身就是基本的事实存在，而不是什么规范判断问题。考察一下现代经济学出版物中对这两种方法的不同重视程度，就可以发现经济理论对深层规范分析的回避，以及在对人类行为的实际描述中对伦理考虑的忽视"④。

而经济学同伦理学的分裂，对资本伦理学的学科建设来说，后果是十分严重的。"我国的经济理论过去对于伦理问题和伦理学理论的关注十分不够，以致有的经济学家提出'等经济发展了再去抓道德建设还不迟'的庸俗观点。同样，伦理学理论亦很少关注经济问题和经济学理论，至少是对经济方面的实证分析较弱，以致我们提出的许多伦

---

① ［印度］阿玛蒂亚·森：《伦理学与经济学》，王宇等译，商务印书馆2014年版，第79页。
② 同上书，第16页。
③ 同上书，第15页。
④ 同上书，第13页。

理道德命题和伦理道德原则有时很难引起全社会的关注和共鸣。其实有些命题和原则并不存在什么问题，问题是疏忽了对经济问题的思考和对经济学理论的参照，削弱了一些伦理道德命题和原则的说服力和吸引力。"①

针对经济学与伦理学日益分离的这一严峻景象，阿玛蒂亚·森在《伦理学与经济学》一书中也曾进行过深刻地剖析："随着现代经济学与伦理学之间隔阂的不断加深，现代经济学已经出现了严重的贫困化现象。"②"经济学与伦理学的分离已经导致了福利经济学贫困化，也大大削弱了描述经济学和预测经济学的基础。"③"在经济学经常使用的一些标准方法中，尤其是经济学中的'工程学'方法，也是可以用于现代伦理学研究的。因此，我认为，经济学与伦理学的分离，对于伦理学来说也是一件非常不幸的事情。"④ 可见，阿玛蒂亚·森在这里认为经济学与伦理学之间的隔阂不断加深的后果具有两面性，即对经济学与伦理学都能产生负效应，并对此进行了辩证分析。而经济学与伦理学之间的这种日渐分离当然会削弱资本伦理学的学科基础，从而会制约它的发展和进步。

应当承认，经济学与伦理学的确是两门学科，但诚如以上论述，只有经济理论和伦理道德理论相互融合、彼此渗透，即"你中有我，我中有你"，经济学与伦理学才不会导致形而上学，也才能促使二者实现良性发展。因此，作为介乎于经济学与伦理学研究领域之间的资本伦理研究，其学科属性是紧密依赖经济学和伦理学的。而毫无疑问的是，资本伦理学作为关于资本伦理的一门学科，经济学与伦理学自然应当成为它的主干学科基础。但也不应忘记的是，这两个学科之间彼此不是孤立的，而应当是相互交汇、补充和渗透的。只有这样，经济学与伦理学才能为资本伦理学的学科生成提供一个坚实的理论基础。

---

① 王小锡：《经济伦理学的学科依据》，《华东师范大学学报》（哲学社会科学版）2001年第2期。
② ［印度］阿玛蒂亚·森：《伦理学与经济学》，王宇等译，商务印书馆2014年版，第13页。
③ 同上书，第79页。
④ 同上书，第15页。

三　历史与现实：资本伦理学生成的科学检视

资本伦理学作为一门崭新的学科，究竟有无生成的可能性？这是一个值得我们认真审视的真命题。从学界当下的研究现状观之，还没有直接关于资本伦理学学科性质方面的理论成果。以我国为例，目前学界对资本伦理的研究主要聚焦于如下几个问题：其一，学者们对资本的内涵及其存在的前提和条件进行伦理的审思，对资本的社会关系本质进行道德合理性与非合理性的论证，并基本肯定了资本的伦理道德属性；其二，从资本的历史演变与伦理的关系去解析资本运行中引致的各种社会现象并进行道德的批判；其三，研究者们也去追问资本在我国经济社会发展现实过程中产生的一些重要的有道德争议的话题，并给予逻辑的、范畴的阐释；例如，对资本的过度依赖带来的劳动异化、自然异化和人的异化以及人类未来发展等问题。

可见，学术界目前一般还只是把资本伦理作为经济伦理学研究的一个重要领域来进行关注，而没有把它上升到一门学科的地位和层次来进行研究。而毋庸讳言，一种研究领域如果要上升到一门学科的地位，绝不仅仅满足于对这个领域的个别问题的探讨，它需要从整体上廓清这一领域的理论平台，梳理和理清该领域研究的历史—逻辑的双重维度，进而构建这一领域的核心的学术话语体系。而重新审视当前国内外理论界对资本伦理问题的研究，在我们看来，资本伦理学的理论前提、学科背景及基础、核心话语体系以及研究范式等一门学科构成的要件已经生成。可以说资本伦理学在我国已经具备了生成的可能性。

人所共知，经济伦理学作为一门学科诞生于20世纪70年代的美国，它是一门新兴的交叉学科，既与经济学有关，又与伦理学有关。而我国对包含资本伦理研究在内的经济伦理学的关注则要追溯到20世纪80年代。但人们对资本伦理问题的思考却由来已久。"资本"一词大致出现于17世纪30年代，随着经济社会的发展，资本的内涵与外延不断发生嬗变，至今，它已经出现了诸如社会资本、信用资本、人力资本、文化资本、道德资本等多种表现形态。但无论资本的形态或类别如何演化，它首先无疑是经济和经济学的核心范畴。其内涵一般在于具有经济再生价值，然而在马克思和其他诸多思想大师的视域里，资本绝不应当仅仅等于经济和经济学，同时它也应该具有社会政治、文化和伦理道德的向度。

这再一次印证了资本伦理学生成的理论前提就是资本与伦理之间存在无法割裂的逻辑关系。历史上，古今中外的许多思想家都曾经对这种关系进行过艰辛的理论求索。而实际上，如若从发生学的角度考察可以发现，资本与伦理不是疏离的。原因在于从资本产生时，人们对资本的伦理考量和道德批判就存在了。一个明证是，代表不同阶级利益的斯密、马克思和韦伯从不同的视角都曾经对资本进行过伦理解读和道德评价，以引导人们厘清对资本的各种认知，进而积极去实现资本"善"的各种道德价值。而联系中国的情况看，"对中国资本问题的思考，必须从对鸦片战争以来中国的近现代历史和中西文化间的历史进行深入的哲学反思开始。在这种反思的基础上，要求我们建构中国资本的当代基本哲学理念。而这种建构不仅需要世界主义的伦理学视角，而且更需要我们对中国传统文化及其蕴含的哲学理念进行重新学习和研究，由此建立起中国人自己的具有民族文化主体性的新伦理学，即建立起中国资本伦理自身的学术'主体性'"①。由此，这些中西资本伦理思想中的合理因子，便为科学的资本伦理学的生成提供了一定的思想资源。

马克思、恩格斯的资本伦理思想非常丰富，它是马克思主义理论的一个重要组成部分。"马克思、恩格斯创立的政治经济学，透过资本主义的经济现象，揭示的是不同类型人的阶级本质，并通过对阶级关系和阶级利益矛盾的分析，尤其是通过对资本主义生产方式内部矛盾运动的分析，揭示了社会发展的基本规律，系统提出了解放全人类、实现人的全面发展的政治原则和伦理原则。"②马克思、恩格斯的一系列经济学文本尤其是《资本论》及其手稿，既是经济学著作，也可以说是经济伦理学或资本伦理学著作。特别值得关注的是，马克思在《资本论》及其一系列经济学手稿中，通过分析资本主义社会中，资本与劳动、资本与自

---

① 余达淮等：《中国经济伦理学发展研究》，合肥工业大学出版社2015年版，第69—70页。

② 王小锡：《经济伦理学的学科依据》，《华东师范大学学报》（哲学社会科学版）2001年第2期。

然、资本与社会以及资本与人之间的关系，得出一方面，资本伦理在资本主义社会表现为相对于前资本主义对劳动者的残酷的剥削与压榨，对自然以及人的异化境况的日益加深，对社会和谐的不断破坏等的恶；但同时马克思也深刻意识到，尽管资本在资本主义社会表征为"恶"，但却仍遮蔽不了其"善"的一面，并从资本能够促进经济的全球化和世界的文明化，推动科技的进步和生产力的发展，为人类的自由全面发展创造条件等维度对资本"善"的道德价值进行了分析和解读，从而为我国建构科学的资本伦理学提供了重要的理论指引。

我国以公有制为主体的社会主义初级阶段的基本经济制度，为构建科学的资本伦理学奠定了坚实的社会根基。"第一是因为作为经济活动的主体是社会的主人，公平的政治权利、经济权利和道德权利使得每一位社会成员均可以通过自身的努力来实现自身价值。第二，社会主义市场经济体制又为人与人之间的理性竞争和互利协作创造了独特的运行机制，弱肉强食和尔虞我诈等不道德行为将是社会主义制度所抑制的。第三，以德治国、理性经济是我国以全心全意为人民服务为核心、以集体主义为原则的道德建设的基本手段和目标。"① 由上，我国现阶段以公有制为主体，多种所有制经济共同发展的基本经济制度为建构科学的资本伦理学提供了坚实的制度和社会基础，这充分彰显了社会主义制度的制度优势和价值立场。

此外，也要看到，资本伦理学作为系统研究资本运营过程中的伦理道德现象的一门学科，从学科属性上来说，它属于经济伦理学的一种特殊形态，当然归于社会科学下的伦理学的门类。作为一门社会科学，从认识论上说，资本伦理学应当属于人类的认识领域。而按照辩证唯物主义认识论的基本原理，实践决定认识，实践是认识产生的唯一源泉，是认识发展的根本动力，同时实践也是认识的根本目的和最终归宿。

资本的伦理属性具有双重性，就是说资本在运动中既有善，也存在恶。因此，这就决定了我们既需要利用资本，同时也要限制资本。

---

① 王小锡：《经济伦理学的学科依据》，《华东师范大学学报》（哲学社会科学版）2001年第2期。

结合前文分析，我们认为，资本伦理学的构建意义可从以下三个方面予以整体理解：

首先，资本伦理学的研究有助于人们全面审视资本的功能与作用，促进人们对资本自觉有效地支配。资本具有天然的扩张本性，如果不加以约束，就会造成自然资源日益枯竭、生态环境日趋恶化、人际关系日渐紧张，最终导致社会经济衰退和社会危机。在现代市场经济条件下，个人的理性是不可能完备的，科学的伦理道德本身即意味着某种人类有效合作的社会和个人理性精神。这种理性精神体现了社会化条件下经济运行过程中应然的关系，诸如利己与利他统一的关系、人格平等条件下的劳动契约关系、信用关系等。因而，对资本的伦理审视和道德考量能够帮助我们正确认识资本的双重逻辑——创造文明与追求价值增殖的同在性逻辑，从而在运用资本的过程中防止资本的负面作用和消极意义的产生，对资本"像狼一般地贪求剩余劳动"[1]的冲动给予道德的约束，防止和阻止这种"过度劳动的文明暴行"[2]。

其次，资本伦理学的研究有利于资本本身的发展。为了寻找经济发展与社会和谐的道德支柱，找到使中国企业发展壮大、推动财富不断涌流的精神源泉，对资本的道德审视或伦理批判是十分必要的。这是评价和反省社会经济事实的基本方式之一，对资本进行道德约束不是限制资本，而是限制资本活动中潜在的缺陷和可能的风险，规范人们的行为和活动，使其成本或费用尽可能经济合理，从而使其褪去动物野性而趋向人性、神性和至善的境界，从而获得道德上的合理性，推动社会的和谐发展，最终实现真正合理高效的发展目标。

最后，资本伦理学的研究有利于寻求社会的全面进步与发展。"发展至上"造成了经济和社会、文化发展的不平等及生态环境的破坏，思想领域也出现了寻求刺激的无理性倾向。资本伦理就是反思这种发展的结果，它强调了"善"的价值判断，强调发展本质上应指向人，关注人的发展意蕴、发展权利和发展尊严，对人的存在意义寻求突破途径。从伦理学的视角考量发展，发展要求全面发展，向往社会公平的发展；要

---

[1] 《马克思恩格斯文集》（第5卷），人民出版社2009年版，第306页。
[2] 同上书，第273页。

求可持续发展，依靠自身能力担当共同而有区别的责任；要求协调发展，实现工具理性和价值理性的有效沟通，处理好物质文明与精神文明的关系，促进经济、社会与文化的全面和谐发展。社会的"公平""责任"与"和谐"发展正是资本伦理研究的应有之义。

第四章 资本伦理学的学科范式

资本伦理学的构建，虽然是全新的理论尝试，但是，我们认为，既然从学科的高度来谈资本伦理学，那么就必须遵循学科的必要规范。我们在此首先指出的是关于资本伦理学的研究框架的搭建，它是从系统的角度，逐层构建资本伦理学的内在研究框架。其次是资本伦理学的研究方法，它是指资本伦理学具体的研究应该采取的方法论，它的存在使我们能够更好地进入资本伦理学的研究语境之中。

第一节 资本伦理学的研究框架

资本伦理学的研究框架是指在对资本伦理学相关范畴进行阐述与说明的基础上，进一步在一种学科规范的层面，探讨资本伦理学应该进行何种的思维构建才能凸显其学科的内在意蕴。我们认为，对于资本伦理学这一新兴的学科而言，资本伦理学的研究框架尤为重要，一方面，它是在一种较为宏观的层面提出资本伦理学的相关研究，在何种意义以及何种方式上展开研究，不至于离题万里；从这一点上而言，资本伦理学的研究框架是言明资本伦理学作为一种规范性学科存在的"边界"所在。另一方面，资本伦理学的研究框架，是结合社会生活中资本伦理学最相关的范畴与学术表达的具体化方法之间的"纽带"，从这个意义上来说，资本伦理学的研究框架是学科构建的关键一环，是资本伦理学进入路径的一种思考。在此，结合前文已有的相关研究，对资本伦理学的研究框架予以阐明。

一　国内外关于资本伦理学研究框架的现状与评析

目前国内外关于资本伦理学研究框架的直接研究并不多，事实上，这也只是一种直观化的论断。因为研究框架，即学术研究的对话平台，是每一个学者在研究中必然所需要预先建立的一种研究机制，只有在一个特定的语境或者说在一个既成的研究机制下，才能实现学术的研究。所以，对于国内外资本伦理学的相关研究框架，需要我们在已有国内外学者的研究成果基础上，进一步深入，从而探究这些研究框架背后的理论架构，而从具体的操作层面上来讲，国内外学者关于资本伦理学研究框架的现状与评析，也就是从国内外学者对"资本伦理"的相关研究中，剥离出这些学者所秉持的理论架构平台，从而为资本伦理学这一全新的理论学科的研究框架提供必要的学术借鉴与理论素材。纵览国内外学者的关于"资本伦理"的相关研究，有以下几种具有代表性的研究成果，其内在的研究框架值得我们予以注意。

（一）从资本的运动出发搭建资本伦理的研究框架

这种研究最为鲜明的代表是马克思。事实上，马克思本人也可以称为"资本伦理"研究的先驱，虽然在马克思的生平，从来未曾真正去撰写一部伦理学的著作。但是马克思本人，对于资本的研究与批判却是异常深刻的。而马克思正是近代以来对资本首次予以重点关注的学者。在马克思的笔下，所谓的"资本家""工厂企业"等经济活动中的具体事物，都只不过是资本这一"经济范畴"的一种"人格化""实物化"的表象，马克思从来没有在这种经济现象中过多地停留，也从来不曾想过去谈论资本家的道德，企业的社会责任等等，当然马克思本人更多地认为在当前这种社会背景下，在以资本主义生产方式为主导的经济制度下，这些只能是"奢谈"抑或是"幻想"，为此直接进入资本运动的研究领域，通过对资本运动的研究，指明资本对社会群体心理、对人的伦理观念的巨大改变。马克思的资本伦理构建是一个异常宏大的体系，即从资本运动的全过程，来完成资本的伦理研究，事实上，在马克思那里，真正应该发问的问题，并不是"资本伦理是什么？"而是"资本伦理应该在何处寻？"马克思的回答显然认为资本伦理并不是一种能够一以概之的回答，因为资本伦理本身蕴含在资本运动的全过程中。马克思对资本伦理的研究框架，始终是建立在对资本运动的全过程的科学分析基础之上的。而从结论上来说，马克思对资本伦理的研究是一个带有明显哲学色彩的结论，即马克思一方面指出资本来到世间，从头到脚，每个毛孔都滴着血和肮脏的东西。另一方面，马克思也指明："资本的文明面之一是，它榨取这种剩余劳动的方式和条件，同以前的奴隶制、农奴制等形式相比，都更有利于生产力的发展，有利于社会关系的发展，有利于更高级的新形态的各种要素的创造。"[①] 我们认为，资本本身这种消极的影响，应该从资本运动的全过程的视角予以认识；也就是说，资本为了实现自身的增殖，为了实现更多的剩余价值，在其运动的全过程，即从"G—W—G′"的全部过程中，都有可能会扩大资本的这种"恶"；而资本的历史性的积极作用，也应该从资本运动的全过程去理解。马克思试图从资本运动的过程来构建资本伦理，为此取得了一系列丰富的成果。这也使我们思考，对于资本伦理学的研究框架而言，如果没有资本运动的理论，或者仅仅把资本理解成"死物"，其本质上而言，就已经超出资本伦理学所认定的研究范围，而已经在资本伦理学的"边界"之外了。对于资本伦理学而言，资本的运动应该是整个学科构建的一个基石。马克思对资本伦理的研究框架，为我们揭示了资本伦理的研究方向。严格意义上来说，资本伦理学也可以理解为，在马克思主义伦理学的基础之上实现深耕的一个专门性研究。而马克思其本身的研究，也具有相当的广度。下文所论及的许多其他的资本伦理的研究思路，都与马克思本人的研究有着千丝万缕的联系，但或多或少都已经偏离了马克思本人的研究思路。

客观来看，马克思本人的研究也受时代所局限，对经济形态的新发展以及科学技术的新进展存在着一定的考量不足。由于本身研究精力的限制，马克思在其研究中所提出的一些关于资本伦理的深刻而精辟观点，也缺乏进一步从伦理学以及其他学科中予以必要的支持，但这些都不足以掩盖马克思对资本运动的杰出研究成果。事实上，此种研究思路在当代往往也被一些国外著名学者所应用，如托马斯·皮凯蒂（Thomas Piketty）在《21世纪资本论》中，认为现今全球范围内的不平等有扩大

[①] 《马克思恩格斯文集》（第7卷），人民出版社2009年版，第927—928页。

化的趋势，这种不平等毫无疑问造成了人群、阶级乃至阶层的对立。而这种不平等的根源在皮凯蒂看来，依然与当代资本的特点有关。当代资本最核心的特点在于"r＞g"，也就是资本的收益率大于经济增长率，这是造成长期经济动荡与发展不平衡的根本原因所在。① 显然，皮凯蒂的分析依然是选取了通过对资本特征予以认定，再上升至其他经济社会发展和伦理价值层面。大卫·哈维（David Harvey）在《资本的限度》中，也是从资本运动的趋势出发，进一步以一种"空间"的视角来看待当今资本的趋势，进而提出了"空间格局上的生产"以及"资本主义空间经济中的危机"两个重要的概念。② 这些全新的研究成果，极大地扩展了当代审视资本的理论视野；同时也必须看到，这些研究成果几乎无一例外地紧扣、续接马克思对资本运动的分析，也反证了马克思研究资本的科学性。为此，我们认为，这是本研究中，最值得注意的构建资本伦理学研究框架的一个方法与思路。

（二）从政治学的角度构建资本伦理的研究框架

从政治学的角度来审视资本伦理的研究框架，也会有有益的发现，其中最值得注意的就是关于帝国主义的解读。事实上，关于帝国主义的相关研究，正是随着近代资本发展而构成的一个全新的理论样态，其中也牵涉到关于资本伦理的研究。比如英国学者霍布森（John Atkinson Hobson）在其著作《帝国主义》之中，就谈到随着资本主义国家经济的发展，其经济形态必然表现出一种"寄生性"。霍布森写道："帝国主义最为重要的经济要素是关于投资的影响。资本日益增强的全球化趋势是整个时代最为重要的经济变动。"③ 而为了实现这种资本增殖的需要，资本家往往会与政府联结，以一种更为强有力的手段来完成资本的使命，这种经济上的寄生性是资本主义国家观念的基础，一切诸如资本主义国家的贸易保护主义、民族政策等，都需要从这种经济的形态中得到根本的诠释。而鲁道夫·希法亭（Rudolf Hilferding）在其《金融资本》一书

---

① ［法］托马斯·皮凯蒂：《21世纪资本论》，巴曙松等译，中信出版社2014年版，第27页。
② ［美］大卫·哈维：《资本的限度》，张寅译，中信出版社2017年版，第134页。
③ ［英］约翰·阿特金森·霍布森：《帝国主义》，卢刚译，商务印书馆2017年版，第55页。

中，则直接分析了进入20世纪以来资本的当代新特点。这些资本本身所凸显出的新的表现形式，正是那个时期经济社会发展的一个缩影。希法亭的分析重点在于"信用"，资本与信用，可以说是一对孪生兄弟，但在现实中，其二者经常是无法协调的，特别是在垄断资本的阶段，资本与信用本身之间那微弱的联系，被再次打破，资本主义的经济危机非但没有走远，反而更加迫切。列宁在其《帝国主义是资本主义的最高阶段》一书中，将霍布森与希法亭的观点予以批判与借鉴，并创造性地发展了这一观点。结合本研究主题，我们认为，列宁最重要的功绩在于将对于资本运动的分析，真正地上升到一个政治学的研究角度，实现了通过政治学研究的视角，来思考其背后的资本的特征，列宁的这一研究思路可谓是开创性的。在《帝国主义是资本主义的最高阶段》中，列宁指出资本的不平衡发展必然会导致资本主义国家实力的严重失衡："整个来说，资本主义的发展比从前要快得多，但是这种发展不仅一般地更不平衡了，而且这种不平衡还特别表现在某些资本最雄厚的国家的腐朽上面。"[1] 可以说资本在当今社会最为宏大的面貌，在列宁的《帝国主义论》中得到了真正完整的诠释，也正是通过此，我们可以窥见资本的触角早已伸到了更深的领域，其所真正涉及的问题也更加多元复杂。

在此之外，部分现代学者在研究中构建的相关研究框架，也值得注意。其中突出的是美国学者麦克尔·哈特（Michael Hardt）与意大利学者安东尼奥·奈格里（Antonio Negri）合著的《帝国》一书，该书的副标题为"全球化的政治秩序"，事实上，这两位学者采取的是通过对资本的特征的分析，特别是"二战"后资本发展所呈现出的新特点，来论证在国家、国际关系层面上所可能产生的新的情况。其中突出的是一种超越出传统国家概念上的"帝国"正在形成，"今天，帝国正作为一种中心出现于世界，它支撑起全球化之网，试图把所有权力关系都置于它的世界秩序之下"[2]。可以说，哈特和奈格里所表述的这种"帝国"是资本在全球的一个全新的样态，也是将资本上升到了政治的

---

[1]《列宁专题文集·论资本主义》，人民出版社2009年版，第210页。
[2] ［美］迈克尔·哈特、［意］安东尼奥·奈格里：《帝国》，杨建国、范一亭译，江苏人民出版社2008年版，第21页。

层面加以描述。为此二人提出,必须深刻理解现今的全球关系是"生产同质化和异质化的政体",也就是在生产模式上的趋同,但在政体上的相异。

(三)从发展的权利与义务的角度构建资本伦理的研究框架

我们认为,资本伦理的议题之所以带有相当的伦理学研究意义,是因为在现代社会中,资本虽然是一种抽象化的存在,但是却无时无刻不对我们的生活产生着巨大的影响。此种影响是多方面的,最为突出的是关于发展问题的研究。可以说这种多方面的影响,在发展问题上实现了碰撞、交汇乃至融合。为此,以发展的权利与义务,或者说,从发展的视角来构建资本伦理的研究框架是资本伦理学学科探讨的重要内容。事实上,此种研究思想已经有了不少具有代表性的研究成果,这些成果为我们从发展问题上来思索资本伦理的研究框架提供了必要的素材。

首先是关于人的发展的研究,结合资本伦理的研究议题,最值得注意的是,马克思在《1844年经济学哲学手稿》中关于"人的异化"的阐述,这虽然是马克思早年的思想成果,仍有很多不成熟之处,但是却显示出了相当大的理论深度。马克思写道:"资本的文明的胜利恰恰在于,资本发现并促使人的劳动代替死的物而成为财富的源泉。"[1] 马克思在此揭示了随着资本主义制度的兴起,资本"胜利"了,人的发展,准确地说是马克思后期所指出的"人的自由全面的发展"受到了前所未有的冲击,自此人不得不以一种"异化"的形式来获得人的发展的路径,在这种态势下,人类的发展之路是相当痛苦的。可见《1844年经济学哲学手稿》以一种带有伦理意蕴的话语,指明了人的发展所面临的巨大困境,而这种困境确实是随着现代资本的兴起开始产生的。马克思在之后的研究中,事实上一直都在告诫劳动者,在资本家自身确实是发展着的,只是此种发展也不过是资本自身需要的一种表象,资本家往往会忽视自身的种种义务,而劳动者自身发展的权利却被压制。当然,用马克思的话来说,一切对立都简单化了。马克思关于人的发展的研究是具有开创性的,在马克思之后,此种研究的思路,被卢卡奇(Georg Lukács)所借鉴,卢卡奇在《历史与阶级意识》中,谈道:"人自己的活动,人

---

[1] 《马克思恩格斯文集》(第1卷),人民出版社2009年版,第176页。

自己的劳动，作为某种客观的东西，某种不依赖于人的东西，某种通过异于人的自律性来控制人的东西，同人相对立。"[1] 事实上，卢卡奇本人也是指出了人的发展所面临的窘境，卢卡奇的思路在日后成为西方马克思主义的一种重要理论路径。在列斐伏尔（Henri Lefebvre）、马尔库塞（Herbert Marcuse）、鲍德里亚（Jean Baudrillard）等人的研究中都有所体现。但是，马克思所提及的"异化"的思考路径，在马克思那里更多的是一种"开篇"的意味，在马克思后期的研究中，特别注意对"异化"背后，真正制约人的发展的力量，也就是对现代资本的研究。而在西方马克思主义者的视域下，"物化"更多的是一种类似"结尾"的存在，其对于现代资本的研究，或多或少地存在着一定的忽视与弱化，这使得西方马克思主义落入一种在抽象意义上人的视域下来谈人的发展的理论陷阱。当然，正如马尔库塞所指出的，现代意义上的人，是一种"单向度的人"，这一结论是深刻的。这种"单向度的人"与现代资本有何种关联性？又该在现代资本的视域下对人自身发展的权利与义务作出何种规定？资本伦理学的研究框架显然可以从这一思考路径深化，进一步探究人的发展的权利与义务。

其次是关于国家、民族的一种宏观层面上发展的权利与义务探讨。在现代社会中，不同国家、地区、民族也有发展问题，而且在全球化日益加深的今天，显然此种发展是始终处于一种不断变化的动态关系中的，日益成为一种"你中有我，我中有你"的情况。可以说，现代资本撬动了地球，使得地球的面貌有了根本性的改变。在这种情况下，有一批学者也进行了积极的探索，其中代表性的研究成果有，美国学者伊曼纽尔·沃勒斯坦（Immanuel Wallerstein）所提出的"世界体系"的观点。沃勒斯坦认为，现代世界体系日益形成一个"中心—外围间的劳动分工"模式，根据这一劳动分工的新进展，沃勒斯坦指出，世界经济已经形成了不同的区域，也就是中心区、边缘区和半边缘区。而这三个区域之间，显然存在一种"不平等交换"，或者说此种"世界体系"的模式，其赖以存在的是内部间的"不平等交换"，此处，"不平等"显然是

---

[1] ［匈牙利］卢卡奇：《历史与阶级意识》，杜章智等译，商务印书馆1999年版，第144页。

一个富有伦理色彩的描述。① 埃及学者萨米尔·阿明（Samira Amen），进一步探寻了全球化背景下，国家与地区的发展困境，阿明提出了"依附理论"，也就是对于资本主义国家之外的不发达国家而言，其在发展的现实中，却不得不依附于处于圆心的资本主义国家，此处的依附是一种"不得已而为之"的状态，同时也是一种"全方位"的依附，而在依附模式下，显然世界格式又是一种不对等的状态。② 此外，法国学者弗朗索瓦·佩鲁（Francois Perroux）在《新发展观》一书中佩鲁认为在现实一个国家地区内的发展不平衡与不均衡是一个绝对存在的问题，真正需要关注的问题是，如何利用好"发展极"的效用；佩鲁认为所谓的"发展极"是会产生带动效用的地区，如果处于"发展极"的地区能够快速发展，那么必将会对其他地区产生积极的影响，从而为其他地区的快速发展提供真正的推动力。③

（四）从伦理学规范的角度构建资本伦理的研究框架

卢德之在其《资本精神》一书中，将资本这一原本是经济生活的重要因素的概念，上升到上层建筑的高度，以一种伦理学研究的范式，将"资本精神"予以提炼。作者认为，资本精神是一种发展的愿望，它的本质在于创造财富与超越财富，这种超越为人类发展创造了客观的物质财富，同时资本精神也应该是一个动态的表述，特别是步入21世纪以来，资本精神的重要趋势就是共享。④ 这一研究成果，对于我们也有一定的启发，我们认为"资本精神"不能完全等同于"资本主义精神"，这两者应该分门别论。研究资本精神，就是资本在现实生活中能何种程度上调节人的交往活动，只不过资本精神是一个高度概括化的表达。资本伦理学应该概括总结出"资本精神"，然而任何一种伦理道德、精神价值都是动态发展的，所以资本伦理学更应该对资本精神的作用范围以及边界做出说明。龚天平在《资本的伦理效应》中，从伦理效应的"正

---

① ［美］伊曼纽尔·沃勒斯坦：《现代世界体系》（第3卷），郭方等译，社会科学文献出版社2013年版，第13页。

② ［埃及］萨米尔·阿明：《世界规模的积累：欠发达理论批判》，杨明柱等译，社会科学文献出版社2017年版，第89页。

③ ［法］弗朗索瓦·佩鲁：《新发展观》，张宁、丰子义译，华夏出版社1987年版，第96页。

④ 卢德之：《资本精神》，社会科学出版社2007年版，第36页。

与负",探讨了资本的外在的伦理效应。① 我们认为,这也是从规范伦理学的角度,来实现对一种特定的社会伦理的不断抽象与提炼。

美国学者德尼·古莱(Denis Goulet)也值得注意。古莱作为发展伦理学的先驱,以一种广义的价值维度来重新思考发展问题;古莱认为美好生活、社会公正、改善人类与自然之间的关系、重塑社会结构,应该成为发展的核心议题。古莱特别注意对在反向上思考发展伦理的问题,古莱认为,如果发展长期偏离核心的议题,那么人群必然在伦理道德层面上面临"残酷的选择"。② 我们认为,事实上,古莱的研究其实已然接触到了资本的"最暗面",古莱颇像"站在夜晚眺望黎明之人",古莱以一种伦理学规范的角度,陈述了社会发展的伦理困境,显然在此值得再次深入下去,探究在这背后的"看不见的手"到底为何?这也正是资本伦理学研究的一个出发点。

(五)从经济伦理学的角度构建资本伦理的研究框架

经济伦理学是经济学与伦理学的交叉学科,也是一门新兴学科,从某种程度上来说,资本伦理学也属于经济伦理学的范畴。德国伦理学者彼得·科斯洛夫斯基(Peter Koslowski)也曾陈述:"经济学家研究的是经济学的下层建筑,而哲学家则研究的是伦理学的和价值方面的上层建筑,却没有出现一种统观全局的整体的观点。"③ 科斯洛夫斯基认为这是学术研究中学科"分工"的一个缺陷。事实上,科斯洛夫斯基在此表述的也是规范伦理学的研究,在现实中有着多个变量的影响。为此,有必要将二者联通起来,形成更为完整的研究,这也是伦理学与其他学科交叉的必然。我们认为,资本在现代社会中,在很大程度上正扮演着这种"中间人"的角色,资本伦理学的研究也必须同时关注到经济基础与上层建筑。美国学者理查德·乔治(Richard George)在其《经济伦理学》一书中,首先破除了经济活动中立性的误区,提出经济活动背后必然蕴含着道德的逻辑,以及相关的道德行为准则。对于经济伦理学的研究,

---

① 龚天平:《资本的伦理效应》,《北京大学学报》(哲学社会科学版)2014年第1期。
② [美]德尼·古莱:《残酷的选择:发展理念与伦理价值》,高铦、高戈译,社会科学文献出版社2008年版,第36页。
③ [德]彼得·科斯洛夫斯基:《资本主义的伦理学》,王彤译,社会科学文献出版社1996年版,第28页。

最为关键的是要掌握必要的分析方法,也就是了解"道德推理的技巧"①。理查德·乔治的分析主要是针对现代企业的经济伦理活动而展开的,其所实现的道德推理,也主要是根据现代企业在具体运动的相关活动而展开的。但是,就现代企业来说,资本无疑是企业最为核心的要素,事实上,我们认为,资本伦理学的研究就是在考量现代资本能够在多大程度、何种意义上来承担这种"道德推理的技巧"。

王小锡在其《道德资本论》中,进一步完善了其关于"道德资本"的概念表述,作者认为,"道德资本"与马克思在政治经济学批判中所言的资本有着本质上的不同,"道德资本是把道德视为一种有价值的生产性资源,以此来分析道德在经济价值增殖过程中特殊的功能和应用。"②而马克思所讲的资本是"资本特殊"的表述,是特指在资本主义生产条件下,资本所创造的剩余价值被资本家无偿占有。而"道德资本"主要与马克思的"资本一般"发生联系,也就是作为一种社会关系而存在的资本,那么社会道德必然会在反作用上影响生产过程,促进经济的繁荣。"社会主义条件下的资本在投入生产过程中,应该而且必须讲道德,为此才能最大限度地实现资本的增殖和经济社会的效益。"③事实上,这也是资本伦理学意欲解决的实践上的目标,只不过对于资本伦理学而言,它主要是通过在学理上进一步阐述清楚,资本的各种表征与特点,为我们更好地运用资本提供可能性。因为从马克思的观点来看,资本职能采取一种动态化的理解,也就是把它理解为"活"的资本,才能真正被予以理解,而在现实中,资本的这种"活"的特征,主要也是集中于生产的过程中。

二 资本伦理学研究框架构建的理论基础

目前学界对于资本伦理学的研究尚处于空白,对于资本伦理学的研究框架的构建,也是刚刚起步,尚没有直接可以借鉴的研究成果。为此,通过对已有相关研究现状的梳理,可以更好地把握相关研究的核心

---

① [美]理查德·乔治:《经济伦理学(第五版)》,李布译,北京大学出版社2002年版,第8页。
② 王小锡:《道德资本论》,译林出版社2016年版,第87页。
③ 同上书,第88页。

观点与思想，提出构建资本伦理学研究框架的基本理论基础，结合前文所述，在此阐述我们认为资本伦理学研究构建框架的若干重要理论基础。

（一）人的自由全面发展理论

马克思认为理性和科学的进步终将成为人类的自由、带来社会主义和共产主义的基础。人的本质在共产主义社会就是人的自由全面发展。所以，人的本质与人的自由全面发展，毫无疑问是整个资本伦理学研究框架构建的重中之重。从某种意义上来说，人的本质与人的自由全面发展，几乎可以说是整个资本伦理学研究的一个"原点"。马克思在《共产党宣言》中写道："代替那存在着阶级和阶级对立的资产阶级旧社会的，将是这样一个联合体，在那里，每个人的自由发展是一切人的自由发展的条件。"[①] 人的本质与人的自由全面发展，是马克思关于未来社会的一个重要构想，它既是一个奋斗的目标，也是一个有着丰富内涵的理论观点。从历史的角度来看，人类社会的发展进程，在不同的时期，往往有着不同的挑战。比如在原始社会，人类主要应对的挑战是如何战胜自然，如何生存下去，并完成种族的繁衍生息；在封建社会，人类必须逐渐战胜种种封建愚昧的观念学说，以及继续改进社会生产。而人类每次逐渐走出危机之时，都将获得更多的智慧与财富，都为人类社会步入更高的阶段提供了必要的物质与精神准备。随着近代资本主义的发展，现代资本逐渐成为制约人类社会向前发展的最重要的阻碍。显然，人类社会不可能在一夜之间就消灭资本；同时，现代资本在当下依然扮演着重要的角色。那么如何更好地规避这些风险，为人类社会的向前发展提供必要的保障，显然是本研究主题所最为关注的。所以，人的本质与人的自由全面发展，在整个资本伦理学研究框架的构建之中，是一个基础性的理论。它既凸显着整个研究主题的研究价值与意义，使我们始终清醒地认识到资本伦理学意欲为何？要体现出何种伦理关怀？同时，也使我们能够更好地从伦理观念入手，来重新思考人群的道德观念的塑造。

人的本质与人的自由全面发展，既是马克思所提出的关于"人"的重要构想，其中包含了关于如何理解人，怎样看待人的交往等重要理

---

① 《马克思恩格斯文集》（第2卷），人民出版社2009年版，第53页。

论。同时，人的本质与人的自由全面发展其本身也是一个蕴含伦理意味的发展目标。当然，我们可以说在现实中，人的"不自由""片面化"的发展是由多个因素所导致的，有着纷繁的表现形式。对于资本伦理学来说，它的特点就在于直击其背后的最为根本的因素，也就是资本的相关议题，这是马克思在研究人的发展之时留给我们的，最值得借鉴的思路。当然，从历史的发展来看，当资本退出历史舞台之时，人的本质与人的自由全面发展，是否还会有其他的阻碍？这一问题的探讨，并不在当今的资本伦理学研究范畴之中，换言之，那时资本伦理学的学科任务与使命也完成了。只是目前来看，这一过程依然是一个较长的历史阶段。简言之，资本伦理学研究框架的构建，不应该是一个"无人之境"，而应该是一个充满伦理关怀的研究氛围。如果资本伦理学的相关研究，没有紧扣现实人的境遇，显然就是一种抽象与空洞的伦理学研究。在此，更深入地来看，资本伦理学研究框架需要在资本与人之间实现连通，进一步研究、解释资本与人之间的内在逻辑关系，更进一步回答，诸如资本对人产生何种影响，能否塑造一种特定的资本观等相关问题。人的本质与人的自由全面发展，是资本伦理学研究框架构建的一个基始性的基础，这一理论不断为资本伦理学的研究提供相关的理论素材与灵感，是资本伦理学研究框架的"灵魂"，支撑着整个资本理论学的学科架构。

（二）资本的"总公式"

马克思在《资本论》第一卷第二篇中，专门阐述了资本的总公式，马克思写道："$G—W—G'$，事实上是直接在流通领域内表现出来的资本的总公式。"[①] 资本的总公式，非常简洁凝练地阐述了资本运动的总体过程，也揭示了资本运动以及资本主义生产内在的巨大矛盾，在商品等价交换的原则下，原本存在的资本 G，最末尾竟然能够获得增殖，也就是进展到 G' 的样态，这其中的原因值得深思。当然，马克思之前的经济学家都对此问题避而不谈，马克思通过自身政治经济学的研究工作，指出，之所以资本最终获得了其自身增殖的形式，主要是因为劳动力商品的出现，它是资本运动必不可缺的要素，也是资本最终得以实现自身增

---

① 《马克思恩格斯文集》（第5卷），人民出版社2009年版，第181页。

殖的前提性条件。在此，我们认为，资本伦理学研究框架的构建，其中一个必要的理论基础就是资本的"总公式"，此处的"总公式"是概括化的表述，它是指在资本伦理学的研究框架构建之时，应当对资本予以充分的考察，这是毋庸置疑的。但是，现实的情况是，资本可谓是最为抽象与复杂的一个研究对象，且关于资本的相关诠释与学说，日益多元，那么又该如何来理解资本？我们认为，马克思关于资本，特别是关于资本的"总公式"的相关理解，是在资本伦理学研究框架构建之时的重要借鉴。马克思所指明的资本的"总公式"其内容丰富，但是却始终有一个特定的核心主题，即资本的增殖，也就是资本由 G 到 G′ 的形态转变，马克思认为这是现代资本最重要的特征，可谓是资本的灵魂与命脉。在资本伦理学的框架之下，其所认定的资本，也是带有这种特征的资本，对此应该有明确的认识与警惕。这一理论基础的奠定，对于资本伦理学的构建尤为重要。一方面，资本伦理学对于现代资本在经济社会中的种种重要作用，以及其所创造的财富，给予充分的重视，只有正视这些既有的成果，才能使我们更好地在现实中运用资本。另一方面，资本伦理学的构建始终不会也不应该忘却，在现实中，资本为了实现自身的增殖运动，确实存在一种相反的结果，进一步说，资本意欲实现的增殖，是一种自身的最大化的需求，且这种最大化的需求是没有底线的，而非一个人定的特定值，通俗来讲，资本不会乖乖地"就范"，而是时刻意欲挣脱人的监督，这是资本的本性。从这一点上来讲，资本伦理学事实上也是应对这一危机的理论上的尝试。

关于资本的"总公式"还有非常多的内容，我们在资本伦理学的研究框架下来讨论资本的"总公式"，主要是要突出，资本伦理学的研究框架本身，应该有一个内在的张力，而这研究框架中内涵的张力，并不是人为臆造的，而是由现代资本本身的特点决定的。资本伦理学的研究框架的构建，必须充分考虑到资本本身的活动特点，而不是以一种呆板、刻意的思路来审视资本伦理，要以一种运动的眼光来看待资本运动。如果我们将资本视为"死物"，那么资本伦理学的特点也不存在了，也就很容易将资本伦理学与财富伦理学混同起来，也就不能真正实现资本伦理学的研究目标。我们认为，从现实来看，资本始终是在运动中，如果仅仅针对资本一个特点阶段来考察，很容易得出片面的一些价值观念。比如，如果我们从资本腾挪的结果来看，资本为了实现更高的逐利必然会与其他资本相竞争，也必然会加大投入才会最终胜利，面对产品的丰富，我们很容易就会得出资本有利于共享的观点。事实上如果结合资本运动的"总公式"来看，资本或许会在某一个节点实现产品的多元与数量上的丰富，但是，在此之外，资本为了获得这种资本生存的优势，必然会越过社会管理、人群的真实需要等其他的相关要素。在这种情况下，资本的这种"共享"显然又来得过于直接与粗暴，与真正的共享相差甚远。我们认为，提出资本的"总公式"，并将其纳入资本伦理学研究框架的理论基础是十分必要的。它有助于我们真正全面、系统地展开资本伦理学的研究，同时，资本伦理学的种种创新性研究，也很可能正内含在资本运动的新变化与边界的"溢出"中。为此资本的"总公式"是资本伦理学研究框架形成一个开放与兼容的演技框架的核心，也是资本伦理学"活"起来的根本推动力所在。

（三）经济基础与上层建筑的辩证关系

马克思在《〈政治经济学批判〉序言》中，对于经济基础与上层建筑之间的辩证关系有过精妙的论述。马克思写道："物质生活的生产方式制约着整个社会生活、政治生活和精神生活的过程。不是人们的意识决定人们的存在，相反，是人们的社会存在决定人们的意识。社会的物质生产力发展到一定阶段，便同它们一直在其中运动的现存生产关系或财产关系（这只是生产关系的法律用语）发生矛盾。于是这些关系便由生产力的发展形式变成生产力的桎梏。那时社会革命的时代就到来了。随着经济基础的变更，全部庞大的上层建筑也或慢或快地发生变革。"[①]马克思的这一论断，事实上也构成了伦理学研究的重要基础，以马克思的观点来看，人的伦理观念是上层建筑的范畴，而上层建筑虽有其独立性，但是归根到底都是由经济基础，也就是物质生活所决定的。同时，上层建筑对于物质生活，也会产生相当大的影响，这种影响有积极的，也有消极的。这就言明了经济基础与上层建筑之间的辩证关系，而资本伦理学研究框架的构建，也必须遵照经济基础与上层建筑之间的辩证关系。具体而言，首先应当厘清，在资本伦理学的研究框架下，经济基础

[①] 《马克思恩格斯文集》（第2卷），人民出版社2009年版，第591—592页。

与上层建筑二者之间的"边界"在何处？在现实中，有哪些是资本运作范畴的议题，又有哪些是资本运作的外延部分？只有清晰明确其具体的属性，才能做出科学准确的判断。其次，在资本伦理学的研究框架下，要充分运用经济基础与上层建筑之间的辩证关系，在研究框架的构建上，既要充分考虑到社会经济运行层面的相关研究，对现实社会有足够的关注，同时还要对伦理价值观的层面有重点的研究，体现伦理学研究的方法的特色。最后，资本伦理学的研究框架，事实上也是对经济基础与上层建筑之间的互动的一个真实写照与反应，既要尊重经济基础对道德伦理塑造的决定性作用，也要充分研究相关伦理观念的塑造，进而探究其对于经济社会发展产生巨大反作用。

总之，对于资本伦理学而言，"资本"是经济基础的要素，而"伦理"又是上层建筑的重要反映。我们认为，从这个角度上来说，资本伦理学其中的"学"，本身应是经济基础与上层建筑的细化与说明。资本伦理学研究本身，是充分考量经济基础与上层建筑二者关联性的整体研究，需要灵活、适时地完成经济基础与上层建筑研究之间的转化与协同。而资本伦理学的研究框架，也理应对经济基础与上层建筑之间的内在关系予以关注，并体现二者之间紧密的逻辑关联，这是保证资本伦理学以一种科学的伦理学研究而存在的根本要求，也是资本伦理学研究框架构建所必须要考虑到的问题。

（四）历史尺度与道德尺度相统一

毫无疑问，公平与正义的相关问题，一直是伦理学研究的核心议题。但是，公平与正义，其本身就是一个带有伦理性评价色彩的词语，其背后所反映的是对伦理现象、观念的一种"度量"。这实际上，就牵涉到伦理观念、道德的评价问题，换言之，以何种标准来讨论资本伦理？是一个资本伦理学研究必然涉及的问题。为此，我们认为，这就需要在资本伦理学的研究框架之下，探寻相应的道德与伦理的评价，也就是必须谈论道德、理论观点的标尺为何？我们认为，历史尺度与道德尺度相统一的理论思路与观点，必须在资本伦理学研究框架的构建中，予以吸纳与总结。从理论的应然来看，历史尺度与道德尺度始终是相统一的，这是人类社会发展的客观规律，而从理论的实然来看，在现实中，却往往存在着历史尺度与道德尺度"错位"，乃至"偏离"的情况，这就会对伦理学的研究造成相当的"困扰"。事实上,马克思本人对于任何事物以及伦理观念的评价,都是坚持历史尺度与道德尺度相统一的评价标准。这一原理与方法,对于资本伦理学的研究框架的构建尤为重要。换言之,如果没有内在的科学评价标准,对于资本,乃至资本伦理,我们只会将其视为"落后的事物""历史的弃儿",一味地以道德尺度来评价资本伦理,只会倾向于从根本上否定资本伦理学的必要性。同时,如果仅仅从社会历史发展的现状出发,着眼于资本为社会所创造的财富,而忽视了人的道德与观念的畸变,那么必然会得出资本是"普照之光"的错误认识。

特别是对于资本伦理学这样一个完全新兴的学科而言,掌握这种历史尺度与道德尺度相统一的理论基础尤为重要。资本伦理学的创立与研究的展开,绝对不是为资本的增殖与积累寻求某种理论上的支撑,为资本所带来的不平等而负责,相反,它的研究必要性是社会历史发展的现实所提出的,并不意味着研究资本伦理就是在为资本"叫魂",从这个意义上来说,如果不对资本伦理加以细致研究,反而有"掩耳盗铃"之嫌,也不符合理论工作者的使命。同时,资本伦理学也绝对不是各种抽象的人的观念的集合,而是因为在现实生活中,作为社会主体的人群在交往过程中确实产生了很多道德上的偏离与困境,以马克思的观点来看这种人群道德上的问题,虽然个体上显示出差异性,但是在总体上是由社会发展的环境所决定的。资本伦理学的研究就是试图在伦理学研究的层面,为由资本所衍生出的种种伦理价值观念提供必要的解释与合理、适宜的评价。总之,资本伦理学,归根到底是伦理学研究的一个具体深化与应用,那就必然需要一个与之对应的评价与参照体系,保证伦理学研究科学与可信的必要基础。所以,历史尺度与道德尺度的相统一,应当在资本伦理学的应用中得到充分的体现,而不应当在资本伦理学中泛化地谈论公平与正义,这是资本伦理学研究框架构建之时必须予以杜绝的错误倾向。

三 资本伦理学的研究主题

通过对现有研究框架的思索以及结合资本伦理学的理论基础,提出资本伦理学更为具体化的研究主题。资本伦理学研究主题的框定,是讨论资本伦理学可能涉及的一些研究内容与核心，与具体的研究不同，研究主题是具体研究内容的大致划定，关涉到当代资本运动、资本伦理的内涵和其重要的特征，资本伦理也关涉新时代资本的塑造，确立交叉与应用的资本伦理观。

（一）当代资本运动的特征

资本伦理学是经济伦理学研究领域的延伸，是对经济活动中的资本以及其生产的相关伦理、道德议题进行研究。毫无疑问，当代资本运动的特征是资本伦理学的重要研究主题之一。可以说，对于资本伦理学而言，其研究成果的获得，与对当代资本运动特征的把握呈正相关的关系。只有对资本有一个清晰明确的认识，才能真正抽象、概括以及总结出相关的伦理议题。这也要求我们在资本伦理学的研究中，始终不应该忽视对资本探寻。一方面，以马克思为代表的关于"资本批判"的相关学说与观点，需要更加细化的挖掘与研究，这些理论上的成果，为我们准确认识与研究现代资本，提供了"批判的武器库"，有助于我们了解现代资本的种种特点。另一方面，我们不能仅仅停留于对于资本的经典文本中，相反，还应该在将其带入现代的语境之下予以分析，也就是对当代资本运动组合形式进行研究，了解当代资本的新动态。事实上，正是当代资本运动的新动态，才是资本伦理深入发展，乃至不断构境的根本原因所在。

与此同时，对当代资本运动特征的研究，除了"总说"，还应当有更为细化的比较研究，也就是对不同国家，特别是不同社会制度、民族性格等国家与地区间的资本运动的特征进行比较分析。在现实中，资本可以说伴随着全球化的进程，进而在不同的国家与地区之中，都发挥着重要的作用。那么，这些国家与地区的资本，是否存在着与本国、本地区的环境进一步融合，从而改变了其资本运动的特性？这显然是一个值得注意的问题。而从资本伦理学的伦理层面来"反推"的话，以伦理学的现象来观之，不同国家、地区的生活环境、民族习俗、精神面貌不同，资本伦理也会生产差异，有时甚至是根本性的差异，显然，这与不同地区之间资本的运作模式以及特点有关。更为具体而言，资本伦理学主要是立足于中国的社会现实，解决中国的问题，那么中国这样一个社会主义国家，在经济运行层面，其资本运作的模式，与其他国家特别是其他西方资本主义国家相比,有哪些不同?哪些根本的创新?我们认为,这是深化资本伦理学研究的必要途径,也是资本伦理学成为面向社会、面向现实的伦理学研究的必要保证。

(二)资本伦理的表征与特点

资本伦理学是伦理学研究的深化,需要遵照伦理学的研究范式与研究基础,而从伦理学的角度来看,资本伦理的表征与特点,毫无疑问是资本伦理学最为重要的研究主题,它构成了资本伦理学最为核心的研究内容。简而言之,资本伦理的表征与特点,事实上是在力图回答资本伦理是什么这样一个资本伦理学的核心议题。资本伦理的表征与特点,需要在对现实的资本运作的深入研究中,抽象与总结相关的伦理现象,再对这些伦理现象予以提炼,最后陈述资本伦理的表征与特点。我们认为,资本伦理的表征与特点,事实上也有宏观、中观与微观三个不同的研究主题。宏观上来看,主要是从国家、民族的角度而言,探讨资本伦理在这一层面上的具体化表现;事实上,在宏观层面上,资本伦理与一个国家、民族的"资本文化"相关联,它探寻的是最为广泛的一种资本伦理的表现。在全球化的当下,现代资本虽然在各个国家发挥的功效作用,或者说扮演的角色不尽相同,但是毫无疑问,现代意义上的资本以及资本运用对于一个国家而言,有着举足轻重的意义,它关乎着国家制度运行的方方面面。那么显然,现代资本会对一个国家的整体精神面貌有巨大的推动作用,从这个意义上来看,通俗地来说,资本伦理也是一个国家、地区"民族精神""地区文化"等重要的下辖研究范畴,它虽然拥有最为宏观的样态,但对资本伦理而言,却是一个类似"总说"的存在,是资本伦理最广泛的表征与特点所在。

而从中观层面上来看,主要是从企业以及社会组织的角度来谈资本伦理的,这一层面也是资本伦理所不应该缺少的研究主题,其所主要研究与关注的是,在社会的中观层面,诸如企业、社会组织以及其他涉及资本运作的团体组织,所凸显的资本伦理研究。在这个层面上,资本伦理与"企业文化""社团精神"等相交叉、靠拢,体现研究上的相似与关联。我们认为,就这一研究层面上来说,资本伦理研究主题的确定,具有更大的灵活性,因为它与各种不同的经济体产生关系,进而应该根据各种不同的经济体来确定研究主题。

最后，是在微观层面上所进行的资本伦理表征与特点的提炼与研究，我们认为，微观层面上展开资本伦理表征与特点的研究，是最能够体现伦理学研究规范的一个研究领域与研究主题，显示出了相当的独特性。在微观层面上，研究与提炼资本伦理的表征与特点，就是要对人与人之间的伦理关系进行研究，是应该充分体现伦理学研究应用之义的研究主题，它应是对人的道德、价值观的充分审视，以及在人与人的动态关系之间，探寻资本伦理作为一种伦理观念对人群间的影响。

（三）当代资本观的重塑

资本伦理学，既然是伦理学的专业、细分研究，我们认为，此种研究，不应该仅仅是伦理学理论层面的，而是必须深入人群的实践活动中，更好地塑造人群的价值观念。从现实来看，改革开放后，经过长期的探索与实践，资本在中国才逐渐形成了一套富有中国特色的、社会主义国家认识与运用的"中国模式"的资本。然而，社会现实中的资本与"资本观"，并不是一个相同的事物。事实上，在中国资本与"资本观"之间，确实在很大程度上存在着脱节的问题，此种现象的突出表现是，一方面，在中国的经济社会发展中，资本确实扮演着举足轻重的角色，为社会创造了大量的财富；但是，另一方面，在价值观念上，始终缺少真正能与之相对应的"资本观"，有人依然在观念上，认为资本是恶的代表，有的人则认为，当代资本已经和马克思所批判的那个资本完全不同，已经是一个新生事物了，应该予以绝对的支持。显然，到底应该持有何种"资本观"，却成了一个似是而非的问题。资本伦理学的研究主题之一，就是讨论当代资本观的重塑，这是资本伦理学最迫切的研究主题之一。

如果资本已经退出现代生活，那么显然也就无从谈起人们的"资本观"，但是显然，现代资本依然会长期在经济社会中扮演重要角色，也就是资本当前并不会退出"历史的舞台"，当代资本观的重塑，就是在这种情况下，充分发挥伦理学对人们活动的"调试"效应；一个积极正确的资本观，有助于我们剥去笼罩在资本身上的"拜物教"的面纱，使我们能够真正了解到"资本的秘密"。同时，正确资本观的塑造，会对资本在经济运行中施以必要的规约，从而限制、引导资本以良性运作；这是任何伦理学研究所必然存在的价值旨归，也是资本伦理学的研究主题。

(四) 资本伦理学的交叉与应用

我们认为,资本伦理学虽然从属于伦理学,但却明显是一个交叉性学科,从实际的研究来看,资本伦理学的研究,也必然与多个学科产生关联。为此,资本伦理学的交叉与应用,也是资本伦理学的研究主题之一。资本伦理学的交叉与应用的相关研究,可以从两个方面来进行思考。首先,资本伦理学主要与经济伦理学以及马克思主义伦理学进行交叉;具体而言,资本伦理学在何种程度上与马克思主义伦理学产生关系?其相关研究对于马克思的经典文本有何种深化研究?又与马克思本人的经历有何种关系?同时,资本伦理学研究,与经济伦理学的其他相应分支,如生产伦理、交换伦理、企业伦理等又有何种关联?诸如此类的研究,依然是资本伦理学的研究主题。其次,是资本伦理学与其他学科之间交叉与应用的关联研究,我们认为,这是一个较为开放的研究主题,需要更多的力量来探索,它的存在主要是因为现代资本的发展状况而决定的,资本已然在生活中扮演着重要的角色,如资本伦理学与生态学、资本伦理与家庭伦理等等。简言之,只要有资本运作所存在所到达的领域,就应当予以关注。当然,这也需要更为深化、细致的研究。

第二节　资本伦理学的研究方法

资本伦理研究的方法论原则依赖于其学科基础,即经济学与伦理学方法论的有机结合。从古典政治经济学开始,对资本的伦理考察就以国民财富的生产及其分配规律为研究内容,这就决定了它是一门与协调利益有关系的学问。在长期的发展过程中,经济学与伦理学之间的隔阂制约着资本伦理研究,因此,资本的伦理研究方法尚需要完善。如阿玛蒂亚·森所言,"伦理学方法"——也称为"伦理考虑的方法",或伦理分析方法——就是在人类行为的分析中注重从更深层的意义上去关注伦理考虑的重要性,通过更多、更明确地关注影响人类行为的伦理学思考而使经济学变得更有说服力。[1] 他认为:"在经济学经常使用的一些标准方

---

[1] [印度] 阿玛蒂亚·森:《伦理学与经济学》,王宇等译,商务印书馆2014年版,第79页。

法中，尤其是经济学中的'工程学'方法，也是可以用于现代伦理学研究的。因此，经济学与伦理学的分离，对于伦理学来说也是一件非常不幸的事情。"[1] 可见，资本伦理研究的方法论基础是基于对资本伦理学的学科基础，即经济学与伦理学的辩证关系进行分析，在此基础上，区分与应用伦理学和伦理经济学研究方法的异同，找到资本伦理研究的方法论支撑。

一 资本伦理与应用伦理学研究方法

资本伦理研究作为应用伦理学的重要分支，不是相对于一般伦理学或道德哲学在资本运作中的应用而言的，而是相对于现在已经不能被应用于现实的传统伦理学而言的，它是伦理学的一个独立学科体系和完整的理论形态。应用伦理学的意义和价值不在于它是应用的伦理学，而在于它是被应用于现实的伦理学的总和，"应用伦理学是伦理学的当代形态"[2]。作为伦理学的当代形态，应用伦理学具有鲜明的实践性、广泛性和跨学科性。伴随着研究视角的转变，资本伦理的研究方法正在理论与实践相结合的基本原则下呈现出多样化的发展态势。

传统伦理学的研究方法对于资本伦理的研究大部分是适用的，但是，由于资本伦理研究面对着传统伦理学所未曾面对的一系列新情况、新问题，仅仅依靠传统伦理学的研究方法又是不够的，因此，资本伦理的研究方法需要对传统伦理学的方法论进行进一步的发展和完善，以便能够完成时代所赋予的任务。传统伦理学往往采用一种"自上而下"的研究方法，先建立一个道德形而上学，从最高原则出发，容易理论脱离实际。而资本伦理学的出发点是实践，现实社会实践的道德问题具有一种逻辑上的优先性，直面资本运行中的各个环节和实际问题，是伦理学方法在传统伦理学方法基础上的进一步发展、完善，是对传统伦理学方法论存在缺陷进行弥补、解决的一种尝试。

资本伦理研究是应用伦理学对当代新实践问题的需要所做出的回

---

[1] ［印度］阿玛蒂亚·森：《伦理学与经济学》，王宇等译，商务印书馆2014年版，第15页。

[2] 赵敦华：《道德哲学的应用伦理学转向》，《江海学刊》2002年第4期。

应，也是伦理学在面对现实问题时具有旺盛生命力的表现。应用伦理学研究中的具体研究方法可以应用于资本伦理研究：一是案例分析法，国内学界对社会主义市场经济体制下资本的发展历程回顾和关于资本观念变迁的研究就采用这种方法；① 二是双向反思法，发挥哲学的批判作用进行双向的批判，既要反思、批判现实，又要经常反省自己的思想前提；三是实地研究法，在资本伦理的研究中引入实地研究法有其必要性，只有通过实地调查和研究才能获得鲜活的感性经验和第一手的资料，做到理论与实践相结合，从而真正解决应用伦理学研究过程中的实际问题；四是系统分析法，在资本伦理的研究过程中要采用一种系统分析的视角，因为事物是以系统的方式存在并相互联系着的，在分析资本运行中面临的道德问题时应该把其放在大的系统中进行探讨，准确把握问题发生的道德境遇，从而实现对道德难题的较好解决或处理。

二 资本伦理与伦理经济学研究方法

资本伦理研究从一开始就形成与社会制度、社会现实紧密结合在一起的分析范式，并一直以研究这种制度内的现实问题或者说是以解决现实问题为目的，这一点与伦理经济学是相通的，但二者在方法论层面也有区别。

古典政治经济学研究财富的性质及其生产和分配规律的科学，关心的是整个经济的长期发展和剩余产品在各个集团之间的分配问题。由于各个集团之间的物质利益和偏好的不一致性，人们在交换或交往过程中往往会寻求矛盾解决和利益协调的方法和机制。一般地说，伦理经济学处理和协调物质利益不一致性的方法有二：一是纯粹通过市场来解决；二是通过政治程序来处理。前者在经济学中体现为"工程学方法"的应用，后者需要相关伦理学方法的支持。"工程学方法"的特点是："只关心最基本的逻辑问题，而不关心人类的最终目的是什么，以及什么东西能够培养'人的美德'或者'一个人应该怎样活着'等这类问题。在这里，人类的目标被直接假设，接下来的任务只是寻求实现这些假设目标

---

① 顾习龙：《马克思资本理论与社会主义市场经济》，苏州大学出版社2012年版，第31—35页。

的最适手段。较为典型的假设是，人类行为的动机总是被看作是简单的和易于描述的。"① 所谓伦理学方法，简单地说，就是在对人类行为的分析中注重从更深层的意义上去关注伦理考虑的重要性。"经济学，正如它已经表现出的那样，可以通过更多、更明确地关注影响人类行为的伦理学思考而变得更有说服力。"② 在一些伟大的经济学家——如亚当·斯密、大卫·李嘉图、约翰·斯图亚特·穆勒、卡尔·马克思以及威廉·配第、里昂·瓦尔拉斯等的著作中，这两个方法都可以看到，只是侧重的程度不同而已。

斯密的"自由放任"思想一直被认为是伦理经济学物质主义的思想源泉，而事实并非如此。因为在他前后两部伟大的著作中斯密证明了道德原则在一个道德日益沦丧的社会里仍然起着作用：在一个丰裕的世界里，个人因为别人的美德，而对别人的需要牺牲自己；对别人的需要牺牲自己而不管对方的善恶。它是丰裕的世界里一种合宜的意识、良心和协调。同情心以自我牺牲来促进那些德行获得赞许的人们的福利，交换的倾向对于那些即使我们所厌恶的人，也让他们受益。西斯蒙第是一位非常注重伦理学方法的经济学家，他认为经济学的目标应当是"人"，而不是财富，财富只有在使所有公民都能享有财富所代表的快乐时才是与经济相关的，经济学的任务是使人人都有可能过上最佳质量的生活。但他面对的是这样一个事实：通过工业活动对财富的追求越来越成功，它带给大多数人的却是苦难。他主张通过立法来改善工人阶级的生活，通过立法缩短工作时间，取缔童工，通过累进制税收进行财富再分配；运用政府这只"看得见的手"要求雇主在员工被解雇、生病、年老时提供生活必需条件，创造一个有安全感的社会环境。而约翰·穆勒建立了经济学的伦理学分析层面，他批判了边沁功利主义理论中强烈的享乐主义倾向以及对物质追求的强调，在经济理论分析中注入大量的对人类福利的关注。他认为，政治经济学同社会的很多其他分支不可分离地纠缠在一起，尤其是关于财富的分配，取决于社会的法律与习惯，它们完全

---

① ［印度］阿玛蒂亚·森：《伦理学与经济学》，王宇等译，商务印书馆2014年版，第10—11页。
② 同上书，第15页。

属于人类制度的范畴。由于道德或心理依赖于各种制度和社会关系，依赖于人类的本性，这些都不属于自然科学的范畴，而属于道德和社会科学的范畴，因而都是政治经济学研究的对象。约翰·穆勒之后，由于对古典政治经济学的劳动价值理论的普遍不满，经济学形成了两个分支：马克思主义和边际主义，其中，马克思主义政治经济学继承和发展了伦理学方法，并坚持将古典政治经济学的"工程学方法"和"伦理学方法"结合起来对经济现象进行分析，而新古典主义经济学的边际分析方法则将"工程学方法"发挥到极致，寻求实现在严密定义的约束条件下和市场环境制约下消费者的效用和企业利润最优化的最适技术性手段。

　　从科学革命的历史来看，如果说古典政治经济学的伦理学方法还缺乏科学的理论基础，还带着一定的形而上学味道的话，那么马克思的"伦理考虑的方法"则依托剩余价值理论，或者说，马克思对资本的伦理分析是建立在科学理论基础上的，这个科学理论基础就是他的剩余价值理论。剩余价值理论何以能够作为马克思分析资本伦理的科学基础？一是因为剩余价值理论是辩证唯物主义的产物，包含着丰富的、科学的历史观，可以充当经济学分析的更广泛的基础；二是剩余价值理论蕴含着科学的方法论，研究资本主义的生产关系（如剥削、贫困、不平等这些伦理关系），从商品、货币和价格这些表面的东西上是难以理解的，只有剥去商品、货币和价格这些形式的表面，用价值这个本质内容来理解资本主义社会的生产关系，才能使资本主义社会的生产关系赤裸裸地暴露无遗。因此，价值关系可以很好地用来理解资本主义社会的生产关系。马克思正是在剩余价值理论基础上，阐明了资本主义经济围绕剩余价值这个轴心在生产、交换、分配、消费各个环节上展开的运动规律，深刻分析了这个生产方式的内在矛盾，从而揭示出资本主义生产方式从发生、发展到最终为更高级生产方式所取代的必然性。

　　马克思将资本主义最本质的生产关系抽象为劳资关系，雇佣劳动者在劳动市场上向工厂主出卖劳动力，这样他不仅失去了对自己劳动的控制，而且还要出卖自己的一部分；在生产过程中，他要"让渡"他的产品，或者说他与他的产品分割开来。这样，劳动外在于劳动者，劳动不属于它实际的主人。因而劳动者不是肯定自己，而是否定自己。这是一个"异化"的社会。在这个社会里，人的独立性"以物的依赖性为基础"，经济关系不是促进和维护人性的发展，而是经济关系中物质关系制约着建立在此基础上的更深层次的尊严和自由，劳动者的尊严和自由以及劳动者的自我发展、自我实现和自我完善受制于资本主义的动态的"生产力"与静态的"生产关系"这个"动态学"大矛盾，无法获得实现。

在这个"动态学"基础上，马克思从更深层的意义上对资本进行"伦理考虑"。19世纪中叶，资本主义的伦理价值观念——利己主义的伦理价值体系已经确立，经济效率、发财致富成了追求的目标，获得物质财富的能力、经济上的成功被看成是一个人幸福的标志，不择手段地获取财富、争夺地位成为合理的行为。马克思认为，这种伦理观念不过是资产阶级的生产关系和所有制关系的产物，其内容是由资产者这个阶级的物质生活条件来决定的。资产阶级的利己观念是在物质生产的异化过程中产生的，并从产生的那一刻开始就成为剥削制度的帮凶，它使资产者把自己的生产关系和所有制关系从历史的、在生产过程中是暂时的关系变成永恒的自然规律和理性规律。因此，在揭示剩余价值生产规律的同时，对资本的伦理批判或伦理考虑已成为必要了。"在马克思主义者看来，资本主义的特定历史性（过渡性）是一个大前提。基于这个事实，马克思主义者便有可能，比如站在制度之外，把它作为一个整体加以批判。不但如此，既然这个制度在当今和未来所经受的变革，乃是人类的行动本身所造成的，那么，持一种批判的态度，不仅在理智上是可能的，在道义上也是很有意义的。"[①]"共产主义革命就是同传统的关系实行最彻底的决裂。毫不奇怪，它在自己的发展进程中要同传统的观念实行最彻底的决裂。"[②]依此而建立起来的新的社会制度或未来社会的制度，将在经济、道德和精神等方面超越资本主义，"代替那存在着的阶级和阶级对立的资产阶级旧社会的，将是这样一个联合体，在那里，每个人的自由发展是一切人的自由发展的条件。"[③]

由此可见，马克思对资本伦理的研究是在批判资本主义的"关系"和"观念"中形成的，并成为对资本主义"关系"和"观念"批判的

---

① [美]保罗·斯威齐：《资本主义发展论》，陈观烈、秦亚男译，商务印书馆1997年版，第39页。
② 《马克思恩格斯文集》（第2卷），人民出版社2009年版，第52页。
③ 同上书，第53页。

有力武器。在马克思主义者看来，社会主义对资本主义在道德上的优越性和经济上的优越性是比肩而立、相互补充的。在社会主义条件下的人类解放，也就是使人类免除压迫和不公正，已成为把生产力从资本主义过时的生产关系的束缚中解放出来的一个条件和不可或缺的因素。与此同时，社会主义价值观念代替资本主义价值观念也成为人类解放的一个条件和不可或缺的因素。马克思用劳动创造价值的理论揭穿了资本家剥削工人的秘密，证明资本主义剥削制度是不合理的，不合理的制度是应该灭亡的，所以资本主义必然要灭亡。这一社会化过程的发生不是因为劳动者阶级具有道德的观点，而是因为资本主义经济结构（包括财产权）能否适合其生产力发展水平，这是资本逻辑的必然结果。

三 政治经济学研究方法

对资本伦理的研究构成了历史唯物主义面对社会现实的基本方式。历史唯物主义对现实的把握，不是再现资本主义时代的诸种社会表象，而是表征了"资本关系统治全部社会现实"的资本主义时代精神，并使自身成为"时代精神的精华"，从而塑造和引导了无产阶级争取从资本关系的统治中解放出来、把人类生活的现实变成理想的现实的新的时代精神。对资本逻辑的批判考察，是古典政治经济学家们和黑格尔共同面对的理论任务，而且他们持有的乃是一种相同的思维方式——实体性的思维方式。二者的区别仅在于前者的立场是唯物主义的，而后者的立场则是唯心主义的；前者认为资本的本质是一种物质实体，而后者则认为资本的本质是一种精神实体。但是黑格尔比古典政治经济学家们高超的地方在于，他在亚当·斯密从内容和动态上把握人的物质生产过程的经济学说的启发下，通过对康德"幻象的逻辑"批判改造形成了一种批判性的思维方式——概念辩证法。黑格尔运用这一思维方式在抽象层面上揭示了资本逻辑的现实运作规律，并"站在国民经济学家的立场上"发现了劳动的本质，把它理解为人的本质、人的自我创造活动。从实质上看，黑格尔把古典政治经济学所理解的一切物质实体都抽象为逻辑范畴、把资本运动抽象为范畴的逻辑运动，因而资本逻辑在他眼中也成为一种"无人身的理性"的自我运动逻辑。马克思实际上对古典政治经济学的近代唯物主义思维方式和黑格尔概念辩证法的唯心主义思维方式进行了双重颠倒：将前者把资本逻辑理解为物质实体的逻辑和将后者把资本逻辑理解为精神实体的逻辑都颠倒为现实的社会关系的逻辑，其结果就是一种历史唯物主义的思维方式——合理形态的辩证法的建立。

对资本伦理的研究体现马克思辩证法的批判性和革命性的本质，揭示资本逻辑自我否定、自我瓦解的发展趋势。在马克思辩证法的视野中，资本逻辑的实质是一种启蒙的理性神话所造成的强大的"同一性逻辑"，它与理性形而上学具有内在无法割舍的"姻亲"关系；资本的形而上学本质与形而上学的资本本质是内在统一的。[1] 资本逻辑本质上就是"颠倒"的"人的世界及其历史"在时空中的展开。在资本的逻辑中，人的发展采取了物的发展形式，人类历史不再是人本身的历史，而是资本发展的历史。马克思指出：在资产主义社会里，"工人生产的财富越多，他的产品的力量和数量越大，他就越贫穷。工人创造的商品越多，他就越变成廉价的商品。物的世界的增殖同人的世界的贬值成正比"；在此情况下，"劳动的现实化竟如此表现为非现实化，以致工人非现实化到饿死的地步。对象化竟如此表现为对象的丧失，以致工人被剥夺了最必要的对象。……对对象的占有竟如此表现为异化，以致工人生产的对象越多，他能够占有的对象就越少，而且越受自己的产品即资本的统治"。[2] 对此卢卡奇也指认：人们在其中一方面日益打碎了、摆脱了、扔掉了纯"自然的"、非理性的和实际存在的桎梏；但另一方面，又同时在这种自己建立的、"自己创造的"的现实中，建立了一个包围自己的"第二自然"，并且以同样无情的规律性和他们相对立，就像从前非理性的自然力量（正确些说：用这种形式表现出来的社会关系）所做的那样。[3] 在揭示资本逻辑的过程中，马克思"破除'普遍永恒资本'的符咒"[4]，将资本的独立性和个性改变为具体的人的独立性和个性，从而实现人的"自由个性"的全面发展。

---

[1] 吴晓明：《论马克思对现代性的双重批判》，《学术月刊》2006年第2期。
[2] 《马克思恩格斯文集》（第1卷），人民出版社2009年版，第156—157页。
[3] ［匈牙利］卢卡奇：《历史与阶级意识》，杜章智等译，商务印书馆1999年版，第200页。
[4] ［英］梅扎罗斯：《超越资本》，郑一明等译，中国人民大学出版社2003年版，第19页。

第五章 资本伦理学的相关范畴

资本伦理学的范畴，主要是指在资本伦理学的学科框架下，若干能够反映资本伦理学的客观现实以及基本性质的相关概念。这些概念在资本伦理学中的相互碰撞与制约，直接影响了资本伦理学研究的走向。同时，这一过程本身也是资本伦理学应有的学科思维的反映。换言之，资本伦理学的相关范畴，主要是指资本伦理学作为一个理论学科而存在的特色、特点所在，也就是这些范畴往往是能够带领我们更为深入且科学地展开资本伦理学的研究与探讨，它的存在，宛如学术研究的"十字路口"，往往导向多种可能性。从这一点上来说，不同的读者与研究者通过对资本伦理学范畴的认识，很可能导向不同的研究方向，在此，我们结合已有的研究成果，提出资本伦理学的四对重要的范畴，并指明这些相关范畴在资本伦理学学科构建以及研究的指向。

第一节 "剥削"与"贫困"

一 "剥削"与"贫困"问题的提出

"剥削"与"贫困"是经济学中的一对重要范畴，但只是在私有制社会之中，"剥削"才是导致"贫困"的原因，换句话说，私有制赋予了"贫困"以政治意义。在原始共产主义公有制形式之下，由于生产力水平极其低下，人们之间的密切依赖性构成社会主要形态，此时生活资料仅仅能够满足人们的基本生活需要，尽管生活可能"贫困"，但不具备剥削存在的基础。随着三次社会大分工的完成，原始社会解体，奴隶社会形成，剩余产品也随之出现，这时真正意义上的剥削才开始出现。

因此，剥削产生于第一个私有制社会形式，它的最初表现就是奴隶主对奴隶的剥削。随着私有制的不断发展，剥削形式也不断走向完善，剥削在资本主义私有制社会达到它的最完善形式。资本主义私有制将剥削与科学技术相结合，实现了物对人的统治，并且创造出资本这个历史上最为强大的"利维坦"。剥削在当代社会呈现出完全不同的表现形式，当代社会的剥削是技术理性掩盖之下的一种更为隐秘的剥削，当代社会资本对人的剥削不同于19世纪自由资本主义时代无产阶级的恶劣生活环境和赤贫化状态，资本无限度增殖的欲望创造出一系列的虚假需要，人们在资本所营造出的这种世界中逐渐迷失自身，人生存的意义世界受到资本的严重侵蚀，人们的精神世界甚至都受到资本的浸染。另一方面，技术的不断更替不是为人而是为资本服务，以无人工厂为代表的现代先进技术手段并不意味着剥削本身的消除，更绝不意味着马克思科学劳动价值论的过时。以《资本论》的角度来审视，不管是所谓无人工厂还是机器人等现代科技产品，在生产或组装的过程之中已经凝结了工人的劳动，表现为生产过程中的固定资本，而且科学技术的高度发达意味着同一工人在相同的必要劳动时间里创造出比过去生产力水平之下大得多的价值，因此剥削非但没有消失，剥削程度甚至较过去提高了，只要资本主义所有制形式没有发生根本性的变革，剥削就绝不会消失，技术并不能够消除剥削，它只是使剥削在更为隐性的层面上以更大的程度发生着。因此，有必要对现代社会中由资本所造成的剥削进行分析探究。剥削的存在本身就代表着不正义，或者说，剥削代表的是"资本的正义"或"资本家的正义"，这种正义正是通过不正义的行径来实现自身目的，故而剥削是资本伦理学关注的首要范畴。资本伦理学的任务就在于塑造一种基于生产劳动的全新正义观，降低剥削对人本身的侵害。

贫困从其最根本的意义上审视，乃是一种社会现象，贫困是生产力不发达的必然产物，表现为人们认识自然和改造自然能力的欠缺。只是在私有制出现以后，贫困才因受社会制度的影响而加剧，也就是说，自所有权实现私有制的历史性变革之后，贫困本身才被赋予了政治意义。少数人的富有以绝大多数人的贫困为代价，这正是私有制的显著特征。资本主义社会中，物的世界的高度丰裕和广大无产者的极端贫困形成鲜明的对比，显示了资本本身的不道德性。资本主义私有制下的贫困背后是不公正的制度所致,它牺牲大多数人的发展权来满足少数人,满足资本的发展。如果在封建社会和自由资本主义时代,雇农阶级和广大无产阶级的贫困是绝对贫困的话,那么在当代,贫困就表现为相对贫困。绝对贫困和相对贫困都是工人阶级受资本剥削状况的反映,前者表示的是工人因缺失生活资料所引致的赤贫化,而后者表示在新的历史条件下,资本世界的大幅度增殖给广大无产阶级所带来的相对被剥夺感,表现为越来越大的贫富差距,也就是说,劳动和技术所创造的财富都成为资本发展自身的重要来源,而劳动者本身在这个过程中所得到的相对于资本家则显得非常有限。法国经济学家托马斯·皮凯蒂在其代表作《21世纪资本论》中揭示了当代资本主义的新境况,他提出不受制约的资本主义制度正在全世界范围内造成越来越严重的分配不均,自由市场经济并不是万能的,相对贫困在过去的几个世纪发生了数百倍的增长。皮凯蒂在书中划分了世界经济的两个基本要素——资本和劳动力,他认为造成相对贫困即贫富差距越来越大的根本原因在于 $r>g$,即所谓资本回报率远远高于经济增长率,结果便是穷者越穷,富者越富,财富分配极端不合理。正是因为贫困问题在现代社会不仅没有消失,反而以新的方式和新的形态成为现代社会日益严重的弊病,因此,对贫困问题的深层伦理探究才显得颇具现实意义。当今社会的贫困,排除一些生产力发展水平低下所导致的自然贫困,仍然与资本的增殖和扩张密不可分。在这种过程中,无论是拥有更多资本的个人主体(资本家)还是国家主体(发达国家),都意味着拥有更大的自由流动性和主动权。总的说来,剥削表现为资本在增殖过程中的必然行径,而贫困则是这一过程的必然结果。在新的历史条件和技术条件下,剥削采取了更为隐秘的形式,贫困则更多的是由贫富分化而引发的相对贫困。从此意义上审视,马克思对资本的批判在今天仍然具备重要的现实参考价值。

二 "剥削"与"贫困"在资本伦理学中的展开

资本在古典经济学那里表现为参与社会财富创造的要素,是一种价值中立和价值无涉的"永恒之物"。在马克思那里,资本则被视为一种生产关系,一种再生产出资本和资本主义社会的重要存在。资本作为资本主义社会的运转法则和核心要素,是我们窥探资本主义发展变化的重要线索，贯彻了社会达尔文主义的资本逻辑是现代社会最强大的主导力量，它无所不包地影响着今天的生活世界。但资本本身是否有其伦理内涵，或者说资本与伦理的联姻如何成为可能，这本身就是一个值得深思的问题。著名西方马克思主义哲学家路易·阿尔都塞曾说："把《资本论》归结为伦理学的构想是一种儿戏。"① 如果仅仅把《资本论》视为贯彻科学逻辑的政治经济学著作，以实证经济学视角审视，那么作为一种揭示资本主义产生、发展和灭亡的科学规律体系，伦理中立的资本立场是完全可以理解的。但作为现代化的重要推手，资本不仅可能而且必须受到伦理制约，以伦理学的公平、正义、自由等核心价值来规制资本是促进资本健康发展的重要手段，也是资本在社会主义中国呈现出崭新发展样态的必要条件。

资本伦理学作为以资本为核心、以伦理价值为基本尺度的新兴学科，必然有别于传统规范主义经济学或实证主义经济学及传统伦理学的独特视域。我们认为，资本伦理学的核心就是探寻资本与伦理的内在联系，寻求以伦理规制资本的必要性和可能性。资本最大的特性就是无限度地追求自身价值增殖的实现，资本所对应的死劳动和劳动力所富含的活劳动，只有在这样一种撕扯的状态之中，即剩余价值的不断增长和工人境况的日益恶化的状态之中，才能够得以实现。因此，"剥削"与"贫困"构成资本伦理学首要的范畴，剥削是广大无产阶级贫困处境加剧的根本原因，剥削由资本的本质所决定，而贫困则是资本剥削所引致的必然结果，正是资本的剥削本性使得对其进行伦理规制显得十分必要。资本的所谓"正义"就是平等地剥削每一个劳动者，并将这种剥削赋予价值中立、价值无涉、财富增长和社会进步为目标的中立色彩，因此，"贫困"历来被西方经济学家视为社会福利之要务或社会进步之必需，根本没有人从资本主义生产结构的本质层面对贫困问题进行探析。资本伦理学就是要重建资本的伦理之维，将"资本的正义"还原为"劳动的正义"或"生产的正义"，有效遏制资本吞噬一切之欲望，将以正义为核心的伦理价值重新纳入资本逻辑运转的考量之内，克服传统资本

---

① [法]路易·阿尔都塞、艾蒂安·巴里巴尔：《读〈资本论〉》，李其庆、冯文光译，中央编译出版社2001年版，第159页。

逻辑"见物不见人"的缺陷。"剥削"与"贫困"是资本伦理学的首要范畴，它们既是资本逻辑统治下种种伦理不正义产生的特殊表现，也是彰显资本伦理学存在之必要性的重要明证，换句话说，正是剥削与贫困的内在紧张关系呼唤资本伦理学的出场。

资本在马克思那里贯穿资本主义生产的总过程，而这个生产过程从表面上观察是由资本—利润、土地—地租和劳动—工资所谓"三位一体"的资本主义生产分配形式所决定的；"三位一体"公式在国民经济学家那里是符合经济运行规律、反映资本主义生产本质的东西，因此由它们所生发的资本伦理是天然合理的，马克思却要解开这个表面合理的"谜"。马克思的伟大发现正是奠基于国民经济学家所认为的基于劳动价值论为基础的资本——伦理体系，在马克思的资本批判中，既包含道德热情，又持有科学态度，体现在马克思基于剩余价值的伦理批判中。马克思的伟大发现是从人类历史性生产活动的基本视域出发，即劳动者"劳动"的历史视域出发，来看待凝结在商品中的劳动二重性，并对从劳动的使用价值的特殊形式（即资本控制形式）的分析中揭示资本剥削的秘密的。剥削在马克思那里由于商品的二重性区分，从而由于对劳动的二重性区分被赋予了正确的含义：剥削是同资本增殖的要求一并产生的，正是资本赋予了剥削以合理性和目的性。马克思正是在分析资本与劳动的基础上，界划出了两种根本不同的伦理观之间的区别："其一，从资本的逻辑出发，必然产生一种使'资本雇佣劳动'（劳动力）成为一种社会正义的伦理，这是一种'以伦理看待资本'的伦理观；其二，从劳动的立场出发，则必然透过价值规律看到剩余价值之秘密以及'资本的积累就是无产阶级的增加'的普遍的不公正，这是一种'以伦理看待劳动'的伦理观。"①

毫无疑问，资本主义作为一种剥削制度，与以往一切剥削制度相比有着实质的不同：它是通过"资本"对"劳动"的剩余价值剥削而建立起来的一种现代世界体系，是一种由"资本之统治"和"劳动之反抗"的二元对立所构成的"全球现象"。伴随着资本积聚的进程，资本的垄

---

① 田海平：《资本剥削的经济——伦理体系及其终结的命运——论马克思〈资本论〉中的伦理观》，《天津社会科学》2011年第5期。

断与工人的反抗遵循着两种相互对立的正义理念或伦理观念：一方面是建立在"劳动者劳动"基础上的"正义"；另一方面是建立在"剥削者剥削"基础上的"正义"。马克思在《资本论》第1卷的最后一章表明：资本主义生产"最美妙"的地方，在于它不仅不断地再生产出雇佣工人本身，劳动的供求关系以及工资的变动也限制在资本主义剥削所容许的范围内，而工人对资本家的绝对从属关系也就得到了保证；不同于黑格尔的"主—奴"关系，因为在黑格尔那里"它所以存在只是由于被对方承认"①，而在马克思的语境下，"政治经济学家在本国，即在宗主国，可以花言巧语地把这种绝对的从属关系描绘成买者和卖者之间的自由契约关系，描绘成同样独立的商品占有者即资本商品占有者和劳动商品占有者之间的自由契约关系"②。这样一来，剥削所蕴含的不平等道德意蕴就不复存在，资本主义社会的剥削成了一种基于平等和自由的伦理中立事实，甚至还受到资本家的道德赞赏。马克思变"资本的正义"为"劳动的正义"，解蔽了被资产阶级经济学家掩藏起来的伦理正义，因而正是基于剥削问题研究的正义伦理重建，构成资本伦理学的重要价值基础。

第一，在马克思的时代，资产阶级经济学家主张通过预设私有制、利润以及或多或少的自由市场，来考察资本主义体系并建构其模型，且在只能考虑价格的情况下探讨模型之功能，例如，边际学派就没有与价格不同的价值概念。然而，马克思则是沿用古典经济学的劳动价值论深入到资本主义的秘密，即剩余价值剥削，并且表明资本主义经济体系是一个使"剥削"合理化的经济——伦理体系，因而它的命运必然是"剥夺者被剥夺"。劳动价值论以及以之为基础的剩余价值学说，揭示了由资本对劳动的购买所导致的"物"对"人"的控制或奴役。因此，对基于资本的剥削，马克思采用了他颠倒黑格尔哲学之思维模式，即将被资产阶级经济学家肯定的东西加以重新认识和审视，构建基于颠倒资本剥削的"劳动正义"思想；第二，"剥削"的道德难题是马克思道德批判的逻辑起点。马克思从对"资本剥削"体现为"利润"的分析，进展到

---

① ［德］黑格尔：《精神现象学》（上卷），贺麟等译，商务印书馆1979年版，第122页。
② 《马克思恩格斯文集》（第5卷），人民出版社2009年版，第881页。

对"资本剥削"体现为"不公正"的分析,是通过对利润率下降规律的揭示和资本主义经济危机的分析进行的。"资本剥削"的不道德及其"掠夺"本性,总是被所谓"公平交易"之"利润"所掩盖。判定何种资本积累的行为构成"掠夺"是困难的,而资本主义的历史充满了通过明显不道德的手段积累财富的事实。问题的关键在于,资本主义的历史同时也充满了以道德上令人尊敬的方式获取财富积累或初始分配的事实,如通过技术创新、企业家的冒险、运气等。显然,仅仅从"资本剥削"的经济—伦理体系的功能视角指证"工人受到了不公正的对待",并不能由剥削的一般意义得出资本剥削的经济—伦理体系之必然终结的结论。资本是一种生产关系,它在生产资本主义社会的同时也生产出资本主义的所谓"剥削正义"观念,"这意味着,在资本主义的经济伦理体系的结构形态内,资本剥削的正义性(或者道德性)是由'资本的立场'进行授权的,它宣告了一种'剥削之有理''奴役之合理''雇佣之为正当'的资本主义的'正义论'逻辑"[①]。因此,重建资本的伦理之维,对资本主义进行道德批判和伦理规制显得非常必要,它是一种由内而生的无声意识形态力量,构成对资本增殖本质和扩张逻辑的伦理拷问,势必会促进资本在当代的健康运行和良性发展。

贫困作为严重的社会问题,本身是剥削所导致的必然结果。在马克思的研究中,正是工人阶级的绝对贫困和赤贫化状态引起了他的注意,从而促使马克思对社会的贫困根源进行追问和深思。从其现实生产条件看,贫困是生产资料私人独占的资本主义社会的产物;从其伦理层面审视,贫困是资本主导下错误的财富伦理观引发的恶果;从其解决路径上看,贫困问题的结局有赖于生产资料所有制的变革和资本伦理学视域下公正的财富伦理价值体系的创设。马克思是从生产结构的根本性不合理层面来审视剥削和贫困问题的,因而认为必须进行最彻底的所有制和制度变革才能根除贫困。而资产阶级经济学家,无论是以斯密和李嘉图为代表的古典经济学家,还是尊奉效用价值论和所谓"萨伊定律"因而与马克思分道扬镳的西方经济学家们,无一例外地将贫困问题归结到社会

---

① 田海平:《资本剥削的经济——伦理体系及其终结的命运——论马克思〈资本论〉中的伦理观》,《天津社会科学》2011年第5期。

福利和社会保障的范畴，没有看到产生贫困问题的"祸根"，因此他们的应对策略也只能是修修补补，诉诸各种经济政策的调控。另一方面，贫困问题在现代社会表现为"两极分化"的日益加剧，广大无产阶级相对于资本家而言的这种"被剥夺感"日益强烈，这是资本主导下伦理非正义的又一重要表现，贫困的存在本身就是对现行伦理正义的否定，亦即资本逻辑主导下的剥削正义的否定。因此，资本伦理学对于重新审视贫困问题，构建贫困问题的正义伦理之维，探寻获得财富、使用财富的正当方式，意义重大。

马克思的研究证明，随着资本积累和劳动生产率的提高，资本有机构成也不断提高，相对过剩人口不断增加。这样，财富在资产阶级一边积累的同时，贫困在无产阶级一边也在相应积累。因而，无产阶级的贫困是资本主义社会内在的绝对规律。马克思还明确指出："在社会的增长状态中，工人的毁灭和贫困化是他的劳动的产物和他生产的财富的产物。就是说，贫困从现代劳动本身的本质中产生出来。"① 可见，资本主义生产方式本身正是贫困的原因，而又正是这种贫困使得工人处于非人的状态，使工人变得不称其为人，走向自己的对立面，沦落到被他物（物化财富）支配的地步。工人的贫困是"资本正义"的彰显，因此，马克思要将这种颠倒的正义观念重新颠倒回来，克服以无产阶级道德损害为代价，片面发展资产阶级道德的虚伪伦理观念，集中表现为他对自由人联合体这样一个伦理共同体所作的美好设想。首先，无产阶级的贫困反映的是资本主导的生产方式下的财富分配不均衡，缺乏分配正义。"工人生产的财富越多，他的产品的力量和数量越大，他就越贫穷。工人创造的商品越多，他就越变成廉价的商品。"② 这意味着，一味以价值增殖为目的的资本是扭曲人性的存在物，资本主义制度是扭曲人性的制度，而无产阶级贫困状态的摆脱和相应的解放，则"应该从反对资本主义这种制度开始，是制度的反贫困"③。制度建构毫无疑问需要考虑伦理因素，财富的严重不均和社会的极端两极分化，无疑也需要资本伦理学

---

① 《马克思恩格斯文集》（第1卷），人民出版社2009年版，第124页。
② 同上书，第156页。
③ 阮瑶、张瑞敏：《马克思反贫困理论的经济伦理特质及其在当代中国的价值实现》，《北京师范大学学报》（社会科学版）2016年第1期。

对贫困问题给予充分关注。此外，今天的中国不可能将资本生硬排斥在外，在资本仍能发挥余热的今天，对资本进行伦理规约的重要性不言而喻；其次，无产阶级的贫困呼唤的是一种新型的"劳动正义"而非"资本正义"，工人必须摆脱资本条件下的劳动异化，即统治他的异己力量随劳动投入的增加而越发庞大的怪圈。马克思认为，作为劳动直接结果的财富应当成为造福大多数人的手段，而不是异化成少数资本家压榨劳动者、陷他们于贫困境地的工具，而财富（资本）这一目标的实现，无疑需要资本伦理学的积极介入；再次，贫困预示着一种真正的财富伦理和财富品质，即真正为了大多数劳动者的全面发展，发挥财富实现人真正本质的功能。财富不应当是与人相异化的东西，贫困消除之时，财富不再成为决定性的外在物化条件，而成为人的本体性存在的生成物。克服贫困亦即积累财富，但这种财富是社会的真实财富，是能够成为每个社会成员全面发展之保障的财富。

综上所述，剥削与贫困作为资本伦理学首要的范畴，具有无可比拟的意义。剥削是资本增殖之目的，而贫困则是资本增殖之结果，纯粹资本逻辑统治下剥削与贫困只会愈演愈烈，从侵害劳动者的利益和道德开始，最终成为吞噬自身和毁灭自身的破坏性力量。剥削意味着"资本正义"的不道德性，而贫困则意味着"资本正义"的不公正性，因此，以资本伦理学的视角对剥削与贫困进行深刻反思，从而构建起基于广大无产阶级的"劳动正义"，既是对资本掩盖着的不正义和不道德的逆反和解蔽，也是对真正合乎伦理正义价值的合理向往和追求。

三　"剥削"与"贫困"在资本伦理学中的研究指向

资本的增殖特性决定了"剥削"与"贫困"这对范畴存在的必然性，而这对范畴本身则表明资本逻辑运转背后的不道德和不公正，也才凸显出以伦理学的核心价值对其进行规约的必要性和可能性。"剥削"与"贫困"所蕴含的伦理意义为资本伦理学研究指明了重要的方向，即资本伦理学要追求以公平、正义和民主等为代表的核心价值，减少传统资本运行视域下漠视甚至损害人的行为，最大限度地消除剥削与贫困，站在人类命运共同体的高度促进人类的共同利益和幸福。"剥削"与"贫困"范畴的提出对于从理论层面完善和建构资本伦理学学科体系，对于资本伦理学学科框架的主题拟定，具备重要的学术价值。另一方面，从现实维度观之，只要私有制没有灭亡，只要资本主义制度还存在，"剥削"和"贫困"就仍然可以为资本伦理学提供重要的批判视角，从而对促进社会公正、增进人类福祉起到现实指导作用。

基于以上对"剥削"与"贫困"这一对基本范畴的研究，资本伦理学可以在学科指向和现实层面两个维度展开拓展。从其学科指向上看，资本伦理学的学科深入探究有益于对资本剥削的现代阐释、对剥削与贫困的反伦理特质的阐释以及基于减少和避免剥削与贫困的资本伦理学建构；而从其现实层面上看，资本伦理学可以关注"剥削"与"贫困"的当代消解及人精神世界的提高与良善生活的形成。总的说来，资本伦理学作为一门以伦理规制资本的新兴学科，有其存在的必要性和可能性，资本本身的不人道性以及伦理学关注个体生存境况的特性，市场经济条件下金钱拜物教对人精神世界的腐蚀等，都在急切呼唤资本伦理学的出场。

首先，资本伦理学学科体系的深入和完善有待于对资本剥削的当代阐释。在最初的自由资本主义时代，资本通过马克思所揭示的对工人所创造剩余价值的无偿占有来实现自身的增殖目标，剥削在这个时期被资本主义的"平等交换"所掩盖，是隐蔽和内在发生的。到后来资本主义发展到垄断阶段，通过托拉斯、辛迪加和卡特尔等国际垄断组织，实现行业垄断，操纵价格，国家间的内部剥削发展到国际剥削，广大无产者在更大的范围和更大的程度上遭受着资本的残酷剥削。进入当代，资本主义发展到国际金融资本主义，这是资本主义的最近发展形式。由于科学技术的日新月异，加之资本流通速度的大大增加，资本采取了以跨国公司为代表的，以虚拟经济和信贷制度等为主要载体的剥削方式和手段。资本在当代的剥削，表现为发达国家在发展过程中对欠发达国家和不发达国家的剥削，表现为垄断金融资本巨头对全球人民的剥削，更表现为资本对人的真正生存空间的剥夺。由于资本主义制度并非是一个刚性的制度框架，因为刚性意味着资本主义制度必然有着自己的界限和临界点，现行社会体系要么不能突破此临界点而被束缚在其中，要么突破该临界点而导致框架的分崩离析。几百年来的资本主义实践证明，资本主义具有自我修补的功能，这意味着资本主义的界限是软约束或弹性的，它总能够通过自我调适避免制度走向崩溃。但这绝不表明资本主义是合理的，事实上，正是这种不确定的临界点和界限使得资本主义不断与先进生产力和科学技术相结合，从而在当代赋予剥削以全新的内涵和形式。

其次，资本伦理学学科体系的深入和完善需要对剥削与贫困的反伦理特质进行阐释。剥削属于经济学中的概念，一般指某些个人或集团凭借其在经济生活中的特殊地位，依靠不公平的分配对他人的劳动成果和劳动产品的强制性占有。资本主义社会的剥削特指资本家和资产阶级的剥削，即通过对生产资料的独占而对广大没有生产资料的劳动者的劳动产品的无偿占有。剥削背后是资产阶级伦理，是资本增殖逻辑主导下的道德，它必然不仅损害无产者的身体和肢体，更损害他们的精神和道德世界。"仓廪实而知礼节，衣食足而知荣辱"（《管子·牧民》），物质生活的丰富是精神发展的保障，因此，资本主义的剥削一定是与以正义和平等为核心的经济伦理相悖的。剥削表现为资本的伦理需要，并且剥削被资本家的科学管理、以克制和节俭为代表的"天职观"（马克斯·韦伯语）等表面上的高尚道德所掩盖，因此本质上说剥削是被资本流通领域的平等交换之下所遮蔽起来的一种伪善。剥削一定是不道德的，这种基于资本的"剥削正义"必须被克服，广大无产阶级才能解放，才能获得他们自己真正的本质。另一方面，贫困意味着物质资料的满足程度不够，而资本逻辑统摄下的贫困的加剧及生活环境的恶化则意味着这种紧张关系被人为地激化了。因此，资本主义制度下的贫困本身就是不人道和反伦理的，它的背后是极端恶劣的两极分化，是相对贫困的增长。资本主义社会下贫困问题的根治有赖于制度革命和所有制的彻底变革，在全球化的资本时代，贫困问题的缓解和消除是伦理学的内在价值旨归。

最后，资本伦理学学科体系的深入和完善需要以减少剥削与贫困为目标完成其学科建构。基于纯粹资本增殖和扩张统治之下的"剥削"与"贫困"显示了其伦理非正义的一面，因此，资本伦理学的任务就在于重建资本的伦理之维，以伦理价值规制资本，让资本在新时代中国特色社会主义建设中能够充分发挥其"善"的一面。马克思通过对资本主义的批判，赋予了共产主义以科学性，使其走出了乌托邦的荒原。"马克思劳动价值论蕴含着丰富的民生伦理思想，透过价值'质'深刻地揭示了劳动者内在的平等性本质，透过价值'量'深刻地揭示出劳动者按劳取酬所具有的道德基础。"① 因此，平等可以说是马克思主义政治经济学的题中应有之义，只不过资本主义制度之下，这种平等被不平等的剥削所抹杀。资本伦理学的任务就在于重新树立这种被抛诸脑后的伦理价值，通过应然与实然之间的合理张力来促进现代社会资本的良性运行。减少和消除贫困与促进公平正义是同一过程的两个不同方面，资本伦理学既要改变资本增殖的盲目性，重视人本身的意义和价值；也不能忽视资本对现代社会的重要推动作用，注重以伦理价值引领资本运行。

从现实层面看，资本伦理学可以在以下两个方面展开拓展。第一是应当关注剥削与贫困问题的当代消解。资本运转本身是见物不见人的过程，因此资本伦理学的出场才成为必要。剥削与贫困和资本相伴相生，在当代呈现出许多新特点。消除剥削与贫困一方面要致力于推进社会救助和社会救济，健全社会保障机制，提高最低工资标准，完善税制改革，通过政府的宏观调控调节再分配过程中所造成的收入差距问题，彰显作为社会主义核心价值的公平正义。在资本主义国家，则要推进福利国家和福利政策，避免资本主义的"丛林法则"对人造成的侵害。剥削与贫困作为资本增殖之"恶"的结果，由资本的本质所决定，也就是说，资本以及资本法则的存在是剥削与贫困的内在原因，而当前资本在一些后发国家之中仍然扮演着现代化的重要推手，这就不可避免地造成剥削与贫困，因此应当辩证地看待这一问题。另一方面，资本伦理学需要站在人类命运共同体的高度，阐明全球化时代人类休戚与共、命运相连的关系，致力于构建以规则和秩序为核心的伦理共同体，对资本本身加以规制和约束。资本伦理学从最本质的意义上来理解，就是资本的伦理属性。作为客观社会关系范畴的资本和建构现代性的强大推动力量，它当然不具有伦理价值。但是，资本在其运转过程中所起到的积极作用，对于社会进步和人的现代化所起到的促进作用，也可以视为其伦理功能的展现。然而，资本的这种伦理价值是潜意识的，作为学科体系的资本伦理学就是要将资本的这种伦理可能挖掘出来，以期对全球化时代

---

① 李谧：《论马克思劳动价值论中的民生伦理思想》，《中国特色社会主义研究》2014年第2期。

资本的功能发挥起到积极的完善作用。

第二，资本伦理学需要着眼于人类精神世界的提高与良善生活的形成。伦理学作为以道德为核心的科学理论体系，它的一个重要特点就是其自身的超越性。伦理理想和价值悬设构成伦理学的重要内容，纵然马克思在其后期成熟的论著（主要是《资本论》）中，回避他早期（主要是《1844年经济学哲学手稿》）中受赫斯影响的伦理主义的叙事方式，但是这种人本主义的伦理话语确实是促成其思想转变的重要理论基点。在我们看来，伦理理想同改造现实的社会革命运动并不冲突，改造和变革社会在某种意义上来说也是为了使人更好地成为其自身，而这也是伦理学的目标。马克思旗帜鲜明地反对以伦理主义幻想和折中主义的妥协行径来实现共产主义，但这并不等同于马克思就否定了伦理和道德。根据历史唯物主义的基本原理，伦理和道德本身作为被社会存在所决定的社会意识形式，尽管并不具备本体论层面的决定意义，但仍然对社会存在发挥着重要的影响和促进作用。资本伦理学的最高目标就是使人更好地成为人自身，不仅通过伦理价值对资本进行导引，而且通过伦理学超越性的伦理目标和内心的独特伦理体验不断提升人的精神境界，更大程度地解放和发展人。资本伦理学最大的现实意义就在于此，将个人发展与社会进步联系起来，将物质世界的充裕与精神世界的完备结合起来。

第二节 "服务"与"信用"

一 "服务"与"信用"问题的提出

从当代社会的发展来看，我们认为，当代社会事实上越发步入一个"服务社会"与"信用社会"的发展境遇中，这种事实上的判断主要是从服务的兴起与信用的必要来谈的。以"服务"而言，《辞海》把服务的内涵界定为两个方面：一个是指为集体或为别人工作；另一个则等同于劳务，具体是指以提供活劳动而非实物的形式来满足他人某种需要的活动。[①] 排除工种、行业的限制，每一个人都应该通过劳动来体现自身

---

① 《辞海（缩印本）》，上海辞书出版社2010年版，第527页。

的价值,当然,劳动本身有抽象具体之分,但是,归根到底来说劳动最终转化为一个人在社会中的为社会、为他人乃至为自己的服务工作中。可以说,随着社会的发展,带来的是普遍的服务意识的提高,同时,由于服务当中的交互性的存在,也使得对于服务的评价体系更为科学与系统化,这是现实生活发展的普遍性的趋势。但是,如果我们在此更为细致地思考服务问题,就无法回避这样一个现实,在当前的社会条件下,确实存在着这样一种"服务",也就是有相当的人或者说企业并不是通过严格意义上的劳动而实现的自身的服务,而是通过一种类似对资本的运作与腾挪服务他人,或者是以一种与所获收益不等的服务而获取大量的收益。诸如这类活动的共同点是,在这一过程中,带来的是巨大的财富收益,与单纯意义上的劳动带来的服务收益形成鲜明对比。毫无疑问,从这个点上继续思考,我们便会发现现实生活中很多的伦理问题、道德的困境都与这个社会发展的实现有关,如在现实中,我们经常会发现绝大多数人对于富豪的创业史、演员艺人的薪酬、共享经济企业的企业责任等问题展开了持久的关注,且不乏道德伦理上的评价与分析。当然,必须首先认识到,这是社会整体素质提高的一个表现,但是却不由使我们深思。事实上,这些问题都与资本有关,我们理应从这些伦理观念的讨论中,认识到这些道德现象与热点的背后,所凸显的正是对"资本的道德"展开讨论的诉求,这是学术研究自觉的体现。换句话说,事实上公众所关心的问题是,资本到底应该服务于谁?受制于谁?同时,资本的服务对象如果是普罗大众的话,又应该如何构建一个较为合适的对话体系?我们认为,这是服务在资本伦理学中凸显越发重要地位的社会推动所在。

　　信用本身就是一个富含伦理意蕴的词语,它主要反映的是一种"遵守诺言"的道德品质。从法律层面看,它强调的是当事人基于契约而形成的一种权利和义务关系。而从经济角度解读信用,它实际上指的是一种借贷关系。展开来说,这种经济学意义上的信用强调的是:"以偿还为条件的价值运动的特殊形式。多产生于货币借贷和商品交易的赊销或预付之中。"[1] 可见,信用的形式多种多样,主要涵盖商业信用、银行信

---

[1] 《辞海(缩印本)》,上海辞书出版社2010年版,第2123页。

用、国家信用等。也正是从这个层面上而言，信用就与资本发生了关系。首先，从资本本身的运动轨迹来看，资本必须依托信用才能完成在时间、空间上的跳跃，如果没有信用的保障，资本很可能会在这一过程中遇到巨大的阻碍，也就是说，从资本所力图实现的一种资本的长期运动的期望中，资本本身就含有了对信用的规约，这种规约机制的存在，是资本维护自身存在的必要手段。又比如从现实的生活来看，资本运动必然要与生产资料、劳动者发生关系，如果没有此种信用机制的存在，生产资料、劳动者一方在明知有所损失的情况下，自然不会与资本打交道，从而资本很可能就无法与生产资料、劳动者结合，资本也被摔得"粉身碎骨"了，以马克思的观点来看，此时资本已然"死"去了。但是，也要看到，资本对这种"信用"的所谓的"坚守"，也有一定的限度。换言之，如果可能的话，资本更倾向于打破对信用的坚守，甚至无视信用的存在，转而游离至全新的行业。通俗地来说，我们认为，资本本身喜欢与"守信用的人或事"打交道，但是这绝不意味着资本本身就是守信的，在缺乏强制性法规的行业与领域，资本便存在很大的背弃信用的可能。我们认为，特别是在资本相互竞争的末期这种情况的发生尤为普遍；结合现实而言，随着共享经济的兴起，在不同行业、不同领域的竞争之后，行业"独角兽"的出现对于其他参与竞争者而言，往往是完全退出的情况，资本退出行业的速度非常之快，往往使人措手不及，为此现实中就会发现很多"退约难""退费难"的情况，对于这一阶段的资本，我们便很难将其与诚信画上等号。我们认为，资本伦理学的构建，就是要破除传统认识中资本就是"失信"代名词的误区，指出资本所蕴含的信用理念，但是也要明确，资本的这种"守信"的界限之所在。为此，信用事实上也构成了资本伦理学研究的一个重要概念，它与服务相结合并且交错在一起，共同构成了资本伦理学的一对重要的学科范畴。总的来说，我们认为，应该以一种科学辩证的观点，重新认识资本的"服务"与"信用"，而要实现这种研究预期，在很大程度应该将目光投向马克思，充分借鉴马克思关于资本的"服务"与"信用"的批判成果。

二 "服务"与"信用"在资本伦理学中的展开

我们认为,了解现实生活的问题,抽象出现实生活中向理论研究所提出的问题,只是研究的第一步。换言之,要回答资本在运营的过程中为谁服务、怎么服务以及应当遵循什么样的信用制度,资本与信用如何发生勾连等问题,就必须进入到资本伦理学的语境下,从学理层面上予以说明。在学理层面而言,对这些问题的思索即对"服务"与"信用"范畴的考察无疑可以推动资本伦理学的出场,进而完善资本伦理学的学科体系。

第一,资本应当服务于谁?这是对"服务"这一资本伦理学范畴进行研究的首要问题。但要有效厘清这一问题,就必须要坚持具体问题具体分析这一马克思主义活的灵魂。其中最根本的就是要具体分析资本存在的所有制结构:首先,在私有制条件下,毋庸置疑,资本服务的对象是生产资料的所有者。其中,尤为体现在现代资本产生的资本主义社会之中,在资本主义生产资料私有制条件下,资本成为马克思口中"普照的光"和"特殊的以太",即成为整个社会的主宰。因此,"在雇佣劳动的生产过程中,劳动是一个总体,它不再是单个人的服务,而是服务于他人,即服务于资本家"[①]。换言之,资本家变成为"人格化的资本",广大的生产者即雇佣工人却只能沦为资本管理的对象,成为资本的奴隶。显然,劳动者劳而无获,而资本家却不劳而获,无疑这是有失公平的。由此,在资本应当服务于谁即服务的对象上彰显出一个重要的伦理意涵。其次,在社会主义公有制条件下,由于人民成为生产资料的主人,资本虽然仍然是以逐利为其本性,但由于社会主义制度能够对其进行有效规约,从而使得资本真正以人民作为其服务的对象。

第二,资本应当怎么服务于其对象也是一个重要的伦理道德问题。应当承认,在不同的社会制度下,资本服务对象的方式是不一样的。在资本主义社会中,资本服务于资本家的方式等同于资本家获取剩余价值的方式。毫无疑问,资本家对雇佣工人创造的剩余价值的榨取充斥着大量的剥削与掠夺。例如,在针对资本的原始积累时,马克思曾经在《资

---

① 余达淮:《马克思经济伦理思想研究》,江苏人民出版社2006年版,第278页。

本论》中生动形象地指出:"资本来到世间,从头到脚,每个毛孔都滴着血和肮脏的东西。"① 在资本的原始积累完成以后,马克思在《资本论》中还进一步分析了资本的生产过程、流通过程和总过程,这也即是《资本论》三卷所要解决的主要问题。在对这三个过程的论述中,马克思充分揭露了在资本主义私有制条件下,雇佣工人的劳动发生了异化,劳动者创造的财富越多,他们获取的却越少,尤其是在机器大工业条件下,工人成为机器的"附属物",工人已经不是一个真正意义上的人了。而资本家却成为最大的获益者,但这种获益显然是不道德、不平等的,因为它是以牺牲社会财富的真正创造者——雇佣工人的利益为代价的。然而,在社会主义公有制中,则根本不存在这个问题。个中理由在于广大人民成为生产资料以及整个社会的主人,这就在制度层面上克服了资本凭借对生产资料的占有而对工人进行剥削的可能。所以,在社会主义公有制条件下,工人既是资本的所有者,也是社会财富的生产者和最终的享有者。

由此可见,在服务的背后显现着不同生产方式下伦理关系的属性。马克思曾经针对这一点进行过阐述,他在《1857—1858年经济学手稿》中把个人服务划分为三种:第一种是作为生产性雇佣劳动的对立面的个人服务,第二种是过渡阶段的个人服务,第三种是资本主义雇佣劳动的个人服务。通过对这三种个人服务形式的分析,马克思揭示了资本主义服务的实质,那就是资本家企图用"相互服务"来掩盖其对雇佣工人的野蛮剥削。事实上,如前所述,资本主义的服务是单向的,也就是说只有工人对资本家的服务,而没有资本家对工人的服务。但是,资产阶级经济学家却说,正是资本家的节约才创造了利润。资本家使用节约的钱为雇佣工人提供了大量的就业机会和生活用品即提供了服务。但在马克思看来,这是违背事实、颠倒黑白的,因为如此一来,剥削就变成了一种服务,从而资本家对工人的剥削被遮蔽了。甚至,资产阶级经济学家还认为,在资本家与工人之间的"相互服务"中,才能实现两者的共同利益。但马克思对此进行了深刻地批判,他指出:"共同利益恰恰只存在于双方,多方以及存在于各方的独立之中,共同利益就是自私利益的

---

① 《马克思恩格斯文集》(第5卷),人民出版社2009年版,第871页。

交换。一般利益就是各种自私利益的一般性。"① 应当看到，马克思在此实际上批判了这种抽掉经济关系特定形式规定性的论调。因为这种论调实际上体现了资本主义服务的虚伪性，它并不是真正服务于劳工的，从而也凸显了服务这一经济伦理范畴的阶级性。

在对服务进行说明的基础上，还应该探讨的是在经济学维度上资本与信用的内在逻辑关系，也就是信用在资本伦理学的展开。"信用是现代经济社会有序运行的重要保障。信用评级作为金融市场不可或缺的重要组成部分，已经成为维护国际资本市场公平、公正和诚信的重要基石。"② 在不同的社会经济制度下，信用具有不同的属性。最早的信用制度始于15世纪意大利的威尼斯，此时的资本主义已经开始萌芽。信用产生以后便不可避免地与资本发生了某种姻缘关系。在《资本论》中，马克思就对此进行了一定的考察。他认为，对于资本的流通而言，信用制度具有重要的作用，主要表现在：信用制度能够直接节约流通中的货币，进而可以调节货币的流通速度，并且它还可以调节商品交换者之间的关系。

在马克思看来，信用制度导致了资本主义一个最具扩张性的结果的出现，就是股份公司的产生。而股份公司的出现与发展不但推动资本主义生产关系的变化，而且也造成资本主义伦理关系的重大改变。这些变化大致包含以下三种情况：第一种是新的企业形式即股份公司产生了，使得信用制度成为促成和维系社会新伦理关系的纽带。第二种是两种资本形式即社会资本与私人资本的对立日趋尖锐。马克思指出，对于股份制度来说，"随着它的扩大和侵入新的生产部门，它也在同样的程度上消灭着私人产业——撇开不说，信用为单个资本家或被当作资本家的人，提供在一定界限内绝对支配他人的资本，他人的财产，从而他人的劳动的权利。对社会资本而不是对自己资本的支配权，使他取得了对社会劳动的支配权。因此，一个人实际拥有的或公众认为他拥有的资本本身，只是成为信用这个上层建筑的基础"③。可见，信用与资本具有内在

---

① 《马克思恩格斯全集》（第30卷），人民出版社1995年版，第199页。
② 程广丽、余达淮：《经济伦理学视阈下的主权信用》，《江苏社会科学》2013年第3期。
③ 《马克思恩格斯文集》（第7卷），人民出版社2009年版，第497—498页。

的逻辑关联：一方面，信用制度催生了一定界限内绝对支配别人的资本，进而产生了支配别人劳动的权利；另一方面，它还导致了资产阶级内部力量的消长，使得社会中出现了新的阶层分化甚至相互之间尖锐的对立。第三种是资本的所有权和使用权开始分离，所有权日益集中到银行中。从而，使银行信用不断发展起来。而这种银行信用在运作的过程中导致资本主义社会出现了一些新的经济伦理腐败现象。表现在："它再生产出了一种新的金融贵族，一种新的寄生虫，——发起人、创业人和徒有其名的董事；并在创立公司、发行股票和进行股票交易方面再生产出了一整套投机和欺诈活动。"[1] 毫无疑问，这些腐败现象是信用与资本能够联姻的明证，也证明了信用理所应当成为资本伦理学研究的一个重要范畴。

应当承认，"信用制度加速了生产力的物质上的发展和世界市场的形成；使这二者作为新生产形式的物质基础发展到一定的高度，是资本主义生产方式的历史使命。同时，信用加速了这种矛盾的暴力的爆发，即危机，因而加强了旧生产方式解体的各种要素"[2]。可见，信用制度的经济伦理意义具有双重性：一方面，它的"善"体现在促进了社会生产力与世界市场的进一步发展；另一方面，它的"恶"表征在加剧了资本主义社会所存在的固有的矛盾。这种善恶双重性与其说是信用制度所具有的，毋宁说是资本伦理的深刻体现。一言以蔽之，信用制度的实质是资本主义伦理关系的一种必然要求。应当认识到，马克思关于资本的"信用"的论述，绝大多数是置于政治经济学的研究框架之下的，其中有在理论研究中的必要的抽象与抽离，用马克思的话说，就是"资本一般"。为此，马克思在分析资本的运动过程中，往往抽象掉了法律法规、竞争态势的相关研究，这样做的目的在于真正在生产领域完全揭示出资本的特点所在，只有在这个基础上，才能进一步结合法律法规、竞争等其他因素来认识资本，这需要学者的不断努力。我们认为，资本伦理为未尝不是这方面的一个新尝试。不过，马克思却直言不讳地指出了在资本的层面中，所构建起来的"信用"有其历史特殊性与阶段性，

---

[1] 《马克思恩格斯文集》（第7卷），人民出版社2009年版，第497页。
[2] 同上书，第500页。

在未来的社会中必将获得全新的形态,"在未来个人所有制形式下,信用关系作为一种上层建筑,应该被共产主义的政治自觉性和道德意识所超越"①。

三 "服务"与"信用"在资本伦理学中的研究指向

"服务"与"信用"这对资本伦理学中的范畴,在完成理论诠释的基础上,必然涉及这对范畴在资本伦理学中可能触及的相关研究与问题,也就是服务与信用在资本伦理学中的拓展。结合我们已有的相关成果,我们认为,"服务"与"信用"作为资本伦理学中的重要范畴,可以有以下的、不同层面的拓展。从资本伦理学本身的理论研究来看,"服务"与"信用"范畴的提出与说明,事实上意味着资本伦理学可以在以下的一些问题与领域中,进一步"发问",并展开资本伦理学的相关研究。

首先是关于服务关系的界定。毫无疑问,就服务而言,绝大多数的情况下,服务是两个及两个以上不同的个体之间一种交互关系的概括。如果从这个意义上来说,事实上服务所涵盖的内容是十分宽广的。但是,我们认为,对于资本伦理学而言,服务的考察有其固有的要求,换言之,并不是所有的关于服务关系的研究都要纳入到资本伦理学的研究中。例如,军人的国防服役,事实上也是一种服务,它是军人与国家政权之间的关系,但是,资本伦理学所考察的服务显然不包括此种。我们认为,资本伦理学主要探讨的服务,或者说,资本伦理学所主要针对的服务关系,有这样一个特点,即此种服务关系的确立,在两个及两个以上的个体中,至少有一个是资本。举例来说,如果一场免费的音乐会,听众不需付费就能够欣赏到音乐,如果听众认为这样的音乐会所提供的音乐,水平着实一般,以至于评价整个乐队的技艺水平,给出"好"与"坏"的认识,我们认为,此种服务关系并不属于资本伦理学的研究范畴,因为这项服务关系,更多地是一种面向公众的公共服务的范畴,它虽然有伦理的研究议题,但已经超出了资本伦理学的研究范围。但如果所有的人,都必须购票进入,显然听众为了能够享受到音乐,付

---

① 余达淮:《马克思经济伦理思想研究》,江苏人民出版社2006年版,第283页。

出了相应的资本,尽管这时的资本是一种"死物"的表现,但确实是资本伦理所应该研究的服务关系。又比如,在一些虚拟化的网络游戏中,玩家往往可以免费获得一些重要的虚拟道具与物品,貌似对于玩家来说,并没有消耗到什么金钱,那么玩家对于这样的网络游戏所提供的评价与认识,是否也不是资本伦理学的研究范围?我们认为,答案是否定的。因为对于游戏而言,要看到游戏的背后是研制、测试这款游戏所投入的资本,而资本如果想获利,不至于"摔得粉身碎骨",就必然依靠大量的玩家,不管是网络游戏的体验者还是独立游戏的研发者。此时对于玩家来说,游戏的提供者是"资本"方,更为确切地说,是"活"的资本方与潜在玩家的关系,所以,此种类型的伦理问题,也是资本伦理学研究范围内的议题。当然,从现实生活来看,这种服务关系的存在,往往是模糊的,甚至是稍纵即逝的,这主要是因为,就目前的历史阶段来看,资本是当前历史阶段下组织社会的重要基础。比如从人与自然的关系来看,显然,这不是资本伦理学的研究议题。但是,如果我们意识到,环境的恶化与资本的运动有关,如企业的违排违建等,显然这种企业如何更好地服务自然与社会的命题,就与资本伦理有关。我们认为,服务关系的界定,有助于我们更好地捕捉到资本伦理学中"服务"的核心所在,换言之,结合具体的环境与情况,分清哪些道德现象中的"恶"或者是"善"与资本有关,而不是泛化地推崇资本与贬低资本所实现的服务,也就是全部资本伦理学对于服务的考察,要"有的放矢"才能得出真正的科学的结论,这显然是资本伦理学首要值得关注的研究问题。[①] 事实上,正如前文所指,马克思关于服务的考察之所以经典而深刻,是资本伦理学构建的重要借鉴,就是因为马克思关于服务的论述从来没有脱离其政治经济学研究的架构,更为直白地说,马克思关于服务的观点,都是在《资本论》下展开的,所以在马克思那里,由于"资本的秘密"被揭示了,所以才能真正地了解资本与服务之间的辩证关系。

[①] 又如,结合社会热点来说,就共享单车的乱停放而言,很多人认为,这就是资本的"恶"的伦理的表现,但实际上,单车的乱停放其实是一个属于个人美德的问题,并不是资本伦理学的研究议题。但是,如果换一种角度而言,探究共享单车的投放与相应的监管机制等等,却是典型的资本伦理学的课题。

其次，是在现代资本推动下新的信用形式的生成。如前文所指，信用是资本伦理学研究的一个非常经典的研究议题。从马克思的观点来看，信用的生成，是社会历史发展的产物。换言之，信用不是超验的，而是在社会中生成的，在不同的历史阶段下，资本所能够带给人的"信用"也不尽相同。如在早期，资本所能够实现的信用，往往是指契约的履行，如按时交货、钱货两清等，对此种过程中信用的考察，也是资本伦理学所关注的议题。但是，随着社会的发展，新的经济形式的出现，必然会带来更为丰富的信用形式，这些新的信用形式的生成，推动了资本伦理学的研究视野的进一步扩大。如以往传统的信用审核被虚拟化的云端平台处理所取代。同时，信用不再仅仅是一种偿还能力的抽象性表征，而是很多数字化的表现，如当今的"蚂蚁信用""VIP客户"等都是一种全新的信用表现形式。换言之，在信用愈加可度量化的今天，信用本身随着现代资本的进一步发展，是否诞生了全新的信用形式与样态？那么此种情况的出现，使得信用在人际交往中，是能拓展人际间的交往或是反而成为人际关系间的阻碍？显然，这同样是资本伦理学在"服务"与"信用"范畴下一个值得关注的研究问题。

最后，关于服务与信用交错的相关研究。我们认为，"服务"与"信用"之所以是资本伦理学中的重要范畴，主要是因为在实际中，"服务"与"信用"二者之间的互相交错是十分明显的，也就是"服务"与"信用"在很多情况下，并不是以对等的样态而呈现的。在现实中，往往会产生"低信用"与"高服务"，或是"高信用"与"低服务"的问题，而资本在某些特定的情况下，也往往采用此种形式，特别是随着共享经济与虚拟经济的兴起，资本对信用的要求，逐渐脱离了传统的固定模式，转而在虚拟化与信息化中催生了新的信用模式。比如很多人在享受不同的资本所提供的金融服务之时，往往只需要并不全面的信用信息就能够享受到金融服务，换言之，随着各种全新的经济模式的兴起，资本是否会更加催生整个社会信用的"贬值"？应当看到，这种情况的出现，正是"服务"与"信用"在实际的交错所产生的，对这一类问题的研究，显然也是资本伦理学应该重点关注的，它实际上是在一种动态的进程中，将"服务"与"信用"统筹起来研究的理论尝试。

同时，从社会发展的层面来看，"服务"与"信用"这对范畴，事实上也与以下的社会热点有着直接的关系。这些思考实质上是"服务"与"信用"在社会生活层面的具体拓展。比如"失信人"的社会接纳问题。"失信人"的相关问题，是近几年一个热点的社会问题，事实上，我们认为，"失信人"本身就是"服务"与"信用"这对范畴的一个绝好例证。一个低信用的人，与之相应的恰当的社会服务应该是什么？又该对其有怎样的伦理认知？这实际上就是资本伦理学的研究范围与研究议题，当然，从学理层面来看，资本伦理学还要去探究"失信人"背后的生成机制，也就是探寻是什么样的社会环境，造就了人群失信的观点与行为等相关的问题，而不是给予一种抽象化地"从严打击"的认识。又比如"信誉度"与社会评价的问题，在中国古代，"一言九鼎""君子一言，驷马难追"等词语就生动地反映了一个人应该有的信誉度，在信息化与数字化日益加快进程的当今社会，个人的"信誉度"是否应该采取一种更为量化的指标？整个社会应该有怎样的一种道德环境与指标，来更好地衡量一个人的信用，也就是说探寻普罗大众与市场经济之间的关系，实现二者之间的可能契合。又比如对"服务精神"的再探讨，"服务精神"始终是社会关注的热点，它是一种最为直接的伦理观念与精神，特别是从我国的具体情况来看，在一定程度上，服务精神随着社会的发展反而有很大的被贬低的趋势，我们认为，这种情况的出现与资本的运作也有密切的关系，原本建立在双方平等基础上的"服务"，反而出现了不对等的情况，我们认为，这种情况的出现实际上是"劳动光荣"与"资本精神"两个不同观念的冲突所致，为此，在社会主义市场经济条件下，到底何为"服务精神"？它是否有其独特性？显然也是资本伦理学应该重点关注的现实问题。当然，以上只是尝试性地、提纲挈领地指出资本伦理学继续"发问"的思路，除此以外，还有很多颇有意义的研究问题，我们意图强调的是，应该认识到，一些理论热点与社会热点，事实上正是资本伦理学的研究议题与旨归，而这些问题之中，有哪些内容正处于资本伦理学"服务"与"信用"的范畴之内。

第三节 "自由"与"时间"

一 "自由"与"时间"问题的提出

"自由"一词我们并不陌生,正如经典电影《勇敢的心》中为苏格兰独立而牺牲的起义领袖威廉·华莱士在临刑前高喊"Freedom!"一样,现代人似乎也经常把"我要自由!"挂在嘴边。这一历久弥新的概念作为彰显在近代社会发展进程中的现代化旗帜,与欧洲资产阶级革命所伴生。1789 年法国大革命的纲领性文件《人权宣言》,其中第 4 条就是"自由即有权做一切无害于他人的任何事情",又如《联合国人权宣言》更把自由列为最基本的人权之一。于此,我们发现,自由作为人类心向往之的彼岸世界,无论是近代还是现代,无论是欧洲还是中国,无论是在社会层面还是学术范式层面,都寓于了多重维度的含义。著名的自由主义大师阿克顿勋爵曾经计划写作一本自由史,据他统计,到他所在的那个时代为止,"自由"这一概念就被思想家们定义了 200 多次。但这本伟大的史书并未完成,由此,"自由"的广泛性、多元性、不确定性可见一斑。在思想的碰撞和学术的交锋领域,自由一直是一个聚焦点。自由不仅在被政治哲学的思想家们言说,在伦理学研究范围内,更是一个终极价值的追求。叔本华在 1841 年写作的《伦理学的两个基本问题》中,将自由列为其中一个问题,他认为自由是个消极的概念,由它所想到的只是一切障碍的消除;他将自由提升到了我们的认识所不能达到的超验的领域。[1] 由此不难看出,自由一直都是伦理学论域的核心语汇。那么,作为伦理学分支的资本伦理学,自由显然也应作为范畴进入资本伦理学的视域,进一步思考,自由在对资本的伦理规制中如何自洽、自嵌、自为?从当今社会的发展来看,毫无疑问,资本是"自由"的,它遵循着其增殖的本性,"自由"游弋在社会的各个环节、各个角落。我们要看到,资本的这种自由流动一方面促进了生产力的解放。大

---

[1] [德]叔本华:《伦理学的两个基本问题》,孟庆时译,商务印书馆 1999 年版,第 34 页。

家所熟知的《共产党宣言》提及道:"资产阶级在它不到一百年的阶级统治中所创造的生产力,比过去一切世代所创造的全部生产力还要多,还要大。"① 另一方面,劳动力随着生产力发展得到了"解放",劳动力的"自由"程度明显相对于封建劳动关系大大加强了,也就是说,资本的"自由"流动和发展带来了劳动力的"自由","人不再从事那种可以让物来替人从事的劳动"②。由于资本那无休止的致富欲望和不断拓殖的本性,它渴望"自由"的限度也会随之越来越高,于是,我们看到了资本运动更多地进入虚拟资本、金融资本,而以生产领域为主的实体经济却日渐式微;资本样态变化引发的金融危机、中美贸易摩擦;资本逻辑的空间拓展让越来越多的经济环节卷入其中而不可自拔。种种现实让我们思考,是否应该限制,如何限制资本"自由"?还是毫无作为,静等马克思笔下的"当资本本身成了这种生产力本身发展的限制"的时间到来呢?同时,虽然资本对于人的"自由"发展是具有历史功绩的,但是应该更清醒地认识到,剔除这些贡献,马克思揭露了资本本身及其发展对人更为隐秘更为强烈的奴役和压榨,虽然劳动力从表面看更加自由了,受到的限制少了,但是我们的劳动却被资本奴役了。告别了马克思所处的资本主义初步发展的时代,进入21世纪工业社会,我们发现,人们形式上的"自由"更多了,但是不仅我们的劳动被资本奴役了,我们的思想似乎也被资本所左右,在一步步践行着马克思笔下的资本拜物教,我们的社会生活中,交往关系异化,为物所役使,为资本所驱使,资本的"自由"的泛化导致了我们的"自由"的窄化,如何破解这个难题,毫无疑问,对于资本的"自由"加以伦理的规约,是人类何以自由发展的必然进路。这是学术自觉的应然之义,也是资本伦理学应该着墨良多的重点问题。

让我们进行一下视角的简单转换。时间,作为一个中性词,似乎没有自由的伦理意蕴那么浓厚。如果从绝对的客观世界出发,抑或是从纯粹的抽象主体出发理解时间,时间都没有伦理意蕴。但是,这两种致思路径都忽略了时间和人的勾连,也就是时间的社会历史性。时间的流逝

---

① 《马克思恩格斯文集》(第2卷),人民出版社2009年版,第36页。
② 《马克思恩格斯文集》(第8卷),人民出版社2009年版,第69页。

如果不同现实的人及其时间活动关涉，它就是机械的无感的自在。马克思的时间观正是将时间赋予人性，界说为社会时间，进一步阐释出了时间是人的积极存在、时间是人的发展空间以及时间是人的生命尺度。时间在这一维度上被赋予了丰厚的伦理意蕴。近代资本主义的兴起中，时间的伦理性又是如何表征在资本的运动中呢？正如海德格尔将时间定义为探求存在意义的境域一样，时间构成了资本主义社会发展的境域。[①]伴随着工场手工业到机器大工业，分工集聚了空间，迭代了时间，资本逐步摆脱了空间地域的限制，时间消灭了空间，成为资本拓殖的手段。资本追逐财富的灵敏触觉客观上要求缩短必要劳动时间，提高劳动生产率，这一资本生产中的典型特征必然会催生技术的进步。技术和生产的结合又反过来节省了时间，时间进一步拓殖空间，最大限度地缩短资本的流通时间，空间地域的扁平化使时间趋同，市场的平滑使资本的全球化拓殖步步加深。时间标尺了资本的运动逻辑，当资本逻辑的进程越来越快的时候，时间节省趋于最大化的时候，我们用以衡量时间的介质便会数字化、物化。时间的物化致使时间的负伦理效应发展到极致。诸如马克思对于工作日的批判，可以说正是时间使人的发展空间丧失了显性维度。在当今时代，马克思对于社会时间的阐发批判并未远离，相反，愈加深刻。时间成为丈量资本拓殖的尺度，资本及其运作弥漫于社会中，成为物化劳动时间的控制逻辑，于是，社会不可避免地物化了，人作为社会关系的产物也随之物化了。也就是说，时间不再是人的积极存在。纵览当今社会的人，更多的把时间归结为外在于自身的东西，虽然我们不再为争取工作日的减少而奋斗，但是由于社会生产力发展的阶段性，劳动还是我们谋生的手段，而劳动时间更多地理解为控制和约束自己自由的手段，人作为社会实践的主体在时间中的积极存在感不彰显。进一步说，时间的物化使人越来越"经济化"。时间作为稀缺资源，作为资本运动速度的解构，它的经济效应是人们甘愿将生命时间的价值标准界定为一定时间内资本财富的多寡，于是，人的发展空间丧失，尤其是精神层面。"现代时间的强迫意识不只体现在以生产力为标准的工作范围中，它已经占据了所有生活领域。超级现代社会就是这样一个人们

---

① 仰海峰：《时间与资本的拓殖》，《江海学刊》2000年第2期。

对时间的体验越来越变成一种严重忧虑，不断加强的时间压力得到普及的社会。"① 如何在正确认识时间物化特征的基础上，彰显时间的伦理特征，结构性改变时间与资本的影响，这正是资本伦理学的关注所在。基于此，我们认为，资本伦理学的构建，就是要以一种科学辩证的研究视角，将自由与时间的逻辑关系进行实然观照，进一步阐释马克思以自由时间为基础和保障的人的自由全面发展的路径，进一步阐发马克思对于自由和时间在资本伦理中的理论向度。

二 "自由"与"时间"在资本伦理学中的展开

时间是马克思"社会发展理论的根本性范畴"②。在唯物史观的视域下，马克思研究的时间已经不同于西方哲学中传统的时间理论，传统时间理论中关于时间问题的理解是从绝对的客观世界抑或是纯粹的抽象主体出发，对时间做客观化和内在化的解读和阐释。自由问题意识是马克思主义的核心命题之一，马克思所描绘的共产主义社会的未来图景中，人的自由而全面的发展是不可或缺的主体条件。如何在资本逻辑的宰治下，在对资本伦理二重性的考量中，以时间为基质探求人的自由全面发展的现实路径，马克思指示了自由之路。马克思并不否认自然时间的存在，不反对时间具有客观性、现实性的特质，但是对时间的理解却并不止步于此；那么人借助于什么引起自然界的变化呢？毋庸置疑，生产实践活动。"现实的、具体的人"以满足自身需要的物质资料生产活动为肇始，开始实践活动，而且前后相继，生生不息。时间成为对象化的活动，成为改变自然，应用于自然的，如影随形的社会活动。

人的实践活动需要抽象的载体，在生产劳动中，孤立抽象的物被纳入到生产关系中，从而成为属人的存在物，这是第一步。"劳动是活的、塑造形象的火；是物的易逝性，物的暂时性，这种易逝性和暂时性表现为这些物通过活的实践被赋予形式。"③ 在资本主义生产方式中，这些物

---

① [法] 吉尔·利波维茨基、[加拿大] 塞巴斯蒂安·夏尔：《超级现代时间》，谢强译，中国人民大学出版社2005年版，第68—69页。
② Gould, Caro l. C., *Marx's Social Ontology: Individuali2ty and Community in Marx's Theory of Social Reality*, The MIT Press, 1978, p.41.
③ 《马克思恩格斯文集》（第8卷），人民出版社2009年版，第73页。

被活的劳动赋予了商品的形式，这是第二步；资本主义生产的目的是交换价值，商品之所以能够交换，是因为交换价值是价值的物质承担者，而衡量价值的量是由社会必要劳动时间决定的，这是第三步。马克思将由劳动所决定的社会时间划分为"必要劳动时间"和"剩余劳动时间"，交换价值背后的价值和剩余价值的秘密借助社会时间的生发得以昭示和揭露。"时间实际上是人的积极存在，它不仅是人的生命的尺度，而且是人的发展的空间。"① 人作为类本质的积极存在，意蕴着人的自由，是马克思主义自由观的外在表述。可以看出，时间作为人的自由得以实现的必要条件一开始便进入了马克思的视野，但是以时间为阐释展开的自由却不是认识论维度的自由，而是本体论自由。只有认知并掌握到了这种必然性，才有可能外在独立于它进而有可能超越它，但绝不应止步于此，自由更多的关注点是具有自由意志的人在一定行为中的道德性。自由的伦理价值彰显于自由的本体论维度。"人们首先是作为具有自由意志的行动者生存在世界上，然后才根据其生存意向去认识什么的。"② 资本是能够带来剩余价值的价值，伦理本质上，不是物，是一种人与人的关系，属于纷繁复杂的社会关系图谱中的一环，资本和伦理在社会关系的路径上得以狭路相逢，资本伦理属性得到了廓清。市场经济下的资本首先是一种商品，在商品生产的层面上，资本和时间获得了关联。资本的伦理属性如何对应于唯物观视域下的社会时间和本体论自由呢？

时间是人类发展的空间。进入资本主义后，生产的专业化分工节约了生产时间，各行业在空间上达到了聚集也节约了生产时间，于是一切节省，都是为时间的节省。空间的优先让位于时间的优先性。实践包含着生产与交往两种基本形式，生产分工的加深和地域交往的联系日益紧密使时间的节省速度加快，资本生产和资本交往都依赖于时间这一尺度的丈量，以实践活动为本质的时间成为度量空间的标准。随着机器大工业的到来，时间战胜了空间，"成为了资本拓殖的运动境域"③。一方面，资本为了减少必要劳动时间，获得更多的相对剩余价值，途径一是扩大

---

① 《马克思恩格斯全集》（第32卷），人民出版社1998年版，第532页。
② 俞吾金：《物、价值、时间和自由——马克思哲学体系核心概念探析》，《哲学研究》2004年第11期。
③ 仰海峰：《时间与资本的拓殖》，《江海学刊》2000年第2期。

必要劳动；二是通过生产和科技的结合提高劳动生产率。资本主义社会中科技的日新月异的发展便是其造成的积极成果。另一方面，资本在生产中增殖，但是必须在流通中实现，无条件地压缩流通时间，资本的周转过程就会加快，资本的增殖也就实现得更快。资本流通时间的减少，使资本空间扩展到了全球，资本的拓殖才具有全球化的意义，从而使时间战胜了空间。

资本的产生有一个先决条件，就是货币占有者要在市场上找到能够自由出卖劳动力的工人，劳动者除了受雇于资本家就没有别的出路，雇佣劳动在资本主义社会成了"整个生产的通例和基本形式"[①]。工人将自己的劳动力进行出卖的同时也将本属于自己的时间挂牌出卖，在其通过雇佣劳动将劳动力变为商品使资本得以诞生时，他就丧失了对于自己劳动时间的支配权，资本家获得了工人劳动时间的支配权，成为工人劳动时间的主人，时间主体性的异化在资本家从市场上购买了工人的活劳动开始，以"工作日"为"合法"形式把本该属于他们生命时间一部分的劳动时间纳入到资本主义生产方式中。所以，马克思对于"工作日"进行了无情的批判和鞭挞。马克思将"工作日"划分为"必要劳动时间"和"剩余劳动时间"，必要劳动时间生产他的"必要生活资料的价值"，剩余劳动时间才是资本家真正需要让价值增殖的时间，因为"意图是要产生出更多的货币"，可以说，必要劳动时间是工人自愿将自己的时间使用权转移给了资本家，而剩余劳动时间的所有权则在遮蔽中异化为了资本家所有。工作日成为可变量，在创造更多剩余价值的资本驱使下，资本家通过延长工作日的手段将本应占据生命时间一部分的劳动时间拉长，工人作为自己时间主人的地位丧失带来了劳动时间的异化，从而使其自身丧失了反抗。在《资本论》中，马克思通过对资本形成过程的考察，总结到资本之所以是资本，最为根本的还是因为它可以在流通中保存自己并使自己增殖，能够创造剩余价值，这是其存在的本质规定。而就剩余价值这一资本存在的前提和最终目的而言，马克思同样把它归结为物化的劳动时间，认为它只是物化的"剩余劳动时间"。至此，我们便可清楚地看到，物化劳动时间构成了资本运动过程的起点和终点，资

---

① 《马克思恩格斯文集》（第3卷），人民出版社2009年版，第551页。

本的整个运动过程实际就是以一定的物化劳动时间创造出更多的物化劳动时间的无休止循环。资本靠吮吸工人的活劳动时间才能维持生命，并且资本"吮吸的活劳动越多，它的生命就越旺盛"[1]。在资本的创造过程中，时间的价值和意义就在于，它可以使死的、对象化的"物化劳动时间"发生增殖，赋予"死劳动"以活的灵魂，但与此同时也丧失了自己的灵魂。

资本使自由时间的产生成为可能。雇佣劳动作为资本主义社会中社会关系的表征，"只有在生产力已经很发展，能够把相当数量的时间游离出来的时候，才会出现"[2]。通过马克思的这段论述，不难看出，只有在资本逻辑下，才会产生时间的盈余。资本使剩余劳动出现，生产剩余劳动产品的劳动时间随之出现。在必要劳动时间之外，为整个社会和社会的每个成员创造大量可以自由支配的时间（为个人生产力的充分发展，因而也为社会生产力的充分发展创造广阔余地），这样创造的非劳动时间，从资本的立场来看，和过去的一切阶段一样，表现为少数人的非劳动时间，自由时间。综上，自由时间的产生是以资本的生产过程中剩余劳动时间的存在为前提的。资本促进了生产力的提高，并用时间战胜空间的形式使人们的交往关系焕然一新，人的全面而自由的发展的基础得到了确立。资本使社会关系的广度深度不断拓延。"资本主义生产……本身已经创造除了新的经济制度的因素，它同时给社会劳动生产力和一切生产者个人的全面发展以极大的推动。"[3] 个人的全面发展是指个人的能力、社会关系、自由个性等的全面发展，它同样也是伦理道德发展的定位和定向仪。

资本统治劳动，是劳动者处于劳动异化和自我异化的状态，丧失了人的目的性存在，虽然拥有形式上的自由，但本质是被奴役的。在资本主义社会中，技术进步，机器的革新摧残了人的自由，"剩余产品把时间游离出来，给不劳动阶级提供了发展其他能力的自由支配的时间，因此，在一方产生剩余劳动时间，同时在另一方产生自由时间"[4]。这种游

---

[1] 《马克思恩格斯文集》（第5卷），人民出版社2009年版，第269页。
[2] 《马克思恩格斯全集》（第47卷下），人民出版社1980年版，第147页。
[3] 《马克思恩格斯全集》（第19卷），人民出版社1979年版，第130页。
[4] 《马克思恩格斯全集》（第47卷下），人民出版社1980年版，第218页。

离出来的时间的所有权在资本主义社会中被资本家所占有，工人自由时间的丧失和被劳动时间的步步蚕食，是工人丧失自由、备受奴役的原因。相反，资本家将工人的自由时间转化为剩余劳动时间，为自己积累了财富和更多的资本，贫富差距进一步拉大，资本家自己的自由时间便可以支配在其他科学、艺术和其他公共生活领域，而这对于工人来说却是海市蜃楼，工人精神发展的空间就此丧失，因为时间就是这种空间。在今天，网络和信息技术的发达，使得资本主义控制手段更加多元，人类真切地体会到了"光速"的概念正在融入我们的现实生活。结果是造就了超越地方时间（也就是不同时区）的万能的、光速的"世界时间"，这个世界时间已经不仅仅是时间的延续，而且也是带有同质性的现实生活在场。世界时间在真正意义上消解和战胜了空间。它的"即时在场"特性，打破了传统存在论所依存的一切现实基础，"当远程技术中的电子即实时间—空间出现后，原来支撑海德格尔存在论中的此在当下在场已经土崩瓦解"[①]。少数人的自由发展是以多数人受限制的发展，甚至是特定条件下的不发展为基础的，这正是千百年来阶级社会发展和分化为阶级的人的发展的实现方式和表现形式。

三 "自由"与"时间"在资本伦理学中的研究指向

通过问题的提出，我们发现"自由"与"时间"作为资本伦理学的范畴其必要性不可或缺。"自由"与"时间"这对被众多学科所论及的范畴应该在资本伦理学这一学科中有其持存的独特的理论定位和价值尺度。在进一步对"自由"与"时间"这对资本伦理学的范畴进行理论阐释的基础上，概念的外延必然会在资本伦理学的框架内进一步扩展。结合已有的相关研究成果，我们认为，"自由"与"时间"这对资本伦理学的基本范畴，可以在以下层面有所拓展。

第一，"自由"与"时间"的时代表征。初观时间，随着社会发展的加快，我们发现了一些有趣的现象，一些现代人越来越觉得自己不"自由"，他们迫于生活的压力，谋生的需要不得不走入职场进行劳动，艳羡那些实现"财务自由"的人，在伴随着现代社会发展成长的"90

---

① 张一兵：《远托邦：远程登录杀死了在场》，《学术月刊》2018年第6期。

后"的身上更为明显。试问,实现了财务自由的人,就真正"自由"了吗?高喊着我不自由的人们却有选择工作、频繁跳槽,甚至不工作"啃老"的自由,他们就真正不"自由"吗?毫无疑问,自由的时代表征,发生了改变。那么,自由在现代社会发生了哪些改变,社会生活层面又是如何具象化这些改变的?可以说这些都是资本伦理学的实然"发问"。

再观"时间",细致观察周围,我们发现,周围的人的话语中一个字的出现频率颇高:"快",工作要快,生活要快,我们似乎被这个语汇所钳制了,尤其是在经济发达地区甚嚣尘上。快的目的是什么?时间的节省。也就是说,快频率的生活、快节奏的社会所节省的社会时间大大增多了,马克思曾指出,一切节省归根到底都是时间的节省。那么,节省下来的"时间都去哪儿了?"前述提及,时间是衡量资本拓殖的尺度,毋庸置疑,节省的时间使资本更有可能加速运动,全面铺展。于是,为了倍速资本的流通,在这一环节的时间被无限压缩,因为"流通时间本身不是生产力,而是对资本生产力的限制"①。流通时间的日趋"0"化,似乎使时间与经济的相关性减弱,资本的流通似乎不再耗费时间,资本的生产流通,再生产,这些过程似乎开始叠加运转,资本的发展使我们进入了信息时代,进入了知识经济。时间表征了时代的进步,但是,随之而来的一些问题不得不引起我们的思索:当时间的作用无限小的时候,为什么时间的物化程度进一步加深,从而导致了人的异化程度的加深呢?在对资本进行伦理规制的情形下,时间的伦理性又从何体现?为什么时间的节省增多却会导致流通时间的趋向减少?有且不限于这些问题,都亟待于时间在资本伦理学中的理论加深和实践拓展。

再观时间,毫无疑问,时间的社会历史属性促进了资本主义社会经济的进步和时代的发展。但是,这一属性随着跌宕起伏的时代发展大潮的冲刷,它的负面效应却日渐增多,一个很明显的现象是我们似乎拥有了更多的自由时间却在感叹"时间都去哪儿了",资本流通的时间归零并没有带来利润的最大化反而使金融危机周期越来越短?于此,我们似乎可以在时间的伦理属性中探究个中缘由。在皇皇巨著《资本论》中,马克思指出:"在这个必然王国的彼岸,作为目的本身的人类能力的发

---

① 《马克思恩格斯全集》(第47卷下),人民出版社1980年版,第39页。

展，真正的自由王国，就开始了。但是，这个自由王国只有建立在必然王国的基础上，才能繁荣起来。工作日的缩短是根本条件。"① 可见，马克思将时间和自由的不可分离、共同发展作为了其理论的未来旨趣。也正是在这个意义的维度，马克思将时间作为了人的积极存在，作为了人的发展空间。反观现实，时间却越来越被其社会历史性的负效应所羁绊，与马克思所意趣的未来路径指向相去甚远。所以，时间在资本伦理学中的演绎拓展也许能够给社会发展和进步带来进益。

第二，"自由"与"时间"的关系指向。"自由"与"时间"作为一对资本伦理学的范畴，其内在的逻辑关系一直是资本伦理学这一学科在定义范畴中的关注点。回到马克思的劳动价值论，劳动时间包含社会必要劳动时间和剩余劳动时间，资本的增殖欲望和追逐财富的本性使它缩短社会必要劳动时间，延长剩余劳动时间。然而，延长剩余劳动时间的结果"并不是为了获得剩余劳动而缩减必要劳动时间，而是直接把社会必要劳动缩减到最低程度，那时，与此相适应，由于给所有的人腾出了时间和创造了手段，个人会在艺术、科学等等方面得到发展"②。故此，马克思将时间与人的自由联系起来，并将自由时间作为关系的联结点。马克思进一步指出："一个人如果没有自己处置的自由时间，一生中除睡眠饮食等纯生理上必需的间断以外，都是替资本家服务，那么，他就还不如一头役畜。"③ 由此看出，马克思将自由时间作为人的自由全面发展的必备条件。自由时间以人的自主性活动为内容，以人的自我发展为目的，"所有自由时间都是供自由发展的时间"④。在以为人类解放为终身事业的革命家马克思那里，自由时间成为人创造自我价值和实现生命意义的必然途径，自由时间作为一个重要范畴，蕴含着丰富的伦理指向可见一斑。但是，自由时间的范畴的廓清却在学术界众说纷纭，莫衷一是。有的学者认为自由时间是指未来社会的个人可以自由支配的时间，是个人得到充分发展的空间⑤将自由时间与共产主义形态相联系。

① 《马克思恩格斯文集》（第9卷），人民出版社2009年版，第929页。
② 《马克思恩格斯全集》（第47卷下），人民出版社1980年版，第218—219页。
③ 《马克思恩格斯文集》（第3卷），人民出版社2009年版，第70页。
④ 《马克思恩格斯全集》（第47卷下），人民出版社1980年版，第23页。
⑤ 余静：《马克思的自由时间范畴及其当代意义》，《马克思主义研究》2008年第3期。

而有的学者却给予了否定，认为将自由时间作为共产主义社会独有的理由不够充分，认为自由时间是与劳动时间相对应的范畴①，还有的学者自由时间和劳动时间的关系并不是对立的，因为马克思在《1857—1858年经济学手稿》中曾指出："直接劳动时间本身不可能像从资产阶级经济学的观点出发所看到的那样永远同自由时间处于抽象对立中，这是不言而喻的。"② 还有诸多学术见解不在此一一赘述。这些有意义的论证也就为资本伦理学中如何界说自由与时间的联结点——自由时间提供了理论进一步拓展的空间。

第三，"自由"与"时间"的未来旨趣。"自由"与"时间"，这对千百年来历久弥新的范畴，在不同的研究视角、学科范式中屡被定义、解构和发展。因为时间描绘了人类永续发展的美好韶光，自由勾勒了人类永恒祈望的归宿图景。聚焦资本伦理学，"自由"与"时间"在资本伦理学学科中的范畴位阶，定格了资本伦理学的学科属性，而"自由"与"时间"的资本伦理意蕴丰富了语汇的理论边界和学术内涵，二者的逻辑关涉得到了互通互证。那么，"自由"与"时间"在资本伦理学这一学科中怎样演绎，这是一个应然之问。同时，作为资本伦理学学科，必然应该在学术研究中补足"自由"与"时间"的资本伦理论域。而将"自由"与"时间"作为资本伦理学的基本范畴只是千里之行始于足下的滥觞。具体说来，自由问题，既是反马克思主义的自由主义意识形态的基石，同时又是马克思主义的核心价值追求，因而是当代意识形态冲突的胶着点。③ 具有学术创新性的资本伦理学也不应该更不可能在理论和实践中回避这一关系到中国社会未来走向的问题。马克思曾经说过："哲学家们只是用不同的方式解释世界，问题在于改变世界。"④ 目前，对于西方自由主义意识形态的批判汗牛充栋，学术研究者在厘清概念、整理线索、辨明是非方面做出了很多的贡献，但是，我们更应该注意到，如何利用马克思主义的立场、观点、方法，结合新时代中国社会和

---

① 刘新刚、盛卫国：《关于马克思自由时间范畴的思考》，《马克思主义研究》2008年第12期。
② 《马克思恩格斯文集》（第8卷），人民出版社2009年版，第203页。
③ 刘伯贤：《以赛亚·伯林自由理论研究》，中国社会科学出版社2014年版，第4页。
④ 《马克思恩格斯文集》（第1卷），人民出版社2009年版，第502页。

经济的发展，实现理论对于实践的反哺，这是我们面临的时代之问。在资本逻辑的统御下，铺陈自由问题的资本伦理学图谱，谱写马克思主义伦理学中资本伦理新篇，为人类发展贡献中国智慧和中国方案，这也是我们对于时代之问的努力回应。

第四节 "共享"与"发展"

一 "共享"与"发展"问题的提出

"共享"与"发展"作为资本伦理学的范畴，既是对"剥削"与"贫困"这一范畴所暴露出问题的克服，也是对"服务"与"信用"、"自由"与"时间"这两对基本范畴所涵盖之内容的延伸。十八届五中全会提出必须牢固树立并切实贯彻"创新、协调、绿色、开放、共享"的新发展理念。"必须坚持发展为了人民、发展依靠人民、发展成果由人民共享，作出更有效的制度安排，使全体人民在共建共享发展中有更多获得感，增强发展动力，增进人民团结，朝着共同富裕方向稳步前进。"[①] 共享发展理念作为全新的思维方式，是对传统零和博弈思维的批判性扬弃，它继承了中国古代"和而不同""大同社会"等思想资源，是资本的中国样态所培育起的独具特色的理念。共享发展意味着经济发展过程中的责任共担、利益和发展成果共享，目标在于实现以"美美与共，天下大同"为特征的共同富裕。从唯物史观的角度审视，不断发展和增长生产力使得有计划的社会调控必须介入到传统自由市场经济之中，以避免市场经济的自发性和盲目性带来的不利后果。而这种全社会的参与和控制实质上内在地蕴含着共享的基本精神：调节与控制的目标正是为了实现全体社会成员的利益，保障集体利益不受任何个人或团体的不正当侵害。因此，可以说共享是生产力水平发展的必然选择，它是实现个人与集体辩证统一的重要途径。另一方面，从共享所蕴含的伦理精神来看，"共享发展理念的伦理基础是共享伦理。共享伦理是以'共

[①] 《中共中央关于制定国民经济和社会发展第十三个五年规划的建议》，《人民日报》2015年11月4日第1版。

享'为核心价值取向的伦理思想、伦理精神、伦理原则和伦理行为统一而成的一个伦理价值体系。它将'共享'视为一种美德，反对社会发展成果在一个国家或社会被少数人支配或占有的状况，要求最大程度地实现社会发展成果的共享"①。作为共享发展理念的最深厚道德基础，共享伦理是指导人们在伦理共同体中作出正确道德行为的重要参照标准，也是资本伦理学学科体系的重要理论基础，它的存在使得资本不再单独服务于某些资本巨头或垄断寡头，成为他们压迫人的帮凶，而是转变成为人类根本利益服务的重要工具。

"发展"作为资本伦理学的重要范畴，毫无疑问具有重要的意义，它表征着对传统资本增殖扩张模式的批判与反思。传统资本扩张逻辑之下，只有资本的发展权而没有人的发展权利，"活劳动"为"死劳动"（资本）而服务，这导致了发展观的扭曲，即人不仅不是发展的目的，反而畸变成为发展的手段。正是在这样一种异化了的发展观支配人的背景之下，资本伦理学才将"发展"本身作为重要议题而纳入考量之中，意在重新树立一种全新的发展观，把人重新从手段还原成为目的。从其联系来看，"共享"与"发展"相辅相成，"共享"是"发展"的前提，"发展"则是"共享"的目标。试想，如果现代社会中不对资本逻辑进行任何探究和伦理规约，从而任由其宰制人们今天的生活，那么实际上资本在全球范围内就成了巨大而富有同质性的垄断力量。而资本本身并不具有"共享"的伦理意蕴，这样一来，人的任何有质量的"发展"也无从谈起。因此，只有实现了共享伦理之下的发展方式的转型，才能避免资本重新走上支配和统治人的异化老路，人也才能真正谈"发展"。此外，从发展本身来看，发展是具有基本的伦理向度的。发展的伦理意蕴就在于为人类道德水平的提升和精神面貌的改善提供必要的物质基础，以公平、正义、民主、平等为核心价值的发展伦理为发展提供了重要的价值规范和理论参照。发展的物质资料实现和精神境界提升是统一的，辩证统一于新发展思维方式主导之下的整个过程之中。从最根本上的意义来说，发展应当一直是马克思恩格斯的理论中所着重考量的。众所周知，马克思恩格斯的终极目标就是实现"人的自由全面发展"的理

---

① 向玉乔：《共享发展理念的伦理基础》，《伦理学研究》2016年第3期。

想伦理共同体,在这里,发展成为马克思视域之内的重要考察指标。所不同的是,马克思恩格斯所讲的发展绝不是黑格尔式的客观精神的发展,而是以物质资料的极大充裕为前提的发展,发展在经典作家那里绝不是滞留于精神层面的乌托邦,而是每个人真正的能力的展现,本质的真正占有。资本伦理学框架之下的"共享"与"发展",以扬弃资本统治下的异化逻辑为目标,以实现"人的自由全面发展"为理想,以资本对现代化的形塑和推动为手段,旨在对资本进行伦理规约,实现发展思维和发展方式的根本转变。

二 "共享"与"发展"在资本伦理学中的展开

资本伦理学的学科构建,"共享"与"发展"无疑是构建这一学科的一对重要的范畴,这一范畴的存在,与其他范畴共同作用,在资本伦理学的学科中,显示出了相当的"张力"与"合力"。我们认为,正是这些学科内部的"张力"与"合力"的存在,才为资本伦理学的研究提出了相当深邃的问题与必要的研究空间。事实上,每当我们"重返"现实生活之时,就会发现,此处所提及的一些范畴在现实中对人群的影响始终是异常深刻的。而从本质上来看,这种情况的出现,是因为资本始终未远离我们的生活,同时,资本也必然在现实中予以多方面的展开。在这其中,结合我们已有的研究与认识,我们认为"共享"与"发展"是一个值得注意的问题,它也构成了一对资本伦理学中的重要范畴。而这对范畴的存在,对于资本伦理学的研究乃至其学科构建,如同催化剂一般,不断推动着相关研究的深入。

纵观历史,人类自诞生之初,就在社会生活的实践中发展着自身,甚至我们可以说"社会生活实践"这种表述,其本身也蕴含着发展的意蕴。而如果我们以这种人类学的视角来审视"共享",事实上,即使是在人类产生之初,人类在交往过程中,就已然体现了精神层面上的分享。随着人类剩余产品的增多,更进一步激发了人类的共享意识,因为这种共享的精神与共享的行为,归根到底都愉悦着人类的心灵,满足着人类生活上的需要。当然,我们不否认,从个体的人来说,确实有着财富与精神上的不平衡,只是从最为宏观的角度来看,在人类社会相当长的一个时期内,"发展"与"共享"是能够实现互相的补足与支撑的。

只是，这一现象被现代资本的出现而打破了，但是由此产生的悖论却是，资本这一最具有发展特点的事物，却成为吞噬共享的元凶。具体来说，对于现代资本而言，"发展"无疑是最为重要的。我们认为，它的存在是资本由"僵"到"活"的关键所在，如果资本内部不蕴含发展的概念，或者说在现实中，资本不能获得发展的空间，那么资本就不能存在。从这个意义上来说，资本反而是现代社会中最具有发展意蕴的事物。当然，在此必须指出的是，对于资本所言的"发展"，更为准确的表述是"资本的增殖""资本积累"。正如马克思在《资本论》第一卷的评注中所引用到的一个十分经典的表述："资本逃避动乱和纷争，它的本性是胆怯的。这是真的，但还不是全部真理。资本害怕没有利润或利润太少，就像自然界害怕真空一样。一旦有适当的利润，资本就胆大起来。"① 我们认为，对于资本而言，它的存在，就是为了实现资本的增殖，这是资本的本性使然，只是资本它是"胆怯"的还是"大胆"的，是一个需要特别甄别的问题。当然，我们在此无疑将"发展"与"增殖"或者是"积累"混淆，资本的"发展"永远都是为了能够使其不退出历史的舞台，永远都是为了实现增殖。我们是想言明这样一个事实，即资本在其自身的"增殖"活动过程中，确实会在客观上为社会创造物质财富，推动经济的发展，而这种客观存在的发展，正与资本积累的速度密切相关。也正是从这个角度上而言，马克思才会在《共产党宣言》中写道："资产阶级在它的不到一百年的阶级统治中所创造的生产力，比过去一切世代创造的全部生产力还要多，还要大。"② 这一历史的巨大成就，无疑与现代资本的活动有关。发展问题，是现代社会所有人群，乃至国家都迫切关心的问题，我们认为，并非所有的发展问题都与资本相关，但是资本存在的地方必然存在发展的问题。

当然，如果资本本身所推动的经济社会的发展，或者说资本所创造的巨大的物质财富，都能够被所有人公平、公正地获得，那么显然关于资本的种种研究都会显得"画蛇添足"。但是，现实的情况却是，在人类社会相当长的一个历史时期中，资本所实现的发展、其所创造的种种

---

① 《马克思恩格斯文集》（第5卷），人民出版社2009年版，第871页。
② 《马克思恩格斯文集》（第2卷），人民出版社2009年版，第36页。

财富，都是单纯为资本的增殖所服务的，其本身不含有各种人道的关怀，是对人类本性的一种压制，是一种"独享"的状态。显然"独享"到"共享"之间有着相当大的差距，甚至可以说有着天壤之别。这就形成了这样的一个现实的矛盾，一方面是社会财富的丰富，另一方面却是少数人占据大量社会资源与财富；当然，这里所表述的"少数人"即是指实在的人群"多数"与"少数"之间的矛盾，更是指"人格化的资本"，也就是力图将所有社会资源与财富，全部用于资本的积累与增殖之中，而无视任何人道的需要。我们认为，这种情况的出现，是现代资本在社会经济发展中扮演重要角色的必然所致，是一个不容回避的发展趋势。而所不同的是，在资本主义社会，这种"资本法则"与国家制度相结合，成为一种绝对的、主导整个社会的"至上原则"。可以说，在资本主义国家制度下，资本本身获得了一种绝对的"发展权"，从根本上而言，是资本积累的一个"法外之地"。而在社会主义国家，特别是在社会主义初级阶段下，虽然资本依然扮演重要的角色，我们认为，总的来说，"资本精神"是与整个社会主义国家精神面临、道德水平所不相符的，但是确实可以通过资本的运作与腾挪，为社会发展贡献重要的物质力量与准备条件，由此，就引出"共享"的伦理诉求。

我们认为，对于"发展"与"共享"二者之间的勾连，并不是一种乌托邦式的臆造，而是因为这样一个最为基本的事实：如果地球与人类在短期内快速走向衰亡，那么显然也就无从谈起所谓资本积累与增殖。事实上，这也正是马克思所言的"资本的胆怯之处"，试想如果全球范围内充斥着动荡，资本又将往何处去？我们并不否认，动荡与冲突可以使资本在短期内获取非常可观的利润。但是如果这种状况没有从根本上改善，那么现代社会必将走向毁灭，而资本也就无处容身。马克思在《资本论》中写道，资本要想真正地进入社会必须有人来帮助它，资本本身就是人类社会的衍生物，所以虽然资本的内涵中并没有和平与稳定的内在要求，但是对于资本而言，为了能够实现长期的获利与增殖，资本也会希望乃至力图创造一个和平与稳定的环境，而这就是为"共享"提供了可能。首先，共享发展需要总体上丰饶的物质财富。在当前的历史阶段下，资本在社会中的应用能够创造更多的物质财富，同时，共享发展更需要一个相对稳定和谐的环境，资本为了实现增殖也需要一个较为稳定的环境，只不过对于资本来说，突破这种稳定的界限更加独立与不受管控，这就引申出了共享发展必要的政策保障，这也是资本伦理学意欲研究的重点内容。我们认为，将"共享"与"发展"作为资本伦理学的一对重要范畴，进行整体的审视，本质上是现代资本"两面性"的体现，是在社会主义国家展开资本研究所应该注意的一个核心问题。而进入伦理学的研究层面，我们认为，"共享"与"发展"也是资本伦理学所必须关注的。首先，资本伦理学是立足当代、面向未来的伦理学研究，而经济社会的发展，是人群伦理、道德发展的根本推动力，也是塑造伦理观念的根本力量，资本伦理学的研究议题应该紧扣现实的基础与条件。其次，资本伦理学，也是对由资本运作而带来的伦理困境的研究与回应，它的研究既要考虑到资本本身的"发展"，也就是说不能简单化地取消资本，这反倒是与社会道德、伦理观念的历史发展趋势所不符。资本伦理学探讨的基础，是充分利用资本实现社会的发展与繁荣。同时也要防止由于资本运作而带来的过度的"独享"乃至"垄断"，对于资本伦理的研究而言，这是伦理观念产生偏离乃至畸变的重要"节点"。最后，就发展问题而言，资本伦理学所最终意欲实现的发展理念，是"共享发展"。我们认为，这样的一种价值观念，是保持发展与共享二者之间张力与合力的平衡所在，也是社会主义国家认识资本、运用资本的必要的伦理观念。总的来说，"共享"与"发展"无疑是伦理学研究中的热点问题，而资本伦理学的研究就是在此进一步深入，从而激发更为广泛、深刻的研究成果。

三 "共享"与"发展"在资本伦理学中的研究指向

"共享"与"发展"作为资本伦理学学科体系的一对重要范畴，与我们现实生活关系最为密切。"共享"意味着思维方式的转变，而"发展"意味着人生活品质的提升。资本统治的全球化时代，"共享"与"发展"这对范畴的提出，它表明人们已经对资本进行当代反思，从而试图对纯粹资本逻辑的价值纠偏，人在资本逻辑之中不再被边缘化，应受到重视。基于以上对"共享"与"发展"基本范畴的研究，我们认为，资本伦理学同样可以从学科建构的维度和现实世界的指引这两个方面展开拓展。从其学科建构的维度来看，资本伦理学首先需要阐明"共享"的价值旨归，厘清为什么"共享"、与谁"共享"以及怎样"共享"；其次，资本伦理学需要阐明"发展"的伦理意涵。发展作为经济学甚至哲学层面的话语，如何赋予其伦理学内涵，并讲清楚它在资本伦理学中蕴含的独特伦理意义，是资本伦理学学科体系完善的重要任务；最后，资本伦理学需要对"共享"与"发展"这一基本范畴如何影响资本伦理学的学科体系建构进行厘定。这就是说，"共享"与"发展"在伦理学的层面如何成为资本的重要规制力量。另一方面，从现实层面来看，资本伦理学如何对当前如火如荼的共享经济进行深入研究和规范，资本伦理学与科学发展观的联系及全球范围内发展观念的转变和发展方式的转型，"共享"与"发展"与人类未来和命运之间的联系，都需要我们加以阐述和说明。

  首先，资本伦理学的学科建构需要阐明"共享"的价值旨归。共享发展理念作为新时代中国特色社会主义的主要发展理念之一，其本身包含着丰富的时代意蕴和伦理内涵。共享是社会主义市场经济环境下的独特实践产物，它不仅代表着一种新的思维方式，更表征着一种新的可能，即社会主义国家有可能通过对资本的规约发挥资本的"伦理属性"，赋予资本以推动经济发展、促进社会进步、健全和提升人的品格的积极意义。从根源上讲，"共享"是"共产"的低级形态，是生产力不够发达的阶段社会主义国家采取的一种经济政策，意在节约社会资源，促进经济平稳运行。从伦理形态上看，"共享"体现了社会成员的美德，有助于完善伦理共同体成员的德性，培育新时代的良好公民。另外，"共享"思维方式下其主体是广大人民群众，其最主要的方面是要使发展的成果共享，即每个人都能够切实享受到发展所带来的效益，增强"获得感"。"共享"通过全体社会成员主动而积极地构筑起一个伦理共同体，增加社会成员的归属感与责任意识，将自身的行为实践与伦理共同体自觉联系到一起，这是实现"共享"的根本路径。共享发展的价值旨归可以概括为以下三个方面，即共享发展贯穿着以人民为中心的发展思想、共享发展具有公平正义的价值取向、共享发展体现了对人全面发展的终极追求。事实上，社会主义制度下的"共享"发展理念，正是由于遵循了唯物史观的基本理路，因而能够成为规制资本的重要约束力量，也能够成为资本伦理学的重要研究范畴。

其次，资本伦理学的学科建构需要阐明"发展"的伦理意涵。发展意味着改善和提高，也意味着对旧有状态的克服，发展从最一般的意义上来看，指的是生产力的发展和经济水平的提升，即物质层面的发展。确实，物质资料的充裕程度、物质资料的生产确实是衡量发展的重要维度，但发展绝不能仅仅停留于此。特别是在资本所主导下的全球化的今天，资本逻辑的无孔不入使得人们面临着普遍的精神危机，这就要求树立全面发展的观念，将人们精神生活的丰富纳入发展的考量范围之内。发展的最重要的伦理意义就在于使每个社会成员有尊严地生活，能够不断地追求人生快乐和幸福，实现人生目标，探求人生意义，这是发展给予每个人的深切伦理关怀。正是因为社会的不断发展，所以人们能够不断超越自己，立足时代，追寻属于每个人的人生信仰。资本伦理学视域下的所谓"发展"理念，就是意在通过对资本增殖逻辑的管束和规制实现发展的普惠性，以此为基础促进社会成员的精神自由，因此是个人物质利益的获取与精神境界的提高的辩证统一。发展作为资本伦理学的基本范畴，赋予了资本本身"向善"的可能性，使其能够成为建构现代性和完善人的积极与主动的力量。

最后，资本伦理学学科建构中需要阐明"共享"与"发展"的联系及其学科地位。"共享"与"发展"作为资本伦理学的一对基本范畴，对资本起着共同的导向和规约作用，共享是规约资本的重要手段，发展则是规约资本的最终目的。社会主义的本质是解放生产力，发展生产力，消灭剥削，消除两极分化，最终实现共同富裕。当前新时代中国特色社会主义时代背景之下，树立共享发展理念就是要为实现共同富裕这个目标而奋斗，"共享"是"共富"的当代实践回应。另一方面，发展也是社会主义的发展，是社会主义国家人民生活水平的提升，是以生产力提升为基本目标的发展。因此，在当代中国，"共享"与"发展"是统一于社会主义制度逻辑之下的"共享"与"发展"。当然，资本是全球化的资本，资本逻辑在当代早已呈现全球化的趋势，故"共享"与"发展"的联系更需要定位于全球局势与人类当代生活。全球范围内，"共享"与"发展"强调的是资本扩张和膨胀对人类根本利益的让步和妥协，意在充分彰显其积极的伦理功用。此外，在资本伦理学中"共享"与"发展"这两个基本范畴的学科地位上，应当说是并不存在冲突。"共享"不是平均主义,"发展"也不是"唯GDP"主义。共享是发展前提下的共享,发展则是共享的发展,它们之间的姻缘耦合关系使得资本伦理学能够成为一门真正独立而有意义的学科。

从其现实维度来看,第一,资本伦理学需要对经济发展新常态下的共享经济进行探究,作出自己独特的理论阐释。当下的中国社会,以"共享单车"和"共享汽车"为代表的经济新形式正如火如荼,一定程度上改变了传统的经济运行模式。但值得深思的是,无论是所谓"共享单车"还是所谓"共享汽车",创新的范围仅限于经营模式上,对于生产力的解放和推动作用十分有限。因此,当下火热的"共享经济"实际上更多地表现为一种公共服务机制的健全与服务形式的创新,作为共享经济承载者的产品本身仍然需要在工厂的生产线中事先生产出来并进行投放,生产过程之中实际上已经凝结了劳动者的劳动。因此,所谓"共享经济"并未超出马克思的劳动价值论范畴,换言之,以资本的眼光来审视当下的共享经济是有可能的。共享经济的运作模式中,当然需要资本的投入和使用,但资本在这里已不同于资本家手中的资本,它需要考虑的大众需要与国计民生,表现在共享交通工具的低廉使用费用。可以认为,资本在这里充分受到了伦理规约,是资本伦理学对资本发挥管束作用的真实写照。但是,从更为根本的角度,资本需要在更大范围从而也在更大程度上彰显其伦理价值,在技术水平乃至生产力发展的高度上对人类利益做出让步,破除资本因赢利而设置的技术壁垒等等。当然,这一切均以资本的增殖和获利为前提,一旦资本没有了剩余价值和利益,它也开始丧失了自身,也就谈不上造福人类了。所以,资本伦理学就是要处理好资本增殖与其伦理价值凸显之间的所谓"张力"关系。

第二,资本伦理学需要阐明其学科体系下的"共享"与"发展"与科学发展观之间的关系,以及它们如何对全球发展方式产生影响,说明"共享"与"发展"与人类未来命运走向的关系问题等。科学发展观的核心要义是以人为本,人是发展的核心。而资本伦理学也是力图克服传统资本扩张模式中"只见资本不见人"的否定和异化逻辑,重新将人作为发展目的。从这个意义上说,资本伦理学应当说与科学发展观是相互呼应的。科学发展观与资本伦理学视域下的"共享"与"发展"具有世界历史性的意义,它们为人类统御和规制资本提供了一种新的理论思路，是人类利用资本实现人与人、人与自然及人与社会的和谐共生的一种新的方法探索。纯粹资本扩张和膨胀逻辑之下，无论是人、自然还是社会都没有进入其视域之中，其后果就是生态环境的不断恶化，甚至危及人本身的生存。而作为资本伦理学范畴的"共享"与"发展"提供了新的解决方案，"共享"是人与自然共同享有和谐的生态环境，"发展"则是不危害自然界生态秩序前提下的发展。此外，从人类未来命运来看，也需要"共享"与"发展"对资本的规约和管制。大卫·哈维曾经认为："资本创造了时空。关系性的时空是马克思价值理论的首要领域。"① 资本在全球范围内不断进行着侵占空间的运动，以期实现资本的"空间独占"，将世界纳入其控制体系中。但是，如同资本增殖一样，资本的空间侵占决不能是无限度的，无限的侵占终究会导致"剥夺者"有一天被"剥夺"。正是基于这样的逻辑思考，"共享"与"发展"致力于对资本，从而也是对资本主义生产关系提出新的伦理要求和伦理期许，也表明资本伦理学是我们站在人类未来命运的高度上反思自身而作出的一次有意义的理论尝试。

---

① ［英］大卫·哈维：《资本的限度》，张寅译，中信出版集团2017年版，第19页。

第六章　资本伦理学的焦点

资本伦理学的焦点是指在资本伦理学的学科体系中，可能直接面对的重要研究内容，也可以说是资本伦理学中的"经典问题"研究，由于它们在资本伦理学中占有极为重要的地位，事实上，对这些问题的研究与解答，往往可以使整个资本伦理学的学习与研究起到事半功倍的效果。我们提出三个资本伦理学研究的焦点：资本的伦理关系，这主要是从伦理道德关系的层面，来研究资本与人、自然以及社会之间的伦理关系；资本的逻辑及其伦理本质，这主要是以动态化的视角来研究资本逻辑以及其所体现的伦理问题；资本组合以及道德境域，这主要是从发展的视角，探寻当今资本结构性的新变化以及这些新变化导致的伦理问题。

第一节　资本伦理的内涵

在现代社会中，大概没有什么能够比"资本"这一极富全球意义的价值符号更具思想影响力和社会渗透力了。资本是现代社会发展的基础和动力，构成了各种现代性后果的核心和灵魂，因而是解开现代社会秘密的一把钥匙。现代社会的形成轨迹和运行机制表明，资本逻辑不但创造了现代社会，而且还始终支配着现代性发展的运行过程，从而内在地规定着现代性逻辑。恩格斯指出："资本和劳动的关系，是我们全部现代社会体系所围绕旋转的轴心。"[1] 马克思将"资本"一词提升到他一生中最重要著作的书名中，是因为马克思发现无论是对政治经济学的批

---

[1]《马克思恩格斯文集》（第3卷），人民出版社2009年版，第79页。

判还是对资本主义社会的考察，都会不约而同地聚焦在"资本"这个概念上。现代社会生产力发展中出现的公平和效率、发展和代价等矛盾都是资本运作中内在具有的。因而，资本伦理并不是经济伦理之下的某一个分支理论，或笼统地将其归结在某一个经济活动的层面，而是经济伦理学的一个特殊形态，在整个经济伦理学中占据着核心与主导地位。从本质上说，资本伦理学是从经济学和伦理学的结合点上发展起来的一个新的交叉研究领域，是经济学与伦理学两大学科相互渗透、彼此融合的产物。与此同时，资本伦理作为一个新的边缘交叉研究领域，要求研究者必须同时具备经济学和伦理学的知识背景，更好地整合相关学科的学术思想资源，这样才能更全面、更深入地阐释和解答资本领域中存在的道德难题。为此，打破学科之间的界限、进一步拓宽研究视域、采用多学科的研究方法、分享各学科的研究成果，才能使资本伦理的研究得以真正展开。

一　资本伦理的历史审视

资本，其一般意义是指具有经济再生价值的一般等价物，处于典型的经济学范畴之中。然而在马克思看来，资本绝不仅仅是独属经济学范畴，同时也在伦理道德范围内。资本不仅是一种物，更是一种社会关系。在资本主义社会里，资本具有至高无上的支配权，在不断超出自己的量的界限的欲望中实现着无止境的增殖。伴随社会的发展，资本在不断增殖的过程中接受着道德的考量和伦理的审判，在一定的社会伦理观念和伦理规范的统摄下存在。我们应当以恰当的方式利用资本，同时也要限制资本的消极作用，从而促进社会的发展与人的发展的一致性和均衡性，这是我们对资本进行伦理审视的应有之义。马克思认为，资本和劳动的关系是现代社会体系所围绕旋转的轴心。资本通过"规模扩大的再生产或积累再生产出规模扩大的资本关系：一极是更多的或更大的资本家，另一极是更多的雇佣工人。……因此，资本的积累就是无产阶级的增加"[1]。资本在社会文明的进程中具有重要地位和作用，这是毋庸置疑的基本事实。人类社会文明的起步离不开资本的作用，资本极大地强

---

[1]《马克思恩格斯文集》（第3卷），人民出版社2009年版，第86页。

化了人类改造自然的能力,为人的全面发展开辟了前景,并创造出一个高于以往一切社会阶段的全新的社会关系。马克思指出:"资本的文明面之一是,它榨取剩余劳动的方式和条件,同以前的奴隶制、农奴制等形式相比,都更有利于生产力的发展,有利于社会关系的发展,有利于更高级的新形态的各种要素的创造。"① 与前资本主义社会形态相比,工人是作为独立的交换主体出现的,其结果产生了资本主义的普遍勤劳。

然后,资本的逻辑是无限制地增殖和膨胀,"资本只有一种本能,这就是增殖本身,创造剩余价值,用自己的不变部分即生产资料吮吸尽可能多的剩余劳动。资本是死劳动,它像吸血鬼一样,只有吮吸活劳动才有生命,吮吸的活劳动越多,它的生命就越旺盛"②。资本犹如一张硕大的网,把人们生活世界中的事物和关系都收纳其中,这样,人们便在这张大网中被动地运转着,他们的一切活动和行为都被这张大网所牵制着,他们的社会关系特别是原本温情的伦理关系变得货币化了。被追求金钱的欲望所挟制,人们进行生产的根本目的也是对资本的无限制的追求了。在这样的商品社会里,人们在"金钱动物"的王国里功利化地生活着,敢于将一切东西都变成商品,资本作为马克思所说的"最富有拜物教的性质"的东西,具有至高无上的魔力。在魔力的支配下,人们的生活称为一种算计,交往变成一种清算。因而,在资本的"普照之光"下,本来属于人的关系却以物的形式外在于人并与人相对立,人不得不通过极端的努力才能占有和实现自己的本质。

为了实现增殖的目的,资本不断获得更多的劳动力资源和物质资源用以扩大再生产,必然表现出日益强烈的扩张性和侵略性,使整个世界和所有生产方式置于自己的统治之下。"资本一方面具有创造越来越多的剩余劳动的趋势,同样,它也具有创造越来越多的交换地点的补充趋势。……从本质上来说,就是推广以资本为基础的生产或与资本相适应的生产方式。创造世界市场的趋势已经直接包含在资本的概念本身中。"③ 世界市场的形成是资本自发运动的结果,一切国家的生产和消费

---

① 《马克思恩格斯文集》(第7卷),人民出版社2009年版,第927—928页。
② [英] 梅扎罗斯:《超越资本》,郑一明等译,中国人民大学出版社2003年版,第269页。
③ 《马克思恩格斯文集》(第8卷),人民出版社2009年版,第88页。

都成为世界性的了。因而，资本主义生产本身的性质，造成了对剩余劳动无限制的需求，导致了"过度劳动的文明暴行"。"资本的原始积累，即资本的历史起源，……对直接生产者的剥夺是用最残酷无情的野蛮手段，在最下流、最龌龊、最卑鄙和最可恶的贪欲的驱使下完成的。"① 资本侵略与扩张的结果是被压迫和侵略民族的血泪和屈辱，是一种极为深重的灾难。卢森堡强调了资本主义再生产的复杂性，指出整个资本主义社会在资本积累与资本再生产的过程中展开，而在这一过程中，资本主义与非资本主义的交换是不可避免的，最终的结果是资本主义会在这种较量中败下阵来，最终实现不了资本的不断积累而走向灭亡的命运。梅扎罗斯则认为，资本由于自身的扩张本性使得其在运行过程中矛盾重重，然而资本主义制度却不能消除这些矛盾，原本仅仅局限在经济领域的危机便会扩展到政治和国家层面，"资本的结构性危机自我暴露为一般统治的真正危机"②。

事实上，从自由资本主义到国家资本主义的过程中，资本的本质并没有发生改变，诚如马克思在《雇佣劳动与资本》中指出："资本的躯体可以经常改变，但不会使资本有丝毫改变。"③ 所谓国家资本主义、后工业社会、消费社会也不过是资本的本性在外在表现上的不同形式而已，资本的不断被更新的"外衣"都无法掩盖其自身所固有的本性和实质。

吉登斯指出："现代社会最具特色的脱域形式之一是资本主义市场（包括货币市场）的扩张，从其早期形式向现代国际性规模的发展。'货币'是这些脱域形式卷入的空间的延伸的整体部分所不可或缺的。"④ 资本消解了国与国之间的根本界限，通过对异质性空间进行再改变与再转换，使作为意志的资本与作为物质的资本彼此结合起来。哈维指出："资本具有粉碎、分割及区分的能力，吸收、改造甚至恶化古老文化差

---

① 《马克思恩格斯全集》（第49卷），人民出版社1982年版，第245页。
② [英]梅扎罗斯：《超越资本》，郑一明等译，中国人民大学出版社2003年版，第829页。
③ 《马克思恩格斯文集》（第1卷），人民出版社2009年版，第725页。
④ [英]吉登斯：《现代性的后果》，田禾译，译林出版社2000年版，第23页。

异的能力，制造空间差异、进行地缘政治动员的能力。"① 资本的积累已经成为一个重大的历史地理事件，"帝国资本""资本帝国"的出现致使资本对世界的统一已经实现。资本推动着历史向世界历史的转变，"空间的脱域性"致使全球化态势得以最终形成。因为只有在"世界历史"的态势下，"单个人才能摆脱种种民族局限和地域局限而同整个世界的生产（也同精神的生产）发生实际联系，才能获得利用全球的这种全面的生产（人们的创造）的能力"②。世界历史的形成使单个人摆脱了民族局限和区域局限，在汇聚全球聪明智慧的全面生产中，人的改造世界的能力无疑在与"他者"的相互借鉴和彼此交流学习中得到了提升，从而大大增强了其改造自然和世界的能力。

"善"与"恶"始终是人类面临的共同难题，是每个人在追寻人生的价值和意义时都无法回避的"灵魂"与"肉体"，自然欲求和道德灵境，个人幸福与社会责任之间始终处于两难境地。马克思对此指出："现在，我们眼前又进行着类似的运动。资产阶级的生产关系和交换关系，资产阶级的所有制关系，这个曾经仿佛用法术创造了如此庞大的生产资料和交换手段的现代资产阶级社会，现在像一个魔法师一样不能再支配自己用法术呼唤出来的魔鬼了。"③ 魔鬼的强大让魔法师难以驾驭和掌控，究其根源，无疑是资本这一"魔鬼"在作怪。时至今日，马克思所批判的"经济统治社会生活"、外在于个人的市场的经济力量支配整个社会存在的状况仍然没有改变。

二 资本伦理的现实之维

哈特和奈格里在《帝国》中尽管围绕着当代帝国主义现象来展开自己的理论阐述，但始终没有进入帝国主义经济过程的内在矛盾的层面。他们感兴趣的与其说是资本生产过程的内在矛盾，不如说是处于帝国阶段的资本所拥有的无限的殖民能力，"资本似乎面对着一个流畅的世界，或者说，是一个被新的、复杂的差异、同质、非疆界化、再疆界化的体

---

① [美] 哈维：《希望的空间》，胡大平译，南京大学出版社2000年版，第39页。
② 《马克思恩格斯文集》（第1卷），人民出版社2009年版，第541—542页。
③ 《马克思恩格斯文集》（第2卷），人民出版社2009年版，第37页。

制所限定的世界。占据统治地位的生产过程的自身变化、流通渠道的建设和对新的全球流通的限定相伴随，结果是工业化的工厂的劳动在减少，其优先地位让位给交流性的、合作性的、富有情感的劳动。在全球经济的后现代发展中，财富的创造更倾向于我们将称为生态政治的生产，即社会生活自身的生产，在其中，经济的、政治的、文化的生活不断增长地相互重叠，相互投资"①。他们认为，帝国内部的矛盾是全球化的统治形式与全球民众的抵抗力量之间的矛盾，至于这种矛盾及其所具有的解放潜能在现实历史中是否具有客观的必然性，他们并没有给出清晰的答案，只是以"哲学并不是只会等到历史实现之后才去欢庆美满结局；哲学是主体的提议、欲望和实践，而这些统统都会应验于事件之中"②。不过这并没有提出这种抵抗的客观事实依据。一些经济学家认为，市场经济下求利是每一个人的基本天性，也是其投身经济活动的根本动机。经济学作为一门科学本身不必也无法考虑道德因素。道德因素是无法量化、不易确定的。因此，经济学不必担心每一个经济行为主体参与竞争的动力，只需关注如何让每一个求利者能够自由参与并尽可能展开公平竞争的市场机制。它不必担心每一个游戏者参与游戏的游戏动机和动力，而只需关心如何建立一套公正的游戏规则。这是现代新制度经济学和博弈论所强调的。也许在知识或学科构建的意义上，经济学考虑的是资本、交易、产业、劳动力、市场及市场价格等。然而从经济学家的口中讲出"经济学不讲道德"，其影响可能会超出经济学家们的预期，它给社会公众传达的信息很可能被理解为现代市场经济不必讲道德。这带来的一个根本问题是：现代市场经济或中国特色社会主义市场经济是不是可以完全无视道德，一种不道德的经济是什么样的经济，市场经济本身是不是就一定是或者只是不道德的呢？为此，旨在解决资本运行中道德问题的资本伦理的现实之维就此产生。

在一些情形下，即使市场的游戏规则健全公正，所提供的游戏场所亦充分合适，且每一个参与游戏的人都具备积极的游戏动机和有效目

---

① ［美］迈克尔·哈特、［意］安东尼奥·奈格里：《帝国——全球化的政治秩序》，杨建国等译，江苏人民出版社2003年版，第3页。

② 同上书，第54页。

标,也仍然不能确保游戏的公正有效。原因在于,每一个游戏者都是具有复杂心理情感和意愿的个人,他可以相信市场所提供的一切条件,但他能否对其他游戏者的公正心态和行为抱有同样的确信呢?当代经济学家们经常用来作为例证的"囚徒困境"表明了对这一问题的否定性回答。可见,市场经济的前提设定不只是经济的,还必须是道德的。必要的公共伦理信念和道德规范,就是市场经济普遍可能和持久进行的重要前提条件。诚实守信之于交易行为,勤劳节俭之于资本积累,团队精神之于企业的组织和发展,社会道义和人道精神之于经济治理等可以说明这一点。资本只追求现实的财富与现世的利益而不追求形而上的意义与价值,必然导致一些深刻问题的出现进而造成巨大的破坏作用,以资本为最高原则的社会必然是物欲化、资本化的异化社会,在这样的社会里,人们不能通过资本实现其全面的有意义的生活,为了追求现实的财富和现世的利益铤而走险。"鄙俗的贪欲是文明时代从它存在的第一日起直至今日的起推动作用的灵魂;财富,财富,第三还是财富——不是社会的财富,而是这个微不足道的单个的个人的财富,这就是文明时代唯一的、具有决定意义的目的。"[①] 现代资本理论认为,能满足个人利益、承担社会责任的市场制度安排是最有效率的,最有利于促进经济的增长,因为这种安排是权利与责任都界定得很清楚的制度。契约的建立体现了一种平等的权利,使人们在市场交易中能够获得正确的价格。这是个人所有权对经济增长和社会发展的意义之所在。资本的获得只有在符合并促进社会公共利益或整体利益的情况下才是有意义的。

三 资本伦理的理论关照

作为一门不断发展的学科,资本伦理旨在研究当前世界经济社会发展中不断凸显的重点问题,将经济社会发展的重大现实作为伦理考量的范围。资本本身无所谓道德与否,然而当由资本的增殖欲望所导致的行为与后果对社会利益和他人利益产生影响时,资本的道德属性就产生了。恩格斯指出:"人们自觉或不自觉地,归根到底总是从他们阶级地位所依据的实际关系中——从他们进行生产和交换的经济关系中,获得

[①] 《马克思恩格斯文集》(第4卷),人民出版社2009年版,第196页。

自己的伦理观念。"① 资本伦理提出的理论前提是资本和道德存在的必然的逻辑关系，当代西方经济哲学界对资本与伦理关系的问题基本持肯定态度，主要从以下几个角度得到佐证。

第一，经济全球化背景下伦理追求的角度。资本与伦理在人类的生产实践中就存在一种亲缘关系。人类一经诞生，调整人与人、人与社会之间关系的伦理规范就应运而生。在社会发展的过程中，这些伦理规范以特定的风俗、习惯等被固定下来，构成最初的行为规范与社会准则，它们为氏族、部落等群体内的成员提供价值引导和约束，维持群体内部的稳定与团结。由此，对伦理规范的遵守和传承就成为社会成员的基本义务和责任。当资本降生，对资本的道德评价和伦理审视也就开始了，从斯密、马克思，再到韦伯，他们分别从不同的阶级立场和视角对资本进行了道德解读，以引导人们获取对资本的正确认识，进而使资本更好地为社会发展服务。因此，在人类文明发展史中，资本的出现内蕴着伦理评价的因素，尽管这种评价有正面和负面。经济全球化带来的一系列伦理问题，例如经济全球化在促进经济指标增长的同时，是否能够推进人类社会伦理目标的实现。生活在经济全球化中的社会成员是否都能获得公平的对待，并过上有尊严、有价值的生活？能否使绝大多数人的生活状况向好的方向转化，并最大限度地改变处于弱势地位的社会成员的生活现状。随着经济全球化趋势的进一步深化，国际领域的各种经济问题变得十分紧迫。因而，在全球范围内对各种经济社会问题展开探讨，对跨国企业及其变化的角色及状态的伦理分析，都会上升为亟待解决的重大理论和现实课题。此外，现代高科技的发展随之带来的伦理议题、经济组织结构由垂直化向一体化的转变、各个行业中的多元化组织关系的广泛建立、各种新的商务模式等新经济形式的产生形成的个人、组织及社会的伦理问题都是值得研究的课题。不仅如此，经济全球化背景下中国传统伦理思想的发展问题、公民身份的认同问题、高科技发展的道德风险问题、多元价值的冲突与融合问题等，亦成为我们应当重点考量的对象。从伦理学角度讨论经济全球化，并不是要否定经济全球化存在和发展的必要性，也不是要用公平与和谐的伦理观念来取代或削弱市场

---

① 《马克思恩格斯文集》（第9卷），人民出版社2009年版，第99页。

效率，相反，在经济全球化中融入伦理关怀，并把这样的关怀有效地落实到经济全球化的整体发展进程中，正是为了促进各国各地区经济和社会的平衡发展，使各国各地区的人们在经济全球化中普遍受益，并使经济全球化沿着合伦理的轨道前进，更好地发挥合理配置全球经济资源的功能，为更多的人造福。这既符合人类向往良好和有序的伦理社会的生活追求，也有利于人类社会各个成员自身的全面发展。

第二，金融危机乃至中美贸易摩擦伦理解读的角度。随着人类理性思维能力的发展，人们会对作为以资本运作为核心的现代社会中调节人与人、人与社会、人与自然、人与自身之间的伦理关系进行追问，反思其道德性及其依据。从人性本善利他和人性本恶利己两个完全对立的角度出发，却奇妙地推出了相同的理论，成就了两个相互平行而非相互背离的推理逻辑。在斯密看来，这一结果仍然只能诉诸人性的事实才能获得解释。两个出发点的不同，仅仅表明导致同一结果的两种动机的差别，同情利他的道德动机更为积极，而自私利己的道德动机则较为消极，但它们的基本价值目标却是相同的。在道德生活世界，促使人保持其行为之"合宜性"的根本原因是人类普遍存在的同情心，它使人通过想象、参与、分享和模仿等方式，形成诸如仁慈和正义等基本道德情操，进而通过善行善功来实现道德的完善。个人德行圆满的根本标志是"善功"，即既善且功的结果。行为之善在于其合宜适当，行为之功则在于能够产生实际功效。可见，事实并不像德国历史学派的经济学家们所指控的那样，是斯密自己有意制造了"经济人"和"道德人"之间的人格分裂和经济学与伦理学之间的价值紧张。相反，在斯密那里，这种分裂或紧张与其说是经济学和伦理学对人性和人类行为之不同方面的知识考量的结果，还不如说这原本只是一种人性二元论事实的本真反映，而且这种二元论事实上并非是不可沟通的两种价值依据，而是一种复杂的人性论前提。斯密的道德推理实际上揭示了一个深刻的现代性问题：在商品经济条件下，是否能够或是否应当将人类经济行为与其道德行为完全分离开来？人格能否截然分裂？斯密本人的回答似乎是否定的。"经济人"与"道德人"都只是人性的一面，而且人类道德行为也不是全然非经济的绝对无私，道德的善功并不一般地要求人们非公灭私，而首先是达到行为的合宜与功效。同样，人类的经济行为虽然根源于人的私利动机，但它与人的道德行为一样，也具有交换或交易的社会化特征，不同的是，经济行为的社会交换是直接现实性利益的交换，而道德行为的交换则是间接的精神价值的交换。总之，人类的道德行为与经济行为都不可能脱离人类自身的两个伟大目标：保存自我与发展种族。因此，资本与伦理在逻辑上是必然相关联的。对金融危机的伦理思考并不是一个新话题，马克思对金融危机的成因、表现及后果的分析成为资本伦理学常常探讨的话语主题，在今天更是成为学界和社会普遍关注的热点问题。金融危机的伦理解读主要由以下几个方面组成：金融危机的形成原因、表现、危害以及应对危机的措施的道德考量等。由此引发了诸领域的伦理问题，如企业伦理在危机乃至中美贸易摩擦之际面对的环境新变化、国际正义问题、多边主义问题、国家经济安全问题、生态经济伦理问题等。在后危机时代，不仅一些新的领域的资本伦理问题凸显出来，原来一些经典的资本伦理的问题也得到了新的发展，被赋予了新的内涵。金融危机爆发以前，其研究重点往往是金融交易过程中参与者应当遵守的道德准则与行为规范、金融交易者的诚信问题、金融监管问题等，然而，2008年之后愈演愈烈的金融风暴将金融危机推到了风口浪尖，于是，金融危机带来的伦理文化建设问题就开始上升为资本伦理研究领域的新问题，中美贸易摩擦在特朗普任期之下愈演愈烈的时候，它背后的资本分析以及阶级分析也成为资本伦理关注的新热点。此外，财富伦理问题是近年来资本伦理学研究中持续关注的一个新热点，财富伦理的哲学内涵、当代财富伦理空间的拓新及其评价机制等方面在今天都被赋予了新的内容和思考。财富伦理的问题，即人类对财富的片面或错误认识、物质财富的贪欲以及心灵财富的迷失，是隐藏于财富背后、反映财富的实质和价值、说明人与财富之真实关系的自在之理。当代财富伦理空间的拓新即可持续发展理念拓展了财富获得正义的内涵，金融创新工具的出现使转让正义重心转移，和谐社会的理念提升了财富使用正义的高度。此外，财富积累和财富支配在动因、方式、反应等方面存在差异，因而必然导致它们的道德评价和与之相对应的道德建设路径也存在差异。

第三，社会对资本的现实要求的角度。任何资本都存在于现实世界之中，这就要求资本在任何时候都要关注现实生活，为社会的发展和人的发展服务，而不能一味地凭其扩张本性追求增殖，否则资本必然会是丧失其现实存在的合理性与合法性。中国人民和中华民族在实现"两个一百年"伟大奋斗目标的过程中，强调发展的全面、协调和可持续性，以伦理的眼光审视资本的作用，将资本的积极作用限定于实现人民的幸福与国家的强大的维度之内。随着我国现代化进程的逐步推进，五大发展理念的倡导就是资本发挥其伦理价值和功能的重要体现，也是资本科学合理实现自身发展的重要方式。从我国改革开放的实践经验可以看出，资本与伦理的亲缘关系为资本伦理的生成提供了逻辑路径，但人类文明发展中的某些具有普适性的道德理念，如正义与和谐则是所有社会文明类型都不可缺失的基本理念，也应当是资本的永恒追求。这是资本和伦理之间内在联系的更深层次的体现。与此同时，资本问题与高科技问题的交融，经济问题与政治问题的紧密关联，无论在理论研究还是在现实实践中都是不证自明的问题，因而，资本伦理的现实关照无法绕开政治话语的渗透和科技话语的渗透。道德从一种宰制性的社会意识形态和无所不及的社会治理王位上退位了，不仅渐渐沦落为显性的政治和法律制度的辅助和随从，而且随着新自由主义"政治中立性"和"政治合法性"的强劲诉求，几乎完全被排除在社会公共生活领域的规约体系之外。在当前条件下，资本伦理学任何层面的研究都已经内在地包含着政治强势与科技强势的力量。因而，经济全球化下的这种伦理问题、国际经济制裁的政治伦理应对问题、资本投入与新兴科技发展问题、国家主权的伦理审视、政府职能问题、政府政策目标与治理问题、制度的伦理问题等，都必须接受道义层面的规范性与正当性之检阅。

总的来看，在经济全球化的背景下，资本伦理将呈现越发良好的发展态势，道德的经济价值、企业的社会自觉、社会的经济正义特别是分配正义、权利平等、金融危机的伦理反思以及消费伦理等热点问题，受到了深入的学理透视和实证分析。这是我们对未来中国资本伦理学的合理估量的基本依据。资本伦理学的研究，将助推我们完整地把握中国经济社会的总体性道德图景，助推中美贸易摩擦问题的实质解决，直面中国经济社会发展的各种伦理挑战。

第二节 资本的伦理关系

从逻辑上说，要对资本的伦理关系进行科学的界定，一个前提性的要件是必须明晰资本究竟存在哪些伦理关系，而这又必然促使我们去进一步地追问资本的伦理内涵究竟是什么。所谓资本伦理，是指在资本形成和发展过程中，为了调整资本运行中所产生的资本与自然、资本与人以及人与人之间的关系而形成的道德规范的总称。显然，从资本的伦理内涵中，不难推导出关于资本应当存在如下四种伦理关系：资本与自然、资本与社会、资本与人以及资本场域下人与人之间的伦理关系。

一 资本与自然之间的伦理关系

把资本和自然看作两个伦理实体，它们之间的客观关系"应该"就构成了一种伦理关系。从历史上看，人类社会自资本产生以后，资本与自然之间的伦理关系就生成了。而要厘清资本同自然之间的内在伦理关联，一个根本性的因素则需要明确资本的概念及其属性。

我们反复引用了马克思在《资本论》第三卷中曾对资本的经典定义："资本、土地、劳动！但资本不是物，而是一定的、社会的、属于一定历史社会形态的生产关系，后者体现在一个物上，并赋予这个物以独特的社会性质。"[①] 从马克思的这一定义中，我们不难发现，马克思视域中资本的本质是生产关系，但各种"物"却是资本的外在载体和具体表征。进而言之，资本是生产关系的社会属性和物即生产力的自然属性的有机统一。这即是马克思主义政治经济学超越西方经济学的一个重要表征。而资本的自然属性则主要表征为增殖性、扩张性和流动性等。资本的这些属性也即是资本的逻辑指向。其中资本的增殖性即逐利性就是资本最大的逻辑，而它必然与自然之间生发某种伦理上的冲突。展开来说：

一方面，资本为了逐利，不顾自然界的承载能力，一味地向自然界索取。历史上，这种情况在前资本主义社会还不明显，或者说资本同自

---

① 《马克思恩格斯文集》（第 7 卷），人民出版社 2009 年版，第 922 页。

然之间的伦理关系这时总体上还是呈现出一种和谐的状态。因为，那时，人对自然的影响很弱，人只是一味地盲从自然。马克思和恩格斯曾经在《德意志意识形态》中进行过深刻地阐述："自然界起初是作为一种完全异己的、有无限威力的和不可制服的力量与人们对立的，人们同自然界的关系完全像动物同自然界的关系一样，人们就像牲畜一样慑服于自然界，因而，这是对自然界的一种纯粹动物式的意识（自然宗教）。"① 可见，在这个历史时期，人类对自然界的破坏还只是局部的，还没有超出自然界的可承受范围，因而总体上还是和谐的。当然，我们也应看到这种和谐是以生产力的低水平发展为代价的，因此和谐也是低层次的。

但进入资本主义社会以后，随着资本在社会中占据统治地位，特别是伴随着近代西方"主客二分"思维模式的确立，资本的逐利本性便逐渐引致一系列生态环境问题，资本与自然之间的伦理关系也就呈现出一种日渐尖锐的历史境况。正如美国学者大卫·哈维在《资本之谜：人人需要知道的资本主义真相》一书中所指出的那样："回顾历史，人类的所作所为给大自然带来的长期影响是巨大的。而在资本主义社会，这种影响更是难以估量。"② 在这里，哈维视域中的"难以估量"的影响对自然具有两重性，除了积极的一面，毋庸置疑它还应蕴含资本对自然带来的消极影响的一面。这种"消极性"便集中表现为资本的逐利本性所导致的一系列生态危机。透过问题的表象，不难得出，在资本主义制度下，人和自然的伦理关系就其内容和实质来说应是资本同自然之间的伦理关系，是资本对自然的野蛮占有和残酷掠夺。形式上表征为人和自然伦理关系恶化的生态环境危机，实质上是资本同自然之间伦理关系的恶化，是资本家对自然疯狂占有和变相"支配"所引起的必然恶果。

另一方面，自然界也展开了报复。人类历史上很多次生态灾难吞噬掉了能够成为资本载体的很多东西。尤其是进入 20 世纪以来，人与自然之间的伦理关系日益失衡。"当本世纪开始时，无论人类数量还是技

---

① 《马克思恩格斯文集》（第 1 卷），人民出版社 2009 年版，第 534 页。
② ［美］大卫·哈维：《资本之谜：人人需要知道的资本主义真相》，陈静译，电子工业出版社 2011 年版，第 141 页。

术都没有力量急剧地改变地球上的各个系统。但在本世纪终结时，不仅大量增加的人口及其活动已具有了这种力量，而且许多非故意的但是重要的变化正发生在大气、土壤、水体和动植物以及它们之间的相互关系中。变化的速度正在超越各个科学学科的能力和我们当前进行评价和建议的能力，它正在使那些在一个和以往不同的更为分割的世界上出现的各种政治和经济组织适应和对付这种变化的各种企图陷于破产；它使许多正寻找办法把这些事情纳入政治议程的人深深地忧虑。"① 显然，到了20世纪末期，整个世界产生了严重的生态危机问题。并且，人与自然之间严重失衡的伦理关系，也给人与社会，人与自我之间的关系带来了不利的影响。不独如此，资本对人工智能和生物技术的投入，也带来人们的恐慌，人们无法想象未来世界会是怎样的生态环境。

　　资本与自然的伦理关系日趋紧张，这种状况即使在我国当前也在一定程度上存在，局部地区、某些领域甚至还很尖锐。而如何来应对这种不利的局面，尤其是如何来限制资本的逐利本性所生发的消极影响，需要人们付出更大和更多的伦理智慧。而马克思的生态思想便可以给予我们一定的伦理启迪。众所周知，马克思对自然环境的关注是将其与资本主义联系起来进行考量的。针对资本主义生产方式下人与自然即实质上是资本同自然之间伦理关系的日益恶化，进而所导致生态危机不断凸显的社会现实，马克思提出了要克服生态危机，实现资本与自然进而人与自然之间伦理关系的和谐，必须从社会制度方面对资本主义进行根本性的变革。

　　而这种社会制度的变革便从根本上指向了未来的人类理想的共产主义社会。个中原因正如马克思在《1844年经济学哲学手稿》中所阐明的："这种共产主义，作为完成了的自然主义，等于人道主义，而作为完成了的人道主义，等于自然主义，它是人和自然界之间、人和人之间的矛盾的真正解决，是存在和本质、对象化和自我确证、自由和必然、个体和类之间的斗争的真正解决。它是历史之谜的解答，而且知道自己就是这种解答。"② 可见，马克思在此阐发的解决生态环境危

---

① 世界环境与发展委员会：《我们共同的未来》，吉林人民出版社1997年版，第26页。
② 《马克思恩格斯文集》（第1卷），人民出版社2009年版，第185—186页。

机，实现资本与自然即人与自然亦即人与人之间和谐的道德理想和道德方案——共产主义，既不是单纯的"自然主义"，也不是仅仅的"人道主义"。它应当是二者的有机结合，换言之，马克思未来设想的要实现的共产主义是能够克服和解决当前存在的诸如"人类中心主义"和"生态中心主义"等各种错误、歪曲甚至扭曲反映人与自然之间关系的思想和行为的一种科学合理的最佳伦理方案。并且，马克思在后来所著的《资本论》等文本中还指出，我们还要改变社会的经济发展方式，要坚持经济社会的可持续性发展。从而，使人与自然之间的物质交换能够和谐有序地进行。由此可见，马克思的生态思想对于促进社会主义社会资本同自然进而人同自然之间伦理关系的和谐发展具有重要的意义与价值。

二 资本与社会之间的伦理关系

何谓社会？上海辞书出版社在2010年出版的《辞海》（第6版缩印本）中进行了阐释："以一定的物质生产活动为基础而相互联系的人类生活共同体。"① 可见，所谓社会是一个集合概念，它是由一个个的人构成的"人类生活共同体"。而社会作为"人类生活共同体"，它又是建立在"一定的物质生产活动"的基础之上的。马克思正是从这一研究视角切入，以物质资料的生产方式为依据，在其1859年出版的《政治经济学批判》第一分册的序言中，把人类社会的发展形态进行了如下划分："大体说来，亚细亚的、古代的、封建的和现代资产阶级的生产方式可以看作是经济的社会形态演进的几个时代"②。并且，马克思在书中还预见到共产主义社会的来临。后来的马克思主义者依此将人类社会的基本形态概括为：原始社会、奴隶社会、封建社会、资本主义社会与共产主义社会（社会主义为其初级阶段）。

人所共知，资本的本性就是要增殖。对于资本的这一重要属性，马克思曾经在《资本论》第一卷中进行过生动的引证："资本害怕没有利润或利润太少，就像自然界害怕真空一样。一旦有适当的利润，资本就

---

① 《辞海（缩印本）》，上海辞书出版社2010年版，第1648页。
② 《马克思恩格斯全集》（第31卷），人民出版社1998年版，第413页。

胆大起来。如果有10%的利润，它就保证到处被使用；有20%的利润，它就活跃起来；有50%的利润，它就铤而走险；为了100%的利润，它就敢践踏一切人间法律；有300%的利润，它就敢犯任何罪行，甚至冒绞首的危险。如果动乱和纷争能带来利润，它就会鼓励动乱和纷争。走私和贩卖奴隶就是证明。"[①] 而为了增殖，资本往往会不择手段去剥削、压榨劳动者，占有他们的剩余劳动，剥夺他们的剩余价值。而劳动者却无力与资本抗衡，其发展必然会引起社会日益的两极分化。从而使资本同社会之间的伦理关系也呈现出逐渐恶化的态势。

这种景况在前资本主义社会还不显著，因为资本在那时还不占据社会的主导地位。诚如韩昌跃在《历史唯物主义的辩证资本观及现实启示——马克思资本理论当代性研究》一文中所阐述的那样："作为商品经济社会共存的财富形式，资本有多种多样的表现形态。商人资本和高利贷资本是历史上最初的资本形式，但它们还处于被支配命运，这是因为奴隶制和封建制的生产关系在当时占据统治地位。"[②] 由此可知，在前资本主义社会，资本同社会之间的伦理关系虽然也存在冲突，但由于此时社会的经济形态以自然经济为主，资本在社会中并未居于统治地位，资本的表现形式还主要是"商人资本和高利贷资本"。因此从总体上看，前资本主义社会的资本与社会之间伦理关系的冲突并不十分尖锐，社会中两极分化的严重现象还未得以形成。但由于社会生产力的不断发展促使了产业资本的日益生成，从而致使资本主义生产关系逐渐取代了非资本主义生产关系，进而促使资本在社会中统治地位的最终形成。由此便生成了一个历史事实：资本主义社会贫富极大悬殊的现实就是资本与社会之间伦理关系在资本主义社会的生动展示和必然逻辑。

毋庸置疑，比较理想的资本同社会之间的伦理关系应当是和谐的，并且能够共存的。资本的增殖、扩张和流动等自然属性都可能会侵害社会的公平、正义、平等与和谐等基本价值，因为，"资本为了自身的利益，是不会顾及社会和谐的，并且在相当程度上构成社会不和谐

---

① 《马克思恩格斯文集》（第5卷），人民出版社2009年版，第871页。
② 韩昌跃：《历史唯物主义的辩证资本观及现实启示——马克思资本理论当代性研究》，《甘肃社会科学》2015年第3期。

的根源"①。不管是在前资本主义社会，资本主义社会，还是在我国当前的社会主义初级阶段，皆是如此。那么，特别是我们中国在当下应该如何来看待资本，解决资本所带来的社会不和谐的现实景象呢？党的十七大报告曾经指出："社会和谐是中国特色社会主义的本质属性"，"是国家富强、民族振兴、人民幸福的重要保证"，这充分说明在我国当前社会主义市场经济体制下，党和国家已经非常重视社会和谐问题，具体地说就是资本同社会的和谐问题。"因为资本本身并不是恶魔，而是这些掌握资本的资本家使他们手中的资本成为实现其恶魔意志的工具。作为通过市场支配生产要素以进行扩大再生产的工具，社会主义国家应当鼓励剩余价值转化为资本，来为社会主义社会作出贡献，让资本成为发展社会主义社会的生产力、增强社会主义国家的综合国力、提高人民生活水平的强大的力量。"②

进而言之，我们还应当辩证地看到："资本是现代社会兴起的根源，也是现代社会矛盾和冲突的主要根源，它既为社会和谐创造财富，也从根基上破坏着社会和谐。任凭资本攻城略地，中国将告别社会主义；只有以人为本、社会和谐，中国才能自立于世界民族之林。为了社会和谐，我们的原则是：承认资本，发展资本，引导资本，驾驭资本。也就是说，在经济领域，必须承认资本，发展资本，这是市场经济一切活力的主体；而在社会领域，在非经济领域，我们必须坚持人本原则，防止资本原则向政治、文化、社会领域的侵犯，同时要驾驭资本，使资本更好地为人类的发展服务。"③ 因此，我们要正确看待资本给我国所带来的善与恶的双重价值维度，尤其要科学处理"经济领域"与"非经济领域"的资本问题。只有这样，才能不片面夸大资本的作用，从而有利于实现我国社会主义初级阶段资本同社会之间伦理关系的真正和谐。

三 资本与人之间的伦理关系

资本的伦理关系除了表征在资本同自然、资本同社会，还体认在资

---

① 孙承叔：《资本与历史唯物主义——〈马克思恩格斯全集〉中文第二版第30、31卷的当代解读》，《西南大学学报》（社会科学版）2013年第1期。
② 鲁品越：《社会主义对资本力量：驾驭与导控》，重庆出版社2008年版，第44页。
③ 孙承叔：《资本与社会和谐》，重庆出版社2008年版，第107—108页。

本与人之间伦理关系的向度上。依笔者看，资本与人之间的伦理关系主要体现为资本同其控制者以及资本与其雇佣劳动者之间的伦理关系。在前资本主义社会，由于资本在社会中的主导地位并未确立，因此资本与人之间的伦理关系在社会诸多伦理关系中的地位和特点没能得到有效彰显。而当人类社会进入资本主义时代以后则与此不同，所以接下来，我们主要从资本主义社会和我国当前社会主义初级阶段两个维度来分析这一问题。

第一，让我们来看在资本主义社会中，资本与人之间的伦理关系具体表征为资本同资本家以及资本同雇佣工人之间的两种伦理关系。在第一种资本同资本家之间的伦理关系中，毫无疑问，资本为资本家所控制、支配和使用。正是在此意义上，马克思把资本家称为"人格化的资本"[①]。马克思的这种界定是值得肯定的。其界定的理论依据是：在资本主义制度下，资本被"人格化"了，资本的欲望就是资本家的欲望，资本的目的就是资本家的目的；反之，资本家的欲望也就是资本的欲望，资本家的目的也就是资本的目的。两者已经合二为一了。由是，不难发现，资本逐利的本性和欲望是无限的，因此资本家追求剩余价值的本性与欲求自然也是没有极限的。并且资本对雇佣工人的剥削与压榨也就是资本家对工人的剥削与压迫。因而，资本在资本主义社会逐利的过程中，由于它与它的控制者资本家已然融为一体，自然这二者之间的伦理关系便转化为资本家同资本家之间的伦理关系。因此，即使他们之间存在竞争以及利益的分歧，但由于他们的阶级立场或根本利益是一致的，因此从根本上说，他们之间的伦理关系便呈现出一种总体和谐的历史景象。

而在第二种资本同雇佣工人的伦理关系中，马克思在其经济学巨著《资本论》中对其进行了集中的分析和批判。在《资本论》这部鸿篇巨著中，马克思深刻地指出，在资本主义制度下，资本与雇佣工人之间存在尖锐的伦理冲突。具体而言，资本为了逐利，主要采用绝对剩余价值生产和相对剩余价值生产两种剥削方法去剥削和压榨雇佣工人。并指出资本对工人的这种榨取是极其残酷的、违背人性的和非正义的。正如马克思和恩格斯在《共产党宣言》中所剖析的："它把宗教虔诚、骑士热

[①]《马克思恩格斯文集》（第5卷），人民出版社2009年版，第359页。

忧、小市民伤感这些情感的神圣发作,淹没在利己主义打算的冰水之中。它把人的尊严变成了交换价值,用一种没有良心的贸易自由代替了无数特许的和自力挣得的自由。总而言之,它用公开的、无耻的、直接的、露骨的剥削代替了由宗教幻想和政治幻想掩盖着的剥削。"① 无疑,在这里,马克思和恩格斯指出利己主义、个人主义已然成为资本主义社会最基本的道德原则。在这种道德原则的调控之下,资本家变成了残酷的"吸血鬼",而劳动者则失去了做人最起码的人格、价值和尊严。

对此,鲁品越在《社会主义对资本力量:驾驭与导控》一书中对资本同工人之间的伦理关系也进行了一定的剖析:"资本主义制度下,只追求自身利益,而把劳动者仅仅作为其生产剩余价值的工具的资本家集团掌握全社会生产资料,在整个社会中占据统治地位,由此产生了剥削,资本扩张所产生的生产力的发展结果,只是被资本拥有者所享受,而劳动者不能分享到生产力发展带来的生活水平的提高,形成两极分化。"② 可见,资本主义制度下,资本同雇佣工人之间的伦理冲突相对于前资本主义社会而言,程度上有了极大或者说质的提升。具体表征在资本剥削工人的力度极大地增强,社会财富分配严重不公,社会两极分化的态势日益扩大和严峻。法国著名经济学家托马斯·皮凯蒂在其代表作《21世纪资本论》一书中也坚持同样的看法。他在书中对当代西方资本主义社会的两极分化现象进行了历史的、系统的考察。在他看来,资本的收益率明显高于经济的增长率是包括财富分配缺乏正义在内的一切不平等的根源。资本的收益越高,劳动者的收入越低,贫富悬殊愈拉愈大。因此,资本与雇佣工人之间伦理关系越发紧张。

第二,我国当前处于社会主义初级阶段,资本与人之间的伦理关系同样包含两种情形。其一,是在公有资本中,由于资本的所有者和劳动者是统一的,因此资本与人的伦理关系就"合二为一",表征为一种资本同劳动者之间的伦理关系。而这种伦理关系,众所周知,由于在我国劳动人民已经从根本上成为资本的控制者即主人,当然他们本身也是劳

---

① 《马克思恩格斯文集》(第2卷),人民出版社2009年版,第34页。
② 鲁品越:《社会主义对资本力量:驾驭与导控》,重庆出版社2008年版,第65—66页。

动者，因此劳动人民的劳动成果最终便仍然归于他们自身所有。按照如此逻辑，二者之间的伦理关系便可以演变成劳动者同劳动者之间的伦理关系，从阶级立场和根本利益观之，那也是一种总体和谐的现实境况。

其二，是指在非公有资本中，资本的所有者变成了资本家，因而资本与人的伦理关系便表征为资本同资本家以及资本家与劳动工人之间的伦理关系两种情形。而这两种情形的伦理关系与之前分析的资本主义社会的两种情况某种意义上存在相似之处。例如，资本皆被资本家所控制和支配，资本家都具有"人格化资本"的一面。但差异也是显而易见的，因为在社会主义总体发展的时空之下，私有经济还要表现为社会服务的一面。

而我国当前非公有资本中资本与劳动工人之间的伦理关系，它则有着和资本主义制度下资本同雇佣工人之间伦理关系的某些相同之处。例如，资本都存在一定的剥削、违背人性、有失公正等情形。但不同的地方在于，由于我国是社会主义国家，"资本只是我们利用的手段，而不是我们奉行的主义，可以使资本力量纳入到社会主义轨道，为社会主义建设服务"①。例如，在非公有资本中，我国作为社会主义国家可以对存在的剥削和有失公平的现象等等，通过立法以及宏观调控等来加以有效制约，充分发挥诸如社会主义能够集中力量办大事等的制度优势，把"有形的手"与"无形的手"有机结合起来，"手拉手"一起把我国的资源进行优化配置，实现经济社会的全面健康协调发展。可见，我们是能够采取各种有效的措施和手段来加以应对的。

四 人与人之间的伦理关系

何谓伦理关系？伦理关系是指人与人之间关系之客观的"应该"，它是由一定的伦理主体构成的一种特殊的社会关系。宋希仁教授在《论伦理关系》一文中，针对伦理关系的构成要素——伦理主体曾经指出："在人类初始关系的形成过程中，有一个值得思考的问题，就是人的主体性问题。讨论这个问题，就是要说明人类的伦理关系是人对人即主体对主体的关系。只有人意识到自己的主体性并成为主体，才能真正形成

---

① 鲁品越：《社会主义对资本力量：驾驭与导控》，重庆出版社2008年版，第4页。

人类社会的伦理关系。"① 而从伦理学上讲，能够成为伦理主体的则包括个人、集体（组织）和社会三个从低到高的层级。正如朱海林在《伦理关系论》一书中所阐述的："伦理关系的主体是人，但并不意味着它仅仅是单个的人。由于人的活动范围的不同，可以有个人的活动，也可以有群体的活动，也可以有社会的活动。与之相适应，伦理关系的主体也就相应地有个人主体、群体主体和社会整体主体。"②

应当看到，这三个层次的伦理主体彼此之间并不是割裂的。"其中，个体主体是作为单独个人存在的伦理关系主体，是伦理关系最基本、最现实的主体形态，包括群体主体和社会整体主体在内的其他主体都是在个体主体的基础上形成的。"③ 而如若这样，说资本的伦理关系蕴含资本与自然、资本与社会、资本与人以及人与人之间的四种伦理关系似乎欠妥；个中理由在于资本和自然，按照以上论述并不能成为伦理主体，如此说资本与自然、资本与社会、资本与人之间的伦理关系似难成立。然而笔者却认为，此种论点只是看到了问题的表象，而我们从本质上对此进行审视，可以发现资本与自然、社会和人之间的伦理关系事实上就是资本的所有者与自然、社会和人之间的伦理关系。由此可见，它们实际上就是资本场域下人与人之间伦理关系的具体表征，换言之，人与人之间的伦理关系是它们的本质和逻辑指向。诚然，这种本质性的伦理关系是不能够被我们加以直观的。因为"伦理关系或其他事物的关系，存在于人与人之间，存在于事物的内部、现象的背后，用感官是感知不到的，只能用理性、思维去认识和把握"④。

同时，应该承认，"这种关系既不是自然的、盲目的关系，也不是由权威、律令强行规定的关系，而是一种由关系双方作为自觉主体本着'应当如此'的精神相互对待的关系。这种关系就体现着人与人之间的伦理关系"⑤。在这里，我们能够发现，伦理关系的内涵实际上包含两个

---

① 宋希仁：《论伦理关系》，《中国人民大学学报》2000年第3期。
② 朱海林：《伦理关系论》，光明日报出版社2011年版，第88页。
③ 朱海林：《论伦理关系的结构》，《河南师范大学学报》（哲学社会科学版）2010年第3期。
④ 宋希仁：《马克思恩格斯道德哲学研究》，中国社会科学出版社2012年版，第249页。
⑤ 宋希仁：《论伦理关系》，《中国人民大学学报》2000年第3期。

方面：一是主体与主体之间的客观实体关系。例如家庭伦理关系中的父子关系、母女关系以及兄弟姐妹关系，等等；二是蕴含一定的主体自觉意识。而在我看来，这种"主体自觉意识"首先表征了人和人之间的伦理关系不同于动物之间的代际关系。后者是自然的或者说是动物的一种本能，它缺乏构成伦理关系必备的自觉意识的主观精神要件。其次，此种"主体自觉意识"还体认着作为伦理主体的人自觉意识到自己同他人、集体和社会等伦理主体相互之间利益关系的"应当怎样"的认知。只有具备这两个要素的社会关系才能构成伦理关系。朱海林在《论伦理关系的结构》一文中对此还特别举例进行了说明："父子之间单纯的客观血缘关系还不是伦理关系，而只是一种简单的代际关系。从某种意义上说，这种简单的代际关系与动物代际关系并没有根本区别。父子关系只有在主体意识、道德观念的作用下，即父亲和儿子分别具有作为父亲和作为儿子'应该怎样'的意识，在这种意识的指导和作用下的父子关系才是伦理关系。"①

此外，值得注意的是，"应该怎样"还表征了伦理关系存在的领域是"应然"的领域，而诸如经济关系、政治关系、法律关系等其他社会关系则属于"实然"（是怎样）领域。而这两大领域存在着密切的关联：后者是前者的基础，而前者则是在后者基础上对其进行一定的伦理评价，它表征的是事物善与恶的价值向度，相对于前者具有更高的价值地位。从某种意义上说，这也凸显了伦理关系相对于其他社会关系具有更大的普遍性，它广泛渗透于经济关系、政治关系、文化关系、法律关系等其他社会关系之中。还有需要特别引起我们关注的是，伦理关系所强调的"应该这样"主要是从其调节的方式和手段这一维度来讲的。这也是伦理道德关系异于其他社会关系的一个突出的表现。罗国杰先生在其《伦理学》一书中就曾经深刻地剖析道："道德关系是人类社会的一种特殊社会关系。它之所以特殊，就在于它包含着与经济、政治、法权等关系不同的特殊矛盾，具有特殊的规范调节方式。"②

---

① 朱海林：《论伦理关系的结构》，《河南师范大学学报》（哲学社会科学版）2010年第3期。

② 罗国杰：《伦理学（修订版）》，人民出版社2014年版，第10页。

展开来说，伦理关系的调节和维护不同于其他社会关系，特别是异于政治关系和法律关系。因为众所周知，政治关系和法律关系主要凭借的是国家的强制力，它们指向的是"必须这样"。例如，法律关系的调节依赖的就是警察、法院、检察院、监狱以及军队等国家暴力机器，并且只有专门的机构和人员才能充当法律关系调节的主体。而伦理关系的调整则不然，它主要诉诸人们的良心即内心信念以及一定的社会舆论和风俗习惯，并且一切人、集体乃至整个社会都可以充当调整伦理关系的主体。两相比较，可见伦理关系调节的主要方式和手段是柔性的，而其他社会关系调整的主要方式和手段则是刚性的。

归根结底，"人与人之间的伦理关系是人作为自觉主体体现'应该'要求的客观关系，这种客观伦理关系有其出现和发展的社会经济基础"[1]。而从某种意义上说，"伦理关系也可以说是道德关系。因为道德和伦理是一而二，二而一的，伦理离不开道德，道德也离不开伦理"[2]。因此，伦理关系的产生不是凭空的。"它是由经济关系所决定并且按照一定的道德观念、道德原则和规范所形成的一种特殊的社会关系。"[3] 据此，资本产生以后的社会经济关系及其发展水平便为资本条件下人与人之间的伦理关系的生成奠定了其必然的物质基础。

循此继进，相较于以自然经济占支配地位，资本还没有成为社会"普照之光"的前资本主义社会，在资本条件下的人与人之间的伦理关系并没有十分尖锐。原因在于虽然说此时社会上存在一定的剥削和压迫现象，但这种剥削和压榨的程度还在社会"可承受"的范围内。因此，前资本主义社会资本条件下的人与人之间的伦理关系还相对简单。但"在一般社会关系上，资本主义制度下的资本不顾一切的增殖欲望，将人与人之间的各种伦理关系塑造为货币关系，由此编织了人与人之间的服从资本运行需要的理性经济人的关系"[4]。同样，对于资本主义条件下

---

[1] 刘琳：《〈资本论〉的经济伦理思想研究》，安徽大学出版社2008年版，第208页。
[2] 宋希仁：《伦理与道德的异同》，《河南师范大学学报》（哲学社会科学版）2007年第5期。
[3] 罗国杰：《伦理学（修订版）》，人民出版社2014年版，第8页。
[4] 鲁品越：《社会主义对资本力量：驾驭与导控》，重庆出版社2008年版，第109—110页。

的人与人之间的伦理关系，马克思在《共产党宣言》中也曾有过经典的阐述："资产阶级在它已经取得了统治的地方把一切封建的、宗法的和田园诗般的关系都破坏了。它无情地斩断了把人们束缚于天然尊长的形形色色的封建羁绊，它使人和人之间除了赤裸裸的利害关系，除了冷酷无情的'现金交易'，就再也没有任何别的联系了。"[①] 可见，对于资本主义社会资本条件下的人与人之间的伦理关系，其实质就是"货币关系"抑或"理性经济人的关系"。归根结底也就是马克思一针见血所指出的"赤裸裸的利害关系"。而对于我国当前社会主义初级阶段资本条件下的人与人之间的伦理关系，则相对要复杂得多。综合之前我们对资本与自然、资本与社会，尤其是对资本与人之间伦理关系的梳理，不难发现，要想科学厘定社会主义社会资本条件下人与人之间的伦理关系，必须从我国当下社会中存在的公有资本和非公有资本两个维度进行全面系统地分析。而又特别由于资本与人之间的伦理关系实质上就是掌握资本的人同人之间的伦理关系，因此我国社会主义初级阶段资本条件下的人与人之间的伦理关系事实上就集中体现在之前资本与人之间伦理关系分析的向度上。

综上，资本是现代经济学的核心范畴。资本在运行的过程中必然会与自然、社会、人发生某种利益关联。可见，资本的伦理关系表征在三个维度：一是资本与自然之间的伦理关系；二是资本与社会之间的伦理关系；三是资本与人之间的伦理关系。而这三种伦理关系还只是资本的伦理关系的表象，它们最终皆指向了问题的本质即三者归之于资本因素下人与人之间的伦理关系。

第三节　资本逻辑及其伦理本质

资本是资本主义社会里占据主导话语的控制方案和统治方式，作为一种现实性的"同质化"的抽象力量和一种"可感觉而又超感觉的物"，资本宰制、统摄和操控着人的世界及其历史。从历史视域审视资本的道德实践，资本以其增殖本性所导致的剥削和贫困而呈现出罪恶的面孔，

[①] 《马克思恩格斯文集》（第2卷），人民出版社2009年版，第34页。

同时也因带来的发展、竞争、繁荣与和平而凸显出善的另一面。资本的功利化趋势使世界成为世界历史。在经济全球化这一基本态势下审视资本的道德面貌，我们必须积极肯定资本的全球流动给人类生活带来的变化与效益，同时也必须正视资本追求快感所带来的对工具理性的张扬而对人的全面发展的伤害与破坏，在批判和超越资本逻辑的理念下理性地面对资本。

一 资本逻辑的静态分析：论域与实质

以追求增殖为目的的资本是不断变化的，但它同时又是一种"静态"的存在：作为一种普照的光，资本在资本主义社会里无可质疑地成为一种大写的"一"和"绝对精神"，安排着其他一切"动态"的存在。在《资本论》第一卷中，马克思将资本这一很"古怪的东西"抽象为巨大的"形而上学本质"，并称它充满了"形而上学的微妙和神学的怪诞"。[①] 然而，剥去这个"微妙"和"怪诞"的神秘外衣，我们发现，这种"暴政"的力量颠倒了人与物的关系，破坏了人与人的依赖，也最终以自己的力量将自己送上历史的"断头台"。

（一）资本逻辑的论域：资本作为总体性的存在

作为现代性基本力量的塑造者，资本构造了现代性的总体图景，因而是现代社会特有的一种逻辑规制。"资本"与"逻辑"的联姻绝不是人为臆造的结果，而是有着自身的特殊规定性。在这一意义上，我们将资本逻辑理解为资本占据支配地位的现代生产方式的景况。资本在现代社会是一种总体性的存在，这种总体性存在"一览无遗"地解释着资本社会所有的内在联系、运动轨迹和发展规律。

第一，资本是现代社会秩序、结构样态和现代人的价值理念、行为方式的规制者和塑造者。资本的出现，瓦解和消灭了传统社会森严的等级制度，打破了传统的家庭血缘关系，打碎了传统的羁绊，赤裸裸的利害关系将温情脉脉的面纱逐步揭开，一切固定的关系都烟消云散之后，资本按照自己的意愿"设计"出一整套有利于自身更好生长的社会秩序，形成了"同一性"的新的社会运作机制，现代社会的经济、政治和

[①] 《马克思恩格斯文集》（第5卷），人民出版社2009年版，第88页。

文化都在资本逻辑的"夷平"下呈现出不断同一化的趋势。正如马克思所指出的那样，资本在资本主义社会是"作为在法律的、政治的、社会的关系上发展了的东西，平等和自由不过是另一次方的这种基础而已"①。在资本逻辑的力量下，整个社会的政治结构与文化形态与以往相比都发生了重大变化。所谓的政治民主、自由和平等都是在资本的话语"挟制"下衍生的，因而都是为资本扩张服务的政治工具；在文化领域，不管是大众文化还是精英文化，都已经深深地烙上了商业的烙印而"整齐划一"地运作着。

同时，现代性的世俗化运动展现了理性的"祛魅"力量，但却改变了现代人的基本精神生活样态。货币化、资本化的赤裸裸行为，大大改变了人们的价值理念。商品拜物教、货币拜物教和资本拜物教的魔力吸引着每一个人，在他们心里，曾经至为重要的亲情、爱情、信仰等已经不再重要，资本逻辑可以帮助他们实现一切愿望，可支配的财富、社会的权力都可以在资本的魔棒下实现。作为"人格化的资本"，资本家自身的本性是由资本赋予的，他们内心极强的致富欲望是他们最为真实的存在状态。资本逻辑促成了人的理性化，也催生了人的同质化，质的差异性被量的同一性所取代，社会的总体性代替了人的个性，统治每个被"夷平化"的个体，人格的平面化的结果无疑是人格的资本化：人将激情、追求和向往都投注在货币和资本之上，理性于是畸变为非理性的疯狂的无止境的拜物狂潮，内心的神圣只剩下那个大写的"钱"。

因而，在资本逻辑的作用下，传统的社会机制、社会结构和人的存在方式都已发生重大变化，资本在延伸自己的触角和壮大自己的力量的同时，也完成了对现代社会秩序、结构样态和现代人的价值理念与行为方式的规制和塑造。

第二，资本逻辑催生着技术的不断进步，而技术的进步却以道德的破坏为代价。技术的不断进步是资本逻辑运作的必然结果。为了实现增殖的目的，资本必然四处奔波，用尽浑身解数，不惜一切力量来提高作为"第一生产力"的科学技术。因而，新技术不断出现，人们生活水平不断提高，生产能力不断增强，技术又反过来统治人们的生活，使"人

---

① 《马克思恩格斯全集》（第30卷），人民出版社1995年版，第199页。

们生活世界的殖民化"出现。在后工业时代,数字技术使得我们的生产方式、生活方式以及关系世界、精神世界被编码和符号所控制。这时,作为主体的人已经被依附在主体上的符码所代替,失去了独立成活的意义。然而,技术的每一次革新都是以从事旧技术工人的失业为代价。更为可怕的是,失业在资本主义社会既是必然的又是必须的,它维系着整个社会生活的正常运转。同时,新技术的出现,必然伴随着对个人剥削程度的加深,"机器具有减少人类劳动和使劳动更有成效的神奇力量,然而却引起了饥饿和过度的疲劳"[①]。福柯也指出说:"尽管工人宁愿要行会制度也不要这种新的监视制度,雇主却认为后者是与工业生产、私有财产和利润体制密不可分的。在一个工厂、大铁厂或矿山里,支出的项目不胜繁杂。在每一项上稍有弄虚作假,合计起来就是巨大的欺诈。这不仅会吞噬利润,而且会流失资本。……他们的作用就是'监督工人,巡视各工作地点,向经理报告各种情况',这样,监视就变成一个决定性的经济活动因素,既是生产机构中的一个组成部分,又是规训权力的一个特殊机制。'一旦受到资本控制的劳动成为协作劳动,管理、监督和调节的工作就变成资本的一个职能。一旦成为资本的职能,它就获得了特殊的性质'。"[②] 该特殊性质有两个核心要义:一是为剩余价值而生产;二是为生产剩余价值的成本降低而努力。在福柯看来,资本逻辑在微观权力的作用下,渗透到人们的日常生活当中,已经内化为人们的一种生活习性,而不管人们是否愿意承认。马克思据此深刻指出:"在这个时代中,任何进步同时也是相对的退步,因为在这种进步中,一些人的幸福和发展是通过另一些人的痛苦和受压抑而实现的。"[③] 因此可以说:"技术的胜利,似乎是以道德的败坏为代价换来的。"[④]

(二)资本逻辑的实质:由"自我实现"走向"自我毁灭"

资本是一个矛盾性的存在,一方面追求社会全面进步,另一方面却不断制造着社会的片面化和残缺化,这个矛盾决定了资本主义社会终究

---

① 《马克思恩格斯文集》(第2卷),人民出版社2009年版,第580页。
② [法]米歇尔·福柯:《规训与惩罚》,刘北成、杨远婴译,生活·读书·新知三联书店2003年版,第198—199页。
③ 《马克思恩格斯文集》(第4卷),人民出版社2009年版,第78页。
④ 《马克思恩格斯文集》(第2卷),人民出版社2009年版,第580页。

将被新的社会形态所取代，逃脱不了被历史扬弃的厄运。因而可以说，由资本逻辑主导的社会必然是一个让人喜忧参半的社会，这个社会必然表现为一个由自我生长起来的力量最终来摧毁自我的过程。马克思对此这样论述说："在资本的简单概念中必然自在地包含着资本的文明化趋势等等，这种趋势并非像迄今为止的经济学著作中所说的那样，只表现为外部的结果。同样必须指出，在资本的简单概念中已经潜在地包含着以后才暴露出来的那些矛盾。"① 在资本的发展与舒展的过程中，它呈现出来的是就自我的生长、发展与灭亡，或者说，资本自身的局限性和狭隘性集中表现为资本推动的社会发展是在对抗分裂的社会形式中进行的。资本的增殖结果促成了资本的贬值，资本的贬值使得资本不得不克服各种限制而寻求出路，在不断突破自我限制中实现着自我价值，而自我价值实现的尽头必然是自我毁灭的命运，这构成了资本逻辑从无限扩张、无限舒展而最终走向自我灭亡的道路。

在资本主义社会，由于生产力与生产关系的对抗性矛盾的存在，使得资本逻辑的存在本身内地包含着各种危机。在资本身上，体现着资本主义社会的私人占有与社会化大生产之间的矛盾，也即资本主义社会的生产是私人性质的，但是产品要想实现自身的价值又必须通过社会性来完成。这样一来，资本作为一种生产关系，在资本主义社会里就是一种客观的、现实的矛盾性存在。然而，伴随着社会生产力的发展，经济危机的不可避免，资本这一生产关系自身的内在矛盾终将会破裂开来，一种新的生产关系最终将取代旧的生产关系而成长起来。马克思据此指出，是资本的产生、发展产生了炸毁这个社会的"引线"和"地雷"："在以交换价值为基础的资产阶级社会内部，产生出一些交往关系和生产关系，它们同时又是炸毁这个社会的地雷。"② 因为在这里，生产的全部性质，是"资本的增殖，而不是资本的消费"，因此，资本的发展结果一定会是这样，它不仅不断生产着自身，也不断生产着毁灭自身所需要的现实关系。资本的"自我增殖"在现实中促发着资本的"自我贬值"，"克服限制"伴生着"自我限制"，再由"自我实现"走向"自我

---

① 《马克思恩格斯文集》（第8卷），人民出版社2009年版，第95—96页。
② 同上书，第54页。

毁灭"。这是资本逻辑从"无限扩张"走向"自我克服"的矛盾性演化趋势。因而，资本逻辑就是通过自我贬值—自我实现—发展的过程，通过"自虐"的方式来"自恋"的过程。这样，资本逻辑的二重性就是文明化与对抗化的矛盾，创造与毁灭的矛盾，罗马双面神的矛盾。因此，"历史是认真的，经过许多阶段才把陈旧的形态送进坟墓。世界历史形态的最后一个阶段是它的喜剧"①。

总之，资本将现代性的多个要素、多重内涵和多种逻辑统合在一起，经济领域的商品生产、政治领域的权力生产还是文化思想的生产，都不得不臣服于资本支配的工业生产及其关系。资本广泛渗透并全面主宰了资本主义社会的全部方面和过程，甚至包括个人的身体、个性、心理等各个领域，成为一种总体性存在而渗透于资本主义社会的每一个细胞中。

二 历史视域中资本的道德实践：善与恶的两面性

在资本主义社会里，资本的根基在于生产与再生产的不断扩大，交换价值所表现出来的，只是一种外在的东西。而在资本的生产与再生产过程中，它给人们勾画出来的是一个喜忧参半的现实世界。

（一）繁荣与发展：资本的重大作用与积极力量

历史唯物主义认为，资本主义社会取代封建主义无疑是人类社会历史发展的一大进步。而这其中，资本作为一种新型的生产关系，它对生产力的促进作用是毋庸置疑的。马克思指出，资本的出现摧毁了一切陈旧的生产关系，因而极大地促进了社会生产的巨大发展；资本很大限度地拓展了市场，因而使得人们的需要也得以迅速扩大；在这一基础上，人们的消费需要使得生产再度扩大，而生产越来越呈现出多元化的趋势。不仅如此，由于资本自身增长的需要，它必然促使社会生产不断地改进技术，不断采用更加先进的生产方式，这样一来，资本就在客观上"更有利于生产力的发展，有利于社会关系的发展，有利于更高级的新形态的各种要素的创造"②。而生产力和生产关系不断发展的结果，就是

---

① 《马克思恩格斯文集》（第1卷），人民出版社2009年版，第7页。
② 《马克思恩格斯文集》（第8卷），人民出版社2009年版，第927—928页。

资本主义财富的不断积累和人们的普遍勤劳,这导致资本主义社会的巨大繁荣。在这一意义上,资本主义社会无疑"产生了资本的伟大的文明作用;它创造了这样一个社会阶段,与这个社会阶段相比,一切以前的社会阶段都只表现为人类的地方性发展和对自然的崇拜"①。资本主义社会里,大机器的普遍使用和生产社会化手段的不断推广,使得资产阶级四处开辟世界市场,促进民族交往,最终使得资本主义社会"在它的不到一百年的阶级统治中所创造的生产力,比过去一切世代创造的全部生产力还要多,还要大"②。正是由于这一原因,资本主义才能迅速发展起来,第一大社会形态才发展为第二大社会形态。资本按照自己的意愿创造了一个世界,为人的解放和自由发展创造了物质条件,这是应予以充分肯定的重大作用。

(二)剥削与贫困:资本的潜在危险与文明暴行

资本的增殖行为看似是投资者的贪婪欲望,实质是社会关系的强制力量。在资本实现不断增殖与吸吮活劳动的过程中,资本所隐含的各种潜在危险与文明暴行也就暴露出来了,有产者对无产者的剥削,无产者自身贫困的不断加剧,富者对穷者的侵略,富者与穷者之间的差距不断加大,都是资本带给人类的无法言说的伤痛。

资本为了使整个世界和所有生产方式置于自己的统治之下,必然会到处落户,到处开发。历史上,农业民族打不过游牧民族(如古罗马时期的多数战争),工业民族征服所有的农业民族和游牧民族,也都说明了这一点。资本的强大打破了落后生产和生活方式的迷梦,给落后民族带去屈辱和灾难,使落后民族不得不在资本"过度的文明暴行"中书写着苦难的血泪历史。这被马克思视为一个"新时代"的开始,也被他痛斥为"地方从属于西方"的野蛮历史。因为资本在改造世界的过程中,并没有以其"先进的文明"给外来民族带来福音;相反带给外来民族的是征服、侵略、内战、血泪、屠杀等深重的灾难。马克思痛恨地指出:"在这场决斗中,陈腐世界的代表是激于道义,而最现代的社会的代表却是为了获得贱买贵卖的特权——这真是任何诗人想

---

① 《马克思恩格斯文集》(第8卷),人民出版社2009年版,第90页。
② 《马克思恩格斯文集》(第2卷),人民出版社2009年版,第36页。

也不敢想的一种奇异的对联式悲歌。"① 无疑，"这场决斗"的最终结果，就是强者不断欺凌弱者，并导致了阶级矛盾的不断加深和社会矛盾的不断加重。

三 现代视域中资本的道德之维：利用与控制的双重构境

在巴塔耶看来，今天我们的现实生活是建立在功利性的生产基础之上的，这种生活是以与人类世俗功用利益为目的的占有性的"俗事物"或世俗世界生活。在这个物性和功利性统治的世俗世界里，任何物品都以工具化、目的化一环指向另一环，以构成效用式的物的体系世界。②资本逻辑的统治导致并日益加剧着"物的人格化和人格的物化"③。在这个"经济动物的王国"里，至高无上的资本运转逻辑不仅规制着人们日常生活逻辑的习惯、秩序和规则，也规制着自然生态环境秩序。哈贝马斯认为，资本主导和膨胀的必然结果，是人的日常生活交往理性的萎缩和技术工具理性的泛滥，"日常生活的殖民化"是工具理性泛滥的直接恶果：资本的功利性严重侵害了人的日常生活秩序，传统道德政治生活规则以及国际关系，最终导致经济和金融持续性危机的发生。"消费社会"被列斐伏尔认定是一个"消费被控制的官僚政治社会"，人的日常生活日益被消费设计并符号化。资本主义通过控制消费从而全面控制了日常生活，获得了新的活力，却将人类推进了一个消费被控制、欲望被制造、满足与匮乏交替循环的符号化消费时代。在这个时代，人的生理、心理甚至想象的能力都被全面纳入资本主义的体系之中。历史终结了，阶级隐退了，"生产之镜"打碎了，主体死亡了。人的日常生活被时装、休闲、旅游、汽车、广告、电视、网络等流动着的无形亚体系操控，被虚假欲望和符号体系所深深奴役着。现代商品世界是品牌的世界，每一品牌都是特定的具有增殖能力的货币化符号，"品牌崇拜"成为现代经济生活的显著特征。交换价值严重脱离使用价值，人的欲望不断被制造不断被满足又不断匮乏着，人因无法逃脱的符号化、科层化、

---

① 《马克思恩格斯文集》（第2卷），人民出版社2009年版，第632页。
② 张一兵：《巴塔耶——没有伪装，没有光与影的游戏》，《社会科学论坛》2004年第11期。
③ 《马克思恩格斯文集》（第8卷），人民出版社2009年版，第393页。

抽象化、匿名化及"零度化"的钳制而倍感失落、焦虑、孤独和绝望。列斐伏尔对此不禁悲叹:"马克思一百年前所界定的整个结构,因缺乏支持和巩固'人类总体性'的革命而瓦解。世界被碎片化了……"① 这种"消费恐怖主义"就是现代人的真实生活境遇。

在歌德那里,"浮士德难题"是浮士德人格中的两种矛盾冲突即"肯定"和"善"的因素同"否定"和"恶"的因素之间的复杂关系及其发展历程,它其实也是人类共同的难题,是每个人在追寻人生的价值和意义时都将无法逃避的"灵"与"肉"、自然欲求和道德灵境、个人幸福与社会责任之间的两难选择。马克思据此对现代社会这样描述:"现在,我们眼前又进行着类似的运动。资产阶级的生产关系和交换关系,资产阶级的所有制关系,这个曾经仿佛用法术创造了如此庞大的生产资料和交换手段的现代资产阶级社会,现在像一个魔法师一样不能再支配自己用法术呼唤出来的魔鬼了。"② 魔鬼的强大让魔法师几乎难以驾驭和控制,究其原因,无疑是资本这一"魔鬼"在作怪。时至今日,马克思所批判的"经济统治社会生活"、外在于个人的市场的经济力量支配整个社会存在的状况仍然没有改变。居伊·德波在《景观社会》中认为,在现代社会,提高了的生活水平是一种镀金的贫穷,但不可能超越贫穷。迈克尔·桑德尔也认为,资本攫取一切领域进行交易,但市场本身并不自发产生道德,而是因更加关注效益造成对交换效果的忽视,因为"腐化现象内在于市场,它不能通过调整市场背景来得到遏制"③。"单面人"之所以存在,就是因为资本的功利性所导致的工具理性与价值理性发生了严重分裂,资本在人实现全面发展的道路上实现着"助推"作用的同时,又不光彩地扮演了"阻滞"的角色。现代文明就是人与资本之间的一场博弈,是价值与工具的对峙,是道德、良心与知识、技术、利益的对立,是自我实现的目的与自我实现的手段之间的相互斗争,表现为目的与手段的关系颠倒。人沦为金钱的奴隶,人日益异化和

---

① Henri Lefebvre, *Everyday Life in the Modern World*, London: The Athlone Press, 2000, p. 70.
② 《马克思恩格斯文集》(第2卷),人民出版社2009年版,第37页。
③ [美]迈克尔·桑德尔:《金钱不能买什么——重新思考市场的道德局限》,《社会科学报》2012年9月18日第3版。

物化的命运控诉着资本的罪恶，也渴求并呼唤着作为价值主体的人能够清醒而有效地控制资本，以弥合工具理性与价值理性的分裂。

四　资本本体的道德检视及其理论后果

资本究竟有没有道德属性，资本究竟在何种意义上具有道德属性，不同的学者站在不同的立场进行了论证。仔细思考资本与道德之间的"话语缠绕"，检视这种缠绕背后的理解"视差"，我们发现，在终极意义上对资本进行道德维度的检视是为了实现对资本的控制或超越，而这种形式的积淀为通向未来社会铺设了微观基础（即文化或文明意义上的积淀）的桥梁。当然，未来的那个美好社会仅有这种微观基础是不够的，它还需要政治制度建构等的积极介入。而对资本本体进行道德检视，就是对当下社会发展与人的发展问题的深刻反思之必然。

马克思曾经明确表示，他坚决不用"玫瑰色"来描述资本家的面貌。作为一个汇集了善恶的潘多拉盒子，资本的最终消亡也是必然的。资本的本性是一种"必要的恶"（为了推动社会的进步与发展必须以对资本的充分利用为根本条件），资本在自身的生存中确立其特有的界限，然而却也在不断地突破和超越这一界限，进而，这一"活生生的矛盾"运动的后果就是资本对资本的排斥。哈贝马斯曾说："任何臣服于资本积累需要的文明都蕴藏着自我毁灭的种子。"[①] 在历史现象学看来，时间是承载着人的活动和人的感受的时间，时间是人类社会发展的空间。因而，资本逻辑的统摄和主宰并不意味着这一逻辑的不可超越性，相反，资本逻辑自身所内含的善恶并存的矛盾性和自反性逻辑，为资本最终超越自身，更好地体现其"文明化"趋势提供了充分的物质条件及现实可能性。要打破皈依资本的迷梦，"资本既不是生产力发展的绝对形式，也不是与生产力发展绝对一致的财富形式"。而立足于利用资本瓦解和扬弃资本，是现时代条件下超越资本逻辑的必然选择。

马克思历史辩证法告诉我们，异化的扬弃与异化走的是一条道路，人的全面异化正是为未来人的自由个性的实现开辟道路、创造条件。近100年前卢森堡已经在《资本积累论》中给了我们这样的历史论断：

---

① 俞可平：《全球化时代的"马克思主义"》，中央编译出版社1998年版，第42页。

"到了一定的发展阶段,除了实现社会主义外,没有其他的出路。"[①] 也就是说,资本主义生产方式及其所缔结的布尔乔亚王国——现代资产阶级社会为什么必然要被超越,实际上不仅仅是因为它在社会生产关系上使雇佣劳动处在资本的剥削与压迫之中,而且还是因为它同时也是一种对自然生态环境的不可逆转的破坏与掠夺。实际上,这种对人和自然的双重压迫与剥削的生产方式,如同生态马克思主义者福斯特所说,需要一种"社会正义和环境正义的联盟",才有可能建构起一种新的生产方式,从而从资本主义资本逻辑中突围出来。故而,齐格蒙特·鲍曼在《现代性与矛盾性》中断言,实践中的社会主义是现代性的最后立场,也是现代性的彻底化。[②]

第四节 资本组合及其道德境域

一 从生产资本到金融资本的概念演进

自经济学产生以来,资本一词便作为其理论构建中的重要概念频繁地出现于各种流派的经济学理论中。这不仅体现出资本概念本身的复杂性,更是人类生产力发展过程的一段缩影。恩格斯曾言:"一门科学提出的每一种新见解都包含着这门学科的术语的革命。"[③] 回顾资本概念的历史发展,挖掘蕴含其中的社会经济史脉络,不单是辩证唯物主义视角下历史与逻辑一致性的必然要求,更是对当前社会环境下资本运作科学认识的基础。因此,在讨论当下资本组合和道德境域的有机联系时,首先需要对资本概念演化进行梳理与总结。

随着商业贸易范围的扩大,人们渐渐认识到,货币只能作为利息生成过程中的媒介而存在。正在带来利息的是隐藏在货币交易背后的物,即"财货"本身。资本除却在流通领域表现出利益增殖外,对生产领域也产

---

① [德] 罗莎·卢森堡:《资本积累论》,彭尘舜、吴纪先译,上海三联书店1959年版,第376页。
② [英] 齐格蒙特·鲍曼:《现代性与矛盾性》,邵迎生译,商务印书馆2003年版,第396页。
③ 《马克思恩格斯文集》(第5卷),人民出版社2009年版,第33页。

生着深厚的影响。也就是说,资本是可以作为生产力存在的特殊的物。如果仅仅将资本视作货币的一种,那无疑也就承认了货币是具有生产力的,这明显与常识或基本经济学理论相悖。因此,资本的内涵必须要加以外延,由一般等价物上升到生产过程中具有普遍性的物,即将资本视为是生产资料的一种加以分析讨论。这样一来,资本收益来源于生产资料在生产过程中发挥的作用与贡献。然而,将资本视作现实的客观存在的生产资料,虽然对理清资本收益的生产逻辑大有裨益,但却由于生产资料的过分具体化,使得人们无法区分收益生成的过程中哪部分的作用与功能更重要。同时,也无法解决收益承担者与具体存在物之间的矛盾。因此,人们以更为抽象的名词——资本品来指代作为资本的具体生产资料存在物。当人们需要说明资本的生产功能时,就用资本品在生产中的作用加以说明。而需要整体概括论证收益结果时,又倾向于使用资本的概念加以概括。在资本品与资本之间,论证资本生产力与资本的合理性。

资本主义时代的到来与社会化大生产的实现,再次使得资本概念得以扩充。以亚当·斯密为代表的古典经济学派试图将资本的概念拓展到整个市场范围。在斯密看来,资本作为"能使所有者获利的存货"的特殊物品,不仅适用于个人层面,而且应当在社会领域内得以适用,并由此提出了"生产资本"的概念。然而在社会生产的背景下,不同的劳动分工与各生产要素之间的配合使得传统的资本理论难以适应新的发展需要。它无法明确地指出到底是何种资本品最能影响资本的增殖,也无法说明生产过程中其他非物质因素的存在是否能对资本的收益产生影响。

因此,之后出现的新古典主义经济学派将资本视作生产资料的同时,还加入了对生产效率的考量,指出资本的增殖与技术进步之间的密切联系。生产环节并非静态的,而是一个具有时间性的过程。资本不仅仅是实存之物,还应当是广义上的生产过程的集合体。正如庞巴维克所说:"任何迂回的方式都意味着利用比人类的手更有力或更灵巧的力量来为我们服务,资本是与生产过程的迂回或延长结伴而生的。"[1] 资本在生产环节的作用反映了生产的迂回特点,需要明确的是,如果仍然按照之前的观点,将资本视作生产资料的物的集合体,那么资本获利与资本

---

[1] [英]庞巴维克:《资本实证论》,陈端译,商务印书馆1981年版,第71页。

在生产中的存在就必然是毫无关联的。因为作为单纯的物得到集合，资本只能凭借其体量的大小影响生产效率，不能与获利产生直接联系。故此，新古典主义的经济学家们意识到资本概念需要迫切地从物质性概念的束缚中解放出来，把生产过程做成一个"黑箱"，将资本从物中抽象出来作为一个要素与劳动等要素混合到一起。资本概念迎来了它的第三次嬗变。也正是以此为契机，马克思在深刻考察了资本主义社会生产方式的前提下，赋予了资本更为生动和深刻的哲学内涵，他说："资本作为自行增殖的价值，不仅包含着阶级关系，包含着建立在劳动作为雇佣劳动而存在的基础上的一定的社会性质。它是一种运动，是一个经过各个不同阶段的循环过程，这个过程本身又包含循环过程三种不同的形式。因此，它只能理解为运动，而不能理解为静止物。"① 在马克思看来，资本表面看是一种财产所有权的象征，但这种所有权并不只是财产上的占有，而是对劳动的占有，对社会整体的控制。既然资本体现的是一种生产关系，它要按照自己的内在规律为自己开辟道路，具有支配一切的经济权力，以资本为中心形成它的生产结构和经济权力结构。

自20世纪70年代以来，随着全球化水平的不断加深，生产资本为了更好地适应资本扩张的需要，呈现出越来越明显的"金融化"趋势。在2008年美国金融危机后，"金融化"问题更是被马克思主义经济学界公认为当代资本主义最重要的时代特征。希法亭在《金融资本》一书中指出，金融资本是为"归银行支配和由产业资本家使用的资本"②，其形成的关键在于"银行权力的增大，变成了产业的创立者以及最后变成产业的统治者"③。同时，金融资本同样也是一种社会生产关系，它是资本自己最高和最抽象的表现形式，金融资本的出现与盛行标志着资本统一化时代的到来。这些新特征体现出资本扩张的新变化以及资本增殖的新手段。作为超越生产资本而存在的金融资本，不仅仅凭借社会经济层面的力量攫取利益，更多地开始渗透到社会政治文化结构中，全方面地完成内部发展逻辑。在传统的资本主义生产方式中，商业资本从属于生产

---

① 《马克思恩格斯文集》（第6卷），人民出版社2009年版，第121—122页。
② ［德］鲁道夫·希法亭：《金融资本》，福民等译，商务出版社1997年版，第253页。
③ 王莉娟：《金融资本的历史与现实》，《当代财经》2011年第5期。

资本而存在，而金融资本出现后，生产资本日益依赖于银行资本，随着卡特尔化和托拉斯化，金融资本达到了它的权力的顶峰参与到资本主义的循环中，"表现为君临社会生活过程的统一力量"，"对经济统治的同时也提供了对国家政权的权力手段的支配"。[①] 可以说，资本正是通过金融化的手段完成了资本巨头的独裁统治，即操纵国家机器而制定符合其利益的内外政策，最终实现资本利益最大化的目的。2008年美国次贷危机背景下的"两房"危机，正是金融资本扩张恶果的直接体现。2006年以来，美国房地产市场明显降温，加之其他银行和对冲基金的业务竞争，"两房"的利润增长明显放缓。在此情况下，房利美把眼光盯上了高风险的贷款新产品和次级贷款市场，房地产商们也不甘落后，他们在次级贷款市场上大显身手，仅2006年上半年，"两房"就吃进了次级贷款市场2728亿美元中25%的份额，房利美的次级贷款在其总资产中的比例高达15%。伴随房价的持续下跌和信贷危机的初步显现，"两房"经营中遇到了"寒流"，开始接连出现巨额亏损。由于担心两家公司破产对美国金融市场和整体经济造成严重冲击，2008年7月13日联邦储备银行和财政部宣布了援救"两房"的计划，然而政策性的援助并不能实质性挽回经济秩序的混乱，截至2009年年底，美国房地产市场的总体亏损达到239亿美元，相当于上年同期亏损额的近10倍。可以看到，"两房"主要运用"抵押贷款证券"和"担保抵押贷款证券"这两个金融工具，在二级市场上以"按揭组合"和"按揭担保证券"的方式完成自身的资本组合。在缺乏有效宏观调控的状况下，两房的房地产抵押贷款证券业务发展很快，其本身从中获得大量利润。高利润的驱动力以及抵押贷款证券化给美国房地产市场带来的繁荣，冲昏了"两房"经营者的头脑，他们几乎是肆无忌惮地扩大业务规模，并最终导致了零和博弈的结局出现。现代社会语境下，资本盲目的逐利性与其对社会结构的深层渗入所造成的后果可见一斑。

资本的概念并非是固有的，它伴随着人们社会实践的深入而不断地扩充，它经历了由现实存在物到抽象存在物再到抽象社会关系的变化过程，这不仅是人们对资本概念认识不断深化的体现，更是资本在社会经

---

① [德] 鲁道夫·希法亭：《金融资本》，福民等译，商务出版社1997年版，第265页。

济生活中发挥作用的必然需求。所以，在论证资本组合与道德境域的联系时，必须要对资本的概念生成有一个明确的把握，才能合理地推断出资本运作逻辑与伦理之间的必然联系。可以说，承认资本作为生产资料存在物的一般性特征与社会关系存在的二重性特征，是解读其伦理属性的前提与基础。

二 资本组合及其结构

（一）由静态资本到动态资本组合

通过对资本的简单考察，大致可以将资本定义为以营利为目的，参与生产过程的一种特殊生产要素。在此前提下，就不得不对资本如何作为一种特殊的生产要素以及资本作为生产要素如何参与到生产过程这两个问题作出解答。在传统的经济学理论中，资本的存在是完全客观的，因此在分析资本的运作方式时，往往遵循李嘉图式的"财富学（plutology）"思维方式[1]，即通过对资本存量的净增量（即投资）变化的定量分析，其资本结构也由此完成其历史发展，真正体现出其辅助人们实现主体价值的从属性意义。然而，这样的分析方法无法解释生产过程趋向于某个最优均衡点。在现实社会中，往往出现"在一个变动的经济里面，有着一个固有的趋势，就是利润和亏损倾向于消失。它们之所以一再的复活，那只是因为一些新的变动继续出现"[2]的情况。市场处于变动之中，每一时刻都发生着经济体的新陈代谢。因此想要达到所谓"均衡点"几乎是不可能的，在达到前，经济形势往往已经改变了。所以，分析资本对生产过程的作用时，不必去设想有那么一个均衡中的均衡点问题，即在静态分析的理想条件下，生产过程出于市场的推动，总是无限的状态，更应该注重的是市场的变化性，在"非均衡"的前提下看待资本运作。

这就带来了看待资本的视角转变，即奥地利学派经济学家路德维希·拉赫曼（Ludwig Lachmann）所提出的主观主义过程分析法，从制订

---

[1] Hicksj R., *Revolution in Economics*, *Methods and Appraisal in Economics*, Cambridge: Cambridge University Press, 1976, p. 215.
[2] ［奥］米塞斯：《人的行为》，夏道平译，台北：远流出版事业有限公司1991年版，第354页。

和执行生产计划的层面切入，将资本现象与企业家的个人选择联系起来，探究市场运行中资本存量数量的变化（包括投资的变化）以及构成的变化，由此形成一种有机形态学的资本理论。相比于专注宏观利息理论研究的新古典资本理论，拉赫曼的资本结构理论更注重于宏观和微观基础分析整合于一个统一的理论框架之下，从微观（企业）、中观（产业）和宏观（整个经济）三个层面对资本资源作为生产资料使用过程中出现的偶然性现象做出合理的解释，从而能够避免古典经济学凭借理想模型以及定量分析所产生的局限性。

值得一提的是，拉赫曼对资本形态的分析视角主客观变换依据，是建立在资本形态的两大基本假设之上的：一是资本品（在用途上）是异质的。二是我们生活在一个"万花筒般的"（kaleidic）世界[1]。奥地利学派创始人门格尔指出，世界上的物品依据人类的主观评价而具有一定的特性。经济财货是相对于人类对它们的需求而言稀缺的物品。由于进入生产过程的时间不同，经济财货可分为一阶财货和高阶财货。按照是否能够直接满足人类的需求和欲望，消费品被归为一阶财货，而生产中所使用的众多中间产品（即资本品）被归为高阶财货。资本品是最重要的经济财货，具有价值不是因为生产或得到它花费了稀缺资源，而是因为消费者认为由这些资本品生产出来的消费品对他有用。可见，在资本品价值决定问题上，奥地利学派经济学认为价值是向前看的，这不同于古典经济学和新古典经济学认为价值是向后看的（因为生产资本品花费了成本）。拉赫曼在继承门格尔的研究思路的同时，更为注重考察资本的异质性。在他看来，货币形态下的资本与生产资料形式下的资本具有本质上的区别，当资本以生产资料的形式存在时，往往具备货币资本所不存在的异质性特征。因此，不能再简单地将其视作一个整体加以考察，还应当看到资本的异质性特征，对各式各样的资本品进行分析，不同的资本品构成了不同的资本组合，不同的资本组合最终对整个市场的资本结构产生影响。

资本的异质性又可以细分为物理性质方面的不同与用途方面的差异。拉赫曼认为，"在受自身利益推动，并且具有经济目的的企业家来

---

[1] Yohewp, Capital and Its Structure by Ludwig M. Lachmann. *Econometrica*, 1985, 26, (1).

看，资本品用途上而非物理上的异质性才是最重要的"①。因此，即便是同一件物品，只要是使用方式的不同，那也可称之为异质的。故资本品之间彼此不能完全替代为生产消费品，传统理论中以边际收益来解释资本运作的方法，正是犯了这样的错误而陷入困境。资本的本质是资本品存量的有机组合而非数学叠加，其价值无法客观测量。用拉赫曼的话说就是："我们不能把啤酒桶加到高炉上，也不能将卡车加到几码电话线上。"② 基于资本品在用途上的异质性与多重专用性，也就揭示出资本的互补性特征。即一个资本品由于其目的的不可替代性，必须要在与其他资本品以及劳动力的组合中才能实现生产目的，而这种组合必然的是以人（企业家）为主体的。在市场中，为了尽可能地获取最大利润，企业家必须要耗费大量的时间和精力去挑选能实现利润最大化的一组关系，形成资本组合。显然，资本组合是企业家计划的外在物质表达，它体现了主观能动的人在市场行为下的结果。

拉赫曼通过对资本异质性的揭示，完成了资本分析视角的内在转换，主观主义下的资本组合与计划制订者的信息量，认知水平息息相关。不同的资本组合体现出企业家们不同的预期，而预期是一个无法被认为内生的量，因此需要拒绝定量化分析，立足于整体，对全部生产过程做出考察。预期的外在环境是一个真实的、充满意外变化的世界——即"万花筒般"的世界，"万花筒"下的时间与意识同经验密不可分，预期是在经验前提框架之下作出，并受这个框架的影响。经济经验源于知识。知识是"一个人能够在一定时间点上准备行动和计划行动所需求的思想的混合物"③。因此是主观的、分散的，不可被交易且与统一于每个人的时间之下，它与传统经济学视野下客观的、可被交易的信息不同，在"万花筒般"的世界中，知识因主体预期的不同而不同。由此，资本组合除了表现出内在的主观异质性，其在外在环境的具体运作同样是异质的、主观的。正是在这个意义上，拉赫曼提出，应当从资本品的互补性和替代性两方面考虑计划以及作为计划的外在表现的资本组合。

---

① Menger C., *Principles of Economics*, Illinois: Free Press, 1950, p. 87.
② Lachmann L. M., *Capital and Its Structure*, Kansas City: Sheed Andrews, 1978, p. 2.
③ ［奥］米塞斯：《人的行为》，夏道平译，台北：远流出版事业有限公司1991年版，第49页。

资本的替代性表现为企业家们可以选择不同的实物作为自己的资本参与生产，依据个体条件的差异在不同实物中做出权衡，它使得不同种类的资本组合在一起追求相同的目标成为可能，是资本参与生产的刚性基础，而互补性则常常表现为"完成同一个目的或者一组一致目的所使用手段的一种属性，经常使得改变目标而非手段是必要的"[1]，相对于替代性，互补性体现出资本组合的柔性部分，赋予了资本组合随市场变动而调整的可能，即当企业家将预期下的资本组合投入生产后，对市场的预期将对资本组合产生影响，这样的影响使得企业家们自觉或不自觉地将找寻与其他企业家之间的平衡，不断调整自己的计划，在达到利益最大化的均衡状态下进行生产。互补性概念的提出，深化了资本作为社会关系的哲学内涵，为资本的伦理属性出场埋下伏笔。

拉赫曼对于人类行动影响下资本品互补模式变化的关注，为人们解决现实世界利润最大化的问题提供了新的思路，它拓宽了人们认识资本存量的眼界，使人意识到，真正的利润最大化的"均衡点"并非是不变的，不能仅仅局限于现有资本存量去规划资本运作的轨迹。面对着"万花筒"般的世界，时刻保持着计划的制订、失败和修正对于企业家来说是经常发生且必须面对的事情。因此，资本损益（capital gains and losses）作为实行计划过程中必须承担的成本，就不再是一个简单的数学问题，而是事关生产活动目的实现的重大战略问题。

（二）资本组合及其运行逻辑

正如前文所述，资本的最终目的在于攫取利益。面对着真实纷繁的世界，资本组合无疑是达成最大利益的最有效方式。随着生产阶段的结束，不同企业家将带着各自认可的资本组合进入市场，于是，在市场"看不见的手"的支配下，一个个资本组合开始了第二轮的互补，这便构成了整个经济系统的资本结构。生产计划中的资本组合反映着计划框架之内资本品的互补关系。而市场流通环节资本组合的相互影响，则折射出宏观层面资本结构的互补性（structural complementarity）。需要指出的是，结构互补性不是企业家有计划行动的直接结果，而是市场力量影

---

[1] Lachmann, Carl Menger and the incomplete revolution of subjectivism, *Atlantic Economic Journal*, 1978（3）.

响下不同企业计划相互作用的间接结果。哈耶克说过,"我们行动的成功取决于其他人的预期的行动"①,因此每个企业家的计划都是对资源供应者、消费者和竞争者等的行动以及这种行动反映的预期的一个调整。因此,结构互补性是中观(产业)和宏观(整个经济)水平上的,它是人类行动而非人类设计的结果。

那么,资本的结构到底该是怎么样的呢?拉赫曼认为应该是所有计划都对别的计划完全地调整,使得它们全都被执行,任何一个成员的计划都基于对其他成员行动的预期,而其他人同时做出的计划也包含这样的预期。乍看之下,这似乎仍未脱离传统经济学理论里的一般均衡。但拉赫曼借哈耶克的话解释道:从一个人转移到另一个人的财货数量和质量上相互吻合的期望,将使所有这些不同的计划协调成一个——尽管这个"计划"并不存在于任何人的脑袋里。它是被构建出来的。也就是说,拉赫曼认为完美的资本结构仅存于理论之中,类似于韦伯的理性模型,能够反映世界却不存于世界。拉赫曼总结到,市场上的经济力量的确有将人的预期调节一致的倾向,但它时刻被其他因素(如技术进步、信息不对称、知识水平等)影响。所以,企业家行动以及市场的运作共同发挥作用,产生了有关资本投入和使用的一个从微观到中观再到宏观的秩序。显然,这个秩序是自发演进的结果而不是人为设计的结果。任何影响企业家行动和市场运作的因素都会使得这个秩序在形成过程中出现不同程度的偏离。

三 资本组合与道德境域

通过前文对资本组合的考察可以看出,资本组合的最终目的在于完善资本逻辑,达成利益最大化。而想要实现这一目的,不仅要将资本视作一种自然物品,更要认识到隐藏在资本背后社会关系的作用力,即如马克思所说:"资本不是物,而是一定的、社会的、属于一定社会历史形态的生产关系,后者体现在一个物上,并赋予这个物以独特的社会形

---

① [英]弗里德里希·冯·哈耶克:《个人主义与经济秩序》,邓正来译,生活·读书·新知三联书店2003年版,第128页。

式。"① 通过这一论断可以推知,与资本这种物质的社会关系相适应的必定会有一种精神的社会关系,而这种精神的社会关系中就必定包含着伦理关系。伦理体现着人类有关自由的追求与必然认识,对伦理学的基本问题大多建立在"理性假设"之上,人们期望凭借伦理规范的践行将人类世界的混乱状态修葺为一个有秩序的、系统的规则状态,期望能够在自我利益与他人利益均衡互补的前提下,实现自我利益的最大化,这样的过程也体现出对"均衡点"的思索与探寻。伦理学史上出现的功利主义与义务论的现代困境迫使人们对伦理学中人的形象加以反思,在对"善"进行逻辑推理的同时,也不忘综合考虑现实的、物质性的因素,期望在彼岸最高"善"的理念下,建构一种适度、平和、不偏激、温情的目的善。在这个意义上,"合宜的伦理学的目标在于一种人性的尺度,而不在高于或低于这一尺度"②。换言之,由伦理学的基本问题入手,经济学与伦理学能够得出相同的结论来。斯密认为,经济学也好,伦理学也好,其实其价值目标终归是一致的。区别是两个出发点的不同,仅仅表明导致同一结果的两种动机的差别,虽然可能存在"理性人"和"道德人"的假设,但它们的基本价值、目标却是相同的。无论是经济学或者伦理学,都是对人性的不同行为的各自考量,最终仍然要服务于人。因此可以说,当"理性"与"道德"的对立不那么明显时,伦理与资本在逻辑上是必然会走到一起并发生关联的。

(一)"极端利己主义"的道德境域

那么,资本组合究竟会与道德哲学发生何种关联呢?这仍需要回到资本组合的生成逻辑中加以说明。资本组合是由企业家主导的、发生生产环节的一次预期,并最终将在市场中不断互补变化。由此可以看出,资本组合的发展存在着三个节点,即企业家的微观制订、市场的中观互补与社会的宏观把控。这三个节点的资本组合又体现出三种不同的道德境域。

首先,在微观领域,企业家凭借自己所拥有的知识,制订生产计

---

① 《马克思恩格斯文集》(第7卷),人民出版社2009年版,第922页。
② Michael Quante, *Einführung in die allgemeine Ethik*, Darmstadt: Wissenschaftliche Buchgesellschaft, 2003, s. 71.

划，构建资本组合的具体形态。依照马克思历史唯物主义的研究方法，此时的企业家的本质就是资本在现实生活中最直接、最典型的承载物。在这个意义上的企业家，只是经济范畴的人格化，是一定的阶级关系和利益的承担者。因此，企业家对资本组合的预期实际上并不是其自由意志的体现，而是在资本的统治逻辑的支配之下的被动行为。其行为和动机背后传递着的都是资本的要求，在其身上体现的主要都是资本的意志——其应有的人格被遮蔽和覆盖，而资本却在这一过程中获得了具有支配性、主动性与主体性的人格。因此，此时的资本家更多地体现出经济学理论中的"理性人"假设，在伦理行为中表现为极端利己主义（也称庸俗利己主义）原则，处于这一境域的人毫无道德信念，在选择行为时根本不考虑道德方面的要求，也不在乎社会道德舆论的褒贬反应，只考虑个人利益的最大化，有利则做，不利则不做。在这里，伦理上的"善"与经济上的利润最大化相等同，价值判断与定量分析一致，这就导致了摩尔所说的"自然主义谬误"①。把经济利益的最大化看作唯一的善，那就必然意味着其他美好的精神事物和自然事物都只有从属的价值意义，这又明显地与人性相违背而陷入矛盾。同时，每个人的极端利己主义在公共生活领域往往会陷入冲突，因此这一层次下的道德境域往往是暂时的，一旦进入现实社会，就必然地发生改变，并且伴随社会道德水平的提升而提升。需要说明的是，马克思明确指出企业家的贪婪、自私并不能都归因于人的本性，因为资本组合的预期并非都取决于他们的主观意志，而更多的是客观经济关系的反映，企业家是在资本的支配之下成为价值增殖的"狂热追求者"，表现出的特性很大程度上都是资本的特性。这样的道德境域也是资本剥削本质的最直接体现，它的后果是人的异化与拜物教的横行。也正是在此层面，体现出资本之"恶"。

值得注意的是，这种"极端利己主义"思想指导下的简单资本组合，并非是类似于霍布斯所设想的自然状态那样，仅仅存在于理论中。在金融资本成为生产资本主要代言人的现代社会，资本组合下的无序逐利仍然比比皆是，甚至体现出超出社会生产实体，进行纯粹资本游戏或数字组合的趋势，更为隐蔽、精致地完成资本逻辑。例如当前火热的第

---

① ［英］摩尔：《伦理学原理》，长河译，商务印书馆1983年版，第114—115页。

三方支付和P2P，就是这一阶段资本组合的一种体现。不难发现，资本在现代社会与互联网技术的合作中，以"互联网"+"金融"+"资本"的组合形态，以信息服务、众筹、网络融资、虚拟货币等手段攫取了更大的利润。以程度较高的阿里小贷为例，在初期设计中，它以互联网金融业务与传统金融业务的融合构成资本组合，通过与商业银行合作的放贷模式，以小贷公司作为贷款资金来源，形成"商户—电商平台—阿里小贷—小贷公司—银行"的运作机制获取资金。在此基础上，与证券公司合作并在深交所挂牌交易，并将其资本组合转变为"商户—电商平台—阿里小贷—资产转让"的运作机制，直接与证券公司及交易所关联；凭借这样的手段，仅一年时间就募集到了近90亿元的资金。在这样的过程中，资本的运作甚至不需要与社会生产发生直接关联，其运行逻辑也摒弃了实体存在物的生产环节，而化身为纯粹的资本运作行为。这样的资本组合方式固然能够极大地促进社会财富的增加，然而其背后所蕴含的风险隐患同样不能忽视。

（二）"合理利己主义"下的道德境域

而当企业家拿着各自的资本组合进入市场后，中观层面的自由市场往往使得极端利己主义的道德境域发生转变。上面说到，极端利己主义在现实中是无法逻辑自洽的，要想继续完成资本增殖的需要，不同的资本组合之间就必然的需要进行合作与互补。因此，第二层道德境域——"合理利己主义"也就应运而生了。处于这一境域的人，有一定的道德信念，在选择行为时会有道德方面的考量。在市场条件等价交换与自愿交换的前提下，谁要想通过市场为自身谋取更大的利益，谁就必须在更好满足社会和他人的需要上做出更大的努力，否则，自身愿望和利益将难以实现，权利平等、公平交易、诚实守信、遵纪守法构成了维系市场经济有序运作的基本价值观念。因此，企业家彼此间有限度的合作往往比无节制的竞争更有助于个体利益的实现，在这样的现实条件下，企业家们在保障自己利益的前提下，一般会提出合作的要求，有时甚至会做出利他的伦理选择。这样虽然每个企业家的利润并非是数值上的最大化，但却都能在各方平衡的条件下达到实际生活的最大化，这也正是拉赫曼所重视的结构互补的体现；在"万花筒"般的世界中，人格化的资本开始体现出其"道德"的一面。然而这里的道德往往是被动的，他们不完全是出于个人的内在信念而遵从道德，而是由于某种外部或威慑或诱惑的原因而遵从道德，其本质仍未脱离"理性人"的经济学假设，道德仅仅是人格化的资本实现其目的的手段。如果外部限制不复存在，尤其是在无人知晓的情况下，他们已然会根据是否有实现个体利益的最大化选择行为，而不管其结果是否违反道德。尽管如此，道德境域的提升仍然是值得肯定的，因为在市场环境中，资本组合创造出了新的社会形态。"只有资本才创造出资产阶级社会，并创造出社会成员对自然界和社会联系本身的普遍占有。"① 资本主义社会相比于以前的只表现为人类的地方性发展和对自然的崇拜的社会，是人类社会形态的一次伟大更替，也是一个重大进步。从伦理学的角度来看，人格化资本的出现与资本主义时代的到来，完成了差异性的自然道德向平等性的普遍道德的转换，使得以权利与义务为基础的契约伦理为大众认可。许多传统的德目获得了新的诠释，这些都是以前伦理中所没有的。哈里·宾厄姆曾以赞赏的语气描述了这些变化，他认为通过资本，公司和资本家改变了你我的世界，资本富于创造力、不断推陈出新、活力十足、遵守道德、满怀激情，它从未消失，也永远不会消失。② 现代社会所推崇的竞争意识、创新精神与职业操守，都可以从这一道德境域中找寻其影子。当下中国面临的产能过剩难题即是这种资本与道德二元冲突的一个缩影。与发达国家相比，我国目前在钢铁、建材、造船等传统行业出现了严重的产能过剩问题，甚至可以说，产能过剩已然出现向行业性全面过剩的态势。中国企业家调查系统发布的产能过剩调查数据显示，制造业在1992—2002年和2008—2009年期间平均产能利用率分别为69.6%和75.8%。在2013—2014年所调查的19个制造业行业大类，平均产能利用率分别为72.0%和72.2%。2015年我国粗钢产能利用率仅为67.0%，煤炭行业产能利用率为64.9%，水泥行业产能利用率为73.8%。③ 这种产能过剩现象体现出了以下特征：一是"一哄而上"，中国过去的粗放型的经

---

① 《马克思恩格斯文集》（第8卷），人民出版社2009年版，第90页。
② [英]哈里·宾厄姆：《资本主义万恶吗？》，王晓鹏译，中信出版社2012年版，第294页。
③ 国家信息中心宏观经济形势课题组：《去产能政策须抓好两大关键问题》，《中国证券报》2016年3月14日第5版。

济增长方式培育了中国投资领域里的"投资冲动症",因而中国目前的过剩产能都是近几年中国粗放式的、一哄而上式的投资所造成的,这种产能过剩适度期较短,且来势凶猛,因而给社会和企业造成的危害相比国外发达市场经济国家更大;二是"火上浇油",我国一些企业在产品市场需求疲软和价格下跌情况下,仍然贸然扩能、进入;三是"垂而不死",在我国企业技术创新水平相对低下的现实条件下,低端产能过剩的现象也时有发生。这些低端产能早该在市场竞争中被淘汰,但地方政府往往出于地方财政收入及社会稳定的考虑,对其进行输血援救,从而使得这部分企业总能在市场中存活下来;四是"过剩与不足"共存,由于中国的市场经济中存在着大量的非市场因素,进而使得市场供需错配,从而导致中低端产品过剩,而高技术、高性能、高附加值产品短缺。不可否认,产能过剩现象是资本秩序形成过程中必然出现的结构失调现象,微观的企业家行动以及中观和宏观的市场运作的因素都是其成因之一。而从道德境域与资本组合的角度看,在转型时期的中国,产能过剩有着与其他市场经济国家相同和不同的原因。从微观的企业家行动角度来看,造成产能过剩的原因有二,一是企业家在客观知识层面的认识失误。在奥地利学派经济学中,个人行动者不是具有"闪电般计算能力"的理性人,而是被各种偶然与不确定性困扰,无法预知行为后果的感性人。因此,面对既要能够满足消费者需要,又要使组合中的资本品被用于最好用途的协调难题,企业家除了需要具备警觉的能力之外,更需要不断地搜寻或者试错。资本品具有异质性和多重专用性进一步意味着投资具有排他性和不可逆性。一旦企业家实施投资决策时错误地理解消费者需要,或者错误地详细说明资本资源用途,无效供给和不当投资就难以避免,产品过剩和产能过剩随之发生。二是"极端利己主义"的道德境域使然,事实证明,纵使企业家掌握了完全的客观知识,可在具体制订资本组合的计划时,仍然大多出于自我的视角而非社会整体的视角。例如,在已知生产与社会需求相悖时,大多数企业家出于降低自我损失的考虑,大多会选择放缓生产而非闲置生产,这就导致了一种无形的产能过剩。因此,当产能过剩出现,政府期望以市场手段自发地调节,因而出台多项去产能、去库存的措施时,却反而导致"越管制越过剩"现象出现也就不足为奇了。

其次，在中观层面，市场能够施加影响的范围往往止步于经济手段，很难对资本组合中的道德观念施加影响，或者说仅仅能以客观规律的形式劝导人们履行消极义务，难以促人行善。因此，即便在大环境下，市场出现了即将产能过剩的征兆，但仅仅出于经济手段的调节方式往往只能保证人们进行有限的合作，即在消极程度上完成资本组合之间的互补，适应市场结构的变化。在这样的前提下，每个个体都会保留一部分产能，并最终导致整体性的产能过剩仍然时有发生。如从时下热点"湖畔大学"来说，一方面，"湖畔大学"是一个非常典型的利用社会资本进行办学的范例。只要有充分的资本注入，以资本为先导而不是以行政命令为先导，可以在一夜之间就能够实现以往十几年所需要走过的办学道路，"资本的力量"由此可见一斑，但是，也应该充分认识到，以"培养优秀企业家"为目的的湖畔大学，实际上是希望对所谓"企二代"如何接班给出一个答案。其在2017年的招生范围进一步扩大，设计医药医疗、保险金融、投资、食品、日化、家居、通讯、教育、互联网、新能源、智能制造、新科技等12个社会重要领域的企业，几乎囊括了国家经济的方方面面。更是说明了这所大学的目的不在于培养社会价值建设所需的人才，而在于培养能够为资本扩张背书的专才。毫无疑问，湖畔大学是一个讲学的地方，大学的建设者大多是掌握着巨大社会财富和社会权力资源的经济精英，然而我们也该看到，在资本逻辑下，培养这样的人才，意在跟进生产资本与金融资本，并在资本组合中最大限度地掠取收益，这是对经济范畴以外的社会、文化等多结构的侵蚀。如果说传统的资本代言人还是以各自利益为战，谋求各自资本组合的最优化的话，湖畔大学的产生，则标志着资本巨头们有着合流的趋势。这是他们对中国正在发生的变局的新应对，也是这些精英前台人物不甘于被操控的命运而要想"独立自主"而建立的新组织。不管这个组织的口号有多诱人，目标有多伟大，但其中的风险已经不言自明。我们更需要警惕在这个新生态系统的后面的更大利益诉求。

总的来说，在"合理利己主义"的道德境域统摄下，道德与利益相结合，共同促进了社会经济生活的进步。然而这种结合大多是机械的、功利性的组合，虽然短期看来收益颇丰，但在长期的生产实践中却总因其价值的缺失，引发社会性危机。近现代以来，颇受人们关注的"斯密"问题与"搭便车"难题,正是此道德境域困境的生动体现。

(三)"理性利他主义"下的道德境域

道德境域的最后一层转变,即由"理性利己"向"理性利他"的转变,从道德形而上学的角度看,这一过程亦是伦理原则他律向自律的转变。映射到经济生产领域的资本结构中,我们可以看到,仅仅依靠市场这只"看不见的手"去调节企业家们的预期,通过自然互补的方式改善社会层面的道德境域,是存在着局限的。因为它仍未能脱离利益最大化的窠臼,这使得道德之于人很难突破工具价值,到达目的价值的层次。资本虽然导致了人的物化,但人为其人的主体性地位却是恒在的。所以,就社会这一道德主体而言,资本组合的目的性价值在于,能够在把握资本逻辑的基础上提升社会的道德风貌和人们的道德水平。资本逻辑下的人可能暂时地被支配,被动地选择自己的资本组合以适应市场,但资本的自然属性决定了当其作为工具对社会群体和个体都重要到须臾难离,其价值就可能会被提升为目的。对社会来说,资本的伦理属性由工具价值升华目的价值的根据在于社会劳动实践,而对个体来说,则是源于人的社会本质和个体道德生活的历练。

历史证明了人们无法依靠市场自发的活动来完成资本结构的优化。要想完成资本结构的改良与道德境域的提升,还必须依赖社会整体的宏观调控,达成"理性利他主义"的道德境域。所谓理性利他主义是一个辩证的概念,它既非利己主义的利益关切,也不是利他主义对个人合理利益的忽视。具体地说,它是由先公后私的道德境界向大公无私的道德境界转化的动态过程。在社会层面对资本的把控下,消弭了个体知识储备不足,信息获取不对称与自然欲望阻挠的障碍,可以在长远利益的视角下为设计出更为合理的资本结构,并以此为他律的准绳,帮助人们加深对社会整体利益的关注,使其在谋求社会公共利益的发展中,谋求个人的正当利益。并且有必要时为了社会公共利益克制和牺牲个人正当利益的觉悟。当企业家们逐渐意识到先公后私带来的价值性利益大于工具性利益后,唤醒主体自律的道德意识也就成为可能,"理性利他主义"有了坚实客观基础,一种深层生态的、基于契约的、尊重每个主体权利的道德境域也就呼之欲出了。处于这种境域的人,总是自觉而主动地按道德的要求行事,不论这样做是否对自己有利、是否需要做出巨大的自我牺牲，也不论这样做是否有人知晓，都绝不会影响他们对道德的遵从和择善而行的决心。所以，最终需要通过社会层面的引领，在关注人类发展未来背景之下，带动资本组合正效应的放大，以使其更好地服务于整个社会的进步和协调发展，资本结构也由此完成历史发展，真正体现出其辅助人们实现主体价值的从属性意义。

  同时，在后现代生态主义伦理学的立场上，也可以为我们超越资本组合的道德局限，更好地掌控资本逻辑提供思路。怀特海以关系—过程观点解释世界，视万物为一有机体，认为世界本质上是一个不断生成的动态过程，自然和生命的分开是不能被理解的，只有两者的融合才构成真正的实在，即构成宇宙。当代世界著名的后现代思想家柯布进一步发展了怀特海的理论，批判了笛卡尔及其现代哲学从"我思故我在"出发视主体、主观、自我为中心的思想，提出以群体或"共同体中的人"为中心。这个共同体不仅包括人类社会，而且也包括大自然。换言之，建设性后现代主义以"有机哲学"为基础，克服了"二元分裂"与"人类中心主义"，建构了人类与自然的新的关系模式，为我们重新认识人与自然、人与人的关系提供了新的视角。而当代资本组合的根本问题就在于，由于新自由主义经济观的遮蔽，人们没有正确认识人类当前所处的生态环境不断恶化的背景，没有认识到在背景之下人类与资本、人与人的关系。因而，面对现代资本逻辑运行所造成的种种危机，我们必须反思传统的资本组合范式，建构一种基于人与自然有机联系基础之上的生态超越主义生产模式。这一生产模式内在地蕴含着两个维度，即目的维度和方式维度。目的维度主要指涉"资本是为了什么"的问题。资本主义产生以来，极大地推动了人类生产力水平的提升，也促进了科学技术的极大进步与生活水平的提高，从这个层面看，它一定程度上满足了人类自我发展的需要。但是，优质的物质生活并不是人类生存的全部。从人与资本关系看，人应当是生态世界中的一环，是自由的联合体。为此，资本发展的目的，资本的扩张逻辑应当能够促进人的全面解放。因而，资本组合的最终目的是要超越现实社会的既有条件，即超越人的生存和社会的生产，追求更高层次的意义世界，即马克思所说的人的"自由全面发展"。而方式维度主义指涉的是"如何进行资本组合""怎样在社会层面把握资本结构"的问题。建设性后现代主义在人与自然的关系上，相信人类是整个地球生态的有机组成部分，只有地球生态系统繁荣了，人类才能迎来真正的繁盛。因而，在企业家谋划资本组合的方式上提倡健康、科学的人本主义伦理观；坚持以人为本的原则，牢牢把握资本的伦理属性，将资本真正地为人服务。简言之，生态超越主义是建立在人与自然有机联系基础之上，追求一种诗意的生活方式。诗意地生活，也是一种创造美的生活。这种创造性的美体现在对传统资本组合方式的消解、对人类精神生活的颂扬，以及人与自然的融合即"天人合一"的追求之中。结合到前文讨论的由资本组合不合理导致的产能过剩问题来看，宏观层面社会机制的调节为解决这一问题提供了一种新的思路。可以看到，近些年来政府推动创新驱动战略，深度全球化战略，加快推动供给侧改革正是这一道德境域的体现。在对资本的宏观把控下，一面在现实手段上努力依靠各项制度建设，创造一个有利于"去产能"和产业升级的环境；一面以伦理意蕴浓厚"包容性"态度处理经济问题，对外通过"一带一路"与人类命运共同体概念的提出，对资本的扩张性进行制约，使其不脱离"人是目的"主题。对内则期望在"有法可依"的基础上营造创新文化，提升企业家的职业精神与道德素养，期望通过对社会环境道德氛围的塑造与法的实施，使产能过剩的矛盾缩小，实现人的全面发展。

改革开放以来，巨大的资本流入使中国经历着前所未有的经济、社会和文化变革，从而启动了作为个体的人的图景和与之相应的作为个体的人的态度的变革，人不再首先和仅仅被视为社会发展下的工具，而是被看作拥有自我目的、自我需求和基本权利的行为主体，人们开始意识到道德境域的和谐与平衡是主体自觉与社会把控共同造就的。因此，通过在经济活动中考察资本组合与道德境域的联系，可以为资本的伦理内涵奠定一种坚实的根基，从而使行为主体更好地利用资本，实现人的全面发展。

第七章　资本运作与伦理制约

资本伦理学来源于实践，必然回归到实践中去。同时，资本伦理学也是一种伦理学的研究，也应该充分发挥其作为伦理学所特有的对现实的指导功效。资本伦理学需要在实践中被展开以及应用，这就需要去探寻与研究资本伦理学的实践；资本伦理学的实践是一个非常广泛的领域，在此我们提出两个认识这种实践的重要思路，即对资本伦理作为一种伦理观念的伦理制约研究，以及对这种伦理制约的历史特性的考察，前者是指明资本伦理学在实践中必然也必须能够更好地指导实践，后者是指对这种伦理上的制约的历史性以及局限性予以说明。这两个思路，在资本伦理学的实践中得以融合以及深化。

第一节　资本运作中伦理制约的历史性考察

资本是资本主义社会核心概念，凝聚和浓缩着资本主义精神。将其简单地看作一种僵死的物质范畴，本质上并没有真正完整地掌握资本概念的精髓，也没有真正地理解马克思通过资本概念所建构起来的一种唯物史观的丰富社会形态。当资产阶级学者对资本基于一种现实的功利主义立场大肆颂扬，认为资本不仅推动了现代社会物质文明的发展，而且建构出了一种不同于之前社会形态的资本主义精神，这主要受益于资产阶级的新教伦理时，马克思却明确地指出唯物史观是这样一种历史观："从直接生活的物质生产出发阐述现实的生产过程，把同这种生产方式相联系的、它所产生的交往形式即各个不同阶段上的市民社会理解为整个历史的基础，从市民社会作为国家的活动描述市民社会，同时从市民社会出发阐明意识的所有各种不同理论的产物和形式,如宗教、哲学、道德等等,而且追溯它们产生的过程。"① 这种从现实的世界出发建构起来的完整社会历史观,显然与资产阶级学者所认为的资产阶级主体方面的新教伦理催生出资本主体的内生力和原动力不同,它认为,以资本为中心建构起来的资本主义社会是一个有机辩证体系,资本与意识的产物(社会伦理观念)之间存在着不可分割的联系,在静止的层面上往往看不出这种联系,只有深入到资本运作的层面,才能捕捉到资本与伦理之间的真正关系。

"伴随着社会的发展和进步,资本在不断实现增殖的过程中不得不接受着道德的考量和伦理的审判,不得不在一定的社会伦理观念和伦理规范的统摄下存在。"② 具体地说,资本运行过程带来增殖结果的同时也不可避免地要同社会伦理发生关系,资本运作与伦理制约是资本主义社会真实存在着的一种客观关系,厘清这种关系,不仅是真实完整地把握资本运作过程和资本功能意义的需要,而且是深入把握社会伦理历史性作用的需要,对真实、具体地把握经济伦理学,准确呈现资本伦理学的必要性和合理性具有举足轻重的价值和意义。因为单纯停留在形而上学层面上将社会伦理机械地、人为地嫁接到社会经济活动中,对社会经济活动指手画脚,看不到经济活动自身逻辑所呈现出来的社会伦理维度和通过现实社会关系的革命实现社会伦理发展的历史,这显然不能使经济伦理学获得真正的现实基础,而从资本出发进行资本伦理研究显然可以具体地深化经济伦理学,使经济伦理学真正地变成一种"物质力量",为推动具体社会形态的发展提供一种视角和落脚点,以此建构出符合特定社会形态发展要求的真正的经济伦理学。

资本的伦理效应仅仅立足于资本自身是发现和总结不出来的,应该将资本与伦理联系起来,从更加广阔的视域呈现资本的伦理效应,正如有学者指出的那样:"资本并不是非道德的,而是与伦理密切相连的。它具有不容忽视的伦理正负效应。伦理正效应主要表现在三个方面:(1)发展生产力,为道德建设提供坚实的物质基础;(2)发展社会关

---

① 《马克思恩格斯文集》(第1卷),人民出版社2009年版,第544页。
② 余达淮等:《中国经济伦理学发展研究》,合肥工业大学出版社2015年版,第68页。

系，为个人的全面发展创造可能；（3）创造高一级的道德形态并为其提供新的精神特质。伦理负效应则表现在四个方面：（1）腐蚀公共善；（2）加剧人的异化；（3）有碍社会和谐；（4）造成自然的异化。社会主义市场经济条件下的道德建设不能忽视资本的伦理效应，必须通过坚持以人为本、合理定位资本、明晰所有权、以制度约束资本并发展经济伦理和环境伦理、提倡高尚道德等措施，才能使资本的伦理效应得以抑负扬正从而服务于整个社会的进步和协调发展。"① 这种对资本与伦理之间紧密关系的把握，对资本伦理效应的概括，对资本伦理效应正确发挥机制的规定和设计，是否完整准确地勾勒出了资本伦理的全部内容和所有内涵了呢？是否存在着将伦理人为强加给资本的嫌疑呢？资本伦理自身能不能通过资本推动的现实社会关系的革命带来自身的发展呢？资本伦理究竟同过去社会形态中的经济活动伦理是一种什么样的关系？资本伦理仅仅是对资本的道德考量和伦理审判，还是站在过去伦理观念基础上对资本的一种道德唯心主义苛求和奢望？回答这些问题，显然要注意一点，那就是资本伦理的正负效应往往是紧密联系在一起的，不能违背它们之间的内在规律，即不能完全地取消资本伦理的负效应，而要从历史性角度把握资本伦理效应的发展过程和内在规律。

资本伦理显然属于经济伦理的一种具体历史性范畴，而经济活动自人类社会有史以来就一直是人类赖以存在和发展的重要基础，由此产生的伦理观念往往滞后于经济活动发展的进程，社会伦理关系等历史性范畴往往也需要通过经济活动的推动才能获得真正的突破性发展，正如马克思所言："思想、观念、意识的生产最初是直接与人们的物质活动，与人们的物质交往，与现实生活的语言交织在一起的。……意识在任何时候都只能是被意识到了的存在，而人们的存在就是他们的现实生活过程。"② 这就是说，伦理不是一个独立于人类经济活动之外的范畴，它与人类经济活动紧密相连，是人类现实生活过程的重要组成部分，随着人类现实生活过程的推进而不断地发展，但值得注意的是，伦理与人类经济活动的紧密联系，不是一种一一对应的关系，各自都有自己相对独立

---

① 龚天平：《资本的伦理效应》，《北京大学学报》（哲学社会科学版）2014年第1期。
② 《马克思恩格斯文集》（第1卷），人民出版社2009年版，第524—525页。

的功能和空间，看不到这一点往往会机械地认为，资本主义社会资本运作过程中伦理制约的现实是一种偶然发生的现象，没有更深的历史性渊源，看不到伦理对人类经济活动的制约功能在不同的历史时期有可能表现为不同的形式和内容，将伦理对人类经济活动制约的历史性功能看作只有在资本主义社会通过资本运作才能表现出来的特殊现象，忽视其内在的历史性根源，看不清资本运作内在的伦理制约源于过往历史发展而来的前提，在很大程度将会导致资本运作内在伦理制约的解读变成一种凭空的想象，不能完整地把握其内在的历史性发生脉络，导致资本运作过程中起制约作用的伦理（观念）变成为一种横空出世没有来路的"孙猴子"，能够一下子成为对资本发起制约作用的"齐天大圣"，让资本运作及其内在的伦理制约成为一种"神话"，这显然不能成为资本伦理学的规范性内容，在很大程度还会导致资本伦理学的历史合理性和现实必要性受到质疑，对资本运作及其伦理制约的合法性产生动摇。

一 经验伦理对人类活动的反思、建构和制约

资本运作中伦理制约作用究竟如何历史地发生？这需要对其进行历史性考察，需要从学术思想史层面追问伦理制约产生于怎么样的背景？从严格意义上讲，对人类生活方式真正做出有效区分、进行系统具体思考、反思和建构的思想家应该是亚里士多德，亚里士多德真正从专业化角度将人类生活方式区分为理论与实践两种不同的形式，或者说人的生存的两个不同的方面，即理论和实践。"在他看来，'理论'是科学的观察和'沉思'；作为一种生活方式，它是'神性的'，因为它既无生活需求的束缚，又不以人事为目的，而只求分享神性。至于'实践'，则主要是指与生产劳动相区别的人的伦理道德行为和政治行为。鉴于亚里士多德对实践的这种理解，因此，实践哲学实际上并不是一种实践的形而上学或本体论，而是从现实的人的伦理存在出发，对人的实践行为的要素和结构展开深入分析的一种伦理哲学。"[①] 这种利用实践概念将人的伦理道德行为和政治行为统摄起来的伦理哲学，与柏拉图理念哲学的根本区别在于，从现实的人的伦理存在出发，将现实感性生活中的人通过实

---

① 欧阳英：《毛泽东实践观研究》，陕西人民出版社2000年版，第3页。

践概念与伦理学紧密联系起来,在伦理学范围对人的活动进行思考和研究,使得伦理关于"至善"的主题没有离开人的活动而成为科学的观察和沉思活动,"人的活动就是遵循灵魂和包含着伦理逻各斯的实现活动"①。包含着"善"的目的,"人的每种实践与选择,都以某种善为目的"②。而对幸福(最高善)生活的追求和实现就是人类"实践"活动的根本意义所在,"对某种活动或实践的完善就是人善良或出色的根本体现"③。由此可见,亚里士多德开辟了人的理性活动之外的精神活动领域,打开了一种伦理学研究新的视角和方法。

将幸福看成是灵魂的一种合乎德性的现实活动,是亚里士多德伦理学的核心命题,"为了达到至善这个伦理目标,亚里士多德对作为他政治学的研究主体的公民和城邦提出了自己的设想:公民应该培养良好的道德品质,过着有德性的生活;城邦要建立公正的秩序,按照中道原则选择实施法治和多数人统治的政体"④。而关于德性,亚里士多德则认为,它与实践智慧紧密相连,没有实践智慧就不能产生德性,"德性与实践智慧彼此包含、互为条件"⑤,实践智慧不是一个纯粹理性实践的人就有的,"一个人没有德性就不可能具有实践智慧","亚里士多德将德性与实践智慧划归不同的领域,因此二者不存在隶属关系,而是彼此对等的"。同时,"他还认为二者互为充要条件。有德性即是有实践智慧。德性与实践智慧在个体道德发展过程中共同演进,没有先后之分。德性的发展水平与实践智慧的发展水平相对应。特别地,不自制者的不完善的德性发展水平与其不完善的实践智慧发展水平相对应。唯有德之人具有真正的实践智慧,而具有实践智慧的人亦必乐行善事。完美的德性与实践智慧是须臾不可分离的"⑥。这种将伦理学的核心与人的实践概念紧密结合起来的思想,使得伦理学并没有离开人的实践活动而成为形而上的伦理学,也使得人的实践活动单纯地变成了伦理道德行为和政治行

---

① [古希腊]亚里士多德:《尼各马可伦理学》,廖申白译,商务印书馆2003年版,第20页。
② 同上书,第3页。
③ 同上书,第19页。
④ 石荔菠:《论亚里士多德政治学中的"至善"》,《天府新论》2007年第3期。
⑤ 唐热风:《亚里士多德伦理学中德性与实践智慧》,《哲学研究》2005年第5期。
⑥ 同上。

为，受德性的内在约束和规定，不可以随意而为、随性而为，要遵循实现至善伦理目标的内在要求和目标，"亚里士多德的'善'不是形而上学的和超验的，而是一种以实践为导向，关注人的社会活动和目的的'善'；亚里士多德的'至善'是终极的，里面蕴含着人的理性实践成分"①。由此可知，亚里士多德认为，伦理的作用和功能不是一个虚幻的诱导或说服概念，而是一个在人的社会实践活动中对其进行制约的内在范畴，德性不是一个离开人主体范畴的概念，而是一个涉及人具体存在和生活层面的概念，"善"存在于人的现实的社会实践活动中，对人的社会实践活动进行着统摄和规定，没有"善"的社会实践活动并不是真正意义上的社会实践活动，伦理应该贯穿在人的社会实践活动中，对人的具体的行为和活动作出内在约束和规定，这种从人的现实存在和生活层面通过人的实践概念建构起来的伦理学，显然具有经验性色彩，并没有过分地拔高或抬高伦理地位，实现了对伦理具体直观的经验把握，是当时社会历史背景下对人的活动方式的直接的、具体的把握，而它的经验色彩主要体现为以下几个方面：

第一，用实践智慧规定和钳制德性，使得纯粹的理性思考并不能真正地纳入到伦理制约的范围内，这就使得伦理制约还停留和满足在人的社会实践活动经验层面上，不需要过多的理性思考介入，只需要遵循实践智慧与德性的内在规律，就可以发挥伦理在经验层面上对人们社会实践的制约作用。亚里士多德认为，只有涉及"至善"的伦理学范畴时，才会涉及人的理性实践成分，人的日常社会实践只受感性的、具体的、经验的"善"制约，抽象地讨论或把握"善"并没有什么实际的意义，在人的感性经验层面上将"善"的伦理融入人的社会实践导向上，才能具体地把握到"善"，否则即使有"善"的伦理范畴，也不能真正地将"善"的伦理体现为真实和具体的范畴，只能在形而上学范围内抽象地把握伦理，理解不了伦理制约作用于人们社会实践活动的客观事实，和人们社会实践活动内部受伦理制约的逻辑机制。而从方法论来看，亚里士多德显然也没有完全摆脱经验论层面上的色彩，他对人类活动方式的

---

① 伍志燕：《亚里士多德与康德至善论的比较评析》，《湖北行政学院学报》2007年第3期。

三类具体划分，就有现实的客观逻辑基础，不是随意的胡乱而为，而是结合客观现实从伦理角度审视人的活动方式的结果，而将人的实践概念看作人的活动方式最基本、最低层面的形式，就足以说明，实践概念还是停留在感性经验范畴，其内在的伦理制约也不可能完全地离开人类社会实践的经验层面，这就意味着，人的实践活动的内在伦理制约只能在经验层面上发挥真正的作用，只能经验性伦理才能对人的实践活动进行反思、建构和制约。

第二，为了实现经验伦理在现实层面上对人的实践活动的制约目标，亚里士多德从经验伦理出发在经验层面上具体地设计和规定能够实现经验伦理的感性经验做法，将实践智慧和德性都真正地体现在现实的感性经验层面上，以此建构出以"至善"为最高目标的伦理学体系。亚里士多德是一位务实的政治学家，他的政治学感性经验层面的思想都有以"至善"伦理学为宗旨的痕迹，他对伦理学的理解和规定紧紧地同现实感性经验层面上的政治学相连，他对城邦秩序、公民道德、政体设计都有自己独特的感性具体的思考和安排，至于为什么是这样的思考和安排，他并没有给出充分的理性论证，因为在他看来，伦理是人与人之间现实感性具体的客观关系，"善"并不来自于纯粹理性思考的范畴，而是体现在人们经验活动方式上的概念，只要在感性经验层面上建构出历史发展形成的"善"的做法，就能使伦理体现在感性经验层面上并对人们的实践活动发生制约作用。至于"善"如何内化到人的主体方面使伦理对人的实践活动真正发挥制约作用，这可能也是一个感性经验的具体历史过程。

第三，从亚里士多德伦理学的整个逻辑体系来看，并没有摆脱精英主义色彩，也没有摆脱为统治阶级服务的倾向，立足于现实感性经验层面上的伦理思考使得他的伦理学说并没有自识和反思的色彩，更没有改变或变革现实伦理关系的冲动或要求，他停留在经验层面上的伦理思想最终使得"善"的伦理范畴只能通过感性经验的历史性做法来积淀和传承。对亚里士多德伦理学深入解读可以发现，其内部存在着一个比较关键性的问题，即"善"或"至善"的伦理学范畴最终来自于哪里？又如何对其进行准确的规定？当时的亚里士多德并没有能从根本上摆脱感性经验活动历史所积累下来的做法和规定，将这些内容通过教育的方式传承到人的主体方面，就可以实现经验伦理（"善"）对人的实践活动的制约作用，这应该是亚里士多德伦理学的深层逻辑，它并不要求改变现实，更不要求对现实进行革命，只要求通过历史过程中形成的好的、能够维护现实统治的做法，形成"善"的伦理范畴，以此对人的实践活动发生伦理制约作用，这或许就是亚里士多德经验伦理不能体现出革命性，只能停留在感性经验层面上解释和论证伦理学，并最终成为当时人们普遍接受和推崇的学说的根本原因，因为当时生活在感性经验层面上的人们，确实能够直接感受或感知到亚里士多德所说的经验伦理在发挥着作用，人的实践活动与感性经验的"善"存在着不可分割的联系。

二 理性伦理对人类活动的反思、建构和制约

人类对伦理的理解和把握是一个历史性过程，也是随着客观历史发展不断推进和丰富的变化过程，机械地认为，人类只能在经验层面上把握伦理，不能在理性层面上深入地思考、反思和建构伦理，那显然是不能真正把握历史和现实的糟糕结果。实际上，或许正是在经验伦理基础上人类才真正地诞生出理性伦理，以理性的方式来理解和把握伦理，而理性伦理的出现也使得人类主体的自识和反思能力得以进一步提高和展现，是人类认知方式发展到新的历史阶段对人类活动进行更加全面、更加深入伦理把握的必然结果。忽视这一点，往往就有可能掌握不了理性伦理的完整视域和完整话语，将理性伦理孤立地剥离出其存在的思想话语体系，看作一种没有根基、不需要土壤的"无厘头"智慧之花，随处绽放。

理性伦理，顾名思义，就是以理性的方式解释和论证伦理，将理性和伦理结合起来力图在经验层面基础上更深入地把握人类活动，以摆脱中世纪的神学传统，使人类理性在实践活动中恢复其真正的地位，完全按照理性为自己订立的法则即所谓道德律行动。其主要代表人物就是德国古典哲学的奠基者康德，哈贝马斯曾说："由于卢梭和康德，新自然律理论的发展导致了下述结果：理性的形式原则在实践询问中取代了诸如自然或上帝一类的物质原则，而实践询问涉及到规范和行为的证明。"[①] 这就是说，康德与之前的亚里士多德等思想家不同，他不将理论

---

① ［德］哈贝马斯：《交往与社会进步》，张博树译，重庆出版社1989年版，第190页。

与实践对立起来,将伦理限定在经验层面的实践上,而是认为,应该从伦理的角度对实践进行分类,以使实践与伦理有更深理论哲学基础的结合,他认为,只有进一步对实践观念作区别和限定,才能更加正确地进行哲学分类。"但是迄今为止,应用这些术语来对待不同原理的分类时,盛行这一种大大的误用,即人们把按照着自然概念的实践和按照着道德概念的实践混淆不分,并且就在同一理论哲学的名称下做了分类,事实上并没有做出什么分类。"① 可见,在康德看来,从伦理角度进行道德实践概念的划分才能真正把握住实践概念的完整视域,才是真正意义上的实践概念,而自然实践概念并不能体现出真正的实践概念,严格意义上实践哲学最终只能被归结为道德实践,即对"善良意志"的实践,这是康德对实践进行价值规范性认识的最终结果。"在康德看来,实践活动中贯彻的规范规则和道德律始终是理性的产物,而与经验无关,因而,实践哲学是与经验无关的纯粹的道德哲学。"② 他说:"一切伦理概念都先天充分地在理性中有其所在和起源,这在最普遍的人类理性中与在最高级的思辨理性中是一样的,它们不能通过抽象从任何经验的,因而只是偶然的知识中得出;正是它们起源的纯粹性使它们值得作为我们最高的实践原则。"③ 这表明,对于康德来说,人的伦理道德的最终根源与根据只是人的理性,他的实践哲学并不用去关心人的具体实践行为及其客观条件,而只是要批判地考察理性的全部实践功能,即理性对实践的道德约束功能。④ 由此可见,将理性深入到实践概念中进行考察,最终使康德形成了理性伦理思想,而这种理性伦理思想又通过人类实践活动过程实现了对人实践活动的伦理制约,使理性伦理得以在其整个思想体系中呈现出与众不同的地位和作用。

就康德的理性伦理来看,理性伦理对人实践活动的制约和约束主要具有以下几个方面的特征:

第一,强调通过理性来理解和把握伦理。与经验伦理不同,理性伦理强调理性在伦理思想中具有重要的建构作用,伦理对人实践活动的制

---

① [德]康德:《判断力批判(上)》,宗白华译,商务印书馆1964年版,第8—9页。
② 欧阳英:《毛泽东实践观研究》,陕西人民出版社2000年版,第5页。
③ 同上。
④ 同上。

约和约束离不开人的理性,人经过内在主体的理性思考可以对实践活动产生道德约束功能,人内心道德律的形成也离不开理性,"由于我们实践能力的主观构造,道德律必须被表述为命令,符合它们的行为必须表述为责任,理性不是用是(作为一个现实事件)而是用应该是来表达这种必要性"①。可见,将道德看作一个规律性概念,即道德律,本质上体现着伦理与理性的有机结合,如果将道德仅仅看作是人内在主体的随意性概念,那么伦理对人实践活动的制约就无迹可寻、无理可探,人的实践就可能是按照内心想法进行的活动,根本没有伦理制约的维度。正是人的理性对实践活动反思后产生的伦理思考,才使道德律这样基于理性产生的伦理概念真正地对人的实践活动发挥制约作用,没有理性对人实践活动的自识和反思,或许根本就不能产生人的伦理维度,同样,如果理性没有在伦理维度上进行展开,那么充满着伦理色彩的道德律,也无从谈起。正是理性对人实践活动的内在把握,才使得理性与伦理能够走到一起,对人的实践活动产生内在的制约作用。

第二,理性伦理对人实践活动的制约具有广泛性和深入性,但简单地将道德价值规范视为实践的唯一特性,使得其对实践的理解呈现出一定的片面性和不合理性,这为经济伦理后来的发展留下了空间和可能。正如马克斯·韦伯所指出的那样:"'形式的'命题,例如,在康德伦理学中的那些命题,根本不包括实利命令,这样的断言就代表着一种严重而普遍的误解。"②康德将功利性价值规范排斥在实践活动作用之外,就使得实践成为一个纯粹意义上的道德实践,这种对实践问题的理解显然是不完全、不充分的。或许,这就是理性伦理能够成立的前提和基础,而将功利性价值规范排斥在人实践活动作用之外,言下之意,就是在要求人的实践活动不能带有个人功利性的目的,只能有单纯道德伦理层面上的实践活动,这实际上就是理性伦理通过排斥的方式对人实践活动的另一种制约,如果没有对道德价值规范性的理性把握,没有将其上升为实践活动的单一逻辑,那么就不能在现实层面上将个人功利性的实践行

---

① [德]康德:《判断力批判(下)》,宗白华译,商务印书馆1964年版,第60页。
② [德]马克斯·韦伯:《社会科学方法论》,朱红文等译,中国人民大学出版社1992年版,第13页。

为排除在伦理价值规范行为之外，正是因为理性伦理才真正地导致康德对人实践活动作出重要的区分，使得功利性价值规范（理性伦理思考和鉴别人实践活动的重要概念）能够成为其理性伦理思想的重要组成部分，通过理性伦理自身的深入性和纯净性而将个人功利性实践行为排除在道德伦理范围之外，这种不停留在个人功利性实践行为之上而强调要深入地把握人实践活动道德伦理维度的思想，无疑是理性伦理对人实践活动制约深刻性的集中反映，它将功利性价值规范排斥在人实践概念之外的做法，无疑为后来人深入地把握资本伦理提供了一条重要思路，使得后来人能够从此处基于理性伦理获得批判单纯功利性实践行为的榜样和力量。

第三，理性伦理具有主体性，根据主体理性使伦理对人实践活动发挥制约作用是其应有之义。康德理性伦理的另一个重要特征是，他认为，理性伦理与实践最终可以统一起来，而这个统一的基础和根据，就是它们共同的根源即主体性。根据人内心的道德律来发挥对人实践活动的制约作用，这就使得理性伦理的根源不得不扎根于主体，带有主体性的色彩和倾向，没有主体的存在和发展，不注意主体方面的状况，就想构建出理性伦理，在康德哲学思想深层逻辑来看，是不可能的事情。只有明确人的主体地位，而不是自然的主体地位，人才能为自身的实践活动构建起真正的话语，在康德看来，人对自然的实践因为不涉及人的主体理性，因此，就不涉及伦理价值规范，这种将自然划分到人类实践活动之外，不能将自然纳入人的实践活动来理解的思想，是康德不可知论的根源，这种先验综合判断的做法使得主体并不能确立起真正的领域和空间，但与先前的实践概念相比，康德显然已经将实践主体基于理性伦理进行了很好把握，已经看到人实践活动的能动性、复杂性和多元性，同时，也明确地认识到人的实践活动离不开基于主体实践理性建构起来的理性伦理的制约。

综上所述，无论是经验伦理，还是理性伦理，都与人类活动紧密相连，都对人类活动发挥着制约作用，这是资本主义社会形态之前就已经存在的基本历史事实。资本主义社会形态无论是怎么样高级的社会形态，从本质上讲都不可能摆脱这样的历史事实，只能在这样的历史事实基础上发展出新的内容和要求，因为资本主义社会形态的资本逻辑，虽然不能从根本上改变人们既定的伦理形态，但可以增加和丰富伦理形态，不仅能通过资本运作的过程将经验伦理和理性伦理融入资本逻辑中对其发挥伦理制约作用，而且能够通过资本运作过程中人的社会实践活动将伦理体现为一种内在变革的实践力量，以实践伦理的形式对资本运作发挥真正的伦理制约作用。

第二节　资本运作中的实践伦理与制约

资本主义社会是人类社会历史发展中的一个重要社会形态，与其他社会形态相比，伦理制约在这个社会形态中的表现尤为重要，正如马克思所认识到的那样，资本主义社会是人类社会实践活动空前高涨的社会形态，在这个社会里人们实践活动的领域和范围都远远地超过了之前的社会，表现出高度的复杂性和现代性，是资本逻辑衍生出来的似乎看不到边界的力量。置身于资本逻辑中，管窥伦理对其内在的制约作用，往往很难被发现，也很难用准确的语言来表达，因为在资本逻辑强大统摄作用下，资本主义社会中的伦理对社会实践活动的制约作用往往表现很隐匿，并不凸显在显性层面上而成为主流讨论话语，但这并不意味着，伦理作为一种社会要素，可以随着资本逻辑的统摄霸权地位而消失，资本逻辑可以为所欲为、肆无忌惮，没有内在的牵制力量能够对它进行某种程度上的调整、修正和约束，这种对资本逻辑不完整、不客观的理解事实上并不符合客观实际，熟悉资本主义社会形态的人可以发现，资本逻辑在运行过程中根本无法摆脱伦理对其内在的制约，将资本逻辑看作一种僵死的逻辑，看不到其展开过程的方面，往往并不能真正地把握资本逻辑，只有在资本逻辑历史性运动过程中把握其伦理制约作用，才能真正地理解和把握资本运作中的伦理制约。

需要强调的是，与之前社会形态中的伦理制约不同，在资本主义社会的资本逻辑中，伦理对其制约作用是通过现实的人的感性实践来完成，既不同于之前社会形态中的经验伦理，也不同于康德的理性伦理，从某种程度上讲，它是马克思唯物史观视域下以实践为中介建构起来的实践伦理，是现实地发生在资本运作过程中，而不是停留在资本逻辑表面上。从这个角度讲，资本运作过程中的伦理制约是一种现实的感性活动。

一 实践伦理

严格地讲,伦理对资本的制约作用不是针对资本本身,从马克思唯物史观来讲,资本不仅仅是一个物,它承载着社会力量,是人社会实践的产物,却能构建出资本主义社会的主要逻辑。究其根源,在很大程度上是因为实践概念作为资本主义社会批判中介的出现,和人类社会实践活动尤其经济活动呈现出空前高涨的状态所致;或许也是因为这个原因,在资本主义社会,伦理不再表现出形而上学性,而呈现出与人类社会实践活动紧密相连的直接概念,成为一种直接发生和体现在感性现实层面的社会实践伦理,现实地融入和贯穿在实践中,成为一种既具有实用主义倾向又具有价值规范,还具有理性发挥空间的实践伦理。

实践伦理,从准确的词源学角度讲,是一个重新认识、理解和把握伦理的概念,有对传统形而上学伦理学具有革命的意味,是马克思唯物史观形成之后从实践角度剖析社会关系的范畴,"马克思的正义概念是个关系范畴,是对一定的社会关系秩序的指称。这种正义的社会关系秩序是在理想与现实的两极张力关系之中被人为建构起来的,它与社会利益关系矛盾运动中的自由与奴役、平等与剥削的矛盾冲突紧密相连,并始终处于人类社会关系总体性的历史流变之中。"[①] 可见,与之前伦理思想不同,在资本主义社会,伦理在更多层面上体现为一个现实范畴,体现为人们社会实践建构起来的社会关系范畴,与人们的经济活动有着密不可分的联系,概言之,实践建构出了伦理的完整视域,伦理丰富了实践具体维度。事实上,马克思在《关于费尔巴哈的提纲》中就已初步意识到实践具有统领社会生活的作用,"全部社会生活在本质上是实践的。凡是把理论引向神秘主义的神秘东西,都能在人的实践中以及对这个实践的理解中得到合理的解决"[②]。从这里可以看出两点:(1)将全部社会生活的本质理解为实践,那作为人们社会生活不可缺少的伦理范畴,从根本上讲也离不开实践。(2)对实践的不合理理解是导致理论神秘主义的重要原因,伦理学应该围绕着人的实践并对人的实践做出合理的解

[①] 高云涌:《马克思正义概念的哲学审视》,《吉林大学社会科学学报》2016年第2期。
[②] 《马克思恩格斯文集》(第1卷),人民出版社2009年版,第501页。

释，避免走向神秘主义。当然，此时的马克思还没有真正地从以上两点展开充分的论证和说明，马克思关注的主要还是传统哲学革命的问题，因此，实践伦理还是一种潜在的概念，很难透过实践概念看到马克思想要表达或想要考虑的伦理思想，只能隐约地感觉到马克思通过之前思想的梳理和资本主义社会现实感性经验的初步把握，已经内在地形成了一条以实践逻辑认识和统摄关于现实社会伦理范畴的总体世界观。

实践伦理的真正确立在马克思那里集中在《德意志意识形态》中，在这个文献中，马克思不仅形成了唯物史观，而且对伦理道德等上层建筑范畴也进行了充分阐释，基于现实生活的实践过程，马克思充分地认识到，宗教、哲学、道德、伦理等都应该立足于（物质生产）实践根基并在其基础上形成唯物主义历史观，他指出："从直接生活的物质生产出发阐述现实的生产过程，把同这种生产方式相联系的、它所产生的交往形式即各个不同阶段上的市民社会理解为整个历史的基础，从市民社会作为国家的活动描述市民社会，同时从市民社会出发阐明意识的所有各种不同理论的产物和形式，如宗教、哲学、道德等等，而且追溯它们产生的过程。"① 同时，还应该看到伦理道德等范畴的变化发展也不能离开实践所产生的现实作用，"意识的一切形式和产物不是可以通过精神的批判来消灭的，不是可以通过把它们消融在'自我意识'中或化为'幽灵''怪影''怪想'等等来消灭的，而只有通过实际地推翻这一切唯心主义谬论所由产生的现实的社会关系，才能把它们消灭；历史的动力以及宗教、哲学和任何其他理论的动力是革命，而不是批判"②。这就是说，伦理自身的发展不在伦理本身，而在现实社会关系的革命，即由实践建构出来的人与人之间关系的发展推动伦理的发展，这在某种程度上解释了伦理发展变化的根源，对传统伦理思想发展观也进行了某种程度上的革命，使伦理不再成为远离人类现实生活，高高在上，能对一切不合理、不道德、不仁义的现象或事件进行简单批判的话语。

从总体上看，实践伦理是马克思唯物史观成熟后所展现出来的一种伦理概念，它强调伦理要同实践保持紧密联系，伦理不应该像传统形而

---

① 《马克思恩格斯文集》（第1卷），人民出版社2009年版，第544页。
② 同上。

上学那样居于现实生活之上或之外进行粗暴简单的批判，从而对其产生一种外在的制约作用，而应该立足和围绕着实践所建构起来的社会关系，并对其进行带有伦理价值取向的反思和建构，使伦理真正地内化于现实社会关系之中找到其自身存在和发展的动力，实现对人实践活动内在的制约和规范目标。由此，实践伦理形成了自身独具特色的如下特征：

其一，实践伦理强调实践与伦理之间的紧密结合，反对伦理独立于实践之外或之上，以经验或理性孤立地理解和把握伦理。与之前的经验伦理和理性伦理不同，实践伦理的前提是肯定和承认实践，不片面、孤立地强调经验或理性与伦理的简单结合，更不将经验或理性独立于实践之外或之上对伦理进行内在的嫁接，不是单纯地停留在思维领域中把握伦理的最终成果，从某种程度上讲，是将伦理从形而上学范畴革命变为现实的、感性的、具体的范畴，是从唯物史观角度重新认识和把握伦理的范畴，是将伦理的理解和建构真正回落到资本实践上的范畴。

其二，实践伦理超越了经验伦理和理性伦理，伦理呈现为一种历史性发展过程的基源性概念。仅仅停留在现实层面上把握和研究伦理关系是不够的，资本关系的存在事实上还有一个维度常常被人所忽视，即伦理关系实际上是人与人之间的一种历史性客观关系，它的形成和发展不是单纯的思维领域中的作用过程，从基源性角度讲，社会伦理所强调和倚重的伦理关系实际上是人类社会实践活动的产物，只有扎根于人类社会实践活动过程，才能真正地看清和看透伦理关系的本质，从而基于经验伦理和理性伦理的思维，研究和探讨出符合社会实践发展规律的社会伦理来，单纯主观地设计或构想社会伦理显然不是对社会伦理本质和规律的真正把握，这就是说，实践伦理是马克思唯物史观形成后对资本本质和规律的一种客观反映性概念。

其三，实践伦理强调实践与伦理的有机辩证结合，这使得伦理能够扎根于社会实践土壤，获得发展的动力，不至于沦为日常生活层面的静止的伦理审判概念，丧失价值规范与实践活动真正有机辩证结合的可能。人类社会实践活动过程中的价值规范，如果缺少实践伦理所建构起来的宏观历史性规律背景，往往是展现不出长远力量的，只会一时得志，被人拍手称快，长远来看并不利于价值规范和社会实践的发展，而社会伦理之所以能够呈现出丰富性、多元性和发展性，在很大程度上是因为其价值规范并没有真正地背离实践伦理所形成的历史性规律，与人类社会实践活动实现了真正有机辩证的结合。

二 资本运作中的伦理制约

伦理在资本主义社会中对人类社会实践活动的制约作用离不开资本运作的过程，在资本运作的过程中透视伦理关系可以发现，与之前社会形态相比，资本主义社会的伦理制约表现得更为突出、更为集中，资本主义社会资本逻辑在将人类社会实践活动能力和范围推进到前所未有的高度的同时，也在某种程度上建构出了资本主义社会社会伦理，使资本主义社会在形式上表现得似乎更合理、更文明。马克思说："资本一出现，就标志着社会生产过程的一个新时代。"①"单纯从资本的物质方面来理解资本，把资本看成生产工具，完全抛开使生产工具变为资本的经济形式，这就使经济学家们纠缠在种种困难之中。"② 可见，在马克思看来，资本作为以物为媒介的人与人的社会关系的要素，不仅扮演着重要的社会角色，而且是一种社会力量，承载着社会伦理的功能和作用，建构、规范和影响着社会伦理的形成和发展，资本具有创造社会伦理文明的一面，但这不是直接通过资本本身来体现的，而是通过资本运作过程来体现的，简单地说，资本在众多学者包括马克思看来，具有直接推动社会历史发展的功能，它在建构资本主义物质生产逻辑和理论的同时，也在吞噬着过去社会形态的传统力量和规范，存在着与过去社会伦理传统进行较量和斗争的历史过程，也在某种程度上冲击着人们已有的社会伦理观念，使人们越来越感觉到在资本之外对这个东西进行指手画脚、伦理规范的反思和建构根本没有什么作用，必须深入资本本身从资本运作的过程中看出资本与伦理之间的辩证作用过程，只有理解到这个层面，才能真正地把握资本伦理，看出资本伦理的真正意义和价值。

实际上，关于资本伦理，往往是资本主义生产理论的学者，能够通过现实维度感知和体会到；但是不同理论背景或不同阶级立场的人，往

---

① 《马克思恩格斯文集》（第5卷），人民出版社2009年版，第198页。
② 《马克思恩格斯全集》（第30卷），人民出版社1995年版，第594页。

往对资本伦理的认识和定位是不一样的，不管怎么不一样，他们往往认可和接受资本伦理内在的两个基本的规定：资本建构和冲击着社会伦理，社会伦理制约和规范着资本，资本与伦理存在着有机辩证互动关系，社会伦理在资本主义社会离开资本往往不能获得真正的根基，资本离开社会伦理本身独立的发展过程往往就不能清醒地认识到自身的边界，某种程度上导致经济危机的产生。从这个角度来讲，我们以为，对资本伦理的理解可以划分为两个派别：资产阶级立场的资本伦理，即从根本上来讲不以社会伦理彻底地否定或抛弃资本，强调以伦理道德的规划或念想对资本进行反思和建构，对资本寄托着更加美好的社会伦理憧憬和期盼，这在本质上是不要求超越资本的。无产阶级的资本伦理，这主要以马克思为代表，强调立足于现实把握资本伦理，要看到资本主义社会中资本和伦理两个方面都存在不可克服的矛盾，要立足于资本内部进行科学革命，辩证地扬弃资本，摆脱资本的统摄力量，以资本之外的有机辩证完整视角，把握资本发展所能够建构出来的社会伦理，而不是在资本本身上进行修修补补、看不到资本发展本身对社会伦理的革命和颠覆。

把握资本伦理不能离开社会历史发展过程，抽象地理解资本伦理只会陷入偏狭的形而上学窠臼中，不仅不能理解资本，而且不能把握社会伦理。只有置身于资本主义社会整个生产和再生产的历史发展过程中，才能清晰地把握资本，把握资本伦理，看清资本伦理在何种程度和范围内制约着资本，又在何种程度推动着社会伦理的发展。因此，为了更准确真实地把握资本伦理，我们有必要通过资本主义社会整个历史过程来管窥一下真实的资本伦理，探析出内在的个中道理。

首先，资本运作对资本主义社会的伦理关系具有建构的影响作用。正如马克思所言，资本在资本主义社会具有生产关系的属性，是社会历史发展到一定阶段的产物，"黑人就是黑人。只有在一定的条件下，他才成为奴隶。纺纱机是纺棉花的机器。只有在一定的关系下，它才成为资本。脱离了这种关系，它也就不是资本了，就像黄金本身并不是货币，砂糖并不是砂糖的价格一样……，资本是一种社会生产关系。它是一种历史的生产关系。"[①] 这就是说，资本不是从来就有的，而是社会历

---

① 《马克思恩格斯文集》（第5卷），人民出版社2009年版，第878页。

史发展到一定阶段才有的，"资本的发展不是始于创世之初，不是开天辟地就有，这种发展作为凌驾于世界之上和影响整个社会经济形态的某种力量，实际上最先出现于十六世纪和十七世纪"①。资本离不开劳动力成为商品、雇佣工人的出现和货币成为交换的普遍性工具，在本质上是以雇佣劳动为基础建构起来的关系，离不开雇佣劳动这种体现出社会伦理关系的范畴。由此，马克思认为，资本在社会伦理上具有现实而真实的恶，它从头到脚，每个毛孔都滴着血和肮脏的东西；这种恶是资本全部能动性的基础，是整个资本主义社会社会伦理的集中体现和基础，正是基于社会伦理上这种具体而真实的恶，资本主义社会大厦才得以全方位、多层次地展现出来。

但与之前的社会形态相比，资本主义社会中的资本在社会伦理层面上还是有文明、进步一面的，马克思指出："资本的文明面之一是，它榨取剩余劳动的方式和条件，同以前的奴隶制、农奴制等形式相比，都更有利于生产力的发展，有利于社会关系的发展，有利于更高级的新形态的各种要素的创造。"② 这就是说，资本在资本主义社会中的布展，使得资本主义社会在各个层面发生了重要变化，资本在以生产力维度推动社会发展的同时，也在生产关系层面推动着社会伦理的革新，以更加现实、更加现代的社会伦理范畴建构出资本主义社会完整的伦理状况。从这个角度上讲，在资本主义社会，资本实际上统摄着伦理，社会伦理从本质上来讲离不开资本，正是在这个意义上，马克思指出，资本运作能够建构出不同于贪欲的致富欲，这离不开货币从根本上改变人们心理和价值目标的现实，正是货币的出现使得人们贪欲的对象从使用价值转变到价值，使得资本主义社会的生产与前资本主义社会的产生不同，能够产生以货币即资本为目标的社会伦理关系，"贪欲在没有货币的情况下也是可能的；致富欲望本身是一定社会发展产物，而不是与历史产物相对立的自然产物"③。由此，在资本主义社会，人与人之间的伦理关系在更大的层面上体现为一种致富的欲望，这种欲望在不同社会阶级立场基

---

① 《马克思恩格斯全集》（第48卷），人民出版社1985年版，第120页。
② 《马克思恩格斯文集》（第7卷），人民出版社2009年版，第927—928页。
③ 《马克思恩格斯全集》（第30卷），人民出版社1995年版，第174页。

础上的作用产生了客观不同的伦理关系，使无产者的辛勤劳动并不能得到公平合理的对待，"因为每个人都想生产货币，所以致富欲望是所有人的欲望，这种欲望创造了一般财富。因此，只有一般的致富欲望才能成为不断重新产生的一般财富的源泉"①。"因此，很清楚，在以雇佣劳动为基础的地方，货币不是起瓦解的作用，而是起生产作用，……只有当每种劳动所生产的都是一般财富而不是特定形式的财富，从而个人的报酬也都是货币时，普遍的产业劳动才是可能的。"②

其次，资本运作的社会性质从根本上决定了资本主义社会伦理的属性。资本的形成带有其不可磨灭的恶的伦理色彩，资本的运作实际上也离不开社会的性质，资本主义社会资本运作的过程在本质上带有统治阶级社会伦理的根本属性，想用虚幻的形而上学的伦理范畴驾驭现实的社会伦理状况，只能是别有用心的伦理粉饰，并不能掩盖资本主义社会伦理的真正本质。马克思认为："随着资本的发展，必然形成一个不断增大的食利者阶级。""没有利润就没有资本，而没有资本就没有资本主义生产。"③ "一旦资本成为资本，它就会创造它自己的前提，……资本不再从自己的前提出发，它本身就是前提，它从它自身出发，自己创造出保存和增殖自己的前提。"④ 资本主义就是在资本基础上发展起来的，是在雇佣劳动基础上发展起来的，不会对雇佣劳动进行伦理学的反思和批判，更看不出雇佣劳动建构出来的资本主义社会伦理本质，它只关注资本的增殖，"资本的伟大的历史方面就是创造这种剩余劳动，即从单纯使用价值的观点，从单纯生存的观点来看的多余劳动"⑤，这种不顾一切、肆无忌惮地追逐价值增殖的资本属性使得资本主义社会人与人之间客观的伦理关系，不再呈现为一种合乎"善"的要求，人们的伦理道德在它面前也变得软弱无力，无法逃脱其外在具有的强大统摄力量。

实际上，在资本主义社会，资本能够成为一个伦理范畴，体现出伦理的功能和要求，承载着建构人与人之间伦理发展的重任，在很大程度

---

① 《马克思恩格斯全集》（第30卷），人民出版社1995年版，第176页。
② 同上书，第176—177页。
③ 《马克思恩格斯全集》（第26卷第3册），人民出版社1974年版，第397页。
④ 《马克思恩格斯全集》（第48卷），人民出版社1985年版，第163页。
⑤ 《马克思恩格斯文集》（第8卷），人民出版社2009年版，第69页。

上是因为资本的生产性，不仅生产着资本主义社会生产力，而且生产着资本主义社会生产关系，正是资本使分工和协作变得比前资本主义社会更加合理，才使得资本与伦理能够产生更加紧密的内在勾连。但需要注意的是，这种勾连只有在机器大工业出现后，资本主义生产达到一个较高水平，才变为客观现实。马克思指出："与资本相适应的生产方式，只能有两种形式：工场手工业或大工业。在前一种情况下，占统治地位的是分工；在后一种情况下，占统治地位的是劳动力的结合（具有相同的劳动方式）和科学力量的应用。……如果是认定，工场手工业的产生就是资本生产方式的产生（奴隶自在地就是结合的，因为他们属于一个主人），那就是以下面这点为前提：真正由资本本身所造成的劳动生产力还不存在。"① 这就是说，在资本主义生产方式没有达到一个较高的水平，资本主义社会伦理在本质上就建构不完整，因为人与人之间的客观伦理关系还停留在传统社会生产水平上，上升不到以资本为中心的伦理层面，只有当资本使人真正地融入资本主义较高生产水平时，人与人之间的客观伦理关系才得以真正地建构，概言之，即资本主义社会伦理从根本上来讲离不开资本所建构出来的规律："生产越是以单纯的体力劳动，以使用肌肉力等等为基础，简言之，越是以单个人的肉体紧张和体力劳动为基础，生产力的增长就越是依赖于单个人的大规模的共同劳动。""资本在其真正的发展中使大规模的劳动同技能结合起来，然而是这样结合的：大规模的劳动丧失自己的体力，而技能则不是存在于工人身上，而是存在于机器中，存在于把人和机器科学地结合起来作为一个整体来发生作用的工厂里。"② 由此可见，资本的运作改变了传统社会伦理的范围和内容，不仅拓宽了伦理作用的范围，使科技伦理、生态伦理开始融入进来，而且使传统形而上的伦理真实地现实地变成形而下伦理，越来越深地影响着资本主义社会中各种群体的人们，使他们都无法真正摆脱资本的统摄力量，建构出符合人与人之间想要的伦理关系。这种人在资本面前被统治的状况事实上也证明了，在资本主义社会资本伦理具有多重维度：（1）资本统治和奴役着个人，使人变成资本运行过程

---

① 《马克思恩格斯全集》（第30卷），人民出版社1995年版，第588—590页。
② 同上书，第526—527页。

中的一个环节。在资本主义社会，资本使得个人的劳动产品与劳动者相异化，本来是劳动者劳动产物的劳动产品变成了统治个人的一种力量，对象物成了主体，人成了客体，这种资本生产所导致的颠倒显然是资本运行过程中的伦理问题。(2) 资本产生的生产关系，导致人与人之间的客观伦理关系异化为物与物之间的关系。资本主义社会资本伦理具有虚伪性和掩盖性，往往会通过外在的表面繁荣，通过物的体系和逻辑遮蔽人与人之间客观伦理关系本身的问题和状况，使一般人很难真正地深切感知和捕捉到资本伦理需要建构的真正空间，对资本伦理形成科学的自识和反思。(3) 资本统治和奴役个人，使个人不能与人的本质相统一。资本主义社会，资本伦理还表现在不能使个人与人的本质形成一致性，资本对个人的作用和影响，常常使得个人忘却人的本性，变得急功近利、尔虞我诈，丧失做人的本分和底线，使社会呈现出一团唯利是图、毫无人情和情感的混杂群体，毫无羞耻地丢弃人的社会关系的伦理建构，在享乐主义、个人主义中虚无缥缈地恍惚度日。(4) 资本对人的统治和奴役，使得劳动不能成为人的自由自觉的活动，不能自由地控制和调整劳动，只能服从于劳动活动的紧张性和频繁性。劳动是人主体性的活动，应该是人自由自觉的活动，但在资本主义社会，资本伦理所建构出来的劳动并不是自由自觉的活动，相反，它成了一种统治和奴役人的力量，人不能自由地支配自己的劳动过程和节奏，只能被资本所建构出来的劳动所统治，资本伦理成了一种能够统治人原本自由自觉活动的概念，将人原本基于主体地位的伦理考虑扭曲成了服务于资本运行过程的工具，不能在合理社会关系基础上建构出人主体地位的真正存在和发展。

从以上几个维度可以看出，资本主义社会的资本伦理从根本上讲是为资产阶级统治阶级服务的，不可能摆脱其根深蒂固的阶级立场，它在社会其他领域中的拓展不可能不体现资产阶级的统治要求，从这个意义讲资本还表现为一切（资本主义）社会生产能力的主体："工人的联合，像它在工厂里所表现的那样，也不是由工人而是由资本造成的。他们的联合不是他们的存在，而是资本的存在。"① "资本一开始就表现为集体

---

① 《马克思恩格斯全集》（第30卷），人民出版社1995年版，第587页。

力量，社会力量，表现为分散性的扬弃，先是扬弃同工人交换的分散性，然后是扬弃工人本身的分散性。工人的分散性是以他们的相对独立性为前提的。因此，工人完全依赖于资本，完全脱离生产条件，是以他们聚集在作为他们生存的唯一基础的个别资本周围为前提的。"[1] 这就是说，资本家对工人的生产剥削，建构出来的资本伦理，不是要从根本上否定资本，而是要强化资本主义原有的社会关系，使资本主义社会秩序更加巩固和稳定，为资产阶级实现全方位、多层次的剥削提供伦理道德上的支撑，当然在这个过程中，资本也在某种程度上推动了社会文明程度的进步，改变了原本社会中带有自然性的伦理状况和水平。马克思说："如果说以资本为基础的生产，一方面创造出一个普遍的劳动体系，——即剩余劳动，创造价值的劳动，——那么，另一方面也创造出一个普遍利用自然属性和人的属性的体系，创造出一个普遍有用性的体系，甚至科学也同人的一切物质的和精神的属性一样，表现为这个普遍有用性体系的体现者，而且再也没有什么东西在这个社会生产和交换的范围之外表现为自在的更高的东西，表现为自为的合理的东西。因此，只有资本才创造出资产阶级社会，并创造出社会成员对自然界和社会联系本身的普遍占有。由此产生了资本的伟大的文明作用，它创造了这样一个社会阶段，与这个社会阶段相比，以前的一切社会阶段都只表现为人类的地方性发展和对自然的崇拜。"[2] 这就是说，资本伦理使得传统社会中的自然伦理发展成了社会伦理，使伦理更具有了现代性和社会性，能够为资产阶级的阶级统治提供更具迷惑性的外衣，使工人在资本与雇佣劳动的交换过程中成为被剥削的对象，在客观伦理关系中丧失自身的主体性和独立性，成为被奴役和统治的对象。

最后，资本运作的内在矛盾决定了资本伦理具有自身不可克服的矛盾性。在资本主义社会，资本运作的内在矛盾在资产阶级那里是看不出来的，因为按照西方马克思主义思潮开创者卢卡奇的理解，资产阶级阶级意识具有直接性，不能把握资本主义社会经济结构的总体性及这种结构的总体发展趋势，只有无产阶级才能充当起把握资本主义社会未来发

---

[1] 《马克思恩格斯全集》（第30卷），人民出版社1995年版，第592页。
[2] 同上书，第389—390页。

展的历史使命,因为只有无产阶级阶级意识才能通过中介性方法把握总体性,把握未来资本主义社会发展的总体趋势。这就是说,资本运作的内在矛盾在资产阶级那里是看不出来的,即使能被看出来,也不是总体性矛盾,只有无产阶级才能真实把握客观存在着的资本运作的内在矛盾和这种矛盾所推动的资本主义社会形态的革命。正是在这个意义上,资本主义社会资本伦理具有自身不可克服的矛盾性:一方面,极力粉饰和美化现实,高度肯定人与人之间客观的伦理关系;另一方面,极力不愿意看到人与人之间客观不合理的伦理关系基于资本运作的内在矛盾产生革命。马克思指出,在资本主义社会资本运作的内在矛盾使资本表现为限制生产力发展的趋势,在感性现实层面上这主要表现为资本对雇佣劳动的无限片面追逐和利用,在伦理层面上则表现为资本对雇佣工人的非道德非人性化的盘剥和奴役,马克思指出:"资本在具有无限度地提高生产力趋势的同时,又在怎样程度上使主要生产力,即人本身片面化,……资本在怎样程度上具有限制生产力的趋势。"① 在雇佣劳动为基础的社会里,这主要表现为表面上自由的工人实质上不自由的状态,表现为资本摆脱一切宗法和政治的束缚,维持既有的剥削关系,看不到资本主义生产方式实际上并不是一种永恒的生产方式,它只"是社会发展的一种历史形式,这种历史形式是和构成整个这一发展基础的那一部分人口的利益相矛盾的"②。需要工人在劳动中"使对象化的死的劳动增殖价值,赋予死劳动以活的灵魂,但与此同时也丧失了它自己的灵魂,结果,一方面把已创造的财富变成了他人的财富,另一方面只是把活劳动能力的贫穷留给自己"③。工人并不具有客观伦理关系的主体地位,并不能肯定自己,只能否定自己。

可见,资本主义社会资本运作并不能克服资本自身的局限,资本伦理在某种程度上承认和放任资本的剥削性,使得其并不能看清资本主义社会制度的本质。马克思指出:"资本主义生产不是绝对的生产方式,而只是一种历史的、和物质生产条件的某个有限的发展时期相适应的生

---

① 《马克思恩格斯全集》(第30卷),人民出版社1995年版,第406页。
② 《马克思恩格斯全集》(第26卷第3册),人民出版社1974年版,第287页。
③ 《马克思恩格斯全集》(第30卷),人民出版社1995年版,第453页。

产方式。"① 资本是生产力发展的一定历史形式，不是生产力发展的绝对形式，"资本既不是生产力发展的绝对形式，也不是与生产力发展绝对一致的财富形式"②。"而资本本身，如果理解得正确，只有当生产力需要外部的刺激而这种刺激同时又表现为对生产力的控制的时候，才表现为生产力发展的条件。"③ 这就意味着，资本如果忘记和不顾以下必然的限制："（1）必要劳动是活劳动能力的交换价值的界限；（2）剩余价值是剩余劳动和生产力发展的界限；（3）货币是生产的界限；（4）使用价值的生产受交换价值的限制。"④ 就会造成生产过剩的危机，因此，"资本包含着一种特殊的对生产的限制——这种限制同资本要超越生产的任何界限的一般趋势相矛盾——就足以揭示出生产过程的基础，揭示出发达的资本的基本矛盾"⑤。这实际上就喻示着，资本主义社会资本运作中的矛盾可以推动资本革命，克服资本伦理囿于资本狭隘生产的矛盾性，从而使资本伦理走向进一步的发展。

此外，马克思还认为资本流通过程中的内在矛盾也是引发生产过剩危机的重要原因。他指出："从资本的角度来看生产过剩是不是可能的和必然的，这个问题的整个争论焦点在于：资本在生产中的价值增殖过程是否直接决定资本在流通中的价值实现；资本在生产过程中实现的价值增殖是否就是资本的现实的价值增殖。"⑥ 这就是说，资本生产价值增殖的过程和价值增殖在流通过程中的实现是两码事，庸俗经济学家将资本的生产过程和价值增殖过程直接等同起来，显然没有看到交换与生产过剩危机的关系，"生产过剩起因于使用价值，因而起因于交换本身"⑦。与作为流通手段的货币量，根本没有必然的联系，因为"作为流动手段的货币量，同实现资本即增殖价值的困难毫无关系"⑧。只有交换（流通）内在的限制，才会影响价值增殖的实现，马克思说："如果说资本

---

① 《马克思恩格斯文集》（第7卷），人民出版社2009年版，第289页。
② 《马克思恩格斯全集》（第30卷），人民出版社1995年版，第396页。
③ 同上。
④ 同上书，第397页。
⑤ 同上书，第396页。
⑥ 同上书，第391页。
⑦ 同上书，第407页。
⑧ 同上书，第419页。

一方面把剩余劳动以及剩余劳动同（其它）剩余劳动的交换作为必要劳动的条件，从而作为把劳动能力确立为交换中的条件，……并力求把这种必要劳动对剩余劳动的比例降到最低限度。这是对交换领域的新限制，不过这种限制完全像前一种限制一样，同资本把它自行增殖的任何界限都看作应当克服的限制的趋势是一回事。"① 这种价值增殖对交换领域限制的作用，带来的结果就是消费能力的不足，普遍生产过程危机就是因为生产不能保持消费和价值增殖之间的正确比例所致，不立足于交换领域中的限制，让资本无限度地增加价值，过分地追求价值增殖，最终导致真实能够实现的价值增殖不足，这种资本流通过程中资本追求价值增殖的趋势和交换领域中消费不足的矛盾，显然是生产过剩危机发生的重要原因。

即使这样，也不能否认资本主义社会资本伦理建构出来的积极一面，在资本运作的过程中，在流通环节上资本给人类第一次带来了自由、平等的观念。马克思指出："流通中发展起来的交换价值过程，不但尊重自由和平等，而且自由和平等是它的产物；它是自由和平等的现实基础。作为纯粹观念，自由和平等是交换价值过程的各种要素的一种理想化的表现；作为在法律的、政治的和社会的关系上发展了的东西，自由和平等是另一次方上的再生产物而已。这种情况也已为历史所证实。建立在这一基础上的所有权、自由和平等的三位一体，……只是在现代的资产阶级社会中才得到实现。古代世界不是以交换价值为生产的基础，相反地是由于交换价值的发展而毁灭，它产生了具有完全相反的和主要是地方性内容的自由和平等。"② 在马克思看来，这种资本运作所建构出来的资本伦理，与古代社会不同，资本主义社会的平等和自由概念远远高于古代社会的平等和自由概念，在古代，任何人只有依赖于一个共同体才能生存，独立于共同体之外的平等和自由根本不存在。"平等表现为社会产物。……因为货币只是交换价值的实现，而发达的交换价值制度是货币制度，所以货币制度实际上只能是这种平等和自由制度的实现。……在货币面前人人平等，……谁也不能靠牺牲别人来捞取货

---

① 《马克思恩格斯全集》（第30卷），人民出版社1995年版，第405页。
② 《马克思恩格斯全集》（第31卷），人民出版社1998年版，第362页。

币。他以货币形式得到的东西，只能是他以商品形式付出的东西。一个人享受财富的内容，另一个人则占有财富的一般形式。如果一个人变穷了，另一个人变富了，那么这同他们的自由意志，他们的节省、勤劳、道德等等有关，而决不是由个人在流通中互相对立时发生的经济关系即交往关系本身造成的。甚至遗产继承以及使由此引起的不平等延长下去的类似的法律关系，都丝毫无损于这种社会平等。……相反，这种情况却使社会规律的效力超过个人生命的自然限制，即巩固这种社会规律以对抗自然的偶然作用（自然的影响本身反而会消灭个人的自由）。"① 这就是说，没有资本运作的过程中，自由和平等都是纯粹社会关系上的概念，来源于社会关系对现实的依赖，"只要考察的是形式规定，——而且这种形式规定是经济规定，……那么，在这些个人之间就绝对没有任何差别。每一个主体都是交换者，也就是说，每一个主体和另一个主体发生的社会关系就是后者和前者发生的社会关系。因此作为交换的主体，他们的关系是平等的关系。……他们在社会职能上是平等的"②。这与资本主义社会存在着本质的区别。

在资本主义社会，以交换价值为基础的资本运作过程建构出来的资本伦理彻底改变了传统社会中人与人简单生产基础上的依赖关系，它的自由和平等概念来源于交换活动的高度发达，由此这样的概念能够产生完全不同于古代社会的效果，能够彻底重构资本主义社会资本伦理的完整现实状态。马克思说："既然个人之间以及他们的商品之间的这种自然差别，是使这些个人结合在一起的动因，……那么除了平等的规定以外，还要加上自由的规定。在这里第一次出现了人的法律因素以及其中包含的自由的因素。谁都不用暴力占有他人的财产。每个人都是自愿地出让财产。"③ "在交换的主体的意识中，情况是这样的：每个人在交易中只有对自己来说才是自我目的；每个人对他人来说只是手段；最后，每个人是手段同时又是目的，而且只有成为他人的手段才能达到自己的目的，并且只有达到自己的目的才能成为他人的手段，……也就是说，

---

① 《马克思恩格斯全集》（第31卷），人民出版社1998年版，第359—362页。
② 《马克思恩格斯全集》（第30卷），人民出版社1995年版，第195页。
③ 同上书，第197—198页。

表现为整个交换行为的内容的共同利益,虽然作为事实存在于双方的意识中,但是这种共同利益本身不是动因,它可以说只存在于自身反映的个别利益的背后。主体还尽可以有这样一种庄严的意识:他不顾他人而谋得个别利益的满足,正好就是被扬弃的个别利益即一般利益的实现。每个主体都作为全过程的最终目的,作为支配一切的主体而从交换行为本身中返回到自身。因而就实现了主体的完全自由。自愿的交易;任何一方都不使用暴力;只有作为自身的手段或自我目的,才能成为他人的手段;最后,意识到一般利益或共同利益只是自私利益的全面性。"[1] 由此可见,作为社会历史发展中的一个特定阶段,资本主义社会所倚重的资本伦理在本质上具有文明进步的一面,它第一次打开了不同于传统社会的伦理范畴,使伦理真正地体现和具象在资本运作的现实过程中,从这个意义上讲,资本伦理虽然无法从根本上摆脱阶级统治的属性,但它在实现这样一种属性的过程中确实创造出了人类社会实践活动的有效价值规范,因此,辩证地把握资本伦理,有效地改造资本伦理,才能真正地准确得出资本伦理的真谛。

第三节 资本伦理制约性的特征及新变化

伦理自身独立的反思和建构,不满足和沉沦于资本中,是伦理能够在资本运作中发挥制约作用的前提和基础。这就是说,资本伦理对人类社会实践活动的制约性,如果单纯地滞留于资本运作的形式过程中是很难发现的,必须要有对资本运作的反思批判,以伦理审视资本运作的完整过程,才能建构资本伦理的完整视域,否则,将伦理置身于资本运作过程之上或之外,就不能管窥出资本伦理对资本运作过程的制约性,更看不出资本运作过程的发展所带来的资本伦理制约性的新变化、新要求。因此,从总体上认识和把握资本伦理对人类社会实践活动尤其是经济活动的制约性,就不能过分地不切实际地对待资本伦理,将其视为整治资本运作过程中所有问题的"灵丹妙药",实际上,科学地对待资本伦理的制约性,就会发现,资本伦理制约性自身具有其不可磨灭的特

---

[1] 《马克思恩格斯全集》(第31卷),人民出版社1998年版,第357—358页。

征，这是资本主义社会资本伦理的根本所在，搞不清资本主义社会资本伦理的特征，显然就不能真正地把握资本伦理的内涵和外延。

一 资本伦理制约的中介性

在资本主义社会，资本运作中的资本伦理制约具有中介性，通过直接性的方法是无法呈现出来的，必须立足于资本主义社会资本运作的总体性，才能真正地看出资本伦理对资本运作的制约作用，否则只能是偏狭于资本运作局部环节、局部层面的认识，并不能整体地把握资本运作中的资本伦理，看出其制约作用的过程和全貌。西方资产阶级经济学家和资产阶级思想家往往就孤立地看待资本运作过程，将其看作天然合理、可以进行自我调节和自我修正的"系统"，不需要其他因素的介入，更不可能走向自我销毁或灭亡，这种生物进化拒绝系统自身的革命，显然无助于资本运作过程的真正呈现，"在资产阶级经济学中，正是由于'在方法论上没有使用中介范畴'，才会直接接受了经济运动的对象性形式，停留在物的表象阶段，进而坠入拜物教"①。这就是说，不能恢复资本运作过程中人本主义维度，从人的方面更深入地把握资本运作的过程，就不能发现资本伦理作用于资本运作过程的真正中介，就会忽视资本运作中人的存在和影响作用的方面，将人置于资本运作过程中进行工具理性化地解读和对待，这显然无助于发现资本伦理的存在和作用从本质上离不开人类主体的独立性和自主性，更无助于从人主体方面去深入地探析资本主义社会资本运作中资本伦理发挥制约作用的真正机制和空间。

由此，在资本主义社会，资本伦理对资本运作制约的中介性主要包括以下几个方面：

第一，资本主义社会资本运作在本质上离不开人主体方面的中介范畴，人主体方面的存在因素可以独立地甚至自主地介入资本运作过程中，对资本运作过程发挥制约作用。正如青年卢卡奇所指出的那样，"由于不可能看到更多的中介，由于不可能把资产阶级社会的存在和产生把握为那个曾'创造'了已被把握了的认识总体的同一个主体的产

---

① 张一兵：《文本的深度耕犁》（第1卷），中国人民大学出版社2004年版，第70页。

物，资产阶级思想的最终的、决定整个思想的立场就变成为纯直接性的立场"①。而"历史现实性本身只能在复杂的中介过程中才能被达到，被认识和被描述"②。资产阶级对社会现实进行直接性认识，没有使用中介范畴，结果只能是把"应该通过中介而产生和才能理解的东西变成了解释一概现象的原则"，使社会现实表现为"永恒的自然规律或永远有效"的形态，导致自身思想"非历史、反历史的本质"和二律背反的性质。而用历史唯物主义剖析资本运作就可以发现，人的道德水平和伦理观念在资本运作过程中有时可以独立地中介于资本运作的整个过程，使资本运作在流通环节上不会恣意妄为，而会考虑到人主体的存在状态，在社会伦理的范围进行有序的资本运行活动，这实际上对不同的资本家往往是不一样的，但总体上来看，只有人的善良愿望即渴望社会没有资本所产生的剥削，人与人之间可以和谐有序共处的伦理观念，才能压倒资本运作所带来的利益诱惑，限制利益诱惑不断地扩展，将其置于伦理建构的平台上，资本伦理才能有效发挥制约，这就是说，人的存在状态是资本伦理制约资本运作的关键性中介，以人本主义批判思维建构人的伦理观念，努力将人从资本统摄的力量中拯救出来，恢复人真正的本质，然后才能发挥资本伦理对资本运作过程的制约作用。

第二，资本主义社会资本伦理对资本运作发挥制约作用离不开资本自身的运作过程，只有深入把握资本运作的有机辩证过程，才能看清资本伦理发挥制约作用的中介。在前资本主义社会，伦理作用于人的社会实践活动跟资本主义社会不同，资本主义社会人的社会实践活动在很大程度上被资本运作所建构或主宰，这就使得围绕着资本运作所建构出来的资本伦理需要深深地扎根于资本运作过程中，不能纯粹地简单地粗暴地走出资本运作过程，形而上学地妄想资本伦理对资本运作的制约作用，资本伦理离开了资本运作就会成为单纯的社会伦理，真正有效地介入社会经济活动就会变得困难；马克思曾指出，社会形态的变化只有深入到具体的历史的社会经济活动过程中才能找到真正的答案，停留在思

---

① ［匈牙利］卢卡奇：《历史与阶级意识》，杜章智等译，商务印书馆1999年版，第241页。

② 同上书，第240页。

想文化领域或价值观层面的社会形态演变理论，并不能构建出现实本身的历史发展过程。这就是说，当人们从伦理自身独立的角度将反思和建构的伦理嫁接到资本身上，为资本安上一个阀门时，离开资本运作的过程是无法实现的，只有在资本运作的实际过程中才能有安装资本伦理阀门的空间和需要，静止不动的资本，僵死的资本实际上已经不是资本了，这也就是资本运作能够成为资本伦理制约作用的有效中介的重要原因。

实际上，深入资本运作中资本伦理才有存在和发展的空间，才能施展出自身的功能和角色，之所以资本伦理能够成立，在很大程度上是由于资本运作能够建构出人与人之间的客观伦理关系，并且人与人之间的这种客观伦理关系随着资本运作的过程和进度还可以不断地变化和推进，在资本的生产、交换等过程环节中可以不断地重新审视资本、考量资本，以人与人之间应该有的客观伦理关系来对资本运行过程中一意孤行的伦理问题进行修正和纠正，以使资本伦理在更高的层面上基于更高、更实、更远的考虑对资本运作发挥真正的制约作用，从而使资本在具体社会形态背景下建构出符合社会性质的运行规则来，不使资本成为一种统摄、覆盖、颠覆社会整体状态的"独行侠"。

第三，资本主义社会资本伦理对资本运作发挥制约作用离不开阶级的中介，以阶级的视角才能真正透视出资本伦理真正的制约作用，错误的阶级立场往往很难发现资本伦理对资本运作有制约的作用。在资本主义社会，资本表现为一种征服一切的社会力量，资本的运作不仅具有微观具体的内容，而且具有宏观的社会历史意义，资本运作不仅带来了雇佣劳动和资本的交换，而且产生了在交换过程中被资本追逐剩余价值所带来的雇佣工人，资本运作越是推进，社会越是呈现为资产阶级和无产阶级两大对立阶级。而社会阶级的不同在资本运作过程中也使得资本伦理在不同阶级看来具有不同的意义和要求，在资产阶级看来，资本伦理是没有问题的，资本建构出了很好的体现资本主义文明的伦理现状，经济上的剥削是自然而然的事情，不涉及伦理；而无产阶级则往往认为，资本伦理需要从革命的角度对资本运作考察，这样就可以发现，资本主义制度本质上是一种人吃人的制度，并不能建构出真正的公平、正义、平等、自由，只有立足于资本运作的内在矛盾，从未来社会伦理建构的角度才能将资本伦理置于社会发展的合理地位，才能建构出符合社会主义社会性质的资本伦理来。

因此，不同的社会阶级对待资本伦理往往是不同的。资产阶级经济学家、资本家、资产阶级等，他们往往就停留或满足于资本伦理总体上的不错、没问题，看不到资本伦理作用于资本运作的未来发展空间，更看不到资本伦理需要通过一个更大的有机系统来审视和定位，他们的阶级立场决定了资本伦理可以走多远、能走多远，结果资本伦理对资本运作的制约作用就变成了他们自说自话的"游戏"。因而，确定无产阶级的阶级立场才能真正地把握资本伦理对资本运作发挥制约作用的意义和价值，无产阶级阶级立场是资本伦理制约作用的有效中介，只有无产阶级才能真正地把握资本运作及其未来的发展，无产阶级具有推动资本伦理向着合理发展的能力和要求，马克思说："现在已经达到这样一个阶段，即被剥削被压迫的阶级（无产阶级），如果不同时使整个社会一劳永逸地摆脱任何剥削、压迫以及阶级划分和阶级斗争，就不能使自己从进行剥削和统治的那个阶级（资产阶级）的奴役下解放出来。"[1] 这就是说，资本伦理制约作用只有立足于无产阶级阶级立场，才能从发展的角度把握资本伦理对资本运作发挥制约作用的完整历史过程。

二 资本伦理制约的历史性

资本主义社会资本伦理的制约作用是一个历史性过程，表现为萌芽、形成、发展、成熟等几个历史阶段，在不同的历史阶段，资本伦理所展现出来的空间和张力并不一样，它与资本运作的有机辩证统一关系昭示出其可以相对独立地建构自身话语体系，可以作为资本主义社会存在的一个单独的方面，形成独具特色的功能和作用，以使其自身能够根据资本运作的过程合理地调整自己的历史表现，不呈现为一个历史同质化的过程。这就意味着，资本伦理的制约作用需要历史地、具体地考察，不能僵死或同质地认为资本伦理在资本运作过程中的制约作用是始终如一、整齐划一的，而要区别对待资本伦理的历史性阶段，从资本伦理内在的两个方面即资本和伦理结合具体社会形态和具体的人，实事求

---

[1]《马克思恩格斯文集》（第2卷），人民出版社2009年版，第9页。

是地把握资本伦理对资本运作的制约作用,既要看到有强烈的时期,又要看到减弱的时期,还要看到进一步加强或减弱的时期,甚至有扬弃自身内在矛盾孕育新要求和新发展的时期,以与时俱进的眼光有区别、有步骤地体会和把握资本伦理对资本运作的历史性制约作用,只有这样,才能使资本伦理呈现出灵活多变、丰富多彩的样态,使资本伦理内在的灵活性、独立性和发展性,作用于资本运作的中介性和条件性,具体地凸显出来。在这里,为了更深入地把握资本伦理制约作用的历史性,显然有必要对其进行全方位的阐释和说明。

第一,资本和伦理之间的不对等性和辩证统一性,是资本伦理制约作用呈现出历史性的重要原因。人与人之间客观的伦理关系,是人与人之间关系的一种,具有自身特定的内涵和外延,与社会、人、自然具有重要的区别,它立足着现实的立场同时又包含着批判、反思和建构现实的深层底蕴,是存在于社会中从人和自然的本质角度肯定和审视人与人之间关系的哲学范畴,是衡量和反映客观现实中人与人之间错综复杂关系的重要尺度,"伦理关系是有精神渗透其中的、主观见之客观的实体性关系。实体性伦理关系在现实生活中表现为复杂的制度、组织系统和礼俗伦常,体现为现实的合理的社会秩序。伦理关系的发展是以经济关系发展的必然性和利益调节的必要性为依托的,是与社会政治关系密切联系的,同时又带有鲜明的文化特色,体现着特有的民族精神。伦理关系的维系和调整是由法律和道德共同实现的"①。这就是说,伦理关系不是一个孤立的范畴,它与社会其他方面存在着不可分割的联系,这种联系甚至可以拓展到人与自然之间中去形成生态伦理关系,资本作为社会经济存在和发展的一个重要方面,它与伦理关系的联系毋庸置疑,资本如果离开了人独立地运行和发展,就会献丑,因为资本追逐的剩余价值,最终不是来自于资本本身,而是来自于雇佣工人的剩余劳动,雇佣工人在为资本家创造剥削现实的同时,也在建构客观的伦理关系,这种伦理关系显然跟资本运作的过程存在着某种程度的不一致,一开始并不是一个跟资本对等的概念,甚至是一个远离或排斥资本的概念,但资本主义社会资本的力量尤其是资本的权力使得客观伦理关系根本无

---

① 宋希仁:《论伦理关系》,《中国人民大学学报》2000年第3期。

法摆脱与资本的联系,需要伦理关系随着资本逻辑呈现为一个历史性发展过程。

具体来看,从资本伦理制约作用的历史性可以发现,在资本伦理萌芽时期,在资本与伦理没有形成真正的结合时期,即伦理还在资本之外对资本叫嚣的时候,资本伦理发挥自身的制约作用并不明显,也并不强烈,因为资本伦理自身还没有基于不对等性形成一个辩证统一的有机整体,无法展现出内生于资本运作过程中的制约作用。而当资本伦理形成后,资本与伦理实现有机辩证统一,不仅使得伦理有了其自身现实的合理性和合法性,而且能够更深入地把握资本运作过程,对其发挥制约作用。当这种局面发展到相对成熟时,资本伦理就变得相对强大起来,并开始能够以复杂的话语体系反思和建构资本运作过程,使得资本伦理不仅表现为对资本运作过程的制约上,而且还表现在资本运作过程的维护和稳定上,使资本伦理开始以独立的姿态体现它在资本主义社会中完整的价值和意义。

第二,资本伦理不是从来就有的,它在社会层面上的正式确定是一个历史性过程,需要冲破很多藩篱、克服多重障碍。资本伦理虽然不是从来就有的,但是它的形成并非偶然之事,从根本上来看它植根于经济伦理,是经济伦理在资本主义社会的集中凝练和概括,更是透视资本主义社会经济伦理的有效视角和本质中介,在社会层面上是标志资本主义社会形态的重要符号,是资本主义社会区别于其他社会形态的聚焦点之一,是资本自身在伦理层面上的集中体现,它的出现既需要对传统社会的社会伦理进行积极的扬弃,又需要克服社会唯资本逻辑的单一视域;既需要冲破很多不能将二者结合起来的藩篱,也需要克服不能实现二者有机结合的多重障碍,"在马克思唯物史观视野中,社会是一个复杂的有机体。这个社会有机体由经济基础、上层建筑、意识形态等系统构成,是物质生活、社会生活、政治生活、精神生活等的统一,是人的生产、物的生产、精神生产的统一,是全面生产与全面生活的具体历史统一。可以说,资本逻辑与伦理逻辑作为人类社会总体逻辑的两个构成主体,两者之间是互相支撑、互相牵引的关系。资本逻辑是社会发展的现实性逻辑,伦理逻辑则是社会存在与发展的超越性逻辑;资本逻辑为伦理逻辑的发展提供现实基础,伦理逻辑为资本逻辑的发展提供意义支撑与价值方向。人类社会的存在与发展，需要多种逻辑的组合与整合，需要资本逻辑与伦理逻辑的和谐，否则就会产生异化"①。这即是说，就社会层面来讲，资本伦理形成和出现需要资本逻辑和伦理逻辑实现有机组合和整合，需要资本和伦理都上升为一种独立的具有自身发展轨迹的逻辑，以及资本伦理形成后实现对这两条逻辑各自发展历史过程的扬弃，从而冲破多重藩篱，克服多重障碍。

实际上，资本和伦理只有摆脱自身狭隘单一的立场，冲破约定俗成的范围、历史和规范，才有可能实现真正地组合，而完成这一过程实际上需要有一个历史过程，这个历史过程的展开就表现为资本伦理对资本运作制约作用的历史性。在资本主义社会形成的过程中，资本成为一种统摄逻辑，实际上经历了相对较长的时期，它对传统经济逻辑的扬弃，本身就是一个历史性过程，伦理作为社会有机组成部分，与其进行组合，显然不可能停留在前资本主义社会中的传统经济逻辑上，它需要重新扬弃之前经济伦理的视角和规范，深入到资本运作的历史过程中重新建构自身对资本运作的制约作用，这就使得资本伦理对资本运作的制约作用展现为一个历史性过程。

第三，资本伦理与资本运作过程的历史性存在着不可分割的联系，是资本伦理制约历史性的重要原因。资本运作过程的历史性是资本伦理发挥制约作用呈现为历史性的重要基础，离开资本运作过程的历史性，不仅资本本质无法正确把握，而且极易引起资本伦理合法性和合理性的争议，使其不能在资本运作过程中历史地、合理地、正确地发挥制约作用，要使资本伦理对资本运作发挥制约作用不仅需要历史性地认识资本逻辑的地位和作用，而且需要探索适合外界环境与时代条件的具体资本实现方式与具体资本制约方式。"对人类社会发展而言，一方面，需要资本逻辑、资本精神；另一方面，资本逻辑又有其内在的缺陷与不足。这就要求人们一方面充分运用资本的现实性、现世性；另一方面又对资本伦理进行合理的伦理约束。对一个具体的社会或国家而言，问题的关键不在于要不要资本，也不在于要不要规范资本，而在于两个方面：其一，要什么样的资本。是单纯的以个体、私有为本位的资本，还是单纯

---

① 陈忠：《资本的逻辑本性及其发展伦理约束》，《哲学动态》2009年第4期。

的以社会、共有为本位的资本，还是个体与社会兼容的资本，或其他形态的资本。其二，如何实现对资本的伦理规范。是以全面否定资本为基础，建构所谓意义社会，还是全面肯定资本，放任资本的现实性、世俗性，或者历史性地分析资本的辩证作用，探索适合文化传统与现实要求的资本制约方式。"[1] 这就意味着，资本伦理发挥制约作用是随着资本逻辑历史性发展而展开的，在不同的历史时期，资本伦理需要具体地根据资本逻辑的实际状况形成制约和规范资本的制约方式，千篇一律、以偏概全地认为资本伦理对资本运作的制约作用是僵死固定的，不需要与时俱进，在社会现实层面上并不能真正构建起资本伦理制约作用的真实情况。

实现资本伦理的制约作用需要一个历史性过程，因为在不同的历史时期资本伦理发挥制约作用的方式往往是不一样的，一种既定的单一的方式并不能完全地解释资本伦理发挥制约作用的历史过程，因为资本逻辑所催生出的伦理观念、资本逻辑与传统社会的伦理状况的斗争，并不见得是一个简单的模式，与时俱进地调整资本逻辑对伦理状况斗争的方式、过程和节奏，不管是处于优势地位，还是被伦理所"挟持"的时候，资本伦理实际上都需要有一个对资本逻辑的作用过程，这就使得资本主义社会资本伦理想要发挥制约作用就必须经历一个独立自身、确立自身、展示自身的历史性过程。

三 资本伦理制约的有限性

资本伦理对资本运作的制约作用究竟有多大？这其实是资本伦理话题的应有之问。对这个问题的回答，关涉到资本伦理全局和本质的认识，对从社会现实层面定位资本伦理的地位和功能具有重要影响，搞不清这个问题，常常会使某些具有人道主义情愫的理论工作者认为，只要有善良美好的愿望或愿景，通过合理有效的渠道，就能实现资本伦理对资本运作想要的制约作用，这种主观情感上的"臆想"在社会客观现实层面上常常表现为希冀资本能够"大发慈悲"、良心发现后重新建构真正符合社会发展要求的伦理规则，推动社会真正公平、正义、平等、自

---

[1] 陈忠：《资本的逻辑本性及其发展伦理约束》，《哲学动态》2009年第4期。

由地发展。理有固然、势无必至。在资本主义社会,资本伦理并不见得如人们主观上想要的那样完美,资本伦理的效果和效率实际上是一个可以度量的概念,因为扎根资本主义社会形态中的资本伦理从根本上并没有推翻或否定资本的力量,即使基于伦理价值观产生革命的冲动和想法,也无济于事,因为基于资本主义社会资本伦理产生的革命冲动和想法,本质上并不能基于辩证唯物主义和历史唯物主义真正地把握资本主义社会,并不能在资本主义社会内在矛盾学说基础上实事求是地建构出无产阶级革命学说,它只能成为一种基于资本运作的问题进行修正的"伦理革命",从直接性上看,它其实就是一种伦理现象学,很难在现实中产生彻底改变现实的力量,它对资本运作的制约作用具有有限性,正如马克思所说:"批判的武器当然不能代替武器的批判,物质力量只能用物质力量来摧毁;但是理论一经掌握群众,也会变成物质力量。"① 这就是说,资本伦理自身成为不了物质力量,但资本伦理可以通过掌握群众,变成为物质力量来对付资本运作的物质力量。即使这样,资本主义社会资本伦理也无法摆脱制约作用的有限性特征,具体来讲主要包括以下几个方面:

第一,资本伦理并不能从根本上改变资本剥削的特性,不能实现颠覆资本逻辑的功能和作用。资本具有追逐剩余价值的剥削性质,这一性质贯穿于资本运作过程的始终,离开这一特性,资本就会面临消解、丧失自身的命运。因此,资本主义社会资本伦理要想对资本运作发挥制约作用就必须首先肯定和尊重资本的这一性质,从这一性质出发建构符合客观实际的制约方式,使资本在不失掉其自身的基础上积极地向合理的伦理规范靠拢。而在现实中这主要表现为通过法律和道德实现对资本运作的伦理制约,以使资本运作成为一种"理性的获利活动","私人收益率接近社会收益率的活动",不使其成为欺骗掠夺性质的"机会主义行为"。而"就道德形式的限制而言,从西方的资本运营史看,对资本运营中的欺骗和掠夺作出了有效抑制的商业道德主要有两种:新教伦理和企业伦理"②。在资本主义发展早期,"清教的约束和新教伦理扼制了经

---

① 《马克思恩格斯文集》(第1卷),人民出版社2009年版,第763页。
② 徐大建:《资本的运营与伦理限制》,《哲学研究》2007年第4期。

济冲动力的任意行事。当时人们工作是因为负有天职义务，或为了遵守群体的契约"①。对此韦伯解释道："资本的运营需要打破古代鄙视牟利性经济活动的道德观念，但这并不是对贪欲的简单肯定，而是通过新教伦理特别是加尔文教命定论所内含的侍奉上帝观念使牟利性的经济活动合法化。由此所得到的资本主义精神表现为理性的获利活动，其具体内容包括：（1）工作作为目的本身受到珍视；（2）致富不仅被看作个人职业成功的证据而且被看作对个人德性的证实；（3）基于理性的严谨有条的个人生活方式受到珍视；（4）为了未来而推迟眼前的享乐和直接的幸福。"② 当这种制约资本运营的新教伦理走向衰落，资本主义进一步发展后，企业伦理就成了制约资本运作的重要方式，"它的核心理念是，为了企业的长盛不衰，企业必须把自己的信誉看作头等大事。而为了建立企业的信誉，企业必须首先明确自己的社会服务对象，将之作为自己的奋斗理想，其次还必须明确企业为达到这种理想应对各个利益相关者如顾客、投资者、员工和社会负有的责任，并以这些理想和责任作为自己的伦理价值取向，指引企业的方向，指导企业的计划、决策和行为评估"③。可见，这些实现资本伦理的重要方式从本质来看没有抛弃资本运作理性化的内在要求，都遵从资本运作的客观前提，都是从资本伦理的角度对资本运作实现的有限伦理制约。

第二，资本主义社会资本伦理并不能通过资本运作的制约作用产生资本主义社会的革命变革。资本主义社会资本伦理的制约作用需要社会心理和社会基础，这种社会心理和社会基础是在人们长期的社会实践活动形成的伦理认识和规范，对这些东西的肯定和追求使得资本运作不可独立而行、目空一切，"同情心和平等的交往是制约资本运营的两个基本条件。在每个人的行为都是从自我出发的前提下，一个具有同情心和平等交往的社会就总有可能对资本的运营进行有效的伦理制约，而一个不具有同情心和平等交往的社会，则必然会由于无法对资本运营进行有

---

① ［美］丹尼尔·贝尔：《资本主义文化矛盾》，赵一凡等译，生活·读书·新知三联书店1989年版，第67页。
② 徐大建：《资本的运营与伦理限制》，《哲学研究》2007年第6期。
③ 同上。

效的伦理制约而破坏资本的运营"①。这就是说，贯穿于资本主义社会中带有伦理驱动的同情心和平等的交往，本质上并不要求对资本主义社会进行革命变革，它们都是资本主义社会资本运行过程中产生的必要的伦理规范和要求，它们自身独立的存在和发展，不仅是普适伦理的体现，即适用和要求于所有社会形态，而且是伦理能够作用于资本主义社会资本运作并对其发挥制约作用的重要基础，这就是资本运作和资本伦理辩证关系的重要内容，但它并不构成社会发展的真正辩证法，因为唯物史观已经证明，社会发展的真正动力是生产力，生产力与生产关系的矛盾运动是推动社会形态更替的真正辩证法，资本主义社会革命变革只能是来自于生产力的发展，并不能来自于资本伦理对资本运作的制约作用，资本伦理对资本运作的制约从根本上来说并不能真正地抛弃资本运作，这就使得资本伦理在资本主义社会内部发挥的制约作用并不能实现资本主义社会的革命变革。

资本伦理对资本运作的制约是一个"无主体"的过程，并不能凸显出社会主体的维度，落实到社会阶级的现实基础上，这就是说，资本伦理并不能恢复和重现人的主体地位，也不能基于社会阶级产生一种现实的变革力量，虽然它也是社会存在的重要方面，但是它的功能和价值还是停留在社会现实运行层面上，并不能直接建构出一种科学的革命学说，它停留在人与人之间客观伦理关系上的属性使得它往往并不关注社会发展的真正主体，而只关注于社会主体之间的关系，这种不从社会阶级入手的不足，就使得即使它能产生革命的憧憬和愿望，往往也找不到变革资本主义社会的主体力量，使其只能成为对资本运作过程的有限制约作用。

第三，资本伦理对资本运作的制约可以在宏观层面上为资本主义社会发展建构起一种理想美好的蓝图。"资本运营的原始动力是人的自利乃至贪婪的本性，因此资本运营必然是一种损人利己的活动，是一种时时处处制造利益冲突和社会矛盾的过程。由于资本的运营自身所固有的内在矛盾，它所引发的社会矛盾是不可克服的，必然会由于社会的崩溃

---

① 徐大建：《资本的运营与伦理限制》，《哲学研究》2007 年第 6 期。

而导致自身的毁灭。"① 但实际中的资本运行并没有带来资本主义社会的崩溃，它所产生的资本主义精神危机，即由于利润追求的目的化而导致的拜金主义和享乐主义，在根本上是因为资本主义的发展破坏了新教伦理："当新教伦理被资产阶级社会抛弃之后，剩下的便只是享乐主义了。资本主义制度也因此失去了它的超验道德观。……一旦社会失去了超验纽带的维系，或者说当它不能继续为它的品格构造、工作和文化提供某种'终极意义'时，这个制度就会发生动荡。"② 当"社会行为的核准权已经从宗教那里移交到现代主义文化手中"，当作为道德准则和严肃目的的合成物的"品格"被标榜与众不同和自我提升的"个性"所取代，"一言以蔽之，现代人满足的源泉和社会理想行为的标准不再是工作劳动本身，而是他们的'生活方式'"时，资本伦理就需要对资本运行发挥制约作用，通过符合资本运作进一步理性发展的伦理规范来纠正资本主义精神危机，从而在宏观层面上为资本主义社会未来发展建构出一种理想美好的蓝图。③

需要强调的是，资本伦理对资本运作的制约特征并不能取代资本的发展。随着资本主义的发展，在新的历史时期，资本出现了不同于传统资本的新形态：金融资本和虚拟资本。在《资本论》及其手稿中，在分析资本的趋势时马克思认为，必须辩证理性地把握资本的积极本质和普遍趋势，抽象地谈论"普遍资本"是"毫无意义的"，普遍资本本质上已不再是资本，"资本是而且只能是作为许多资本而存在，因而它的自我规定表现为许多资本彼此间的相互作用"④。可见，信用及虚拟资本就是许多资本彼此间相互作用的一种，它起源于资本扩大流通的趋势。

在资本主义社会，资本生产追求剩余价值的发展，带来了流通的发展。因为"一切以直接使用价值为目的的生产，既会减少交换者的人数，也会减少投入流通的交换价值总额，而首先是减少剩余价值的生产。因此，资本的趋势是（1）不断扩大流通范围；（2）在一切地点把

---

① 徐大建：《资本的运营与伦理限制》，《哲学研究》2007 年第 6 期。
② ［美］丹尼尔·贝尔：《资本主义文化矛盾》，赵一凡等译，生活·读书·新知三联书店 1989 年版，第 67 页。
③ 同上书，第 34 页。
④ 《马克思恩格斯全集》（第 30 卷），人民出版社 1995 年版，第 394 页。

生产变成由资本推动的生产"①。这样，"生产越是以交换价值为基础，因而越是以交换为基础，交换的物质条件——交通运输工具——对生产来说就越是重要。资本按其本性来说，力求超越一切空间界限。因此，创造交换的物质条件——交通运输工具——对资本来说是极其必要的：用时间去消灭空间"②。但"从量上来看，价值通过交换既不能增加，也不能减少"③。交换不创造价值，却影响着流通发展和剩余价值实现，流通时间越短，资金周转越快，剩余价值获得就越多，这样，资本的利益就驱使资本家加快发展交通和运输。不仅如此，加快交换、缩短流通时间，还带来了现代社会信贷、通讯、网络的发展，因为"流通时间不是资本创造价值的时间，而是资本把生产过程中创造的价值加以实现的时间。……资本的必然趋势是没有流通时间的流通，而这种趋势又是资本的信用和信用业务的基本规定"④。它能带来旧生产方式的改造，"流通时间的缩短（只要这不是由于把产品运往市场所必需的交通运输工具的发展），部分地是由于开拓了延续不断的市场，因而已是不断扩大的市场；部分地是由于发展了经济关系，发展了资本借以人为地缩短流通时间的那些形式（一切信用形式）。……所以资本的普遍趋势是在一切成为流通的前提，成为流通的生产中心的地点，把这些地点加以同化，也就是把它们变为进行资本化生产的地点或生产资本的地点。这种传布的（传播文明的）趋势是资本特有的——这和以往的生产条件不同"⑤。可见，信用及虚拟资本并不是生产资本，也不是虚假资本，不能带来资本增殖，但却能影响剩余价值实现，是资本家为了保持资本增殖而产生出来的一种资本类型，可以超出单个资本的数量限制，是"单个资本极力使自己表现为区别于自己的数量限制的资本"⑥，是资本的流通过程得以顺利健康有效发展的需要，离不开资本的生产过程，不能扩大和超越现有流通的界限和交换领域的界限，成为独立于资本主义生产过程之外的

---

① 《马克思恩格斯全集》（第30卷），人民出版社1995年版，第388页。
② 同上书，第521页。
③ 《马克思恩格斯全集》（第31卷），人民出版社1998年版，第56页。
④ 同上书，第51页。
⑤ 同上书，第541—542页。
⑥ 同上书，第52页。

孤立资本。它与资本主义生产方式息息相关,具有变革旧生产方式的作用和功能,也有破坏资本生产方式的伤害力,"如果说,全部信用制度的发展以及与之相联系的交易过度、投机过度等等,都是以资本的普遍趋势、以资本必然要求扩大和超越现有流通的界限和交换领域的界限为基础的,那末一旦这种趋势和要求成为不顾一切现实限制而盲目发展的力量时,生产过剩的危机(货币危机)就会像暴风雨般地突然降临"[1]。而金融资本主义的出现表明,信用及虚拟资本正在进行一种扩大和超越式的发展,独立于生产环节的金融资本家的个人主观贪欲和卑鄙手段将成为其挥之不去的魅影。由此看来,资本伦理对资本运作的制约在金融资本和虚拟资本的形态上更需要强化构建资本伦理的新形态和新的实现机制,因为"金融危机是资本危机的一种具体形式,也可视为资本逻辑的功能性失衡。应对的办法之一乃是强化其伦理约束,而不是消灭资本。伦理约束应有不同的方式,依不同文化、国情而有区别"[2]。如此,资本才能带来一片晴天,人与人的关系才能显示物质丰裕、社会和谐的山花烂漫般的境界。

---

[1] 孙伯鍨:《当代视域中的马克思经济哲学——〈1857—1858 年经济学手稿〉研究》,《学术月刊》1999 年第 9 期。

[2] 陈忠:《资本的逻辑本性及其发展伦理约束》,《哲学动态》2009 年第 4 期。

参 考 文 献

一 中文著作

（一）马克思主义经典著作

《马克思恩格斯选集》，人民出版社2012年版。

《马克思恩格斯全集》（第二版），人民出版社1995年版。

《马克思恩格斯文集》，人民出版社2009年版。

《列宁专题文集》，人民出版社2009年版。

《列宁选集》，人民出版社2012年版。

《邓小平文选》，人民出版社1993年版。

（二）学术专著

邓安庆：《当代哲学经典（伦理学卷）》，北京师范大学出版社2014年版。

胡大平：《后革命氛围与全球资本主义——德里克弹性生产时代的马克思主义研究》，南京大学出版社2002年版。

鲁品越：《社会主义对资本力量：驾驭与导控》，重庆出版社2008年版。

罗国杰：《伦理学》（修订本），人民出版社2014年版。

乔洪武：《西方经济伦理思想研究》，商务印书馆2016年版。

宋希仁：《西方伦理思想史》，中国人民大学出版社2010年版。

孙承叔：《资本与社会和谐》，重庆出版社2008年版。

万俊人：《现代西方伦理学史》，中国人民大学出版社2011年版。

王小锡：《道德资本论》，译林出版社2016年版。

王小锡：《经济伦理学——经济与道德关系之哲学分析》，人民出版社 2015 年版。

杨建飞：《西方经济思想史》，武汉大学出版社 2010 年版。

余达淮：《马克思经济伦理思想研究》，江苏人民出版社 2006 年版。

余达淮等：《中国经济伦理学发展研究》，合肥工业大学出版社 2015 年版。

张五常：《经济解释》，中信出版社 2011 年版。

张一兵：《资本主义理解史》（第 1 卷），江苏人民出版社 2009 年版。

（三）译著

[英] 阿尔弗雷德·马歇尔：《经济学原理》，商务印书馆 1964 年版。

[印] 阿玛蒂亚·森：《伦理学与经济学》，王宇等译，商务印书馆 2014 年版。

[英] 安东尼·吉登斯：《现代性的后果》，田禾译，译林出版社 2000 年版。

[美] 大卫·哈维：《资本的限度》，张寅译，中信出版社 2017 年版。

[英] 大卫·李嘉图：《政治经济学及赋税原理》，郭大力、王亚南译，译林出版社 2011 年版。

[匈] 格奥尔格·卢卡奇：《历史与阶级意识》，杜章智、任立、燕宏远译，商务印书馆 1995 年版。

[美] 赫伯特·马尔库塞：《单向度的人——发达工业社会意识形态研究》，刘继译，上海译文出版社 2014 年版。

[德] 黑格尔：《精神现象学》，贺麟、王玖兴译，商务印书馆 1979 年版。

[德] 康德：《判断力批判》，宗白华译，商务印书馆 1964 年版。

[美] 理查德·乔治：《经济伦理学（第五版）》，李布译，北京大学出版社 2002 年版。

[奥] 鲁道夫·希法亭：《金融资本》，福民等译，商务印书馆 1997 年版。

[美] 路德维希·冯·米塞斯：《人类行为的经济学分析》，赵磊等

译，广东经济出版社2010年版。

[法]路易·阿尔都塞：《读〈资本论〉》，李其庆、冯文光译，中央编译出版社2001年版。

[美]罗伯特·L.海尔布隆纳：《资本主义的本质与逻辑》，马林海译，东方出版社2013年版。

[德]罗莎·卢森堡：《卢森堡文选》，李宗禹编，人民出版社2012年版。

[德]马克斯·韦伯：《经济与社会》，杭聪译，北京出版社2008年版。

[德]马克斯·韦伯：《新教伦理与资本主义精神》，于晓、陈维纲等译，陕西师范大学出版社2006年版。

[德]P.科斯洛夫斯基：《资本主义的伦理学》，王丹译，中国社会科学出版社1996年版。

[英]齐格蒙特·鲍曼：《现代性与矛盾性》，邵迎生译，商务印书馆2003年版。

[英]亚当·斯密：《国民财富的性质和原因的研究》，郭大力、王亚南译，商务印书馆1972年版。

[古希腊]亚里士多德：《尼各马可伦理学》，廖申白译，商务印书馆2003年版。

[德]尤尔根·哈贝马斯：《交往与社会进步》，张博树译，重庆出版社1989年版。

[美]约翰·贝拉米·福斯特：《生态危机与资本主义》，耿建新、宋兴无译，上海译文出版社2006年版。

[美]约翰·罗尔斯：《正义论》，何怀宏、何包钢、廖申白译，中国社会科学出版社1988年版。

[英]约翰·梅纳德·凯恩斯：《就业、利息和货币通论》，徐毓枬译，时代华文书局2017年版。

[美]约瑟夫·熊彼特：《经济分析史》（第3卷），朱泱等译，商务印书馆2005年版。

[美]詹姆斯·奥康纳：《自然的理由：生态学马克思主义研究》，唐正东、臧佩洪译，南京大学出版社2003年版。

二　中文论文

陈学明：《资本逻辑与生态危机》，《中国社会科学》2012年第11期。

陈忠：《资本的逻辑本性及其发展伦理约束》，《哲学动态》2009年第4期。

龚天平：《资本的伦理效应》，《北京大学学报》（哲学社会科学版）2014年第1期。

胡大平：《具体地历史地理解全球化和当代中国的实践》，《哲学研究》2000年第4期。

李义天、张霄：《马克思主义伦理学何以可能——访英国肯特大学戴维·麦克莱伦教授》，《江海学刊》2018年第5期。

刘日明：《资本的政治文明化趋势及其限度》，《学术研究》2012年第10期。

鲁品越：《资本手段与人的道德责任》，《晋阳学刊》2008年第4期。

陆晓禾：《重农学派经济理论的哲学意蕴》，《毛泽东邓小平理论研究》1994年第6期。

钱荣堃：《汉森经济理论评介》，《经济学动态》1981年第11期。

乔洪武：《重商主义的经济伦理思想研究》，《经济评论》1998年第2期。

宋希仁：《论伦理关系》，《中国人民大学学报》2000年第3期。

孙伯鍨：《当代视域中的马克思经济哲学——〈1857—1858年经济学手稿〉研究》，《学术月刊》1999年第9期。

田海平：《资本剥削的经济——伦理体系及其终结的命运——论马克思〈资本论〉中的伦理观》，《天津社会科学》2011年第5期。

田旭明：《"人类命运共同体"的伦理之维》，《伦理学研究》2017年第2期。

童世俊：《资本的"文明化趋势"及其内在限制》，《学术月刊》2006年第10期。

王淑芹：《资本与道德关系疏证——兼论马克思的资本野蛮性与文

明化理论》,《马克思主义与现实》2012年第1期。

王小锡:《经济伦理学的学科依据》,《华东师范大学学报》(哲学社会科学版) 2001年第2期。

徐大建:《资本的运营与伦理限制》,《哲学研究》2007年第6期。

仰海峰:《马克思资本逻辑场域中的主体问题》,《中国社会科学》2016年第3期。

余达淮:《资本道德和不道德的资本——从〈1844年经济学哲学手稿谈起〉》,《马克思主义与现实》2015年第4期。

俞吾金:《物、价值、时间和自由——马克思哲学体系核心概念探析》,《哲学研究》2004年第11期。

朱海林:《论伦理关系的结构》,《河南师范大学学报》(哲学社会科学版) 2010年第3期。

[美] 肯尼斯·梅吉尔、马俊峰、王志:《马克思哲学中的共同体》,《马克思主义与现实》2011年第1期。

[美] 迈克尔·桑德尔:《金钱不能买什么——重新思考市场的道德局限》,《社会科学报》2012年9月18日。

[斯洛文尼亚] 齐泽克、孙乐强:《资本主义的界限》,《南京大学学报》(哲学人文科学、社会科学版) 2007年第5期。

三 外文著作

Andre Gorz, *Critique of Economic Reason*, Verso, London: New York, 1989.

Gauthier David, *Morals by Agreement*, Oxford: Oxford University Press, 1986.

Hausman Daniel M., McPherson Michael S., *Economic Analysis, Moral Philosophy and Public Policy*, Cambridge: Cambridge University Press, 2006.

Henri Lefebvre, *Everyday Life in the Modern World*, London: The Athlone Press, 2000.

Hicksj R., *Revolution in Economics. Methods and Appraisal in Economics*, Cambridge: Cambridge University Press, 1976.

Lachmann L. M. , *Capital and Its Structure*, Kansas City: Sheed Andrews, 1978.

Menger C. , *Principles of Economics*, Illinois: Free Press, 1950.

Michael Quante, *Einfuehrung in die allgemeine Ethik Auflagr*, Darmastadt, 2006.

Nozick Robert, *Anarchy State and Utopia*, New York: Basic Books, 1974.

后 记

本书是我主持的第二个国家社科基金项目的成果，在该项目顺利结项的基础上，我想以专著的形式将我在研究期间的感悟与成果献于学界。为此，书稿的相关写作任务就提上了日程，而在这段创作的日子中，我多次反复修改本书的提纲，我总想将我的所思、所想以最完整的姿态呈现给大家，在经过了与其他学界同人以及我的学生的多次讨论后，提纲最终成型，但接下来是更为紧张与忙碌的写作，直至最终完成初稿，然后又修改、校对再三，现付梓出版，以供读者批判。

特别感谢曲韵畅博士生对书稿写作的贡献。此外，刘沛妤、陈文婕、甄学涛、聂楠、焦金磊、程广丽副教授、韩步江博士后、陈光洁博士对本书稿亦有贡献。在书稿的后期，我的博士生陈亚、郑兴宇、金姿妏、张文彬、王世泰，硕士生贾正宇、公颜参加了校对工作。最后，由我和曲韵畅完成全书的统稿。也要感谢书中所提及的专家学者以及未提到的专家学者，他们的观点促使我能够更好地思考全书的架构与写作，同时感谢中国社会科学出版社对本书出版给予鼎力支持！

余达淮

2019年2月14日，南京紫薇园